선 교 학
□선교의 이론과 실제□

朴 英 鎬 著

기독교 문서 선교회

MISSIONARY PRINCIPLES and PRACTICE

By
YOUNG-HO PARK

1988
Christian Literature Crusade
Seoul, Korea

저자 서문

선교학 강의 첫 시간에 질문을 해본다. "성경은 도대체 무엇에 관한 책인가요?" 그리고 나서 다시 두번째 질문을 한다. "성경은 무엇이든 다 해당되는 것일까요?"

창세기로부터 요한계시록에 이르기까지 성경 전체를 훑어 내려가면 '땅 위의 모든 민족을 위한 하나님의 구속 계획'이라는 성경의 주제를 깨닫게 된다. 그리고 하나님께서 부르시는 종들은 하나님이 보내실 구세주를 맞이하는 그들의 특별한 역할들을 성취했다고 강조한다. 사사들, 열왕들, 제사장들, 선지자들, 고난당하는 의인들 등이 모든 사람들의 '본보기들'로서가 아니라, 그리스도께서 하여야만 할 것을 보여 주는 '모델들'로 등장하는 자들이다. 그들은 상징들 이상의 역할을 하는데, 이는 그들이 산 믿음 속에서 그들 세대에 하나님을 섬기는 자들이며, 그리고 믿음으로 우리의 본보기들인 것이다. 아브라함, 이삭, 야곱, 다윗 등 모든 사람들은 믿음으로 이러한 실재에 참여했다. 그들의 역사는 그리스도가 오시기 전(前) 시대의 준비적인 형태에 속한다. 그러므로 신학도는 자신이 하나님의 시대적 경륜의 한 부분에 참여하고 있음을 깨닫고 더욱 헌신적으로 봉사하여 하나님의 계시의 역사를 이루어야 한다.

1976년 10월, 비가 억수같이 내리던 날!

스코틀랜드의 글라스고우(Glasgow)에 있는 WEC 선교부의 "선교사 훈련학교"(missionary training college)에 입학했다. 그날부터 참으로 고된 훈련을 받았다. 교수님들은 선교사 경력이 있으신 분들이셨고, 몇 분은 은퇴하신 선교사들이었다. 아침 6시에 기상하여 명상의 시간(Q.T.)을 갖고, 부엌에서 배추나 감자를 다듬고, 식탁을 놓고, 앞치마를 입고 설겆이를 해야 했다. 아침 9시 예배가 시작되고 저녁 9시까지 수업이 계속됐다. 밤 10시에는 무조건 소등을 하고 침대에 들어가야 한다. 목요일 저녁에는 비바람이 몰아쳐도 글라스고우 항구에 가서 선원들에게 전도지를 주면서 전도해야 한다. 금요일에는 작업복을 입고 학교 건물수리, 페인트 칠, 청소, 자동차 수리, 정원 가꾸기에 바쁘다. 토요일에는 둘씩 짝을 지어 이 마을 저 마을을 다니며 가정방문을 통한 전도를 해야 한다. 주일 오후에는 시장터에 나가서 노방전도를 해야 한다. 설교, 간증, 찬송의 순서를 맡아야 한다. 힘들고 힘든 훈련이다. 그러나 누구 하나 불평할 수 없다.

시험본 다음날 게시판에 점수를 공개하던 교수님들, 오가던 선교사님들의 기도제목을 붙들고 금요일 저녁마다 무릎을 꿇고 교수와 학생들이 함께 간절히 기도하던 일들이 어제 같다. 2년 동안의 수업을 마치는 졸업식 날에는 졸업생들이 자기의 선교에 대한 꿈을 펼친다. 그때 그 동기생들이 세계 각국에 흩어져 선교 보고서를 보내 오고 있다. CLC 선교부에서 6개월 동안 선교사 훈련을 받을 때의 고된 훈련을 어떻게 설명할 수 있을까? 지금 그 모든 훈련이 참으로 감사할 뿐이다.

서울의 한 모퉁이에서 CLC 사역을 감당하면서 선지 동산에서 선교학 강의를 해 왔다. 강의 노트 준비를 위해서 이책 저책에서 꺾어 온 꽃다발들이 쌓였다. 특히 나에게 깊은 영향을 준 저서는 H. Cornell Goerner 교수의 *All Nations in God's Purpose* 와 Harold R.

Cook 교수의 *An Introduction to Christian missions* 이다. 이 두 책을 번역해서 본서에서 많이 인용했다. 본서에서는 선교의 이론과 실제를 다루었다. 그래서 부제와 영문 제목을 *Missionary Principles and Practice*로 썼다. 특히 선교사의 훈련과 사역에 중점을 두었다. 선교학에 관심있는 학생들이나, 성도들에게 조금이라도 도움이 되었으면 하는 소박한 심정으로 출판했다. 이제 시작이다. 결실을 맺을 때까지 수정, 보완하겠다. 부디 이 책이 하나님의 나라가 확장되는데 사용된다면 더 바랄 것이 없겠다.

1988년 8월 16일
한국 성서신학교 교수
朴 英 鎬 識

선교시

Dear Lord and Master,
Grant us the undying Passion to trek to the last home in Kuwait and Lybia :
With a unshakable conviction that it is you, Jesus who calls us to go
Infuse our veins with your own Blood, That we may share it with children of Algeria and Qatar :
Wet our eyes with your tears, Lord —
That we may nurture the sand of Golan Heights and Aqaba ;
That the name of Messiah will be proclaimed and implanted
Unto the hearts of mothers in Bahrain and fathers in Yemen!

사랑하시는 주님 나의 주관자시여 !
내게 꺼지지 않는, 활활타는 열정 허락하시어
쿠웨이트와 리비아의 마지막 남은 한 집까지 치닫게 하소서.
우리를 부르시어 가라고 하신 분이 주 예수님이시라는
이 큰 확신가지면 못갈 곳이 있사오리까 ?
우리 혈관에 주님 자신의 피 부으시어
알제리아와 카타르의 어린 영혼들에게까지 나누게 하소서.
주여 ! 우리의 마른 눈에 주님의 눈물 적시이어
골란 고원과 아카바의 모래 땅을 축축하게 하옵소서.
그리하시오면 구세주의 이름이 널리 널리 선포되고 심겨지리이다.
바레인의 어머니의 심령 속에도
아니 예멘의 아버지의 마음 속에까지도.

목 차

저자 서문/朴英鎬

서 론　　　　　　　　　　　　　　　　　　　　　11
- Ⅰ. 선교란 무엇인가?　　　　　　　　　　　　　　13
- Ⅱ. 전도와 선교의 차이점이 있는가?　　　　　　　19
- Ⅲ. 왜 선교를 반대하는가?　　　　　　　　　　　　21

제1장　한국 교회와 세계 선교　　　　　　　　　27
- Ⅰ. 한국 교회의 선교 운동　　　　　　　　　　　　27
- Ⅱ. 한국 교회와 선교 현황　　　　　　　　　　　　36
- Ⅲ. 기독교 문서 선교회　　　　　　　　　　　　　56

제2장　구약성경의 선교　　　　　　　　　　　　66
- Ⅰ. 구약성경의 선교 메시지　　　　　　　　　　　69
- Ⅱ. 구약성경의 선교 내용　　　　　　　　　　　　81

제3장　신약성경의 선교　　　　　　　　　　　　99
- Ⅰ. 신약성경의 선교 메시지　　　　　　　　　　　100
- Ⅱ. 예수님의 선교　　　　　　　　　　　　　　　112
- Ⅲ. 사도행전의 선교　　　　　　　　　　　　　　129
- Ⅳ. 제자들의 선교　　　　　　　　　　　　　　　147

제4장 선교의 동기와 목적 — 157

- Ⅰ. 선교의 근거 — 158
- Ⅱ. 선교의 동기 — 159
- Ⅲ. 선교의 목적 — 164

제5장 선교의 책임과 소명 — 168

- Ⅰ. 교회의 선교 책임 — 170
- Ⅱ. 그리스도인의 선교 책임 — 178

제6장 선교사의 자질과 자격 — 199

- Ⅰ. 선교사의 명칭과 임무 — 200
- Ⅱ. 선교사의 영적 자질 — 206
- Ⅲ. 선교사의 신체적 자격 — 214
- Ⅳ. 선교사의 학문적 자격 — 219
- Ⅴ. 선교사의 인격과 생활 — 223

제7장 선교사의 준비와 훈련 — 231

- Ⅰ. 필수적 준비요소 — 232
- Ⅱ. 일반적 준비요소 — 246

제8장 선교사와 선교회 — 259

- Ⅰ. 선교회의 중요성 — 259
- Ⅱ. 선교회 형태 — 269
- Ⅲ. 선교회 선택 방법 — 280
- Ⅳ. 독립 선교사들 — 288

제9장 선교사와 선교 활동 — 300

- Ⅰ. 선교 사역의 준비 활동 — 300
- Ⅱ. 선교사의 주요 사역 — 309
- Ⅲ. 선교사와 문화 — 336

제10장 교회와 선교 활동 ... 345

Ⅰ. 교회와 선교 관심 ... 345
Ⅱ. 교회와 선교 집회 ... 363
Ⅲ. 교회와 선교자료 확보 ... 369
Ⅳ. 교회와 선교사 후원 ... 376
Ⅴ. 교회와 선교사 훈련 ... 387
Ⅵ. 교회와 선교회 조직 ... 402

제11장 선교사와 복지제도 ... 411

Ⅰ. 선교사와 안식년 ... 411
Ⅱ. 선교사와 자녀 교육 ... 417
Ⅲ. 선교사와 은퇴 보장 ... 421
Ⅳ. 선교사와 상급 ... 424

서 론

 선교학 시간에 선교에 관해 강의할 때 학생들의 마음 속에 어떤 장면이 연상될까? 19세기에 영웅적인 모습으로 검은 대륙을 향해 떠나던 용감무쌍한 선교사의 이미지가 떠오를까. 켐브릿지 대학의 7총사 중의 한 사람인 스투드(C.T.Studd)가 만도린을 들고 아프리카를 거닐던 모습이 떠오를까. 슈바이처 박사가 일하던 밀림 속의 병원이 떠오를까.『뿌리』의 주인공 쿤타 킨데가 살던 아프리카의 모습이 떠오를까.
 필자가 케냐의 밀림지역 밍기에서 본 짧은 바지를 입고 차광용 모자를 쓰고 벌거벗은 야만인의 무리에게 전도지를 주고 설명하는 미국 독립 선교회 소속 칼슨 선교사와 같은 모습이 떠오를까. 그러한 장면을 연상하는 학생들이 많다. 그렇다고 그들이 전적으로 잘못 생각하고 있는 것이라고 할 수는 없다. 그러한 것이 오늘날의 선교 활동의 참 모습이 아니라면 선교 활동의 참 모습은 어떤 것일까? 결국 '복음 선교'와 같은 영적 사역을 어떤 모습으로 표현해 보려는 것은 어려운 일이다. 그러한 모습은 다른 여러 가지 모습들과 더불어 기독교 복음 선교가 어떤 것인지를 말해 주는 것이다. 그 모습은 학생들에게 무엇을 말해 주고 있는가? 학생들도 알다시피 우리는 자주 '천 마디의 말보다도 한 장의 사진이 더 낫다'고 하겠다. 왜냐하면 선교 현장의 사진들은 진상을 말해 주기 때문이다. 그러나 똑같은 사진을 보고도 사람마다 다르게 이해하는 것도 사실이다. 그것은 우리들의 환경과 체험에 달린 문제이다. 산장의 호수의 모습은 그 아름다움으로 예술가를 매혹시킨다. 어부는 그 호수를 보면서 즉시 거기에서는 고기가 얼마나 많이 살고 있을까를 생각한다. 갈릴리 호수를 생각하면 그 맛있던 '베드로의 고기'가 생각난다. 그러나 호수를 보면서 가슴이 뛰며 오싹하는 느낌을 갖는 부모도 있을 것이다. 그들은 이러한 호수에 빠져서 그 차가운 물 속에서 허우적거리며 죽었던 외아들을 생각한다. 눈 앞에 보이는 장면 못지 않게 보는 사람의 마음에 따라 각각 다른 의미를 주게 되어 있는 것이다. 선교사를 볼 때 오늘의 그리스도인들은 무슨 생각을 하게 되는가? 선교사는 왜 그곳에 있게 되었는가? 그는 무엇에 대한 이야기를 하고 있는 것인가? 학생들도 선교사의 입장이 되어 보고 싶다는 생각이 드는가? 아니면 오히려 그 모든 일들이 어리석고 주제넘는 것들이라고 생각하는가? 한때는 개척하는 선교사들이 필요했었다는 것에는 동의한다 해도, 현재도 그렇단 말인가? 그 낯설은 이국의 모습들이 학생들을 매혹하는가? 낭만적이라고 생각하는가, 아니면 학생들은 그 실제적인 내면 세계를 보고 있는가? 학생들은 선교란 무엇이라고 생각하는가? 신학교 일 학년생이 중국 선교의 부름을 받았다고 간증하는 것을 들었다. 또 한 학생은 아프리카에 선교사로 가겠다고 한다. 어느 여학생은 모슬렘 지역에서 선교 사역을 하겠다는 꿈을 펼쳐 보였다. 그들이 선교의 참 뜻을 이해하고 있을까? **선교에 대**해 기술해 보겠다. 아마도 오히려 학생들의 생각 속에 떠올랐던 선교사! 즉, 그 선교사의 관점을 이야기해 보겠다고 말하는 것이 낫겠다. 선교사는 선교에 대해서 어떻게 생각하고 있는가? 선교사에게 있어서 선교란 무슨 의미를 갖는 것일까? 이와 같은 기본적인 명제들에 덧붙여서 그 명제들과 관련된 문제들을 생각해 보겠다.

I. 선교란 무엇인가?

선교란 선교사와 그를 파송하는 교회나 선교 단체에 중요한 개념이다. 선교라는 용어는 라틴어 mitto(보낸다, 파견한다)에서 유래했다. 이것은 헬라어 아포스텔로($\dot{\alpha}\pi o\sigma\tau\acute{\epsilon}\lambda\lambda\omega$)[1]와 펨포($\pi\acute{\epsilon}\mu\pi\omega$)에 해당된다. 이 뜻은 '보낸다,' '파견한다'를 의미한다. 영어의 'mission'이나 'missionary'는 라틴어 mitto에서 유래되었다. 그러므로 '선교'나 '선교사'란 말은 성경에 있는 아포스텔로(apostello)란 말에 근거를 두고 있다. 영어 'missionary'는 13세기 천주교의 수도원에서 사용되었는데, 그 의미는 세상에서 사도 생활과 사역을 위하여 보냄받은 자를 지칭하였다. 그것은 혼성어인데 그 말의 라틴어 어근은 보냄을 받는 어떤 사람(someone who is sent)을 단순히 의미하였으며 보냄을 받는다는 그 사실이 '선교'이다. 선교학이란 용어를 바르넥(G. Warneck)은 '선교론,' 다데스(J. I. Daedes)는 '사람을 낚는 것,' 카이퍼(A. Kuyper)는 '증가학,' 스피어(Robert Speer)는 '선교 원리,' 바빙크(J. H. Bavinck)는 '선교 과학,' 베르큐엘(Verkuyl)은 '선교학,' 뷔르클(Bürkle)은 '선교 신학,' 비버(Beaver)는 '사도의 신학'이라고 했다.[2]

바울은 하나님께서 사람을 구원하시는 섭리 순서를 보냄받은 자 없이는 복음이 전파될 수 없고, 들을 수도 믿을 수도 주님의 이름을 불러 구원받을 수도 없다고 말함으로써 보냄받은 자들이 필요함을 역설했다. 즉, 파송받은 선교사를 통하여 수행하는 것이다. 그러므

---

1) 신약에 아포스텔로(apostello)가 133회 나왔다. 롬 10:15, 고전 1:17, 고후 12:17, 딤후 4:12, 히 1:14, 벧전 1:12의 뜻은 '성도들의 전투를 위하여 무장시킨다는 군대 용어'로 사용되었다.
2) 선교학(missiology)은 선교의 방법과 실례를 취급하며, 선교 신학(Theology of mission)은 선교의 성경적 근거와 입장을 밝히는 선교의 이론을 취급할 때 사용한다. 엘렝틱스(Elenctics)는 비기독교 종교 사상을 연구한다.

로 오늘의 모든 선교사는 그리스도의 보내심을 받은 자로서의 대사자(大使者)이다.[3]

영국의 제임스 팩커(James I. Packer) 박사는 『복음전도와 하나님의 주권』(Evangelism and the Sovereignty of God)에서 포괄적인 의미의 선교 개념을 정의했다.

> 죄인을 불러 예수 그리스도를 구주로 모시게 할뿐만 아니라 교회의 교제 속에서 왕으로 모시도록 하는 것이다. 그리고 그 교회란 예배하며 전도할뿐만 아니라 땅 위에서 주를 위해서 일하는 사명을 가진 성도의 모임이다.[4]

또 1974년 로잔(Lausanne)에서 모였던 세계 복음전도에 대한 국제대회(International Congress on World Evangelism)의 보고서인 "그의 복음을 온 지구가 듣게 하라" (Let the earth hear His voice)에서 복음전도를 다음과같이 정의했다.

> 복음을 전파한다는 것은 예수 그리스도께서 우리의 죄를 위해서 죽으시고 또 성경에 따라 죽은 자들 가운데서 살아나셨으며, 이제는 통치하시는 주님으로서 모든 죄에 대한 용서와 자유롭게 하는 성령의 은사를 믿고 회개하는 자들 모두에게 주시고 계신다는 좋은 소식을 전하는 일이다. 우리 그리스도인들이 이 세상 속에 존재하는 것은 복음전도에 있어 필수불가결한 일이며, 이해하기 위하여 세심한 주의를 기울여 듣는 것을 목적으로 하는 그와 같은 종류의 대화 역시 그러하다. 그러나 복음전도 그 자체는 사람들을 개인적으로 그리스도께로 나아와 하나님과 더불어 화목하게 되도록 설득할 의도로써 역사적이며 성경적인 그리스도를 구세주와 주님으로 선도하는 일이다. 복음의 초대를 발함에 있어서 우리는 제자 직분에 따르는 희생

---

3) R. B. Kuiper, *God Centered Evangelism* (Grand Rapids : Baker Book House, 1980), p.17.

4) James I. Packer, *Evangelism and the Sovereignty of God* (London : IVF, 1976), p.39.

을 은폐할 수 있는 자유를 갖지 못한다. 예수님께서는 여전히 그를 따르는 자는 모두 자신을 부인하고 자기의 십자가를 지고 그가 속한 새로운 사회 속에서 동일하게 생활하면서 따라 오라고 말씀하며 부르고 계신다. 복음전도의 결과들에는 그리스도께 대한 순종과 그리스도의 교회 안에서의 협력과 세계 속에서의 책임감있는 봉사가 모두 포함된다.[5]

존 영(John M.L. Young) 박사는 『선교의 동기와 목적』(The Motive and Aim of Missions)에서 '선교란 도대체 무엇인가?'라고 묻고 스스로 답변을 했다.

> 선교란 것은 잃어버린 자의 구원과 토착 교회의 설립, 하나님 왕국의 출현, 또한 하나님의 모든 영광을 위해서 하나님의 교회를 통하여 그의 완전한 말씀을 모든 나라에 선포하기 위해 그리스도의 사자들을 보내는 삼위일체이신 하나님의 일을 말한다 … 참된 선교는 그 근본이 하나님 안에 있다. 또한 하나님이 선택한 인간에 의해 이루어지는 일이며 하나님의 영광을 위해 세계의 도처에 퍼져 나가는 데 선교의 목적이 있다. 선교란 용어는 아직 복음을 모르거나 조금밖에 모르는 다른 나라들에게 하나님의 종들을 통해 복음을 전하도록 주로 외국에 하나님의 백성을 파송하는 일을 말한다.[6]

1950년 대에 인도 선교사로 있었던 맥가브란(Donald A. McGavran) 박사는, 자유주의적 선교 신학자들이 선교를 고전적 전통적인 정의에서 이탈시켜 비정서적으로 정의하는 데 대하여 혐오감을 느꼈다. 그는 성경적인 선교 개념을 강조해 왔다. 선교의 대명령의 유일한 주제는 모든 백성으로 주님의 제자를 삼는 데 있다고 강조했다. 그는 선교를 다음과 같이 정의한다.

---

5) Douglas, J. D.(ed), *The Lausanne Covenant, Let the Earth hear His Voice*(World Wide Publications), p.4.
6) John M. L. Young(권달천 역), 『선교의 동기와 목적』(서울 : 개혁주의신행협회, 1972), p.9.

선교란 예수 그리스도를 따르지 아니하는 사람들에게 전도하기 위하여 복음을 들고 문화의 경계를 넘는 것이며, 또한 사람들을 권하여 예수를 주와 구주로 영접하게 하여 그의 교회의 책임적인 회원이 되게 하며, 성령이 인도하시는 대로 전도와 사회 정의를 위한 일을 하며, 하나님의 뜻이 하늘에서 이룬 것같이 땅에서도 이루게 하는 것이다.[7]

　영국의 존 스타트(John R.W. Stott) 박사는 현대에 유행하는 다양한 선교 개념들의 극단적인 오류들을 공정한 입장에서 분석 비판하고, 성경의 교훈과 칼빈주의적 신학 입장에 근거한 선교 개념을 제시한다. 그는 복음전도와 사회 활동을 포함하는 넓은 의미의 선교 개념을 주장한다.

　만일 우리가 세계 속의 기독교적 봉사로서 복음전도와 사회 활동을 포함하는 이 넓은 의미의 선교 개념을 수용한다면, 즉 우리 주님의 지상 선교를 모델로 하여 우리에게 주어진 이 선교관을 가진다면, 기독교인들은 하나님을 위한 복음 활동과 사회 활동으로서 보다 큰 영향, 우리의 수적 능력과 또한 그리스도의 위임의 과격한 요구에 상응하는 커다란 영향력을 행사할 수 있을 것이다.[8]

　여기서 지금까지 전통적인 선교의 정의를 통해서 결론을 얻어야겠다. 선교란 사람을 예수의 제자로 삼는 것이다. 인간의 영혼을 복음에 접하게 하는 것뿐만 아니라 인간 생활 전역이 복음화되는 것을 의미한다. 예수 그리스도는 죄에서 해방을 준 구세주로서 뿐 아니라 인간 전생애 전체를 주관하시는 왕으로 모시도록 하는 것이다. 선교의 목적이 개인의 단순한 영혼 구원에만 있는 것이 아니라 그 개인

---

7) Donald A. McGavran, *Contemporary Theology of Mission*(Grand Rapids : Baker Book House, 1983), p.26.
8) John R.W. Stott(김명혁 역), 『현대 기독교 선교』(서울 : 성광문화사, 1981), p.41.

이 몸담고 있는 그 사회의 문화적 사상적 심층구조까지 복음을 통한 개혁을 초래하여 전문화 영역까지 하나님의 주권이 확립되게 하는 것이다.[9] 즉, 인간 영혼(soul of man), 전인격(whole of the person), 전인(entire man)적 구원을 의미한다.

여기서 선교의 올바른 인식을 가져야겠다.

첫째, 선교는 전기독교 교회가 해야 할 사역(ministry)이다. 이 말은 교회들이나 지역 교회(local churches)의 사역에 대하여 말하는 뜻이 아니다. 주님의 교회를 형성하는 예수 그리스도 안의 성도들의 위대한 몸에 대해서 말하는 것이다. 선교는 결코 한 두 사람의 사사로운 문제일 수가 없다. 선교는 항상 전체 교회의 활동을 의미한다.

선교는 독립 선교사들(Independent missionaries)이 수행하는 사역에서도 마찬가지이다. 독립 선교사들이 교회나 선교회에 의해서 간섭을 받지 않고 독립되었을지라도 그들 역시도 한 단체 혹은 여러 단체의 그리스도인들에 의해서 파송을 받고 지원을 받는 것이다. 독립 선교사도 언제나 예수 그리스도께서 전체 교회에 주신 임무를 수행하고 있는 것이다.

둘째, 선교는 기독교 교회가 비기독교인에게 복음을 접(接)하게 하는 것이다. 선교는 피와 땀과 눈물의 수고를 요구한다. 선교는 외판원 장사와 같은 것이다. 선교사는 단순히 고객이 요구하는 상품을 넘겨 주고 돈을 지불받는 점원이 아니다. 선교사는 기독교 복음을 누구나 소유할 수 있도록 진열해 놓은 물건을 파는 점원과 같은 사람이 아니다. "손님! 여기 있읍니다. 이 물건 어때요. 원하신다면 이 물건을 할인해 드릴 수도 있읍니다"라고 말하는 것이 아니다. 선교는 세일즈맨(salesman)의 업무와 비슷한 것이다. 사람들로 하여금 물건을 갖고 싶도록 만들고, 그것을 사기 위해 충분히 가격을 지불하도록 하는 것이다. 복음을 팔고, 죄를 회개하도록 하는 값을 치러야 한다. 회심하여 예수님의 제자가 되도록 하는 것이다.

---

9) 김의환, 『복음과 역사』(서울 : 기독교문서선교회, 1984), p.57.

이러한 선교 사역을 비기독교인들은 개종의 권유로 본다. 그리고 '양떼 도둑질' 혹은 '문화적 침략'으로 본다. 예를 들면, 인도에서는 선교사들의 사회 봉사와 의료 선교를 고맙게 생각한다. 그러나 복음전도에는 강하게 반발한다. 국민들이 기독교 신앙으로 개종하는 것을 원치 않는다. 중국에서도 마찬가지이다. 선교사들이 중국을 침략하려는 식민 세력들에 계략과 술수, 불평등 조약의 체결에까지 협력했다고 공격한다. 또 오랜 세월 동안 주일학교 학생들이 애국 운동에 참여하는 것을 반대해 왔다고 믿는다. 그러므로 중국 국민들의 마음 속에 기독교는 서양 종교(宗敎)로 낙인 찍히고 외국 식민 세력의 일부로 간주한다. 선교사는 선교의 올바른 인식이 얼마나 중요한가를 깨달아야 한다.

세째, 선교란 전기독교 교회가 영혼을 위해 복음을 전하는 것이다. 선교사는 비기독교인을 하나님과의 바른 관계로 이끌어주고 하나님과 화해하도록 하여 천국 백성을 만드는 것이다. 물론 사회 속에 들어가서 억눌린 자, 불쌍한 자, 고난받는 자들과 함께 즐거워하는 것까지 포함한다.

네째, 선교 활동은 선교사로 소명받은 선발된 일군들을 통하여 수행하는 것이다. 수많은 기독교 교회의 성도들에 의해서 자발적으로 수행되는 막대한 양의 선교 활동이 있다. 그러나 그들은 선교사로 생각지 않는다. 그들은 바로 그리스도의 복음에 의해 변화된 능력에 대한 개인적인 증인들이다. 선교 활동은 이러한 자발적인 일군들의 도움으로 수행되어진다. 의심할 여지없이 그들을 보다 더 조직적으로 효과적으로 활용해야 한다. 그러나 선교에 대해서 말할 경우 먼저 전업적 선교사들(full time missionaries)을 의미한다.

선교사는 선발된(selected) 사람이다. 그렇다고 선택하는 방법이 중요한 것은 아니다. 그러나 선교부의 까다로운 선발에 반대하는 사람들조차도 선교부 나름의 선발 기준을 세우고 있다. 단순히 선교사란 복음 사역이 하나님이 부르고 계시다는 것을 확신해야 한다고 주장할 것이다. 그러나 덧붙여 생각해야 할 것은 선교사는 많은 그리스도인들을 설득시켜 선교사로 지원하도록 할 수 있어야 한다. 중요한 것은 어떤 방법으로든지 선교사는 선발된 일군이다. 즉, 선교 활동을 위해 특별히 선택된 그리스도인이어야 한다. 나아가서 선교의 성패는 선교사를 얼마나 지혜롭게 선발했느냐에 따라서 상당 부분이 좌우되는 것이다.

II. 전도와 선교의 차이점이 있는가?

선교와 전도는 그 핵심에 있어서 꼭같은 말이다. 전도하는 사람은 누구나 선교사이다. 그가 국내에서 전도하든지 외국에서 전도하든지 마찬가지이다. 외국에서 일하는 선교사도 전도자이다. 만일 그가 전도자가 아니라면 선교사도 아니다.[10] 그러므로 복음전도(Evangelism)와 선교(mission) 사이에 어떤 구별을 할 수 없다. 성경에서 그러한 구별은 조금도 찾아볼 수 없다. 실제로 양자는 바로 같은 임무에 대한 다른 두 가지 측면이 있다. 주로 국내 복음 사역을 전도라고 생각하며, 외국에 나가서 복음 사역을 하는 것을 선교로 본다. 그러나 국내 전도가 끝나는 곳에서 외국 선교가 시작된다는 것에 동의하지는 않는다. 미국이나 영국의 여러 교파들이 국내 전도부 밑에서 아프리카와 중앙 아메리카에서 선교 활동을 수행하고 있다.

여기서 양자의 구별을 쉽게 설명할 수 있다. 그것은 근본적 문제가 아니고 실제적인 문제이다. 예를 들면, 해외에 많은 고객들을 가지고 있는 회사들은 그러한 가치를 알아차린다. 그리고 회사 내에 '수출부'(export division)를 따로 설치하여 외국 무역을 취급하게 된다. 왜 그럴까? 단순히 국내 시장에서 발견치 못하는 많은 문제점들을 야기하기 때문이다.

---

10) Ralph G. Turnbull(ed.), *Baker's Dictionary of Practical Theology*(Grand Rapids : Baker Book House, 1980), p.13.

마찬가지로, 해외 선교는 본국에서는 겪을 수 없는 여러 가지 전문적인 문제들에 직면하게 된다. 국내 전도를 간단히 국가 경계선 안에서 수행되는 선교라고 정의하자. 즉, 본국 내에서는 다른 언어의 장벽에 부딪히는 일이 별로 없다. 거의 다 동일 언어를 사용한다. 사람들의 관습에 약간의 차이가 있을는지 모르나 그러나 서울에서 저 멀리 제주도까지 '한국말'로 통용된다. 그래서 언어의 적응 문제는 거의 없다. 또 선교사들이 외국의 국가로부터 받아야 하는 '비자'(visa) 등의 문제점도 없다. 국내에서의 복음 사역은 한국 땅이 바로 나의 정부요, 나의 보금자리이다. 그래서 모든 사역에 친숙히 적응할 수 있다. 기후, 언어, 습관 등에 적응하고, 몸이 아프면 어떤 병원에도 갈 수 있다. 물질적인 협조도 쉽게 받을 수 있고, 나이든 사역자도 일할 수 있다. 국내 어디서든지 교회를 개척할 수 있고, 서로가 이해를 하고 직분을 맡아서 일하기 때문에 어려움이 없다.

　그러나 본국과 해외 복음 사역에는 차이가 있다. 즉, 실제적인 문제가 있다. 해외 선교는 본국 선교와는 다른 자격을 갖춘 선교사들을 요구한다. 선교사들은 특별한 능력과 자격 그리고 활동 방법들을 알아야 한다. 선교사의 정신과 메시지는 같은 것이나 효과적인 전달을 위해서 실제적인 다른 법칙들을 배우고 따라야 한다. 선교지의 언어, 습관, 기후, 문화 등을 알아야 한다. 여기에서 편의상 전도와 선교를 구별하는 것이다. 고원용 목사는 『선교 사명자 안내』에서 외국 선교와 국내 전도의 구분을 하면서, 선교란 문화와 언어가 다른 백성들에게 복음을 전하는 것이라고 말하고 있다.[11]

　(1) 문화나 언어가 동일한 국내에 거주하는 사람들에게 복음을 전한다〈HM-1〉. (2) 문화나 언어가 동일한 외국에 거주하는 사람들에게 복음을 전한다〈FM-1〉. (3) 문화와 언어가 비슷한 지역에서 복음을 전한다. 1907년 제주도에 이기풍 목사를 파견한 것 같은 형태요, 미국의 예로는 미국의 본토인들인 아메리칸 인디언에게 복음을 전하

---

11) 고원용, 『선교 사명자 안내』(대구 : 보문출판사, 1979), pp.29~30.

는 것 같은 형태이다〈HM-2〉. (4) 문화나 언어가 전혀 다른 국내에 거주하는 외국인에게 복음을 전한다(한국 내 중국인 선교, 외항선 선교 등)〈HM-3〉. (5) 문화나 언어가 전혀 다른 외국에 거주하는 백성에게 복음을 전한다〈FM-2〉.

Ⅲ. 왜 선교를 반대하는가?

물론 그리스도인이 아닌 사람들이 선교를 반대할 것이라고 생각할 수 있다. 비기독교인들이 찬성한다면 그것은 오히려 이상한 일이다. 결국 아무도 자기가 틀리다고 생각하는 바를 선전하는 일을 탐탁하게 생각하지 않는다. 선교에 대해서 반론을 펼 때에 그런 사람은 자기의 불신앙을 토로하지 않을지는 모르나 그것이 주요 요인이 되는 것이라고 생각하지 않을 수 없다. 그래서 이러한 종류의 반대에 신경을 쓰지 않을 것이다.

그러나 그리스도인의 관심사는 그리스도인이라고 자처하는 사람들의 반대인 것이다. 이들은 기독교 메시지를 믿으나 다른 사람들을 붙잡아 동일한 신앙으로 돌이키도록 애쓰는 것에는 반대한다고 하는 사람들이다.

왜 그럴까? 그 이유를 발견코자 할 때에 이유라기 보다 실제로는 핑계라고 할 수밖에 없는 몇 가지 반론들에 접하게 된다. 이것들을 '위장적 이유들'이라고 부를 수 있는데 이것들은 단지 참된 이유들을 가리워 버리는 역할만을 해주기 때문이다. 보통 그런 말들이 구호나 상투적인 말로 표현되어 다른 사람들에 의해서 사용되어지고 입심좋게 반복되는 것을 들을 것이다. "사랑은 가정(본국)에서 시작한다"는 말이 가장 흔히 들리는 구호일 것이다(마치 사랑은 가정(본국)을 떠나서 베풀어져서는 결코 안된다는 말처럼 우리에게는 들린다). '귀찮은 간섭'이라는 말이 또 들리며 때때로 '무익한 사치'라고 하는 말도 나온다. 그것은 그러한 반대를 평판할 만한 가치가 거의 없다. 그것들은 참된 이유가 아니다. 그러나 적어도 정상적인 많은 그리스도인들이 선교를 반대하는 기본적인 몇 가지 이유가 있다. 이것들에 대해서 어느 정도 주목해야 할 것이다.

첫째, 영혼 구원에 열정이 없는 사람들의 말이다. 아마도 주 요인이 될 구원에 열정이 없는 반대자의 선교를 시인토록 하는데 매우 힘이 들 것이다. 그들은 그리스도에 대한 개인적이고 생생한 체험이 부족하다. 한국 장로교회 성도들의 대부분이 깊은 종교적 체험을 가져 보지 못했다고 말해도 좋다. 그들의 부모들은 교회의 교인이었으며 적당한 연령에 이르자 입교했던 것이다. 그런데 신앙에 대한 깊은 확신이 전혀 없다. 그저 해야 할 일이기 때문에 하는 것뿐이다. 많은 사람들이 교회에 잘 출석하지도 않으면서 자기들을 기독교인이라고 여전히 생각하고 있는 것이다.

또 다른 사람들은 교회 출석에 매우 충실하며 교회 활동에 매우 열정적이며 마치 클럽 활동을 하는 것으로 생각한다. 그러나 사실 교회는 그들에게 그 클럽보다는 조금 나은 그 무엇을 의미해 주는 것이다. 그래서 이러한 사람들은 선교를 이해하기가 어렵다는 것을 깨닫는다. 기독교는 좋은 것이라는 것을 그들은 인정할 것이다. 그러나 왜 한사코 다른 사람들에게 우리 종교를 강요하는가? 아무튼 한 종교에 그렇게 몰입되는 것은 어리석은 일이다. 그들로서는 다른 나라의 토착 종교가 기독교보다 훨씬 좋을는지는 아무도 모른다는 것이다. 자연히 교회를 하나의 클럽으로 바라보는 자는 땅 끝까지 교회 사역을 확장시켜 나가는 것에 깊은 관심을 갖지 않는 법이다. 아, 그는 때때로 친구들이나 안면이 있는 사람들에게 교회를 자랑하고 교회 이야기를 할 것이다. 아마 그를 설득시켜 교회 회원 단합 대회에 조금은 도움을 받을 수도 있을 것이다. 그러나 그것은 지교회 활동에 국한된 것일 것이다. 결국 클럽의 회원으로서는 좋으나 그것이 그들에게는 중요한 '생과 사'의 문제는 아닌 것이다. 이러한 사람들이 어떻게 다른 사람들을 사로잡아 그리스도께 인도하기 위해 삶을 희생하고 외지에서 기꺼이 뼈를 묻을 각오를 가지고 있는 젊은 남녀들을 이해할 수 있겠는가? 그들은 그것을 어리석다고 생각하는 것이다. 그것을 비난하여 '경건한 척' 한다고 악담한다. 그들은 "그리스도인에게 있어서 그리스도의 중요성에 대한 척도는 바로 그 분을 다른 사람에게 알리기 위해서 나아가는 범위와 같다는 것을 깨닫지 못하는 것이다. 그래서 많은 사람들이 자기들의 신앙이 선교에 대해서 많은 것을 의미해 주지 못하고 있기 때문에 선교에 대해서 관심을 갖지 않는다"고 결론을 내릴 수밖에 없다. 물론 그들의 신앙은 다른 사람들에게도 그리 중요한 의미를 던져 주지 못하게 될 것이다.

둘째, 선교를 반대하는 이유가 자신에게 몰두해 있기 때문이다. 나쁘게 말하면, 그것은 이기심인 것이다. 자신의 힘으로 최선의 것들을 잡으려고 애쓰는 것이 일종의 탐욕스러운 이기심은 아닌 것이다. 자기 중심적이라 불리워질 수 있는 것은 일층 더 수동적인 모습인 것이다. 그것은 자신의 일에만 너무 몰두하게 되어 다른 사람의 어려운 처지를 전혀 보지 못하는 그런 종류의 것이다.

선교를 반대하는 사람들 중에서 어떤 사람들은 바로 명목적인 그리스도인들보다 차원이 더 높다. 그들은 깊은 종교적인 경험을 체험하였다. 그들은 자기들이 속하는 지교회(支敎會)를 일깨우거나 개인적으로 그들에게 영향을 주는 영적 필요성에 관해 상당히 큰 관심을 가지고 있다. 그러나 선교에 대한 말이 나오게 될 때에는 그들은 '그냥 선교를 이해할 수가 없다'고 말한다. 이 말은 그들이 생각하고 있는 것보다 훨씬 정확한 표현이다. 어려운 것은 그들 속에 비젼이 결핍되어 있다는 것이다. 그들은 단지 근시안적인 안목으로 잘 보는 것뿐이다. 그들의 시야가 미치지 못하는 사람들의 어려움은 그들과는 상관없다. 뿐만 아니라 왜 다른 사람들에게 관심을 가져야 하는지 그 이유도 이해하지 못한다. 그리고 성경구절까지 인용한다. 사도행전의 선교 명령(행 1:8)을 시간적 개념으로 해석한다. 예루살렘, 유다, 사마리아, 땅끝까지라는 순서를 강조한다. 그러니까 자기 나라가 완전히 선교된 후에 다른 나라에 선교사를 파송해야 한다는 시기상조를 강조한다. 그렇다면 미국 전역이 선교되어진 후에 선교사들이 한국에 와야 하지 않는가? 아직도 미국이 복음화되지 않았다는 것을 생각해 보라. 그러므로 선교 명령을 시간적 개념으로 보지 말고 지리적 개념으로 해석해야 한다. 즉 모든 지역이 다 선교의 동일한 대상이라는 뜻이다. 예루살렘, 유다, 사마리아, 그리고 모든 나라들이 다같이 선교의 동등한 대상이란 뜻이다.

셋째, 선교 반대 이유는 적어도 구식 형태로서는 더 이상 그 중요성을 갖지 못하게 되었다는 것이다. 그것은 사람들이 더 이상 신학적인 문제에 대해서 많은 관심을 표명하지 않기 때문이라고 생각한다. 따라서 그 원인은 신학적인 문제인 것이다. 선교에 대해 비판적인 신학에는 두 가지 유형이 있다. 이 둘 중에서 오래된 것은 우리가 '초칼빈주의'(hyper-Calvinism)[12]라고 부르는 형태이다. 이러한 극단적 형태에서는 하나님의 주권을 강조하여 사람은 단지 꼭둑각시에 불과하지 않는다고까지 주장한다. 선교에 반대하는 그러한 입장에 대한 고전적인 표현은 윌리엄 캐리에게 그의 선배 목사가 말했다고 하는 언급에서 발견된다. 이것은 18세기로 거슬러 올라가는 이야기인데 다음과 같다. "하나님께서 이방인들을 회심시키고자 하시면 그 분은 당신의 도움이나 나의 도움 없이도 능히 그 일을 하실 것이오!" 하나님의 통치와 인간의 책임 한계 사이의 불분명한 선은 선교의 벽이 되었다. 오늘날에는 거의 아무도 이런 견해를 갖고 있지 않을 것이다. 그러나 최소한 우리의 선교 정의에 대한 개념에 비추어 볼 때, 선교를 반대하는 신학의 현대적 형태가 또한 존재한다. 세칭(世稱) 자유주의(liberalism)라고 불리우는 신학이 바로 그것이다. 그러나 이 표현은 정확한 것이 못된다. 그것은 역사적 기독교 신앙의 여러 부문에 의문을 제기시키는 다양한 체제들을 모두 의미하는

---

[12] 초칼빈주의자들은 불신자들을 접근하기 위해서 전도나 선교를 금하는 칼빈주의의 한 형태이다. 그러나 이 견해의 옹호자들은 하나님의 주권적 은총에 의한 구원과 또한 죄인들에게 열정적인 복음의 선포와 죄인들이 예수 그리스도를 개인의 구세주로 영접하도록 초대하는 결과로 얻어진다는 사실을 모르는 사람들이다.

표현이기 때문이다. 그 중에 한 견해를 따를 것 같으면, 기독교는 유일무이한 것이 아니다. 기독교도 많은 종교들의 하나이며 그것만이 참된 종교라고 할 수 없다. 그리고 종교는 하나님을 찾고자 하는 인간의 시도에 불과한 것이다. 다른 종교들도 똑같이 같은 목표에 이르고자 하는 다른 방법인 것이다. 그래서 우리가 의미하는 개념으로서의 선교 활동은 잘못된 것이다. 다른 종교는 우리에게 맞지 않을는지 모르나 그들에게는 적합한 것이다. 왜 우리의 도를 신앙하게 함으로 그들을 불안하게 만드는가? 우리는 단지 궁극적인 진리에 대하여 상호 연구하는데 그들과 함께 서로 참여할 수 있을 뿐이다. 만일 그런 것이 기독교라고 불리워질 경우 그것은 정녕 신약성경이 말하는 기독교는 아닌 것이다. 뿐만 아니라 역사적인 교회의 기독교도 아니다.

넷째, 세계 교회 협의회(WCC : World Council of Churches)의 에큐메니칼 운동이 선교를 반대하는 이유이다. 에큐메니칼 선교(ecumenical mission)는 개인구원→사회 관심→사회구원으로 발전하여 선교사의 복음선교를 통한 '구원'을 곧 '해방'으로 대치하고 있다. 개인구원 보다도 사회구원이, 개인의 원죄보다 사회 구조악의 모순에 더 관심을 가지는 선교관을 주장한다. 개인구원 선교(missions)를 사회구원 선교(mission)로 전환시켜 버렸다. 선교의 목적이 인간화가 되었으며, 그리스도에게 영혼을 인도한다는 것은 종교적 식민주의로 간주한다. 따라서 선발된 선교사를 파송하는 전통적 선교를 부정하고 하나님의 현 역사에 활동하시는 일에 참여하는 것이 곧 선교라는 하나님의 선교(Missio Dei)를 말한다. 즉, 교회와는 상관없이 독립적으로 이 세계 안에서의 하나님의 감추어진 활동들을 의미하는 것이 되었고, 또한 이 보이지 않는 하나님의 활동에 참여하는 것을 의미한다.[13] 그리고 WCC의 에큐메니칼 운동은 제3세계의 여러 국가에서 선교사와 선교비 받는 것을 임시 보류하는 운동(Moratorium)을 펼

---

13) David J. Bosch(전재옥 역), 『선교 신학』(서울 : 두란노서원, 1985), p.212.

치고 있다. 즉, 개인구원 보다는 사회구원을 앞세우는 해방 신학이 WCC의 공식적인 선교 신학이다.

사회구원 선교는 인간 생활의 모든 양상 속에서 모든 인간들에 대한 교회의 전체적인 책임이지만 특히 사회적 관심의 영역에 있어서 책임을 강조한다. 그러나 그것은 구세주를 모르는 사람들에게 신앙을 선도하는 데에 있어서는 별로 관심을 두지 않는다. 그 우선적인 강조점은 사회적인 행동에 대한 것이며, 교회로 하여금 이 세상의 일들을 이루어 나가는 일에 참여토록 애쓰는 데에 있다. 교회가 외국에 선교사를 파송하는 것만이 선교가 아니라, 눌린 자를 해방하며 불의의 정치 세력들과 싸우고 가난한 자를 돌보는 사회참여만을 주장한다. 그것은 정치화된 선교 사상이다. 인간과 하나님 사이의 수직적 차원에서의 구원을 멀리 떠나 많은 젊은이들이 이러한 사회구원 선교에 영향을 받고 있다. "개인구원 선교는 잘못된 것이다. 우리는 인종차별, 빈곤, 군국주의 등등을 우리 자신의 나라에서 퇴치해야 하고 그리고나서야 비로소 다른 사람들에게 복음을 전할 권리가 있을 것이다"라고 말하고 있다. 이러한 주장은 교회로 하여금 선교의 정열을 식어지게 만들었다. 특히 서구 교회의 평신도와 지도자들이 "이제는 우리의 해외 선교 사명은 완수되었다. 세계 도처에 복음이 다 전파되어 피선교지란 용어나 선교사란 용어도 없어졌다. 이제 나머지 복음화는 피선교지에 있는 젊은 교회들에게 맡기자. 그리고 우리는 우리의 일을 우선 돌보자"라고 한다.

인간을 중심에 갖다 놓는 신학일 경우 WCC의 에큐메니칼 입장은 당연히 옳다. 그렇지만 인본주의적 복음은 우리 주 예수 그리스도의 복음이 아닌 것이다.

제1장

한국 교회와 세계 선교

I. 한국 교회의 선교 운동

오늘날 선교에 대한 관심이 높아가고 이를 위한 국내적 국제적 회합이 많아지는 것은 대단히 고무적인 일이며 또한 희망적인 일이 아닐 수 없다. 교회는 선교를 위해 존재하며 선교하는 교회라야만이 참 교회이기 때문이다. 그래서 보어(Harry R. Boer)는 "교회는 본질적으로 선교하는 교회이다"(The Church is Missionary church)[1]라고 하였다. 마치 불이 붙고 있는 한 불이듯이, 교회는 선교하지 않고 있는 한 이미 교회가 아니라는 뜻이다. 그렇기에 교회는 그 처음 시작에서부터 선교적 사명을 감당하여 왔다. 신약 시대의 오순절 교회는 땅끝까지 가서 그리스도의 증인이 되라는 주님의 선교 분부를 문자 그대로 받아들였다. 교회는 선교를 처음부터 가장 생명적인 법으로 받아 왔다. 그리하여 처음 120문도가 3천 명이 되고 곧 5천 명으로 증가하면서 로마를 거쳐 영국, 프랑스, 독일 그리고 미국, 다시 동

---

1) Harry R. Boer, *Pentecost and Mission*(Grand Rapids : Eerdmans Pub. Co., 1980), p.161.

양에 이르기까지 복음은 세계로 전파되었다. 그리하여 20세기 전환기에 접어 들면서 온 세계를 현 세기 동안에 복음화하고자 외치는 해외 선교의 전성기를 과시하고 있다. 이러한 선교 운동은 성경을 하나님의 말씀으로 믿고, 그에 따라 예수 그리스도의 유일성을 신봉하며, 모든 인류가 이 그리스도의 복음으로 새로워져야 함을 강조했다. 선교의 열심, 선교의 비젼과 목표는 세계적이었다.

이러한 선교 운동이 주로 서구 교회에 의해 시도되었다. 그래서 기독교를 서구(西歐)의 종교로 보는 경향이 많았고 세계 선교의 과제도 서구 교회의 전용화처럼 생각하였다. 그러나 20세기 후반에 들어서 서구 교회 중심의 선교 운동이 점차 몰락되어 가고 점차 제3세계의[2] 선교 시대로 옮겨지기 시작하였다. 그리고 전통적인 선교에 대한 이해와 방향은 흔들려 오히려 교회에 혼란을 가져 오고 있다. 이렇게 된 데는 두 가지 이유가 있다.

첫째는 서구 신학의 몰락에서 오는 복음의 변질화를 들 수 있다. 기독교적 용어를 사용하면서 신학적으로 완전히 비복음화된 이질 신학의 영향으로 서구 교회는 선교를 포기하기에 이른 것이다. 선교의 과제를 전적으로 사회적, 정치적, 경제적 구조를 개혁시키는 행동(Action)에 있는 양 주장한다. 이러한 선교 신학은 하나님과 인간과의 수직적인 면에서의 화해, 즉 그리스도화(Christianization)에서 인간과 인간 사이의 수평선적인 면으로 옮겨졌다. 하나님과의 종교적인 관계에서 사람과 사회와의 사회적 관계로 변천해 버렸다. 그리하여 선교는 사회 정치에서의 인권 운동과 동일시되는 인상을 주며 해방 신학이 판을 치고 있다. 그러므로 전통적으로 복음전파하는 일이 사회참여로 대치되며 하나님 앞에서의 개인 영혼 구원의 강조없이 이

---

2) 세계를 국력의 크기나 국민 생활수준 등에 따라 크게 세 그룹으로 분류한다. 제1세계에서는 선진공업국 24개국이 속한다. 북미주의, 미국, 캐나다, 서유럽의 17개국, 대양주 2개국 그리고 일본 등이다. 제2세계는 소련이 종주국인 공산 사회주의 국가들이다. 모두 8개국이 이에 속한다. 제3세계는 나머지 모든 나라가 속해 있다. 주로 제2차 대전 후에 생겨난 신생 독립국가들이다. 그리고 제4세계는 미국 인디언들을 묘사한다.

웃 사람과의 화해 곧 인간화(Humanization)를 주장한다.

둘째로, 제2차 세계대전 이후 제3세계에서 일고 있는 반서구적 민족주의 운동이 서양 선교사를 배척하는 경향이다. "선교사여 돌아가라"(Gatu), "밉살스러운 선교사"(Nida), "선교는 좋으나 선교사는 싫다"(Nacpil)라는 논문들이 나왔다. 그리고 백인 선교사들(White missionaries)은 흰 코끼리들(White elephants)로 묘사되고 있다. 이러한 시세에 편승하여 아시아에서 교세와 선교 자원 면에서 가장 우세한 한국 교회가 세계 선교의 사명을 감당하는 선교 운동에 앞장서야 한다고 주장한다. 1974년 스위스 로잔에서 있던 '세계 복음화 국제대회'에서 도날드 맥가브란(D.A. McGavran) 박사는 "한국이 1984년까지 2,000명의 선교사를 파송하는 것은 충분히 가능성이 있고도 남음이 있다"라고 발표하였다.

기독교 역사를 보는 관점에 따라 여러 가지로 구분하는데 어떤 이들은 마태복음 20：1~8의 포도원의 품군들 비유를 선교 역사적인 측면에서 비유하기도 한다. 즉, 5시기로 비유한다.

(1) 아침 시간은 유대인 그리스도인의 시기
(2) 3시(오전 9시)는 유럽과 로마 시대의 그리스도인의 시기
(3) 6시(정오)는 영국의 세계 선교를 주도했던 시기
(4) 9시(오후 3시)는 선교의 주도권이 미국으로 넘어간 시기
(5) 11시(오후)는 미국 선교의 전성기 시기
(6) 그 후는 아시아(한국)의 선교 전성기로 구분하기도 한다.[3]

1. 개혁주의 선교 신학 확립

한국 교회는 21세기를 향하여 세계 선교 과업을 수행하기 위해서 개혁주의 선교 신학의 확립이 급선무이다. 에큐메니칼 선교학자 호켄다이크(Hoekendijk)는 그의 저서 『흩어지는 교회』(The Church inside

---

3) 한경철, 『한국 교회와 한국 선교사』(서울 : 그루터기, 1986), p.48.

out)에서 교회론 중심의 선교는 바로 교회의 쇠퇴를 의미한다고 하면서 그 전통적인 선교관을 예리하게 비판하고 세상 중심의 선교를 제창하였다. 그는 하나님은 더 이상 교회에서 역사하지 아니하고 세상에서 역사하기 때문에 그리스도인은 이제 선교지가 아닌 세상으로 파송되어야 한다고 주장하였다. 그리고 선교의 목적은 개인의 영혼을 구원하는 데 있지 않고 이 세상 위의 평화(Shalom)의 건설이라고 하였다. 이렇게 정의된 선교관이 오늘날 유행되고 있다. 이것이 바로 자유주의 신학에서 말하는 '하나님의 선교'(Missio Dei)이다. 하나님의 선교는 아예 구령적 요소를 부인하는 인간화 운동이다.

영국의 한 유명한 목사의 설교도 이러하였다. 이제 북아프리카에 해외 선교사를 보내어 거기 있는 사람들을 전도하도록 훈련한다는 생각은 아주 어리석은 짓이며 그런 시대는 지나갔다. 이제 선교 영역을 특수하게 취급해야 한다. 낯설은 곳에 선교사를 보내는 대신 보통 직업을 가지고 그곳 사람들과 섞이고 좀더 특별하게 정치, 사회적인 일에 들어가야 한다. 만일 그리스도인으로서 그런 일을 행한다면 언젠가는 잘 살고 있는 사람들의 자손들이 그리스도인이 될 희망이 있다는 것이다. 교회 밖으로 나가서 정치 사회 활동이나 자선 활동에 참여하여 정치적인 문제와 사회 상황, 그리고 세계 도처에서 고통당하는 문제를 해결하자는 것이다. 사회 부조리와 전쟁과 평화에 관심을 갖고 영향을 끼쳐야 한다는 것이다.

교회가 선교라는 이름 아래 실제적인 면에서 사회와 정치 문제에 깊이 참여하자는 것이다. 이러한 주장으로 인해 한국의 산업 사회에 큰 충격을 주는 동시에 보수주의 교회에서는 교회가 세상 기관과 달리 교회로서의 동일성(identity)을 어떻게 찾느냐의 문제가 심각히 대두되고 있다. 이러한 대립된 선교 이해 때문에 한국 교회와 사회는 실제적 분열의 위기에 직면하고 있다. 이러한 상황에서 새로운 개혁주의 선교 신학의 확립이 요청되고 있다. 신학의 진전에서 그렇듯이 교회 선교에서도 반동의 원리(principle of reaction)가 작용하고 있다. 그러나 그 반동은 변천하는 상황에 따라 강조점의 변화는 가져 오더라도 선교의 근본적인 과제나 목표가 동요되거나 변화되어서는 안된다. 그러므로 앞으로의 선교는 무엇보다도 복음과 교회의 본질을 바로 이해하는 데서부터 그 과제와 방향을 재정비하고 변천하는 선교 상황에 적절한 전략을 모색하여 온 교회가 그 힘을 결합하며 구사하는 데로 인도되어야 한다.[4]

한국 교회는 초대교회가 선교에 나설 때에 가졌던 복음으로 돌아가야 한다. 그리스도 복음의 유일성에 대한 확신을 하며 이 복음 선포의 긴박감을 되찾아야 한다. 이 복음의 능력에 대한 확신은 선교를 통하여 하나님의 나라를 이 땅 위에 도래(到來)케 한다. 복음으로 사람이 하나님과 화해됨으로써 하나님의 나라가 이루어짐을 믿게 해야 한다. 그러므로 선교의 첫 과제(Evangelism itself)는 모든 백성이 그리스도를 믿어 그의 제자가 되도록 하기 위하여 하나님의 말씀을 전파함에 있다.

우리 주님이 이적을 행하셨다. 그러나 흥미로운 것은 이적은 주님의 첫번째 사역이 아니고 두번째 일이었다. 요한은 이적을 '표적'(signs)으로 표현했다. 주님은 나는 "세상의 빛이라"고 말씀하시고, "먼저 그 나라와 그 의(義)를 구하라 그리하면 이 모든 것을 너희에게 더하시리라"고 하셨다. 그러한 표적은 옳은 것이다. 그러나 제일차적인 것이 아니다. 두번째에 해당하며 결과요, 열매요, 결실에 속하는 것이다. 그렇다고 하여 그리스도인이 사회 봉사의 책임을 면제하는 이유가 되어서는 안된다. 왜냐하면 선교의 목표는 들은 자들로 하여금 그리스도의 제자가 되어 주님께 순종함으로 교회에서나 사회에서도 책임적인 봉사를 하게 함에 있기 때문이다. 더 나아가 복음이 선포하는 구원은 사람의 전인격을 새롭게 할 뿐 아니라 그의 사회적 책임에서도 변화를 시켜야 한다.

승천하시면서 주님이 말씀하신 바는 '하늘과 땅의 모든 권세'를 주관하시는 분은 바로 주님 자신임을 말씀하셨다. 그러므로 복음증

---

4) 조종남, 『세계 선교의 방향과 전망』(서울 : 크리스챤신문, 1975, 1. 5).

거는 그리스도의 전역통치를 전제한다. 선교는 영혼 구원만이 아니라 그의 인간 생활의 전영역이 복음화되는 것을 포함하고 있다. 예수 그리스도는 죄에서 해방을 준 구세주로서 뿐 아니라 우리 전생애 전폭을 주관하시는 왕이시다. 그러므로 선교의 목적은 개인의 단순한 영혼 구원에만 있는 것이 아니라 그 개인이 몸담고 있는 그 사회의 문화적, 사상적 심층구조까지 복음을 통한 개혁을 초래하여 전문화 영역까지 하나님의 주권이 확립되어지는데 있다.[5] 이에 그리스도인은 선교에 있어서 일정한 대화나 그리스도인의 세상 속의 현존(Christian presence in the world)의 중요성을 인식해야 한다. 이런 점에 있어서 개혁 교회는 복음 선포와 아울러, 그 선포의 결과로 그리스도인의 사회에서의 책임있는 봉사에 적극성을 되찾아야 한다.

존 스타트(John R.W. Stott)는 "그리스도인들은 반드시 비기독교적 사회에 침투해 들어가야 한다. 그리스도인들은 비기독교적 사회에 영향력을 미칠 수 있다. 그러나 그리스도인들은 그들의 특수성을 유지해야 한다"고 하였다.[6] 제임스 팩커(J.I. Packer)는 선교를 "죄인을 불러 예수 그리스도를 구주로 뿐만 아니라 교회의 교제 속에서 왕으로 모시도록 하는 것이다. 그리고 그 교회란 예배하며 전도할 뿐 아니라 땅 위에서 주를 위해서 일하는 사명을 가진 성도의 모임이다"고 했다.[7]

한국 교회에 요청되는 선교 방향은 복음선포를 통한 개인 영혼구원에서, 나아가 사회 생활에까지 변화를 가져와 마침내는 하나님의 나라가 이 역사 속에 도래하도록 그 목표를 설정해야 한다. 즉, 종교적인 영역에만 국한시키지 않고 전문화적 영역까지 포함시키며 구원 원리뿐만 아니라 주권 원리를 동시에 강조해야 한다. 이러한 개혁주의 선교 신학의 확립이 필요하다.

---

5) 김의환, op.cit., p.57.
6) John R.W. Stott(박영호 역), 『현대 사회문제와 기독교적 답변』(서울 : 기독교문서선교회, 1985), p.92.
7) J.I. Packer, op.cit., p.39.

2. 동반자 선교 방법 확립

바울 사도는 선교 전략이 없었다는 것이 선교 전략이었다. 아무리 보아도 바울은 이렇다 할 선교 전략을 세우지 않았다. 그에게는 선교 신학은 있어도 선교 전략은 없었다. 바울의 선교함에 있어서 가장 귀중한 것은 '계시적인 복음'이었다. 사람에게 배운 것도 아니요 사람으로부터 들은 바도 아니요, 다만 하나님의 계시로 말미암았다 하는 그것이 선교의 원천이요 원 뿌리였다.[8] 갈라디아서 2:9의 "또 내게 주신 은혜를 알므로 기둥같이 여기는 야고보와 게바와 요한도 나와 바나바에게 교제의 악수를 하였으니"에서 아이디어를 얻을 수 있다.

여기서 자기에게 주신 은혜를 알고 남에게 주신 은혜를 알 수 있다. 그래서 은혜와 은혜를 서로 나눈다. 은혜를 나누고 은사를 교환하고 그 주신 은사를 따라서 협력하고 보완해야 한다. 그리고 교제의 악수를 통해서 서로 협력하는 동반자적 의미를 말한다.

교제의 악수를 함으로써 함께 '소속하고 있다'는 의미가 된다. 오른 손을 붙잡는 것은 우정과 신뢰의 표였다. 그들이 '협력자로 … 영접했다'는 계약의 보증을 말한다. 베드로 안에서 그리고 베드로를 통하여 일하시는 성령의 사역뿐 아니라 바울 안에서 그리고 바울을 통하여 일하시는 성령의 사역을 인정하는 것이다.[9]

한국 교회도 이제는 개인 사역(play)에서 '협력 사역'(teamwork)을 해야 한다. 복음주의적 신앙의 전통에 선 교단과 교단이 동반자적 관계를 맺고 또 한국 교회와 서구의 여러 선교 단체들이 동반자 관계를 맺어야 한다. 한국 교회와 아프리카, 남미, 아시아 세계의 여

---

8) 김명혁 편, 『동반자 선교』(서울 : 엠마오, 1988), p.8.
9) R.A. Cole(김효성 역), 『틴델, 갈라디아서 주석』(서울 : 기독교문서선교회, 1979), p.79.

러 선교지 교회들과 우월 관계도 아니고 종속 관계도 아니고 제국주의적인 지배 관계도 아닌 동반자적인 관계를 맺어야 한다.

2세기를 맞는 한국 교회는 교단 간에 동반자적인 선교를 해나가고 서구 선교 단체와도 경쟁적이고 지배적인 차원을 극복하고 동반자적인 관계를 수립하고 또 선교지의 교회와도 아름다운 동반자적인 관계를 수립해야 한다.[10]

김명혁 교수는 "동반자 선교 협의회"의 목적과 취지를 설명하면서 다음의 7가지를 말했다.

첫째, 선교사 후보자 선정과정에서 선교 단체와 한국 교단이 상의를 한다.

둘째, 선교사의 법적인 문제를 한국 교회가 책임지도록 해야 한다.

셋째, 재정 문제가 그 사람을 지배한다. 그 선교사에 대한 재정을 한국 교회가 책임지도록 해야 한다. 어떤 선교 단체는 여러 교단의 개교회로부터 선교비를 모아서 직접 관리한다. 그것을 탈피하고 한국 교회 선교부가 모든 재정 문제를 책임지고 송금해야 한다.

넷째, 선교지 선정과 같은 중요 선교 정책을 결정할 때 본국 교회와 상의해서 한다.

다섯째, 안식년도 선교 단체가 독자적으로 프로그램을 짜지 말고 한국 교회가 한국 선교사가 돌아왔을 때 도전도 받고, 그를 보살피고, 재교육도 시키고 자녀교육 문제도 책임지게 한다.

여섯째, 각 교단에서 선교사 훈련 세미나 또는 훈련 기구를 개설도 하고 운영도 하는데 그때에는 여러 교단이 서로 의논해서 서양 선교 단체의 경험이 있는 지도자를 초대해서 그들의 경험을 듣고, 지도도 받아서 각 교단의 선교 세미나를 도와주게 함으로 교단과 선교 단체와의 밀접하고 동반자적인 관계를 유지한다.

일곱째, 각 교단아 선교사를 파송하다 보니 곳곳에서 여러 가지

---

10) 김명혁 편, *op.cit.*, pp.13~14.

문제들을 만나게 된다. 개교단은 그런 문제들을 제대로 파악 분석을 못하고 해결도 못하는 형편이다. 그러므로 가맹된 여러 교단이 협력해서 선교지의 문제들을 함께 분석하고 해결해 가는 협력의 일을 한다.[11]

특별히 영국의 전통적인 선교부인 OMF나 WEC 선교부에는 세계 각국의 선교 자료를 비치한 자료실, 전산실 그리고 훈련과정 등이 준비되어 있다. 그러므로 이러한 선교부와 동반자적 관계를 맺어 수많은 시행착오를 거쳐서 준비된 풍부한 자료들을 토대로 정보를 주고 받아 사용하는 것이 효과적이다. 한국 교회의 교단 선교회나 독립 선교회도 세계 각국의 선교 현황을 파악하고 선교사에게 필요한 세부적인 사항을 준비하도록 자료실이 시급히 요청된다. 그리고 선교 본부의 행정 직원들도 외국의 선교회의 훈련과정에 직접 참여하여 경험을 쌓는 것이 필요하다고 사료된다. 그리고 한국 교회의 어느 교단이든지 모두 선교국을 두고 있고 개교회도 선교회를 구성하고 있다. 이 여러 선교회를 연합하는 연합기구가 년 1회 또는 적절한 시기에 타문화권 선교에 참여하고 있는 행정 담당자들, 선교사들, 그리고 후원 목회자들이 모여 전국적으로 협의회를 갖는 것이 필요하다. 현재는 선교사들이 각각 자기들을 후원하는 교회나 소그룹에 나가 보고하는 형편으로 지나는데, 이와 병행하여 선교사들이 가능한 한 많이 참석한 가운데 선교 문제 연구를 검토할 수 있는 시간과 공간이 필요하다.[12]

한국에는 50개 선교 단체가 가입한 '한국 선교 단체협의회'와 6개 교단의 선교 지도자들이 가입한 '동반자 선교 협의회'가 있다. 이러한 단체들이 타문화권 선교의 제문제를 연구하고 선교사를 훈련시키는 단기, 장기 교육 프로그램을 개발하고, 선교 이론과 정책 수립을 해야 한다. 가장 시급한 작업 중의 하나는 타문화권 선교 도서 자료

---

11) Ibid., pp. 16~17.
12) 전재옥, "한국 교회가 파송한 선교사들의 현황 분석과 선교 전략"(서울 : 풀빛목회 5월호, 1987), p.88.

실이 설치되어 한국 교회 및 선교부가 타문화권 선교에 대한 자료를 원할 때 이용될 수 있어야 한다. 이것은 어떤 선교부가 그 선교부의 자료를 보관하고 외부에게 전연 공개하지 않는 범위를 넘어서 선교학을 전문적으로 연구하는 신학도들, 선교사 지원자들, 선교 행정가들, 외국의 선교 학자들이 다 접근할 수 있고, 사용할 수 있는 자료 도서실이 되어야 할 것이다.[13]

Ⅱ. 한국 교회와 선교 현황

한국 교회의 성장추세는 세계 기독교 역사에 유례를 찾을 수 없는 사례로서 세계 기독교의 관심의 대상이 되고 있다. 이것은 우리들의 자화자찬이 아니라 기독교의 세계적 동향의 한 단면이라고 본다. 한국 선교 100년의 짧은 역사에 실로 경이로운 부흥을 가져 왔고 유독이 아시아에서는 한국에서만이 기독교가 급성장하고 있으며 지구상에서 교회가 가장 부흥하고 있는 나라로 부상하고 있다.

한국 교회의 성장 요인을 여러 가지 측면에서 분석할 수 있겠으나 가장 중요한 것은 하나님의 특별하신 은혜와 성령의 역사이며 복음 선포를 위하여 수고한 선교사들의 헌신적 노력과 수많은 선교사들의 순교적 노력의 결실이라고 본다. 한국 교회사의 가장 감동적인 사실의 하나는 한국이 분명 순교자들의 선교지로 알려졌다는 사실, 그리고 한국에 파송된다는 것은 순교에로의 파송과 같다는 사실이다[14] (One of the most inspiring facts of the history of the church is fact that Korea was clearly know as the mission of the Martyrs, and that to sent to Korea was like being assigned to martyr done).

한국 장로교회는 선교 정책으로 이른바 네비우스 방법(Nevius

---

13) Ibid.
14) 나일선, 『오늘의 아시아 선교』(서울 : 보이스사, 1980), p.58.

Method)을 채택하여 자립, 자전, 자치의 삼자원리(三自原理)에 따른 교회개척과 성장운동을 전개하였다. 1890년 6월에 선교사들이 한국의 복음전파를 위한 대략적인 전략에 대해 그들의 방법을 실행에 옮기지 못하고 있을 때 중국에서 선교하던 존 네비우스(John L. Nevius) 선교사가 한국에 와서 중국에서 겪은 경험을 보고하였다. 한국 주재 7인의 선교사들과 함께 매우 중요한 의미가 있는 회의를 열었다. 이 '협의'가 미국이나 영국이나 호주에 있는 선교 본부에서 이루어지지 않고 한국에서 이루어졌다는 것은 중요한 사실이다. 네비우스는 선교사들이 면밀하게 따라야 할 다음과 같은 작전을 제시하였다.

(1) 성경공부 : 모든 사람의 영적 성장을 위해 성경을 체계적으로 가르쳐 훈련시킨다. 주로 겨울 및 여름 성경학교 등을 통하여 가르친다.

(2) 자력전파(自傳) : 각자의 기독교인들은 자신의 직업에 종사하면서 복음을 전하게 한다.

(3) 자치(自治) : 자기 지역을 지도할 무보수 지도자를 뽑아 저들 스스로 교회의 정책과 기구를 발전시키고 관리케 한다.

(4) 자립(自立) : 각 단체는 외부의 도움을 의뢰하지 않고 자기들의 교회당을 짓고, 자기들의 교역자를 청빙하여 자립토록 한다.

(5) 선교사들의 순회전도 : 선교사들은 한국인 교회의 목사 직분을 가진 자는 피하여야 하며, 한국의 조사(助事)와 함께 순회할 것이다. 선교사는 그가 순회할 지역을 배당받아 순회할 때 복음을 전하고 가르친다.[15]

한국에서의 선교는 이러한 네비우스 원리(the Nevius principle)를 사용하였다. 그리고 그 방법은 국내와 국외에 교회를 성장시키는 가장 좋은 방법이었다. 그 당시 83%의 국민들이 시골에서 살았기 때문에 시골지역을 포함한 순회 복음전도를 강조하였다. 기독교 단체가 분기하자 교사들은 점점 더 많은 시간을 신자 개인별 또는 단체

---

15) Samuel H. Moffatt, *the Christians of Korea*(Friendship Press, 1962), p.60.

적으로 성경을 가르치는 데 시간을 소비하게 되었다.[16] 1903년 기도의 제목에 대한 성경적 연구는 선교사들이 자기 자신의 죄의 고백으로 시작하였다. 이러한 부흥운동이 한국에 퍼졌고, 드디어 한국의 전지역에 퍼져서 영적으로나 양적으로 교회성장은 증대되었다.[17] 특히 1907년 대부흥은 한국 교회의 큰 성장을 가져 왔다. 뿐만 아니라 18, 19세기 때 영국과 북미에서의 영적 대각성의 때와 같이 한국 대부흥의 또 하나의 시작이었다. 그래서 제주도(1907년), 러시아(1909년), 일본(1909년), 삿뽀로(1910년)로 선교사를 파송하기 시작하였다. 초기 선교사들은 이들 지역에 살고 있는 교포들에게 사역하러 갔지만, 당시로는 엄청난 것이었다.

1911년부터 1919년은 교회를 질적 성장으로 이끄는 성경 가르침과 결심의 시기다. 우세한 자립정신과 복음전파를 강조했기 때문에 한국 교회는 그들 자신의 경계선을 넘어 뻗어 나가야겠다는 책임감을 더욱 인식하였다. 한국 교회의 타문화권 선교는 대한 예수교 장로회 총회에서 1912년 공자의 고향인 중국의 산동(山東)에 세 명의 선교사를 파송하기로 결정하면서부터 시작되었다. 그러나 이 중요한 출발은 큰 고역을 겪었다. 이 선교사들은 중국 교회나 그곳에 먼저 와서 사역하던 미국 선교사들의 환영을 받지 못하고, 먼 오지로 보내져 사병훈 선교사는 병사(病死)했고, 김병훈 선교사는 미국으로 건너갔고, 박태로 선교사는 귀국해야 했다.[18] 그러나 한국 교회는 여기서 좌절하지 않고 방효원 목사를 주축으로 한 조사단을 중국으로 파견하였다. 이 조사단의 긴 보고서를 조동진 목사는 다음과같이 세 가지로 요약을 하였다. 첫째, 한국 선교사들이 중국 교회와 현지에서 사역하는 외국 선교사들의 사전 협의없이 파송되었고, 둘째, 이 선

---

16) Ibid.
17) 참고, William N. Blair, "The Korean Pentecost and Other Experience on the Missionary Field," Board of foreign Mission of the Presbyterian church of U.S.A., 1908.
18) 최종상, "세계 선교를 향한 한국 교회의 준비"(선교 연구 제6호, 1988), p.5.

교사들이 선교 사역과 사역지에 대한 사전 훈련이 없이 파송되었고 세째, 선교지 선정에 대한 사전 조사가 없었으므로 그 선정에 있어 실수를 범하였다. 놀라운 사실은 이 조사단의 대표로 많은 것을 보고 느꼈던 방효원 목사는 스스로 1917년 다른 몇 명의 사역자들과 함께 전임 선교사들이 실패했던 산동지역으로 다시 갔고, 20년 후에는 그 아들도 중국으로 오게 했으니, 이가 중공에 가장 오래 남아 1957년 8월까지 사역한 방지일 목사이다. 이들은 1942년까지 35교회 개척, 1,710명에 수세(授洗), 두 개의 학교를 설립하는 빛나는 선교 사역을 감당하였다.

그러나 일제 말기에 중단된 선교사 파송은 한국 전쟁의 후유증이 채 가시지도 않은 1955년부터 선교사 파송이 재개되었다. 이 사실은 한국 장로교회의 선교적 전통을 이은 쾌거였다. 김성권 선교사(1955년), 최찬영 목사와 김순일 목사가(1956년) 태국에 파송받게 됨으로써 동남 아시아를 향한 한국 선교의 새로운 장이 열리게 되었다. 계화삼 선교사(1957년), 김영진 선교사(1958년)가 대만으로 파송받았다. 그러나 장로교회의 교단 분열 후 상당 기간 선교사 파송이 중단됨을 볼 때 교단 분열이 선교 사역에 타격적인 영향을 주었다. 전쟁과 교단 분열이 있던 5,60년 대에는 선교사 파송이 거의 중지되었다. 그러다가 70년대 후반기부터 선교사들의 수가 증가되었고 선교지에서 10년 이상이 된 선교사들은 소수라고 할 수 있었다. 대개는 80년대에 나간 선교사들이다. 나일선 교수가 편집한 1982년 한국 선교사들의 주소록에는 47개의 선교부가 323명의 선교사를 37개국에 파송하였는데 4년 후 1986년 한국 선교사 주소록에는 89개의 선교부가 511명의 선교사를 47개국에 파송했다고 기록하고 있다.[19]

---

19) 나일선 편, 『한국 교회 선교 단체 및 선교사 일람』(서울 : ACTS, 1986), p.20.

1. 한국 선교사들의 현황 분석

전재옥 교수가 조사를 위하여 1985년 10월 10일자로 224개의 설문지를 주소가 확인된 한국 선교사들에게 우송하였다. 그 중 응답된 설문지는 111개였다. 응답한 선교사들은 11명의 미혼 선교사들을 제외하고는 모두 기혼 선교사들이므로 200명이라고 가산할 수 있다. 따라서 224개의 설문지를 받은 선교사들은 독신 선교사들 11명과 기혼 선교사 426명으로 계산하여 총 437명인 것이다. 단 설문지의 응답 내용은 부부인 경우 같은 내용을 보내 왔으므로 응답한 선교사의 수는 211명이라고 하지만, 부부의 것을 하나로 계산하면 응답된 설문지는 111개인 것이다. 그외 10여 부는 주소변경으로 인해 되돌아 왔다. 응답자들 중 파송되어 나가 있는 선교사들은 남자가 73명, 여자는 독신 여선교사 11명을 포함하여 84명이다.[20]

(1) 선교사의 신상 관계

아래에서는 응답한 선교사들의 신상에 관한 것을 정리해 보았다. 설문지에 응답한 선교사들의 연령 분포는 아래와 같다.

1) 연령 분포도
① 20대 선교사 12.94%
② 30대 선교사 40.00%
③ 40대 선교사 35.30%
④ 50대 선교사 8.24%
⑤ 60대 선교사 2.34%

---
[20] 전재옥, *op.cit.*, pp.68~80.

⑥ 70대 선교사　1.18%

2) 모태신앙 배경
선교사들의 모태신앙 배경 여부에 대한 응답은 다음과 같다.
① 모태신앙 배경　　　　　　　55.30%
② 초신자의 경험을 가진 개종자 배경 41.18%
③ 무응답자　　　　　　　　　　3.52%

3) 파송 연도별
선교사들이 선교지로 떠난 연도별은 다음과 같다.
① 1950년대　　　　1.18%
② 1960년대　　　　3.53%
③ 1970년대　　　　18.82%
　ⅰ) 1970년대 전반　5.88%
　ⅱ) 1970년대 후반　12.94%
④ 1980년대　　　　75.30%

선교사들은 94%가 70년대와 80년대에 파송되어 나간 것이다. 특히 70년대 후반기부터 선교사들의 수가 증가되었고 선교지에서 10년 이상이 된 선교사들은 소수라고 말할 수 있다. 대개는 80년대에 나간 이들이 설문지에 대한 적극적인 반응도를 보인 것이 위와 같은 분포를 나타낸 이유이기도 하다.

(2) 선교사의 소명과 사역에 관한 검토

선교사로의 소명을 받았다고 할 수 있는 기관에 대한 질문에 응답한 것은 아래와 같다.

1) 부르심을 받은 기관
① 개 교 회　　35.2%

② 선 교 부   32.4%
③ 기독교 써클   9.9%
④ 신 학 교   5.6%
⑤ 기   타   16.9%

여기서 보면 신학교의 학생시기에 선교사 소명을 받은 자는 적게 나타난다. 그러나 한국 남자 선교사들의 대다수가 목회자들이라는 것을 고려할 때 간접적으로는 신학교 교육기간이 그들의 소명의식에 중요한 역할을 했을 것이다. 위 비율에서는 선교사들이 선교사로서의 지원을 할 때에 대부분 개교회나 선교부를 통하여 했다는 것을 참고하여야 할 것이다.

2) 선교지로 파송되기 전의 선교사 훈련 여부

① 신학 교육   56.3%
② 실제 경험   26.8%
③ 선교부를 통한 훈련 5.6%
④ 언어 훈련   2.8%
⑤ 일반대학   2.8%
⑥ 기 타   5.6%

여기서 선교부를 통한 훈련과 언어 훈련을 합한 8.4%를 제외하고는 선교사들이 타문화권 선교를 하기 위하여 특수한 교육과 훈련을 받지 않고 파송되어 나갔음을 지적할 수 있다. 실제 경험이라는 것은 목회자일 경우 어느 개교회에서 전도사 또는 목사로서의 경험을 의미하는 것이다. 그러므로 모국에서의 실제 경험을 타문화권 선교를 위한 직접적 및 집중적 준비라고는 할 수 없다.

3) 선교사들의 사역의 분류

① 제자 훈련   25.4%
② 교회 설립   21.1%
③ 전   도   15.5%

④ 개교회 목회   11.3%
⑤ 교육 선교   11.3%
⑥ 문서 선교   5.6%
⑦ 특수 선교   1.4%
⑧ 의료 선교   1.4%
⑨ 기 타   7.0%

　도날드 맥가브란의 선교의 정의에 의하면 선교는 그리스도를 믿지 않는 이에게 복음을 전하고 제자를 삼아 세례를 주고 교회의 일원이 되게 하며, 그 신자된 자가 복음을 증거하는 것을 의미한다고 한다. 즉, 선교는 교회성장이라고 보는 것이다. 연구자 자신은 교회성장의 선교를 하나의 중요한 방법이라고 생각하지만 선교의 정의를 교회성장으로 이해하지 않는다. 따라서 한국 선교사들의 선교 사역에 있어서 의료 선교와 특수 선교의 영역을 더 활성화시킬 필요가 있다고 본다. 왜냐하면 현재 선교지 연구에 의하면 기독교 선교에 대한 전통적 선입관과 서구 선교의 교회 중심의 선교, 주로 가톨릭 선교와 북미 19세기 선교가 그러했지만, 그 때문에 목회자인 선교사 입국이 어려운 지역이 광범위한 것이다. 주로 이슬람권, 힌두교권, 그리고 공산권이 여기에 해당된다. 이러한 지역에 교회성장 목회의 문이 좁다는 것이다. 반면에 이슬람권에서는 특수 선교, 문서 선교, 의료 선교의 필요성이 강조되고 있다. 이슬람권, 힌두교권, 그리고 공산권 지역에는 교회 중심의 선교가 아닌 선교 사역의 개발이 아쉬운 것이다.

4) 선교사의 예상 활동기간
① 1 ~ 5년   11.3%
② 6 ~ 10년   14.1%
③ 10 ~ 20년   15.5%
④ 종신(평생)   52.1%
⑤ 기   타   7.0%

위의 응답에 따르면 단기 선교사 헌신자보다는 장기, 종신 선교사 헌신이 압도적이다. 한국 교회가 파송한 선교사들의 희생적인 선교 자세가 보이는 점이다. 실제로 6년 이상은 장기 선교사로 구분될 수 있는데, 그렇다면 한국 선교사들은 약 20%를 제외하고는 장기 선교사로 평생을 타문화권 선교에 헌신하려 하고 있다고 볼 수 있다. 이러한 추세로 보아 한국 교회와 선교부는 파송 및 후원기관으로서 타문화권 선교 정책에 대하여 진지하고 내용있는 연구를 하여 나가 있는 인력과 보내는 자원, 그리고 개교회의 후원에 부응할 과제를 가지고 있다. 한국 선교사들의 대다수가 목회자들인 것을 생각할 때, 선교를 목회의 연장으로 받아들이는 것은 경고할 만하다. 타문화권 선교가 목회인 면은 있지만, 국내에서 경험한 목회 소명과 자질 및 사역만으로 준비를 갖추었다고는 할 수 없다. 그러므로 선교사, 보내는 교회, 그리고 선교부는 선교사로서의 소명, 자질 및 사역에 대해 사전에 충분히 검토할 필요가 있다.

(3) 선교사의 파송 및 후원 선교부와의 관계

1) 선교사가 소속되어 있는 선교부의 주요 사역은 아래와 같다.
   ① 교회 설립　　38.0%
   ② 전　　도　　21.1%
   ③ 개교회 목회　18.3%
   ④ 교육 선교　　5.6%
   ⑤ 제자 훈련　　5.6%
   ⑥ 의료 선교　　2.8%
   ⑦ 문서 선교　　1.4%
   ⑧ 특수 선교　　1.4%
   ⑨ 기　　타　　5.6%

위에서 78.0%가 교회 목회인 것이다. 선교사를 파송하고 후원하는 선교부의 사역이 주로 교회 중심의 선교인 것으로 나타난다. 이것은 선교사들의 주요 사역과 유사한 것이다. 여기서 제기되는 질문은 선교사로 지원하는 자들이 대부분 목회자들이어서 자연적으로 이러한 교회성장 중심의 선교 현상을 보이는지, 아니면 선교부가 정책적으로 한국 선교사들에게 교회 중심의 선교 전략을 요구하기 때문인가 하는 것이다. 선교부의 정책에 의한 것으로서 지원자 가운데서 교회개척, 전도, 교회 목회의 경력이 있는 자들을 선택했는가 하는 문제가 있다. 그런데 연구자 자신의 평가에 따르면, 파송 및 후원 선교부가 한국 교회의 타문화권 선교를 장기적 정책으로서 교회 중심 선교를 계획한 것보다는, 지원자들의 대다수가 목회자였기 때문인 것이라고 할 수 있다. 특히 이들의 대다수가 교포교회 목회를 하고 있는 것으로 보아 선교지에서의 요청이 목사였기 때문에, 그 상황에 적응하는 현상이 곧 교회 중심의 선교로 집중하게 되었다고 할 수 있다.

위의 주요 사역의 분류에 따라 지적하고자 하는 것은 파송 및 후원 선교부는 앞으로 단기 5년, 그리고 장기로는 10년을 계획하여야 한다는 것이다. 세계의 선교지를 지리적, 문화적, 정치적 면에서 검토하여 교회 중심의 선교, 즉 교회개척과 성장 중심의 선교만이 아니라, 평신도 선교사들이 참여할 수 있는 선교를 계획할 필요가 있다. 궁극적으로는 평신도 선교사가 교회성장 선교에 이바지하는 것이지만, 문화적 거리를 넘어 타인종, 타언어권, 그리고 타종교권에서 선교를 할 때 그들의 전문분야를 통한 선교 활동이 요구되고 있다.

2) 선교사 소속 선교부의 선교 신학 입장
① 복음주의 입장   77.5%
② 에큐메니칼 입장   9.9%
③ 근본주의 입장   5.6%
④ 자유주의 입장   5.6%
⑤ 기   타   1.4%

이것은 선교사들이 밝힌 자신의 소속 선교부의 입장으로서, 선교부들 가운데 복음주의 선교 신학노선이 가장 강한 것으로 나타난다. 여기서 복음주의라고 할 때는 로잔 조약에서 정리된 것으로서 ① 하나님의 피조물에 대한 목적, ② 성서의 권위, ③ 그리스도의 유일성과 세계성, ④ 전도의 우선과제, ⑤ 그리스도인의 사회참여, ⑥ 성령의 능력, 그리스도의 재림에 대한 강조를 하는 것을 대표적으로 들 수 있다. 기타에 해당되는 것은 오순절파이다. 이들 선교사들의 수는 실제에는 더 많으나 선교 신학적 입장을 밝히지 않았다고 본다.

3) 선교사와 소속 선교부의 행정 연락관계

선교사들은 자기들의 선교 활동을 서신과 문서로 보고하고 있다. 정기적으로 보고하는 이들이 97.2%이며, 이를 다시 구분해 보면 아래와 같다.

① 매달 서신연락　　36.6%
② 2개월마다 연락　 16.9%
③ 3개월마다 연락　 8.5%
④ 기 타　　　　　　35.2%

현대 커뮤니케이션의 속도와 능률을 생각할 때, 40%가 3개월이 지나도록 정기적인 서신연락을 하지 않고 있다는 것은 파송 및 후원 선교부와의 연락이 빈곤하다는 것으로 지적될 수 있다. 이러한 상황은 60년대 초까지도 용납될 수 있었다고 하지만, 이제는 더 효율적이고 내용있는 서신연락 및 커뮤니케이션이 없이는 후원하는 이들의 계속적인 관심을 끌기 어려운 것이다. 선교사는 첫 임기기간에 자기를 파송하고 후원하는 선교부와 교회의 신도들이 자기를 기억하고 기도하거나 후원하지 않는다고 생각하기가 쉽다. 그러나 선교사의 편지가 구체적이 아니고 추상적이며 애매하다면, 기도와 실제 후원을 하는 선교부가 정보를 얻어내야 되는데 이는 선교사 자신이 영적 성숙을 보이면서도 얼마나 솔직한 소식과 기도 제목을 보내느냐에도 크게 좌우된다. 또한 선교사는 자기를 파송하고 후원하는 이들에게 목회적 책임을 의식할 필요가 있다. 선교사는 본국 선교부에서는 무조건 섬김을 받아야 한다는 착각에서부터 벗어나, 선교부의 구성원들, 선교부가 선교사의 후원을 위하여 연락하고 있는 신도들에게 목회적 사명을 감당할 수 있어야 할 것이다. 이러한 사역이 서신으로서 전달되어야 하기 때문에 선교사의 서신연락과 다양한 커뮤니케이션은 다만 행정상의 연락이나 선교비에 대한 영수 정도로는 그 구실을 못하는 것이다.

선교사는 사역보고 및 행정관계 업무를 부담으로 생각할 것이 아니라, 선교지에서의 사역과 동등한 비중, 관심을 기울여서 응해야 할 것이다. 이 영역은 선교사만이 누리고 베풀 수 있는 소중하고 유일한 사역이며, 선교부에게는 선교사의 자료가 그 선교부의 역사의 장을 이루어주는 것이다. 선교사는 보고 내용에 있어서 다양한 주제를 택할 수 있다. 자기의 신상과 문제, 선교지의 문화, 정치, 사회, 선교지의 기독교 선교일반, 다른 선교사들의 소식, 그 지역의 선교에 대한 태도, 그곳의 선교 역사의 일면, 그 내용은 매우 풍부할 수 있을 것이다. 정기적으로 소식을 보내지 않는 것은 선교사 자신이 얼마나 성취한 면을 보이느냐에 집착하기 때문이라고 본다.

(4) 선교사와 선교지 문제

1) 선교지 선택경로
① 선교사 본인의 결정　59.2%
② 선교부의 결정　　　 28.2%
③ 기독교 써클의 결정　 7.0%
④ 개교회의 결정　　　 5.6%

파송 선교부와 선교지 선택의 상관관계의 우선순위를 보면 아래와 같다.

① 선교부를 통해 부름받은 경우—선교사 본인이 선교지 선택 :

19.7%
② 개교회를 통해 부름받은 경우—선교사 본인이 선교지 선택 : 18.3%
③ 개교회를 통해 부름받은 경우—선교부가 선교지 선택 : 9.9%
④ 선교부를 통해 부름받은 경우—선교부가 선교지를 선택 : 9.9%
⑤ 기독교 써클을 통해 부름받은 경우—선교사 본인이 선교지 선택 : 8.5%

여기서 선교사 자신이 선교지를 선택하는 경향이 우세하다는 것이 나타난다.

이를 우선순위별로 보면 선교사 자신이 선교지를 선택했을 경우 소명 확신에 대해 '좋다'가 16.5%로 나타난다. 선교지 선택과 선교 사역의 만족도의 관계를 우선순위로 보면, 본인이 선교지를 선택한 경우, '좋다'가 25.4%, '아주 좋다'가 18.3%이며 선교부가 선택한 경우 '좋다'가 11.3%이다. 또 선교지 선택과 선교지에 대한 만족도의 관계를 우선순위로 살피면, 본인이 선택한 경우 '좋다'가 26.8%, '아주 좋다'가 25.4%이며, 선교부가 선택한 경우 '좋다'가 16.9%이다. 종합적으로 보아 현재 '한국 선교사들'은 주로 선교지 선택을 본인이 하고 있으며, 만족도는 대체로 양호한 편이다. 그러나 장기적으로 보면 선교지를 선택하는데 있어서 선교사 개인이 결정하는 비율이 거의 60%에 달하는 것은 바람직하다고 할 수 없다. 왜냐하면 우선 선교지 선택에 있어서 개인적 이유가 강하게 작용할 수 있다는 것이다. 또 선교지에 대한 종합적 연구 및 답사가 대체로 없는 상태에서 결정한다는 것이다. 그리고 그 선교지의 이미 있는 전통적 교회의 의사타진이 없다는 점이다. 선교지의 교회, 즉 선교사를 맞이하는 교회가 타문화권 선교사를 원하고 있는지를 묻는 것은 중요한 출발이다. 그리고 선교사 개인이 선교지 상황을 판단하기는 어렵다. 그러므로 파송 및 후원 선교부는 선교지의 교회 지도자와 그리고 선교사가 직접 섬길 기관 및 대상들과 사전 연락을 취할 필요가 있다. 그리고 그곳에서의 공식 초청장을 받고 나가는 것이 바람직한 순서일 것이다. 위와 같은 과정이 가능하려면, 선교부는 선교지에 대한 조사를 체계적으로 그리고 지속적으로 해야 한다. 왜냐하면 선교지 상황이 변하고 있기 때문이다.

  선교사들 역시 선교지에서의 사역을 시작하기 전에 답사의 필요성을 강조하고 있다. 88.7%가 반드시 현지답사를 해야 한다고 했고 11.3%가 필요치 않다고 했다. 현지답사는 선교사가 직접하는 것보다는 선교부 또는 교회의 선교 행정가가 하고 선교지에 관한 자료를 가지고 충분히 선교 관계 임원들의 의논을 거친 후 결정하는 것이 바람직할 것이다.

2) 선교사의 선교지에서의 거주 상황

① 월세　　　　　　　　52.1%
② 선교지에서 제공　　　16.9%
③ 동료 선교사들과 합숙　11.3%
④ 자택　　　　　　　　　8.5%
⑤ 전세　　　　　　　　　8.5%
⑥ 기타　　　　　　　　　2.8%

선교사들은 28.2%를 제외하고는 다 선교비에서 주택비를 감당하는 것으로 나타났다. 가장 바람직한 것은 선교지에서 맞이하는 이들의 거주 문제를 해결해 주는 것이다. 이것은 주택 문제의 해결만이 아니라 보내는 선교부와 받는 선교지 교회의 협력관계를 활발하게 해주는 것이다. 주택 문제에서는 유지비 정도만 선교부가 부담하고 기본주택 선정은 선교지에서 선처하는 것을 기대할 만하다.

  처음 선교지로 나가는 선교사는 그곳의 문화, 사회, 경제, 상황을 분별하는 것이 어렵고 또한 시간을 요구하는 것을 감안하여 인내해야 할 것이다. 비록 선교지에서 택해준 거처가 만족할 만하지 않아도 시간을 두고 그곳 선교지 책임자 및 관계자와 의논하고, 또 파송 및 후원 선교부와 사전에 의논하여 서로간에 커뮤니케이션이 있은 후에 그곳을 떠나 적절한 새 주거지로 가는 것이 목회에 도움이 될 것이다. 주거의 문제가 있을 때 혼자만 생각하고 단독으로 새 곳으로 옮기는 것은 그리스도 안에서의 코이노이아의 소중함을 스스로 잃는 경험이 될 수 있을 것이다.

3) 선교사의 선교지 문화에 대한 적응도
① 보통이다.   67.6%
② 쉽다.   22.5%
③ 매우 어렵다. 9.9%

여기서 한국 선교사들은 비교적 선교지 문화적응을 잘 하는 것으로 나타난다. 그 이유는 다음 몇 가지로 추측된다. 첫째는 선교사들의 75%정도가 교포교회 목회를 하고 있다는 것이다. 그러므로 타문화권이지만, 윈터의 분류에 따르면 M-1(선교유형-1)에 해당하는 자들이다. 그들은 목회를 위하여 그곳 언어로 설교를 한다든가 그 언어가 아니면 일을 할 수 없는 상황이 아니다. 물론 그곳에서의 생활을 위하여 언어를 배우지만 그것은 생활언어로도 족할 수 있다는 것이다. 또 타문화권 속에서 한국적인 생활, 한국음식, 한국인들과의 친교, 한국인들이 모여 사는 지역 등이 가능하다는 것이다. 그러므로 한국 선교사들이 다른 선교사들, 서구 선교사들보다 타문화권에서의 적응력이 더 강하기 때문에 적응을 잘 하는 것이라고 단정할 수 없다.

4) 선교지에서 선교 동역자들과의 친교관계
① 매일   11.5%
② 주 1회   16.9%
③ 주 2~3회   8.5%
④ 월 1회   29.6%
⑤ 기타   33.8%

여기서 친교관계는 주로 선교 사역을 위한 기도모임, 사역문제 논의를 내용으로 본다. 기타는 월 1회보다는 덜 정기적으로 모이는 것을 지적하는 것으로 본다. 그렇다면 한국 선교사들은 34%가 단독으로 목회에 임하고 있다는 것으로 이해하게 된다. 이러한 독주적 사역은 선교사 자신뿐만 아니라 선교지의 선교 관계 신도들과의 사귐을 저해하는 요인이 될 것이다. 사역에 대한 논의, 친교 대상이 누구냐에 따라 선교사의 신학적, 신앙적 노선이 많이 좌우될 것이다.

5) 선교지에서 선교사들의 자녀교육
① 영어 학교　　　　　　　　　　31.0%
② 그 지역학교　　　　　　　　　 31.0%
③ 선교사 자녀를 위한 한국인 학교　2.8%
④ 가정에서 별도 교육　　　　　　5.6%
⑤ 기타　　　　　　　　　　　　　29.6%

여기서 기타는 아직 어려서 학교에 보낼 연령이 되지 않았거나, 또는 이미 성장하여 교육과정을 마친 것으로 이해된다. 서구 선교사들의 경우에는 자녀교육 문제가 심각한 것으로 보고되고 있는 반면에 한국 선교사들은 자녀교육을 가장 중요한 문제 중 하나로 보지 않고 있다. 그 이유는 아직 한국 선교사들의 가족이 선교사들로서는 첫 세대에 해당되므로 자녀들이 지금 받고 있는 교육이 그들에게 어떤 효과나 결과를 가져다 주는지에 대해 평가하기에는 시기적으로 빠른 것이다. 우선은 모국의 교육경쟁, 중·고등학교에서의 입시긴장을 피하는 것이 도움이 된다고 생각할 수 있다. 그러나 장기적인 타문화권 선교에 있어서 선교사들의 자녀교육은 정책적으로 논의되어야 할 것이다.

6) 선교지에서의 생활수준
① 거주지의 전화시설 여부
　　전화가 있다. 81.7%, 전화가 없다. 18.3%
② 거주지에 TV유무

TV가 있다. 78.9%, TV가 없다. 21.1%
③ 거주지에서 교통수단
자가용 60.6%, 버스 14.1%, 전철 5.6%, 자전거 5.6%, 기타 14.1%

위의 3가지 질문에서 나타난 것으로 보면 한국 선교사들은 자가용을 60.6% 교통수단으로 이용하고, 문화시설로서 TV와 전화를 대부분이 소유하고 있다. 이것은 선교지가 도시인 경우가 대다수임을 보여 준다. 그러므로 한국 선교사들은 대체로 도시중심으로 선교하며, 서구 선교사들과 생활수준이 같거나, 또는 더 나은 면을 보이기도 한다.

7) 선교사와 언어

언어습득을 어떤 방법으로 하느냐는 질문의 답은 아래와 같다.
① 독학으로 배운다.　　　　38.0%
② 언어 학교에 다닌다.　　　36.6%
③ 개인교사 지도를 받는다.　16.9%
④ 기타　　　　　　　　　　8.5%

언어사용에 대한 질문의 답은 아래와 같다.
① 언어습득 상태는 보통이다. 42.3%
② 언어습득 상태는 부족이다. 29.6%
③ 언어습득 상태는 양호하다. 28.2%

여기서 우선순위로 보면 아래와 같다.
① 언어습득은 보통—선교업무 만족도는 좋다. 16.9%
② 언어습득은 양호—선교업무 만족도는 좋다. 15.5%
③ 언어습득은 부족—선교업무 만족도는 좋다. 9.9%

언어습득의 자세와 선교 활동에 대한 만족도는 역동적인 것을 보여 준다. 그런데 언어습득의 수준이 반드시 선교지에서의 인간관계를 좋게 해주는 것만은 아닌 것으로 나타난다. 언어 학교에 다니는

제 1 장 한국 교회와 세계 선교 53

것과 개인교사의 지도를 받는 것은 장시간 선교하려는 선교사들에게는 필수적 과정이라고 지적된다. 그런데 교사의 지도도 없이, 언어 습득을 독학으로 한 38%와 기타 8.5%는 그 선교지에서 한 임기 이상을 사역할 경우에 결국은 언어의 장애에 부딪히게 될 것이다. 만일 기타에 해당하는 선교사들이 이미 선교지로 떠나기 전에 그곳 언어를 충분히 배워서 더 이상 정기적인 언어교육을 필요로 하지 않은 경우일 수도 있다. 그러나 선교사의 언어수준은 생활언어 이상이어야 된다. 왜냐하면 선교사는 선교지의 사람들과 복음을 증거하기 위한 커뮤니케이션을 해야 하기 때문에 언어의 표현력, 구두뿐만 아니라 문장력이 있어야 하기 때문이다. 첫 임기에 선교지 주민들과의 생활언어에 불편을 모르는 정도의 언어습득은 둘째 임기 이후부터는 부족을 느끼지 않게 될 것이다. 선교사는 그곳 라디오 정기뉴스, 신문 등 중요한 종교, 사회 문제를 파악할 만한 언어실력을 갖추어야 할 것이다.

비록 70.5%가 언어습득 상태에 만족하고 있다고 나타났지만, 응답자들의 대다수가 첫 임기, 즉 80년도 이후에 파송되어 나간 선교사들임을 감안할 때, 이 정도를 만족한 것으로만 평가할 수 없다. 그러므로 파송 및 후원 선교부가 선교사들에게 타문화권 언어교육의 과정을 마치도록 제도적으로 뒷받침하는 것이 요청된다. 선교사 개인에게만 결정하도록 하는 것은 장기 선교 정책으로서는 하나의 약점으로 지적될 수 있다. 언어에 능숙하지 않으면 둘째 또는 세째 임기에는 다시 기초부터 공부하기 어려우므로 선교지를 떠나게 되는 하나의 강한 간접적 이유가 될 수 있다.

(5) 선교사와 선교비 문제

선교사가 선교비 지원자를 확보하는 경우, 그 어려움에 대하여 아래와 같은 반응을 보인다.

1) 선교비 만족도

① 어려움이 많다.　　　　　　　　　　19.7%
② 보통이다.　　　　　　　　　　　　21.1%
③ 어려움이 별로 없다.　　　　　　　　16.9%
④ 선교비 지원자 모집에 해당되지 않는다. 42.3%

　한국 선교사들은 선교비 지원자들을 스스로 확보해야 하는 경우와 그렇지 않은 경우가 비슷한 비율을 보인다. 그리고 선교비 지원자를 확보해야 하는 경우에도 그것을 큰 문제로 생각하는 이들보다는 감당할 수 있는 일로 생각하는 이들이 더 많은 것으로 나타난다. 다른 측면에서 보면 선교사들의 거의 반은 선교비가 부족하더라도 선교비를 지원하는 자들을 스스로 확보해야 한다고는 생각하지 않고 파송 및 후원 선교부와 교회에 맡기고 있는 실정으로도 해석할 수 있다. 그러므로 선교비 후원자 확보에 해당사항이 없는 선교사가 반드시 선교비 지급액과 절차에 대해 만족도를 나타내는 것을 의미한다고 할 수 없다.

　선교비 지급 간격에 대한 질문에 아래와 같은 답을 하였다.

2) 선교비 지급 간격

① 매달 지급받는다.　　　40.8%
② 3개월마다 지급받는다.　38.0%
③ 6개월마다 지급받는다.　 1.4%
④ 매년 지급받는다.　　　　7.0%
⑤ 불규칙하게 지급받는다.　12.7%

　여기서 78.8%는 선교비 수혜 방법에 만족하는 것으로 나타난다. 선교비 액수에 따라 가능하면 3개월에 한 번씩 보내는 것이 선교 행정상 당분간 경제적이라고 판단한다. 왜냐하면 파송 선교부가 한 두 명의 선교사 월급을 보내기 위하여 은행 절차를 밟을 때 시간과 경비가 소요되므로 3개월 간격으로 하는 것이 개척 단계에 있는 선교부에게는 오히려 좋은 방법일 것이다.

선교지의 사역 개척을 위한 활동비에 대한 질문에 아래와 같이 응답했다(1개월 기준).

3) 선교 활동비
① 미화$100   5.6%
② 미화$200   23.9%
③ 미화$300   26.8%
④ 기타   43.7%

선교사 자신과 가족을 위한 생활비 이외에 선교 활동비를 $300이상이라고 한 선교사들이 70.5%이다. 이것은 상당히 많은 활동비를 의미하는데, 여기서 기억할 것은 거의 75%가 교포교회 목회를 한다고 하는 점이다. 그러므로 심방, 교회 예배실 준비 등이 포함되므로 이해할 만하다.

선교 활동비의 충당 경위에 대한 질문에 아래와 같이 응답하였다.

4) 선교 활동비 충당 경위
① 정기적으로 지급되는 선교비에서 충당 70.4%
② 선교지 헌금에서 충당   8.5%
③ 별도로 요구 및 신청   4.2%
④ 기타   16.9%

70.4%가 선교사가 있는 선교비에서 선교 활동비와 생활비를 함께 지출하고 있는 것이다. 선교사들은 선교비를 선교사 월급과 선교 활동비를 구분하여 지급해 주기를 요청하고 있다. 그러나 선교 활동비를 정기적으로 같은 금액을 지급하기 보다는 세밀한 활동 계획서에 따라 파송 및 후원 선교부는 그것을 검토하여 그 프로젝트의 효율성과 기대되는 결과에 따라 지불하는 것이 바람직하다. 특히 선교유형 —3의 경우에 해당되는 선교사에게 있어서 이러한 후원 방법이 타당하고 장기적으로도 안정성이 있는 것으로 판단된다. 그 이유는 첫 임기에 처해 있는 선교사는 주로 언어와 문화적응 및 그곳 교회와의

56 선교학

관계형성, 타선교사들과의 유대관계 등에 집중하는 것이 필요하며, 또 활동비를 지출하는 것보다는 활동을 계획하는 것이 필요하기 때문이다. 선교지에서의 유지비용(생활비용)에 대한 질문에 아래와 같이 응답했다(1개월 기준).

5) 생활비용
① $300 15.5%
② $500 22.5%
③ 기타 62.0%

기타에 해당되는 선교사들은 가족의 유지비를 포함하기 때문에 $500 이상이 필요할 것으로 나타나며, 대개 한국 선교사들이 아시아, 아프리카, 남미, 구라파의 도시에서 선교를 하기 때문에 유지비가 높은 것으로 예측된다. 일반적으로 자녀 2명의 가족이 있는 선교사의 생활비를 미화 $1,000로 생각하고 있는 것이 현재 한국 선교부의 실정이라고 본다.

Ⅲ. 기독교 문서 선교회

기독교 문서 선교회(Christian Literature Crusade)는 청교도적 개혁주의 정통 보수신학과 신앙을 선포하는 국제적, 초교파적, 비영리 문서선교 기관이다.

현재 CLC는 국가, 종족, 교파의 배경을 초월하여 50개국에 152개의 서점을 운영하고 있으며 600여 명의 선교사들이 사역하고 있다. CLC의 사훈은 헌신, 믿음, 교제, 성결이다. 그리고 암송하는 성경 구절은 이사야 6:13의 "그 중에 십분의 일이 오히려 남아 있을지라도 이것도 삼키운 바 될 것이나 밤나무, 상수리나무가 베임을 당하여도 그 그루터기는 남아 있는 것같이 거룩한 씨가 이 땅의 그루터기니라"이다.

1. 창설자 아담스의 생애

케네스 R. 아담스(Kenneth R. Adams)는 기독교 문서 선교회의 창설자로서 전세계에 기독교 문서를 전달하는 데에 그 일생을 헌신한 분이다. 아담스는 1985년 12월 18일 71세의 일기로 주님의 부르심을 받고 이 세상을 떠났다. 거의 50년 간을 선교사로서 사역해 온 아담스는 CLC운동을 개척하였으며, 그 일에 자신의 전생애를 헌신하였다. 1914년 영국 런던의 한 그리스도인 가정에서 4자녀 중 막내 아들로 태어난 아담스는 하나님을 열정적으로 사랑하는 것뿐만 아니라 단순한 일상의 일들도 충실하게 행하도록 훈련받으며 성장하였다. 특히 8세 때 예수 그리스도를 자신의 삶에 구주로 영접하고는 10분도 채 지나지 않아서 그의 누이 마거리(Margery)를 전도해서 결국 그녀를 주님께 인도하였다.

14세에 국민학교를 마친 뒤에는 런던에서 일자리를 얻게 되었고 그때 어느 작은 복음전도 단체에 가입할 수 있었다. 20세가 되던 해에 영국은 온통 전쟁의 와중에 있었다. 그 시기는 어떤 새로운 사업이나 선교를 시작하기에는 최선의 시기가 아니었다. 그러나 하나님은 그의 독특하신 방법으로 그 전쟁을 CLC를 세우는 무기로 사용하셨다. 아담스는 모친의 도움을 통하여 돈을 빌릴 수 있었고, 곧 자신의 서점을 콜체스터(Colchester)에 세웠다. 그러나 오래지 않아 하나님께서 자신을 선교 사역에 부르고 계시다는 것을 강하게 느끼게 되었다. 그러나 만일 그가 선교사 훈련을 받기로 결정한다면 그의 서점을 포기해야만 하는 댓가를 지불해야 했다. 다행스럽게도 서점을 맡아 운영할 수 있는 젊은 청년 존 화이틀(John Whittle)을 만나게 되었다.

아담스는 Faith Mission Bible College에 입학해서 신학공부와 문서사역에 대한 자신의 비전을 계속 키워 갔다. 신학교 졸업 후 스페인에 가서 문서선교 활동을 하려고 했으나 스페인 내란으로 무산되고 말았다. 이러한 일로 다음 단계의 사역에 대한 혼란에 봉착해 있을 때 그는 콘월(Cornwall)에 있는 한 선교 단체로부터 합류할 것을 요청받고 곧 승락했다. 그곳은 하나님의 능력을 경험하는 장소였다. 그리고 주님께 쓰임받는 젊은 자매 베시(Bessie Miners)를 만난 장소였다. 그녀는 곧 아담스의 마음을 사로잡았다. 1938년에 함께 가정을 이룬 부부는 곧 런던의 동부 앵글리아(East Anglia)로 이사해서 형제 복음전도단(Friends Evangelistic Band)에서 사역하였다. 이곳에서의 일은 주로 교회로 다니면서 축호전도를 하며, 간이 모임장소를 갖추어서 집회를 인도하는 것이었다. 그때 이 부부는 다른 사람들이 이미 그곳을 방문해서 각종 이단종파의 교리와 문서들을 전달하고 난 뒤라는 것을 발견하게 되었다. 후에 아담스는 "저는 도저히 그곳에 가만히 서서 그렇게 많은 위험스러운 선전물들이 배포되고 있는 것을 차마 눈뜨고 볼 수가 없었읍니다. 그것은 복음의 진리를 전혀 담고 있지 않았읍니다"라고 고백했다. 그때로부터 이 부부 팀은 좋은 기독교 문서를 양팔에 끌어 안고 집집마다 방문하기 시작했다. 그 당시 아담스는 콜체스터의 이삭거리(Sir Isaac's walk)에 방 두 개를 비밀리에 알아보는 등 그의 계획은 점차 불처럼 타오르기 시작했다. 방 하나는 서점으로, 다른 하나는 거실로 사용하기로 했다. 가진 돈이 없었기 때문에 친구들에게서 돈을 빌어서 약간의 문서들을 구입하고 방을 얻었다. 어떠한 사람도, 아니 아담스 자신조차도 그곳에서 장차 얼마나 중차대한 일들이 일어날 것인지에 대해서 미리 예측하지 못했다.

　WEC(Worldwide Evangelical Crusade)의 대표자였던 노만 그럽(Norman Grubb)은 계속적으로 선교사에 대한 열정을 가지고 있던 아담스와의 교제를 회상하면서 이렇게 술회하고 있다. "동부 앵글리아(East Anglia)의 WEC 사역에 그 부부가 헌신하고 있었을 때—그곳에서는 WEC 사역에 필요한 사람을 모으고 도전하는 일을 수행해야 했는데 — 아담스는 조용하게 분명히 반대의 입장으로 달리는 듯한 하나의 조건을 덧붙였읍니다. 그는 내게 자신이 가지고 있는 작은 서점과 문서사역의 짐을 결단코 포기할 수 없노라고 말해 왔읍니다. 이처럼 그는 WEC 사역에는 적합하지 않은 사람처럼 보였읍니다. 그러나 문서사역은 아담스에 대한 하나님의 특별한 부르심이었읍니다. 하나님께서 영감을 주셨읍니다. 어째서 기독교 서점이 동일하게 필요하지 않단 말인가? 우리는 국내에서 뿐만 아니라 온 세상 전역에 영적 백화점(Spiritual Woolworths)의 뿌리를 계속 내리는 작업을 시작할 수 있었읍니다."

하나님의 때는 다가왔다. CLC의 역사적 출발은 발동이 걸렸다. 제2차대전은 수많은 인명을 살상했고 사단의 세력이 난무하던 때 하나님은 구속사의 한 사역을 아담스에게 맡겼다. 주요 수비대 주둔 도시인 콜체스터에 외롭고 지친 많은 군인들이 이 조용한 장소로 모여 들었다. 아담스는 한 장소를 세내어서 매주 복음전도 대회를 개최했고, 모든 사람들에게 새로운 힘을 주었다. 여기서 군인들은 따뜻함을 발견했고, 차 한 잔을 마시기 위해서 왔던 많은 군인들이 그리스도를 구주로 영접하게 되었다. 그때는 이러한 군인들을 사랑하며 돌보는 고무적인 행위가 직접적으로 서점 사역과는 관련되지 않은 듯이 보였으나 그러나 하나님께서는 그것이 장차 CLC 사역에 대한 열쇠였음을 아셨던 것이다.

1941년에 CLC라는 이름이 붙여졌고 더 많은 사역자들이 문서운동에 가입했다. 모든 사역자들은 재정적 배경이 없는 문서사역을 진척해 나가기 위해서 그들의 개인적 필요들과 기금을 위해 하나님을 신뢰하는 신앙선교(Faith Mission)를 했다. 그리고 하나님께서는 이 신앙선교를 귀히 여기고 영국에 6개의 CLC 서점을 개설토록 하셨다. 전쟁이 끝나갈 무렵인 1946년에 전쟁의 상처가 깊은 런던으로 이주해 갔다. 이것은 많은 사람들에게 '미친 행위'로 생각되었다. 왜냐하면 전쟁의 폐허 속으로 되돌아간 이들에게는 아무것도 없었기 때문이다. 그러나 런던 이주는 저렴한 세를 치르고 최상의 위치를 얻게 하였다. 또 런던 중심지에 위치해 있고 세상에 잘 알려진 루드게이트힐(Ludgate Hill)에서 선교 본부와 서점을 개설했다. 이곳에서 드디어 세계적인 문서사역을 시작할 수 있었다. 시작 시 단지 영국만의 필요로 생각했던 그 창시자들에게도 이것은 놀라운 일이었다. 우편을 통한 책 주문(mail order)은 활기를 띠었고 새로운 소식들이 오스트리아, 북미, 유럽, 아프리카 서인도 제도 그리고 아시아 등지로 퍼져 나갔다.

　1947년 아담스와 베시 부부 그리고 두 명의 예쁜 딸은 미국지역의 책임을 감당하기 위해서 이사하는 것을 감행했다. 동일하게 미국 필라델피아의 포오트 와싱톤(Fort Washington)에서도 큰 역사가 일어나기 시작했다. 미국의 CLC 센터가 건립되었을 뿐만 아니라 아담스는 대륙을 횡단하면서 전세계의 기독교 문서 선교회 사역의 필요성에 큰 관심을 계속 불러 일으켰다. 아담스의 관심은 문서선교만 국한된 것이 아니었다. 그는 여러 선교부와 봉사단체에서 이사로서 탁월한 자문역을 담당했다. 미국의 기독교 서적 판매협회(Christian Booksellers' Association)의 대표 피터 건더(Peter Gunther)는 말했다. "제가 개인적으로 CLC에 대해서 감사하고 싶은 것은 그들이 종종 어느 누구에게도 불가능하게 보이는, 그러나 필요한 도시에 서점을 열 것이라는 사실입니다. 이것이 바로 아담스의 분명한 확신입니다."

　OM(Operation Mobilization)은 세계 전역에 양서를 보급하고 복음을 증거하는 선교 단체로 특히 선교의 배 '로고스'와 '둘로스' 두 척을 통해 효과적인 사역을 감당하고 있다. 이 OM의 창설자이며 총재인 죠오지 버워(George Verwer)는 25년 이상을 아담스와 긴밀한 교제를 가져 왔는데, 그는 지난 날을 다음과 같이 회고하고 있다. "초창기의 제 사역이 큰 난관에 봉착했을 때 그 분이 제게 베푼 깊은 사랑과 큰 격려는 참으로 의미있고 놀라운 것이었습니다. 오랜 기간에 걸쳐 우리는 아름다운 관계를 지속해 왔으며 그것은 우리 둘 개인의 관계뿐만 아니라 두 선교부 관계에서도 마찬가지였읍니다." 국제 총무로서 아담스의 지도력과 책임은 거의 요청에 의한 것이었다. 그의 매혹적인 열정과 감화력은 두고두고 기억될 것이다. 해외지역 선교에 대한 참여와 성장에 어떠한 공식적인 인간적 방책은 배척했다. 밥 게리(Bob Gerry ; 후임 국제 총무)는 "아담스의 가장 큰 기쁨은 해외지역 선교를 위해 수표를 보내는 일과 새로운 선교지 확장에 대한 소식을 듣는 것이었읍니다"라고 술회했다.

하나님께서는 이처럼 탁월한 믿음과 순종의 사람, 하나님의 능력의 사람이었던 아담스를 통하여 그 분의 구속사를 지속시켜 오셨다. 이제 아담스가 뿌린 씨앗은 세계 곳곳에서 꽃을 피우고 열매를 맺어가고 있다. 엄동설한 추운 겨울 1975년! 서울을 방문하여 손목을 잡아 주던 신앙의 거인은 한국에도 거룩한 씨를 남겨 주었다.

2. 기독교 문서 선교회의 목적과 활동

(1) 목적

우리들의 주님이요 구주이신 예수 그리스도에 의한 구원의 은총 때문에 주님께 감사하며, 아울러 성령의 인도를 의지하여 인쇄된 문서에 의해 복음의 메시지를 모든 사람에게 전해야 할 위대한 사명을 받은 책임을 인정한다(마 28:18~20). 또한 기독교 교육의 향상에 따른 인쇄 문서의 특수한 가치를 인정하고 확인하는 크나큰 목적 때문에 1941년 본 선교회는 국제적 초교파 단체로 조직되어, 하나님의 말씀과 더불어 복음적 기독교 신자가 지지하는 신앙기준에 충분한 기독교 문서의 세계적 수요에 보급하도록 노력하는 것이다.

(2) 활동

전술한 목적을 달성하기 위한 활동은 다음과 같다.
1. 언어가 필요한 곳에서는 읽고 쓰는 것을 가르치는 교육 계획을 적극적으로 추진한다.
2. 책의 편찬, 저작, 번역 사업에 노력한다.

3. 출판사를 설립하여 복음주의 서적의 출판을 추진하며 경비가 절감되는 경우에는 인쇄소를 운영한다.

4. 현재 있는 기독교 문서의 부족됨을 보충하는 책, 전도지, 복음잡지를 각국어로 출판한다.

5. 세계 각국에 기독교 문서 센터가 없는 곳, 또한 그 수요가 적절히 보급되지 못한 곳에 서점을 열어 발전시킨다.

6. 기독교 문서의 판매, 배포를 위해 이동 자동차(Book mobile)의 유지 및 장비를 갖춘다.

7. 기독교 서점이 없는 지역과 책 판매를 위한 이동 자동차가 없는 곳에는 통신에 의한 배포 계획을 세워 발전시킨다.

8. 각 선교지역에서 다른 그리스도교 선교 단체와 협력한다. 즉, 서적 판매대(Book Tables) 설치, 성경 통신 강좌의 추진, 도서 대출, 또한 초청에 의한 특별 전도회 및 수양회, 각종 세미나, 그리고 일반 가정과 교회의 정기집회에 설교 및 성경강의를 위해서 봉사한다.

9. 세계 각국에 문서사역을 적극 추진한다.

① 모든 그리스도인 각자가 복음문서를 배포하는 것을 격려한다.

② 선교부 홍보 활동(Deputation)을 통하여 모든 그리스도인에게 선교의 도전을 갖도록 한다.

③ 전업(Full-time)의 일군으로서 이 선교회에 가입하는 사람들이 많이 일어나도록 활약한다.

10. 국내 또는 세계 각 지역에서 생명의 책과 기독교 문서의 발행 및 배포를 촉진하기 위해 국내의 문서전도 단체들과 상호 협력한다.

11. 이 계획을 발전시키기 위해서 선교회의 조직은 그리스도인의 사역에 관련된 활동으로 받아들여진 모든 분야에 관여할 수가 있다. 그러나 기독교 문서 선교회가 실제의 교회 설립에 중점을 두는 데 존립해야 한다는 의도는 없다.

(3) 신앙 기준

기독교 문서 선교회의 모든 직원 및 회원들이 찬동해야 할 신앙기준은 다음과 같다. 또 선교회에 의해서 준비 선정된 문서는 모두가 이 신앙기준에 합치된 것으로 따라야 한다.

1. 우리들은 성경의 66권이 영감에 의해 기록된 오류가 없는 유일한 하나님의 권위있는 말씀이라는 것을 믿는다.
2. 우리들은 영원히 성부, 성자, 성령의 삼위일체로 존재하신 유일한 하나님을 믿는다.
3. 우리들은 주 예수 그리스도의 신성 및 주님의 동정녀 탄생, 죄없는 생애, 기적, 흘리신 피에 의한 값없는 죽음, 육체의 부활, 승천하셔서 하나님 우편에 앉으신 것과 권위와 영광 중에 재림하실 것을 믿는다.
4. 우리들은 인류의 타락 후 모든 사람들이 영원히 죄로 말미암아 하나님의 진노와 심판 때문에 벌받는 것을 믿는다.
5. 우리들은 죄 속에 있는 사람이 구원함받기 위해서는 성령에 의한 신생이 절대 필요하다는 것을 믿는다.
6. 우리들은 성령이 현재 지상에 움직이고 계시며, 그리스도교 신자는 그 안에서 거룩하며 또한 경건한 생애를 보낼 수 있음을 믿는다.
7. 우리들은 구원함을 받은 자 및 잃어버린 자의 부활을 믿고, 구원받은 자는 생명의 부활로 영원히 살고 잃어버린 자는 심판의 부활을 받을 것을 믿는다.
8. 우리들은 주 예수 그리스도 안에 있고 그 몸된 교회에 속하는 신자의 영적 일치를 믿는다. 선교회에 가입 후 이 신앙 기준에 근본적으로 따를 수 없게 된 경우에는 자기의 의견을 속히 책임자에게 보고하지 않으면 안된다.

(4) 한국 기독교 문서 선교회의 현황

　기독교 문서 선교회가 한국에서 시작된 것은 1955년부터이다. 1955년 8월 31일 영국의 런던 본부에서 열린 국제 총회에서 한국에 CLC 지부를 둘 것과 제1대 대표로 이정윤(Timothy Lee) 선교사를 임명할 것을 결정하고, 1956년 6월에는 영국인 선교사를 파송하기로 했다. 이에 이정윤 선교사는 1955년 10월 4일자로 문공부에 "기독교 문서 선교회"로 출판사 등록을 하고, CLC 운동을 시작하기에 이르렀다. 당시에는 주로 외국 서적을 번역 출판하였는데 그 대표적인 것으로는 W.J. 비슬리의 『창조의 신비』, 로이 헷숀의 『갈보리 언덕』, A. 슐렘의 『사상의 위기』 등과 한국인 저서로는 박형룡 박사의 『역경과 은총』, 이정윤의 『기독교사』, 고황경의 『구라파 기행』 등이 출판되었다. 1956년 5월에는 기독교 종합 월간지 "낙원"을 창간하여 발행하였다.

　그 후 1962년에 제2대 대표로 미국인 원의만 선교사가 파송되어 대전을 중심으로 CLC 운동을 활발하게 전개하였다. 특히 로버트 A. 레이들로우의 『그 이유는?』이라는 전도용 책자는 여러 번에 걸쳐 재판되어 보급되었다. 그 후 1974년 4월에 제3대 대표로 박영관 목사를 파송하여 서울 동대문 이스턴 호텔 1층에 서점을 개설하였고, 총신대와 칼빈 신학교 구내서점을 개설하여 활발하게 CLC 활동을 하였다. 1980년 1월에 영국 CLC에서 훈련을 마치고 귀국한 박영호 목사가 제4대 대표로 임명되어 현재에 이르고 있다.

　1984년 12월 13일에 문화공보부로부터 사단법인 기독교 문서 선교회로 법인 설립허가를 받았으며 1987년에는 서초구 방배동 983-2호에 5층 건물 총 건평 200평의 CLC 전용 회관을 건축하였다. 한국 CLC에서는 마틴 로이드 존즈(D.M. Lloyd-Jones)의 로마서 강해 시리즈와 에베소서 강해 시리즈 그리고 석학 도날드 거쓰리(Donald

Guthrie)의 신약 신학과 신약 개론 등 300종의 개혁주의 서적을 출판하였다. 지금까지는 신학교 교재 중심의 서적을 출판하였으나 1988년부터는 목회자와 평신도용 출판에 역점을 두며, 특히 번역 위주의 출판을 탈피하여 저작 위주의 출판으로 창작의욕을 높여 주며, 국내 저작들의 영문 발간을 하여 국제 시장에 공급하고 있다. 한국 CLC는 약 1천 명의 법인 회원들의 활발한 참여로 교회에 도서실 설치운동을 전개하고 있다. 1989년부터는 월간 "승리의 생활"을 창간하여 그리스도인의 생활, 선교와 교육의 이론과 실제를 폭넓게 다룰 것이다.

　기독교 문서 선교회는 문서를 통한 선교에 온 정성을 기울일 뿐만 아니라 선교 기관임을 자각하면서 기독교 문화형성의 기여와 선교사 파송에 총진군하고 있다.

제 2 장

구약성경의 선교

창세기부터 요한계시록까지 성경 전체는 거룩한 한 줄기 흐름이 있다. 성경은 전권을 통하여 하나의 일관된 주제가 있다. 약 50여 명의 서로 다른 저자들이 1500여 년의 기간에 걸쳐서 저술한 이 66권의 성경에는 통일된 주제가 있다. 그 주제는 땅 위의 모든 민족을 위한 하나님의 구속계획이다. 인류를 향한 '생명과 죽음'의 주제이다.

아담에게 "네가 먹는 날에는 정녕 죽으리라"(창 2:17)고 하신 하나님의 경고로부터 "값없이 생수를 받으라"(계 22:17)고 하신 최종 초대(招待)의 말씀에 이르기까지 죽음과 생명은 지금 이 세상에서 체험하는 하나의 실상(reality, 實像)으로써 그리고 시간 세계 너머의 궁극적인 실상으로써 생생하게 묘사되어 있다. 하나님은 인간과 언약 관계를 수립하실 때 주권적으로 삶과 죽음의 약정(Bond)을 세웠다. 그 언약은 '주권적으로 사역되는 피로 맺은 약정'(Bond in Blood Sovereignly administered) 또는 주권적으로 이루어지는 생명과 죽음의 약정이다.[1] 그 약정을 믿으면 살고, 믿지 않으면 죽는다는 것이다.

개혁 신학의 성경관에 있어서 중요한 점은 신구약 성경이 하나님

---

1) O. Palmer Robertson(김의원 역), 『계약신학과 그리스도』(서울 : 기독교문서선교회, 1983), p.12.

의 영감으로 기록되었고 그 때문에 신적 권위(Authority)가 있다. 또 이에 못지 않게 중요한 것은 신구약 사이의 통일성(Unity)에 있다. 이 말은 두 성경이 별개의 이야기를 지니고 있다든지, 혹은 두 성경 내에 있는 사상 사이에 단절이 있다는 것이 아니라 계속성이 있다는 말이다. 하나님의 뜻과 하나님 자신에 대한 계시가 태초부터 있었고 그것이 역사가 진행됨에 따라 점차적으로 풍성하게 발전되면서 전달되었다. 이럴 때에 이 계시의 역사에 있어서 중심이 되시는 분이 있어야 한다. 그 분이 바로 하나님의 아들 예수 그리스도이다. 우리는 그리스도 안에서 계시의 중심점을 볼 뿐만 아니라 역사의 중심점, 심지어는 목적까지도 발견한다. 계시는 그리스도 안에 의존해 있으며 역사도 마찬가지다. 구약성경의 전체 계시는 그리스도 안에서 성취가 되었고 신약의 계시도 별개의 것이 아니라 그리스도를 중심하여 구약 시대에 감추어져 있었던 것이 드러난 것뿐이다. 이런 점에서 "구약은 신약에서 밝히 드러나고 신약은 구약에서 감추어져 있다"(The Old Testament is Patent in the New Testament and the New Testament is latent in the Old Testament)는 의미를 알 수 있다.

그러므로 구약에 나타난 계시는 신약에 나타난 계시를 보여 주기 위한 역사적 과정을 보여 주는 것이다. 즉, 구약의 계시는 그리스도 안에서 완성될 계시이다. 그 계시는 별로 불빛이 환하지 않다. 그리스도 안에서 완성될 계시에 대한 그림자이다. 또 그리스도 오신 후의 사도들의 선포는 그리스도 안에 나타난 계시 선포이다. 그런 의미에서 그리스도의 십자가 사건은 역사의 중심이라는 뜻이다. 그리스도 오시기 전의 역사는 그리스도가 오시기 위해서 준비과정을 한 그리스도를 향해서 가는 역사였고, 그리스도가 오신 후의 역사는 그리스도의 사건에 의해 의미를 갖는 역사라는 점에서 역사의 중심이다. 그리스도가 오시기 전의 모든 계시는 그리스도를 바라보는 미래 지향적인 계시다. 그리스도가 오신 후의 사도들의 선포는 그리스도 안에 구원이 나타났다는 되돌아 보는 관점이다. 이러한 의미에서 그리스도는 역사의 중심이다.[2] 그러므로 구약은 구약 자체로는 그리스도인에게 의미가 없다. 그리스도 안에 나타난 완전한 계시의 불빛 아래서 보아야 구약의 의미가 있다. 그러므로 "예수 그리스도는 이스라엘 백성을 통하여 이 세계에 그의 업적을 완전히 계시함을 받은 사람으로 구약성경 계시의 최종부에 계신다"(Jesus Christ stands at the end of the Old Testament revelation as the man in whom God fully revealed His work this world by Israel). [3]

우리는 하나님을 땅 위에서 한 백성을 조정하는 예수 그리스도의 아버지로 알고 있다. 그 분은 자신을 역사 속에서 나타내신다. 그 분은 자신이 노아, 아브라함, 이삭, 야곱, 다윗의 하나님이시다. 그 분은 출애굽의 하나님이요, 바벨론에서의 해방의 하나님이시다. 그 분은 그 역사적 인물들과 역사적 사실에 관련하여 자신을 계시하셨고, 그 역사 속에서 자신의 계획을 나타내셨다. 그들의 역사는 그리스도가 오시기 전 시대의 준비적인 형태에 속했다. 그 비밀이 그리스도나 새 언약의 교회에 계시되기 위해서 여러 세대와 시대 동안 감추어졌었다. 이 모든 것 가운데서 그 분은 당시에 예수라는 이름으로 사람 가운데 한 번 나타날 분의 아버지이시다.

히브리서 1:1의 "여러 부분과 여러 모양"은 하나님의 계시역사의 각 세대의 깊은 단일성과 큰 다양성을 보여 준다. 하나님의 여러 등급들과 다양한 방법으로 보이신 것을 의미한다. 그 연속성은 하나님의 말씀과 그 말씀 속에 계시된 하나님의 신실, 계획, 사역 방법이다. 우리는 하나님의 약속을 듣고 하나님이 그의 사역에 대한 대적들과 그의 백성의 죄를 대항하여 싸우시는 것을 본다. 하나님이 바로 그러하시고 그렇게 행하시므로 우리가 그 하나님을 기대한다. 하나님은 그리스도의 아버지이신 우리들의 하나님이시고 그렇게 사역하는 것은 바로 "여호와"임이 명백하다.

하나님은 율법 시대에는 약속, 예언, 제물, 할례, 유월절 양 그리

---

2) 김세윤, 『구원론』(서울 : 성경읽기사, 1981), pp.60~61.
3) 김정준, 『폰 라드의 구약신학』(서울 : 대한기독교서회, 1978), p.25 재인용.

고 유대 백성에게 부여된 규례를 따라 은혜언약을 집행하였다. 이 모든 것은 장차 오실 그리스도를 예표한다. 그때에 성령의 역사를 통하여 약속된 메시야를 믿는 신앙으로 택한 자들을 가르치며 굳게 세우는 데에 충분하고 효과적이었다. 이 메시야를 통해 그들의 죄는 완전히 용서받았으며 영원한 구원을 얻었다. 복음 시대에는 복음의 본체이신 그리스도가 나타나게 되자 은혜언약을 시행하는 의식은 말씀전파, 세례 그리고 주님의 성찬의 예전으로 집행되었다. 이 의식은 수적으로 적고 형식이 훨씬 더 간단하고, 외부적으로 화려하지 않고, 내용에 있어서 모든 백성들, 유대인과 이방인에게도 그리스도를 더욱 충분하게 나타내고 영적인 효과를 가져 온다. 우리는 신구약이 본질은 같은 그리스도의 "피로 맺은 약정"이나 질은 여러 가지 모양으로 집행되고 있음을 알 수 있다.

여기서 우리는 계시의 점진적(progressive) 성격의 특수성과 이 하나님의 아들 안에 그 핵심이 있는 구원역사의 통일성(Unity)을 보아야 한다. 성경 전체의 주제가 하나님의 주요한 목적과 그의 사랑의 보편적 임재임을 발견해야 한다. 즉, 신구약의 계시는 구속사이며 구속사란 인간의 구원을 위해서 역사 안에서 행하시는 하나님과 그 활동임을 보아야 한다. 그러므로 신구약의 선교 메시지의 통일성은 예수 그리스도의 "피로 맺은 약정"(Bond in Blood)으로 이루어지고 있는 생명과 죽음의 주제이다.

I. 구약성경의 선교 메시지

구약성경은 분명히 선교에 대해서 말해 주는 책이다. 오경에 있어서의 이스라엘의 선택은 다만 그들을 통해서 장차 구세주가 올 길을 마련하기 위해서, 그들에게 하나님의 계시를 나타내고 그들로 하여금 그것을 보전하기 위함이었다. 구약에서 하나님은 온 인류가 자기의 관심사라는 것을 분명히 말씀하신다. "온 땅이여 그 앞에서 떨지어다 열방 중에서는 이르기를 여호와께서 통치하시니 세계가 굳게 서고 흔들리지 못할지라 저가 만민을 공평히 판단하시리라 할지로다"(시 96 : 9, 10). 이사야는 "그가 온 세상의 하나님이라 칭함을 받으실 것이라"고 말한다. 요나서도 이방인을 위한 하나님의 사랑을 말해 주고 있다. 족장 요셉은 애굽에 보냄을 받은 선교사였다. 모세도 마찬가지로 바로의 궁전에 보냄을 받은 선교사였다. 에스더도 히브리 처녀로서 아하수에로 왕과 그의 궁전에 보냄을 받은 선교사였다. 다니엘은 바벨론에서 그의 주 하나님을 증거했다. 라합과 룻은 하나님의 은혜로 장차 올 메시야의 조상이 된 개종한 이방인들이었다. 나아만은 병고침을 받았으며 하나님의 구원은 값없이 주신 무료(無料)의 선물이었다. 여기서 구약성경의 선교 메시지를 구체적으로 살펴보겠다.

구약의 선교적 메시지란 무엇인가? 아주 간단히 말해서 그것은 한 사람이 가지고 있는 것을 다른 사람이 필요로 하고 있다는 사실이다. 그것은 본질상 선전되어져야 하고 널리 전파되어야 하는 것이다.

구약의 근본적 메시지는 무엇인가? 구약은 단순한 역사서와 율법서와 시가서와 예언서 이상의 그 무엇이다.[4] 이와 같은 것들을 사람들은 구약의 '문학적 가치들'이라고 말할는지 모른다. 그러나 그 말씀의 지고한 가치는 구약이 우리들에게 전달하고자 하는 메시지(message)인 것이다. 구약은 하나님 자신에게서 나온 말씀이다. 히브리서 기자는 그 서두의 글에서 다음과 같은 구약의 말씀을 언급하고 있다. "하나님은…말씀하셨다"라고. 그런데 하나님은 무엇에 대해서 말씀하셨는가?

---

4) Harold R. Cook, *An Introduction to Christian Missions*(Chicago : Moody Press, 1977), pp.51~58.

1. 하나님의 우주적 목적

하나님은 처음과 나중이신 하나님 자신에 대해서 말씀하셨다. 하나님에 관한 구약의 메시지는 바로 무엇인가? 여기서 그것은 한 가지 이상이라고 말하는 불신자들도 있을 것이다. 그들은 예언자들의 하나님은 율법의 하나님과 똑같지는 않다고 반대할 것이다. 그들은 자신들의 관념에 따라 구약에 나타난 하나님에 대한 사상의 발전을 재구성하려고 애쓴다. 여호와는 처음에 사막에서 유목 생활을 하는 베드윈 사람들인 방황하는 무리의 한 부족(部族) 신이었다고 말한다. 그래서 유대 민족이 출몰하여 강성해지자 그들은 더 넓은 신개념이 필요했다. 그래서 그들의 미숙하고 거칠고 원시적인 신관념은 훗날의 더욱 더 발전된 개념으로 나아가게 되었다는 것이다. 이것은 종교 생태학의 분야에서 빌어온 진화론적 가정의 좀더 오래된 이론에 불과하다. 우리는 이런 환상적인 구성을 따르지 않으려고 한다. 차라리 성경 자체가 말하고 있는 바로 그것을 넓은 개념으로 파악해 보려고 한다.

구약에 나타난 하나님의 모습은 우주의 창조자이시다. 하나님은 만유의(universal) 하나님이시다. "땅과 거기 충만한 것과 세계와 그 중에 거하는 자가 다 여호와의 것이로다. 여호와께서 그 터를 바다 위에 세우심이며 강들 위에 건설하셨도다." 시편 기자는 단순히 하나님이 세상을 만드셨다고 진술하지 않는다. 그는 이 사실로부터 하나님은 세상과 그 안에 있는 만민의 주님 되신다는 결론을 이끌어낸다. 그는 만유의(universal) 하나님이시다. 이 말은 매우 익숙해 있는 개념으로써 일반 사람들에게는 그 의미가 얼마나 중차대한 것이라는 것을 깨닫지 못하기 쉽다. 이 개념을 도리어 새삼스럽게 말할 필요가 없는 케케묵은 잔소리라고 생각하기 쉽다.

그런데 많은 이교도들은 다소 창조주에 대한 막연한 사상을 갖고 있다는 것은 사실이다. 그러나 어떤 이교도들은 그것 마저도 없다. 사도 바울이 그 유명한 설교를 아덴의 군신(Mars) 언덕에서 어떻게 시작했는가를 살펴보는 것은 가치있는 일이다. 바울은 비록 그가 문명화된 헬라 청중들에게 설교하고 있었을지라도 "우주와 그 가운데 있는 만유를 지으신 신께서는 천지의 주재시니 … 인류의 모든 족속을 한 혈통으로 만드사 온 땅에 거하게 하시고 …"(행 17 : 24~26)라고 시작하는 것이 적합하다는 것을 깨달았다. 그는 헬라 종교는 전혀 그러한 창조주의 개념을 갖고 있지 않다는 것을 알았다. 아직도 강과 나무, 산과 호수, 동물, 새와 다른 피조물들의 정령을 두려워하는 오늘날의 수 백만의 사람들에게 이것은 얼마나 선교적인 말씀인가! "만유 위에 뛰어나신 전능하신 하나님, 이 천지만물을 창조하신 하나님이 계시도다." "하늘이 하나님의 영광을 선포하고 궁창이 그 손으로 하신 일을 나타내는도다"(시 19 : 1). 이것은 선교적 말씀이다. 하나님이 세상을 창조하셨다는 것은 선교의 가장 심오한 기초원리가 된다. 창세기 1 : 1의 "태초에 하나님이 천지를 창조하시니라"는 말씀은 마태복음 28 : 19~20의 "너희는 가서 모든 족속으로 제자를 삼아 … 가르쳐 지키게 하라"는 지상명령의 필연적 기반이 된다. 하나님이 참으로 한 분 창조주 하나님이라면 다른 신들을 예배하는 일은 잘못된 것이다. 이것이 선교의 기본원리이다. 여호와는 만민의 하나님이어야 한다. 그 분 홀로 예배받으시며 섬김을 받으셔야 한다.

하나님의 유일성(oneness)에 대한 모습은 창조주로서의 모습과 밀접하게 연관되어 있다. 하나님은 한 분이시다. 이 하나님의 유일성은 선지자들을 통해서 율법으로부터 나오는 전구약성경의 토대이다. 흥미롭게도, 여기에 바탕을 두고서 마호멧교 선교 활동이 수행되어졌고 이교도들 사이에서 대성공을 거두었다. "하나님 이외의 다른 하나님은 없다"는 것이 그들 신조의 기본명제 중의 하나이다.

하나님께 반역하고 있는 인간은 스스로 복잡 다양한 잡신들을 창조해 왔다. 인간이 만든 그리이스와 로마의 신들을 예배하였다. 이로써 인간은 신음하며 그들 자신이 만든 그런 귀신들로부터 구원받기를 갈망하게 되었다. 변덕스럽고 사악한 활동을 하는 잡신 영들(spirits), 이 큰 무리를 두려워할 필요가 없다고 사람들에게 보장해 줄 수 있는 선교적 메시지는 얼마나 놀라운 것인가? 사도들이 루가오니아 사람과 아덴 사람을 향하여 "우주와 그 가운데 있는 만유를 지으신 신"이라는 말로 설교를 시작한다. 루가오니아 사람들은 바울과 바나바를 제우스(쓰스)와 헤르메스(허메)로 오인했기 때문에 그들을 예배하기 원하였다. 그때 바울은 "이 헛된 일을 버리고 천지와 바다와 그 가운데 만유를 지으시고 살아계신 하나님께로 돌아오라"고 설득하였다. 창조주보다 도리어 창조된 것을 예배하는 이들을 대상으로 복음전도자는 창세기 1장과 2장으로 출발할 필요가 있다. 한 분 하나님, 오직 하나이신 하나님이 계실 뿐이라는 말씀이 바로 그것이다. 하나님은 만물을 창조하신 분이다. 그리고 하나님은 삼위일체 하나님이시다. 하나님은 그의 아들 안에서 말씀하셨다. 하나님의 영광을 아는 빛이 예수 그리스도 안에서 우리에게 비추어진다. 하나님의 본질과 하나님의 은혜에 관한 최종적인 진리를 보여 주시는 것은 예수 그리스도의 인격과 사역에서이다. "영생은 곧 유일하신 참 하나님과 그의 보내신 자 예수 그리스도를 아는 것이니라"(요 17:3).

구약은 하나님을 의로우신 분으로서 묘사하고 있다. 이것 역시 누구나 알고 있는 진부한 소리라고 생각하는 사람도 있다. "물론 하나님은 의로우시다. 그렇지 않으면 그 분은 결코 하나님이 아닐 것이다!"라고 그들은 말한다. 그러나 이것은 그들의 생각이 성경에서 얼마나 많은 영향을 받았는가를 지적해 줄 뿐이다. 심지어 불신앙을 선언하는 사람도 성경의 가르침에 영향을 받는다. 어디에서 그들은 하나님이 의로우시다는 사상을 얻을 수 있었겠는가? 이교도 사상에서는 결코 아니다. 이방신들은 일반적으로 의롭지 않다. 즉, 어떤 도덕적 의미에서는 그들은 의롭지 않다. 어떤 신이 행한 것은 모두 의롭다고 여길 경우 신이 그것을 했다는 이유로써 맹목적으로 그들은 의롭게 여겨질 수 있을 뿐이다. 이교도의 신들은 흔히 간교하며 부도덕하고 음란한 존재로서 그들의 법은 그들 자신의 변덕스런 감정에 불과한 것이다. 이교도들의 신의 세계는 지상의 신적인 상대자(counterpart)이다. 그리고 이교도의 신은 혼합주의다. 어떤 민족은 그들이 섬기는 신과 다른 민족이 섬기는 신이 이름만 다르고 같은 것임을 발견하기도 한다. 우리의 시대에 하나님의 엄격한 공의에 대해서 그것이 마치 못마땅하고 흉칙한 것처럼 말하고 있는 사람이 많이 있다. 그들은 좀더 부드럽고 좀더 묵인해 주는 하나님을 좋아할 것이다. 그들은 바로 엄격한 공의야말로 이교도들에게 큰 위안이 될 것이라는 사실을 인식치 못하고 있는 것이다. 이교도의 신들은 무법한 동양의 전제군주와 같은 것이다. 바로 그들의 일시적 기분이 법률인 것이며, 오늘은 옳은 것이 내일은 틀릴 수가 있는 것이다. 그들 이교도들은 "당신은 어떻게 그것을 알 수 있는가?"라고 반문한다. "당신은 당신의 신이 원하고 있는 것이 무엇인지 뚜렷이 확신할 수 있는가?" 하나님의 명령은 항상 올바르시다. 의로운 유일한 하나님을 섬기는 것이야말로 얼마나 큰 위안이 되는 일인가! 의로우신 하나님은 모든 사람의 심판자가 되시기로 작정하사 모든 사람들을 그 행위대로 보응하신다. 하나님은 각 사람이 자기가 행한 대로 무엇을 받아야 할까를 아신다. "하나님의 의로운 판단이 나타나는 진노의 날"(롬 2:5)이 당도하면 공의의 보응은 정확할 것이다.

하나님은 역시 인자하시고 긍휼을 베푸는 분이시다. 전구약성경을 통해서 그 분의 공의는 자비와 긍휼과의 균형을 유지하고 있다. 그 사랑과 긍휼은 심지어 하나님의 심판과도 깊이 연관되어져 있음을 알 수 있다. 대홍수 직후에 노아와 전인류에게 세우신 언약 속에서 우리는 그것을 알 수 있다(창 9:15~17). 우리는 율법 속에서도 은혜를 본다. 즉, "삼 사대까지 은혜를 베푸시며"(출 20:6)라고 했다. 시편에서도, 선지자의 글 속에서도 인자하심을 볼 수가 있다(시 119:64, 미 7:18). 세상은 바로 이런 인자와 긍휼을 얼마나 필요로 하고 있는가! 성경이 하나님을 인자하시다고 부르는 것은 하나님의 백성들로 하여금 그 분을 '완전하신 분'으로 부르는 모든 도덕적 소질들을 보편적으로 생각할 때 쓰는 방식이다. 하나님을 '자비롭고 은혜롭다'라고 부르는 것은 하나님의 관대함을 생각할 때 쓰는 말이다. 구약은 하나님의 도덕적 완전(moral perfection)에 대해서 말하고 있다. 그 점은 하나님의 말씀 자체 내에서 선포되고 하나님의 백성들의 체험에서 다양하게 나타난다. 하나님께서 시내 산에서 모세와 마주서서 "여호와라는 이름(계시된 성품)"을 선포하셨을 때(여호와란 이름은 하나님이 그의 백성의 여호와는 자신을 은혜언약에서 "나는 스스로 있는 자"〈I am that I am〉라고 말씀하신 주권적 구세주이시다). 그가 하신 말씀은 바로 이것이었다. "여호와로라 여호와로라 자비롭고 은혜롭고 노하기를 더디하고 인자와 진실이 많은 하나님이로라 인자를 천대까지 베풀며 악과 과실과 죄를 용서하나 형벌받을 자는 결단코 면죄하지 않고 아비의 악을 자여손 삼, 사대까지 보응하리라"(출 34 : 6~7).

구약은 우리에게 하나님은 자기의 피조물 특히 인간에게 깊은 관심을 갖는 분임을 보여 주고 있다. 하나님은 세상을 창조하시고 세상의 법칙들을 세워 놓으시고 '저절로 세상이 운행되게 하신 다음에는 홀로 낚시하러 가셨다'는 사상은 전혀 구약성경의 신관이 아니다. 하나님의 인류에 대한 관심표명을 발견할 수 있는 것은 요한복음 3 : 16과 같은 그런 신약의 구절 속에서만은 결코 아니다. 그것은 구약을 통해서 줄곧 발견되는 것이다. 심지어 아브라함과 맺은 특별한 약속언약 속에서도(창 12 : 3 ; 18 : 18 ; 22 : 18), 후에 야곱에게 거듭 반복할 때에도(창 28 : 14), 하나님은 세상에 관심을 두고 세상에 가져다 줄 복을 반드시 언급하셨던 것이다.

2. 인간의 창조와 구속

하나님은 인간의 존재에 대해 말씀하셨다. "너 자신을 알라"고 촉구한 헬라 철인은 한 깊은 진리를 토로하였다. 우리는 자신들을 모르고 있으나 자신을 알아야 한다. 우리의 능력과 우리의 연약함을 알 필요가 있는 것이다. 어떤 점에서 우리가 다른 사람과 같으며 또한 어떤 점에서 다른 사람과 다르다는 것을 알 필요가 있다. 사람의 본분이 될 수 있는 것이 무엇이며 사람을 움직이는 힘은 무엇인가를 알아야겠다.

구약이 인간에 대해서 말해 주고 있는 것은 "하나님의 형상"(The Image of God)으로 지으심을 받았다는 것이다(창 1 : 26~27). 이것을 비웃는 현대 신학자와 불신자들이 있다. 그 대신 조소하면서 "인간이 자기의 형상대로 하나님을 만들었다"고 말한다. 또 "신은 인간이 돌출시켜 만들어 낸 상상에 불과하다. 신이란 인간 자신이다"라고 말한다. 그들의 말은 그릇되었지만 우리가 생각하는 만큼 그렇게 우스운 생각은 아니다. 만일 사람이 신을 만들었음에 틀림없다면, 사람의 형상대로 그(神)를 만드는 것보다 더 잘 해낼 수 있을까? 결국 그가 인간보다 고등한 존재를 알고 있을까? 하는 것이다. 그의 연약함과 그의 실패에도 불구하고 인간은 여전히 만물의 영장이다. 그는 인간의 통솔력의 범위 안에서 많은 다른 만물을 만들 수 있었던 유일한 피조물이다. 시편 기자가 "내가 말하기를 너희는 신들이며 다 지존자의 아들들이라 …"(시 82 : 6)고 한 말은 결코 이상한 말이 아닌 것이다. 데카르트는 "내가 생각하므로 내가 존재한다"고 말했다. 그리고 신존재의 확실성도 인간의 신사유에 근거를 두며, 내가 완전한 무한자를 사유하므로 완전한 무한자인 신이 존재한다고 말했다. 여기서 신 중심주의가 인간 중심주의로 대치된 것을 볼 수 있다. 그러나 파스칼은 인간존재와 신존재의 확실성의 궁극적 근거를 인간 자신의 사유나 개념에서 찾지 않았다. 그는 확실성의 근거를 신앙에서 찾았다. 그래서 파스칼은 "내가 믿음으로 내가 존재한다"고 말했다. 그는 신추구나 신이해로 이성에 근거하지 않고 신앙에 근거했다. "신을 인식하는 것이 가슴이지 이성이 아니다. 그것은 곧 신앙이다"라고 믿었다. 인간 편에서의 진실한 자기 지식은 믿음으로 신을 인식하므로 얻어진 신지식의 결과로서만 구체적으로 얻어지는 것이었다.

　이제 인간 속에 있는 하나님의 형상을 깨닫는다는 것은 외모로 보는 우리에게 그리 쉬운 일이 아니다. 종종 이것이 특히 어려울 때가 있다. 그 형상이 유별나게 손상된 것처럼 보이는 사람도 약간은 있다. 우리 자신들은 하나님의 완전하심에 훨씬 미치지 못하면서도 우리보다 하나님의 형상에서 조금 거리가 멀게 보이는 사람들을 멸시하는 경향이 있다. "똥묻은 개가 재묻은 개를 나무란다"는 옛날 속담을 잊고서, 우리는 그들의 보다 열등함을 확대해서 보는 것이다. 우리는 인종적 우수성에 관해서도 말한다. '백인의 짐'에 대해서 말하곤 한다. 우리는 마치 라틴 아메리카 사람들처럼 인디언들을 열등 족속으로 멸시하며 자신들을 레이시오날스(racionales), 즉 이성적인 존재로 평가하며 거드름을 피우고 있다. 심지어 미개한 민족들에게 선교 활동을 하는 것이 소용없는 일이라고 말하는 사람도 있다. 그리고 이 모든 것이 다음과 같은 구약의 서두에서 발견되는 진리를 믿지 않음에서 기인한 것이다. 즉, 사람은 인간으로서 하나님의 형상을 따라 지으심을 받았다는 진리를 모르기 때문이다.[5]

　인류의 단일성(unity)에 대한 구약성경의 가르침(doctrine)은 인간에 대한 첫번째 가르침과 밀접하게 연관되어 있다. 구약은 때때로 가족들과 족속들과 민족들을 구분한다. 그러나 우리의 현대적 인류 분류법은 피부색에 기초하고 있는 바, 구약성경과는 아주 딴판이다. 어

---

[5] 하나님의 형상이란 인간이 하나님을 닮았다는 서술적인 표현이다. 이 말은 하나님처럼 능력을 가졌다는 뜻이다. 인간이 하나님처럼 능력자라고 하는 말은 자질적인 특징(substantial character)에 있어서 하나님과 닮은 그러한 자질을 가졌다는 말은 아니다. 자질에 있어서 영이신 하나님과는 크게 다른 인간이지만 인간이 가진 온갖 자질들에서부터 나오는 모든 능력을 동원하여 하나님을 인간 스스로가 진정으로 사랑할 수가 있는 그와 같은 인간이기 때문에 그는 하나님을 닮았다는 것이다. 즉, 하나님이 자신의 모든 능력을 통해서 인간인 우리를 사랑하시듯이 우리도 부족하지만 우리의 능력을 동원해서 하나님을 사랑하기 때문에 우리 인간이 하나님을 닮았다는 말이다. 또한 그와 같은 뜻에서 인간은 스스로가 하나님의 형상이다. 인간이 자기의 일부분으로서 하나님의 형상을 가지는(to have) 것이 아니라 그 자신 전부가, 아니 인간 스스로가 하나님의 형상(to be)인 것이다.

떤 사람들은 구약성경에 의거하여 자기들의 인종에 대한 태도를 정당화시키려 하고 있는 것이다. 노아가 함의 아들들인 가나안 족속들을 저주했다는 사실에 여전히 주의를 환기시키는 사람도 약간은 있다. 그들은 그 저주로 인해서 모든 흑인들은 영원히 종노릇 할 것이 틀림없다고 주장한다. 가나안 족속은 분명히 흑인이 아니었다는 사실에도 불구하고 그렇게 주장하고 있다. 그런 가르침들은 구약을 연구함으로써 나온 것이 아니다. 오히려 인간의 편견에서 나온 것들이다. 그렇게 믿기를 원하기에 우리는 애써서 성경에서 거기에 대한 몇 가지 근거를 찾으려 한다. 아주 솔직하게 그런 것들이 바로 합리화에 불과한 것들이라는 것을 인정해야 한다.

　구약은 실제로 인류가 한 혈통이라는 것(인류의 단일성)을 가르치고 있다. 우리 모두는 똑같은 조상을 갖고 있다. 그 밑에서 우리는 하나님의 형상을 따라 태어난 것이다. 같은 조상의 후손이기에 우리는 모두 형제들이다. 각자는 자신의 뜻에 따라서 살아가며, 어떤 사람들은 다른 사람들보다 훨씬 더 번성해 왔다. 그러나 인류는 본질적으로 하나이며, 죄인이라는 점에서도 하나이다. 인간들은 이러한 인류가 한 혈통이라는 사상을 끊임없이 거부해 왔다. 부분적으로 그것은 교만이며, 일종의 번성한 사람이 그의 가난한 친족들을 무시하고 부인하는 교만 때문이다. 그러나 한층 더 거부한 이유는 책임을 의미하기 때문이다. 만일 모든 인류가 하나라면 그때는 모든 통치자는 자기 백성에게 책임이 있으며, 귀족은 평민에게, 특권층은 비특권층에게 책임이 있는 것이다. 우리는 모두 똑같은 기질을 갖고 있다. 그래서, 역시 그리스도 안에서 우리가 누리고 있는 축복을 갖지 못하고 있는 이방인들은, 우리에게 정당히 요구할 권리가 있다. 그들의 인종과 문화가 우리의 것과는 다르다는 점은 결코 문제가 되는 것이 아니다. 그들은 여전히 같은 피를 나눈 자들이기 때문이다.

　구약성경은 또한 인간의 죄악에 대해 말하였다. 거대한 거울과 같은 구약성경은 우리에게 우리의 마음을 밝히 보여 준다. 그래서 거기에서 볼 수 있는 것들은 모두 유쾌한 것들이 못된다. 거기에서 우리가 자부심을 가질 근거를 찾을 수가 없다. 우리들 중에 가장 선한 사람이라도 죄인이다. 죄는 모든 인류를 타락시켰던 것이다. 이교도 신들은 거의 독재적이고 변덕스럽다. 그들의 명령은 그 자체가 선하고 정당한 것이 별로 없다. 그 결과, 이교도 사이의 죄란 의식상의 신성모독 그 이상의 것이 되지 못한다. 그 죄는 마음의 불결이 아니라 육체의 더러움이며, 양심의 범죄가 아니라 법률상의 범죄인 것이다. 그러나 구약에서의 죄란 도덕적인 부정으로 나타나 있다. 율법이 아직 주어지기 전에, 노아 홍수 이전에 "인간의 마음의 계획하는 바가(어려서부터)" 악하였다. 그래서 하나님은 인간을 심판했다. 죄는 율법과는 별개의 것으로 존재하였다. 인간을 사악하게 만든 것은 율법이 아니었다. 율법은 단순히 죄를 지적하고 죄를 정죄하였을 뿐이다.

그런데 율법은 이스라엘 백성을 위해서 어떤 제도들과 의식들을 제정한 것이었다. 그러나 이것들은 결코 그들 자체가 목적으로서 의도된 것은 아니었다. 하나님께서 율법들을 그 자체로서는 얼마나 쓸모없는 것들로서 간주하고 계시는가를 다음과 같이 보여 주고 있다. "여호와께서 말씀하시되 너희의 무수한 제물이 내게 무엇이 유익하뇨?… 너희는 스스로 씻으며 스스로 깨끗케 하여 내 목전에서 너희 악업을 버리며 악행을 그치고 선행을 배우며 공의를 구하며 학대받는 자를 도와주며 고아를 위하여 신원하며 과부를 위하여 변호하라 하셨느니라"(사 1:11~17). 이교도 사회에서 뿐만 아니라 오늘날의 모든 세계에서도 이 말씀은 필요한 것이다. 로마 시대에도 이 말씀은 이교도의 우상숭배자들에게 큰 매력을 주었다. 구약은 변할 수 없는 의(義)의 기준(standard), 사물의 본질 속에 있는 의를 말해 주었다. 그래서 많은 로마인들과 헬라인들이 유대교로 개종하게 되었던 것이다. 그들은 그 말씀의 필요성을 느꼈다.

구약성경은 죄를 인간에 만연된 범우주적인 것으로 묘사하고 있다. 아무도 죄의 오염에서 제외될 수 없다. 모든 사람들은 죄인들이며 죄로부터 구속받을 필요가 있다. 이것은 오늘날 많은 사람들이 가지고 있는 생각, 즉 미개한 민족들은 선교사가 오기 전까지는 죄를 인식치 못하여 행복하고 천진난만한 삶을 누린다고 하는 사고방식과는 몹시 대조를 이루고 있다. 구약의 가르침과는 거리가 멀 뿐만 아니라 그것은 가장 어리석은 일종의 터무니없는 허구인 것이다. 이교도 사상의 실제에 대해 전혀 모르는 초낭만적인 사람들만이 그런 것들을 생각할 수 있는 것이다. 죄에 대한 그의 관념이 아무리 도착(倒錯)된 것이라 할지라도 이교도들은 언제나 죄의 현존을 의식하고 있다.

구약은 또한 죄를 하나님과 인간을 분리시키는 것으로 밝혀 주고 있다(시 14:2~3). 이것은 구약 메시지의 참된 취지이다. 즉, 죄는 생명의 근원으로부터 인간을 분리시키며, 하나님은 인간이 다시 살아나도록 인간을 자기와 화목케 하신다. 이것은 참으로 필요한 말씀, 바로 선교적 메시지인 것이다. 죄의 본질은 인간의 하나님에 대한 옳지 않은 태도이다. 인간이 하나님에게 등을 돌리고 인간이 자기를 사랑하는 것이다. 인간은 원래 하나님의 피조물로서 창조주 하나님께 의존하고 순종하며 살도록 지음받았다. 이것이 하나님과 인간의 올바른 관계이다. '의존과 순종' 이것이 바로 하나님과 인간의 올바른 관계이다. 인간은 생명뿐만 아니라 생명의 행복한 영위를 위해서 모든 힘과 자원을 창조주 하나님에게 받아 의존해야 한다. 인간은 스스로 살 수 없는 존재이다. 지음받은 피조물 존재이다. 그러므로 계시 의존 사색(啓示 依存 思索)을 통한 윤리관을 세워야 한다.

또한 구약말씀은 구원과 소망의 말씀인 것이다. 창세기 3장에서 죄가 침투한 이후로 이사야 1:18과 같은 예언적 놀라운 말씀에 이르기까지 이러한 메시지는 무수히 반복된다. "너희 죄가 주홍같이 붉을지라도 눈과 같이 희게 될 것이라."

누가 이러한 말씀을 타인에게 전하지 않을 수 있겠는가? 이런 소망의 실제성을 믿고서도 알리지 않을 수 있는 사람이 어디에 있겠는가?

구약성경의 선교적인 다른 부분을 우리는 이어서 제시할 수 있다.

예를 들면 구약은 한 족속의 문제가 아닌 모든 인간의 근본적인 문제에 관심을 갖고 있다는 것을 발견할 수 있다. 구약의 호소는 보편적인 것으로 세계 도처의 사람들은 구약의 근본적 성격들이 유대적이라는 사실을 잊어버릴 정도이다. 사람들은 구약성경이 자신의 민족과 국가에 대하여 말해 주는 것으로 생각하나 이와 같은 범세계적인 호소력은 구약말씀이 선교적인 것이라는 사실을 말해 준다. 그래서 역시 구약의 예언적 메시지 안에 있는 선교적 성격에 대해서도 의심할 것이 없다. 예언자들은 민족적 장벽들을 상관치 않고 자기들의 선교 사역을 수행했다. 그것은 너무 위대한 사역이었기 때문이다. '선택받은 선민'에만 국한시킬 수 없었다. 창세기 1~11장에서 하나님은 구원을 주시며 사람 안에 하나님의 형상을 회복시키기 원하여 만민을 직접 다루었다. 구약의 남은 부분에서 하나님은 특별히 부름받은 소수를 통해서, 즉 아브라함과 이스라엘 백성을 통해서 땅의 모든 족속에게 축복의 손을 뻗치셨다. 열방이 하나님을 따르는 자들의 삶에서 한 분 참 하나님의 실재를 보고 그에게 자발적으로 나아오게 되었다. 아브라함을 부르시기 전이나 후나 하나님의 소원은 모든 나라의 모든 사람들이 그를 예배하게 되고 점점 더 "하나님을 닮아," "심히 좋은" 상태로 되돌아 오는 것이었다.[6] 그런데 여기서 우리는 이 문제에 대해서 더 이상 말할 필요성이 없다고 믿는다. 구약의 말씀은 분명히 선교적 내용을 갖고 있다.

II. 구약성경의 선교 내용

구약성경의 선교적 메시지에 대해서 살펴보았다. 하나님의 말씀 그 자체가 영원한 계획 속의 선교(Mission in the plan of the ages)라

---

6) Martin Goldsmith(김남수 역), 『거기 그냥 서 있지 마시오』(서울 : 두란노서원, 1985), p.28.

고 할진대 구약은 또한 선교적 내용을 갖고 있다는 사실을 증명하기 위해서 우리가 다른 증거를 제시해야 할 필요성은 전혀 없다. 그러나 이것 역시 구약 자체의 말씀으로부터 명백하게 보여 줄 수 있는 것이다. 구약 속에서의 하나님의 계시는 모든 사람들을 위한 보편적 임재였다. 선교라는 말을 다른 정치권이나 문화권에 한 분 살아계신 하나님의 말씀을 전하는 것이라고 한다면 구약에서는 요나서만이 여기에 해당한다고 할 수 있다. 그러나 선교의 개념은 구약에서 일찍부터 찾아볼 수 있다. 그래서 구약 신학자 알리스(Oswald T. Allis)는 "아브라함의 소명은 구약에 나타난 첫 선교의 명령"이라고 했으며, 로울리(H.H. Rowley)는 모세를 "우리가 아는 한 최초의 선교사"라고 하였다.[7]

구약이 선교의 책이라고 할 수 있는 것은 하나님께서 "선교의 하나님"이 되시기 때문이다. 여기서 구약 시대에 말씀해 오셨던 하나님의 선교 내용을 살펴보겠다.

1. 모세오경의 선교

창세기의 처음 장들은 무엇을 말하는가? 인류의 창조로부터 아브라함의 부르심까지의 이야기가 대담한 필치로 그려져 있다. 유일신 하나님이 하나의 세상과 하나의 인간 가족을 창조하셨다. 그런데 인간은 범죄하였고 하나님은 즉시 인간이 구속받을 통로(Channel)는 무엇인가를 알려 주셨다. 그러나 창세기 3장의 말씀을 읽을 때, 우리는 그것이 바로 꼭 한 사람이나 나아가서는 한 가족이나 한 민족의 구원에 관한 것만은 아니라는 사실을 깨닫게 된다. 하나님의 계획은 인류 전체를 포함하고 있다. 하나님은 모든 인류에게 충족한 구원을 제공할 계획이셨다.

---

7) H.H. Rowley, *The Missionary Message of the Old Testament*(London : The Carey Kingsgate Press, 1955), p.150.

다시, 창세기 4장에서 우리는 첫번째 살인자에 대한 이야기를 볼 수 있다. 그런데 그것을 통해서 우리는 바울이 바로 로마서 10:14의 "듣지도 못한 이를 어찌 믿으리요 전파하는 자가 없이 어찌 들으리요"라는 그렇게 강력하게 표현한 선교적 책임감의 근거를 얻는 것이다. 하나님께서 가인에게 그 아우에 대해서 물으실 때 가인은 도리어 짜증스럽게 "내가 내 아우를 지키는 자니이까?"라고 소리쳤다. 현대의 많은 가인의 후예들은 똑같은 식으로 다른 사람들에 대한 책임을 떨쳐 버리려고 한다. 그러나 하나님은 그런 허무맹랑한 변명을 여전히 일축하고 계신다. 그 분은 여전히 우리에게서 "나는 헬라인이나 야만인에게나 빚진 자이다. 지혜로운 자나 어리석은 자 모두에게 빚진 자로다. 그러므로 나는 할 수만 있다면 최선을 다해 기꺼이 복음을 전하겠노라"는 책임을 시인하는 말을 듣기 원하신다. 즉, 하나님의 구원의 복음을 기꺼이 모든 사람에게 전하겠다는 말을 듣기 원하신다.

창세기의 처음 1~11장까지는 인류 전체에 관한 말씀이다. 기록된 계시 전체를 올바르게 이해하는 실질적인 초석이 되는 말씀이다. 12장에 가서야 비로소 시야가 좀더 좁아지게 되는 것이다. 여기서 하나님이 한 사람과 그의 후손들을 선택하여 자기와 특별한 관계를 맺도록 하시는 것을 살펴보게 된다. 하나님의 구원의 약속이 아브라함과 그의 가문에 초점을 맞추고 있음을 알 수 있다. 히브리 백성들은 장차 세상에 가져다 줄 그 분의 계시와 구속의 통로가 된 것이다. 그리고 마침내는 다른 모든 인종이나 종족과 민족들도 그러한 목적의 혜택을 완전히 누리게 될 것이다. 하나님은 아브라함을 선택하여 그와 특별한 "약속의 언약"을 맺을 때에도 전인류에 대한 하나님의 지대한 관심을 소홀히 하시지 않으셨다. 이 믿음의 사람에게 자기와 맺을 언약을 어떻게 말씀하셨는가 살펴보자. 그 약속의 언약을 거듭 말씀하실 때마다 하나님은 전세계에 그렇게 복을 주시기를 목적하고 계시다는 것을 언급하신다. "땅의 모든 족속이 너를 인하여 복을 얻으리라"(창 12:3), "천하만민은 그를 인하여 복을 받게 될 것이라"

(창 18:18), "또 네 씨로 말미암아 천하만민이 복을 얻으리니…" (창 22:18). 하나님은 야곱에게 그 언약을 되풀이하실 때 똑같은 것을 말씀하신다. "네 자손이 …편만할지며 땅의 모든 족속이 너와 네 자손을 인하여 복을 얻으리라"(창 28:14).

(1) 시작의 언약(창 3:15)

> 내가 너로 여자와 원수가 되게 하고 너의 후손도 여자의 후손과 원수가 되게 하리니 여자의 후손은 네 머리를 상하게 할 것이요 너는 그 발꿈치를 상하게 할 것이니라.

창세기 3:15은 원시복음(protoevangelium)으로서 "구원의 복음"이 암시되어 있다. 즉, 구원의 약속과 메시야의 약속이 있다. 예수 그리스도 안에서 하나님의 완전한 통치 회복의 약속을 나타내고 있다. 인간 타락의 비극에 이어 즉시 하나님은 구주의 도래에 이르는 계보를 시작하셨다. 이것은 인류의 시조가 행위언약을 지키지 못하고 선악과를 따먹고 범죄함으로 뱀을 저주한 말씀의 내용이다. 하나님은 뱀에게 "네가 이렇게 하였으니 너는 모든 짐승보다 더욱 저주를 받으리라"고 말씀하셨다. 그래서 뱀은 다른 동물보다도 더 비천하게 되어 흙을 먹고 배로 기어다녀야만 한다. 사단의 도구로서 뱀은 최종적인 패배의 상징적 존재로 남게 되었다. 그리고 뱀은 여자의 후손에게 정복당할 것을 말한다. 이 구절에 있어서 하나님은 주동 역할을 하신다. 사람이 스스로 뱀과 원수가 되는 것이 아니다. 하나님이 그렇게 하셨다는 것이다. 하나님은 인간과 사단과의 투쟁을 확실시하기 위해 주권적으로 개입하셨다. 하나님 자신이 인간과 사단이 원수가 되게 하였다. 이것은 사단의 마지막 패배의 예표이다. 그리고 하나님의 약속은 여자의 후손인 인류가 유기체로서 구원권 내에 들어가는 것을 말하며, 또한 하나님은 개인을 구원의 대상으로 삼으시는 것이 아니라, 여자의 후손을[8] 한 묶음으로 하여서 구원하신다는 것이다. 은혜언약을 베푸시고 시작언약으로 감싸 주시는 것이다.

여기 여자의 후손은 "그가 네 머리를 상할 것이요"라는 말로 되어 있다. 이것은 사단의 패배를 의미한다. 대명사 "그"는 남성 단수이다. 본래의 문법적 구성으로 보아 이 말은 여자의 "후손"($\sigma\pi\acute{\epsilon}\rho\mu\alpha$)을 가리킨다. 이것 또한 남성 단수이다. 사단의 머리를 상하게 할 "그"도 여자의 후손이다.[9] 단수 "후손"이 복수의 뜻을 나타내는 것처럼 여기의 "그(he, $\alpha\grave{v}\tau\acute{o}\varsigma$)도 단수이지만 복수의 사람들을 가리킨다. 그러므로 대명사 "그"는 여자의 후손 전체를 포함할 수 있다. 또 한편으로는 한 분으로 대표가 된다는 생각인데 이 한 분이 인격적인 메시야이심을 성경의 다른 부분을 통해서 알 수 있다. 이 한 분을 통해서 인류구원의 성취가 이루어진다는 것이다.

하나님의 말씀은 구속이 성취되는 방법과 성취된 구속이 어떻게 적용될 것인가를 예견하고 있다. 때가 이르러 여자의 몸에서 한 대표된 인간이 태어났다. 이 사람은 사단과 죽음의 투쟁에 들어가 비록 자신이 상처를 입었지만 사단의 세력을 이겨냈다. 이 투쟁으로써 그는 인류의 구원을 성취하셨다. 인류 타락이 인류 전체를 다 포함하듯이 구원도 어떤 특정 민족만을 위한 것이 아니라 인류 전체에 미치는 것을 의미한다.

(2) 보존의 언약(창 9:1~7)

노아 시대에 죄는 절정에 이르렀다. 그리고 하나님의 구원의 역사도 그러했다. 홍수 전(前) 인간의 죄악은 하나님으로 하여금 지면에서 인간을 없애 버리도록 결정하게 했다(창 6:5~7). 이것은 우주적 심판이었다. 그러나 결정과는 대조로 하나님은 노아에게 은혜를 보이셨다. "노아는 여호와께 은혜를 입었다"(창 6:8). 많은 타락한 인간 중에서 하나님은 한 인간과 그 가족에게 은혜를 보이셨다.

---

8) 여자의 후손이란 여자를 따르는 사람, 여자에 속한 자를 의미한다. 마찬가지로 사단의 후손도 사단에 속하는 존재, 사단을 따르는 무리를 의미한다.
9) O. Palmer Robertson, op.cit., p.105.

하나님은 노아를 세우셔서 인류의 장래를 축복하셨다. 하나님의 본래의 뜻은 파멸이 아니라, 건설과 성장과 구원이었다. 우리는 이 부분에서 노아의 "아들들"이라는 말이 반복된 것을 유의하여야 한다. 노아와 맺으신 하나님의 "보존의 언약"은 노아의 모든 자손들 곧 인류 전체가 다 포함이 되었다는 것이다.

> 너와는 내가 내 언약을 세우리니 너는 네 아들들과 네 아내와 네 자부들과 함께 그 방주로 들어가라(창 6:18).

노아 언약은 비록 민족의 분열과 언어의 혼란 등의 사건들이 있었으나 구원의 보편성에는 변함이 없음을 보여 준다. 이 점은 우주적인 차원에서 특별히 강조된다. 인간 전체를 포함하여 창조된 우주 전체는 이 언약의 은혜를 입고 있다. 노아나 그 후손뿐 아니라 "모든 살아 있는 생물"은 무지개의 표적 아래 살고 있다(창 9:10).

노아 언약의 보편적 특징은 현 시대에 세계적인 복음선포에 대한 근거를 제공한다. 창조 질서를 신실하게 유지한다는 하나님의 약속은 인간 전체를 향한 그의 인내를 나타낸다. 창조 질서를 통해 전인류에게 우주적인 증거를 지속하겠다는 하나님의 약속은 복음이 전세계에 선포되어야 한다는 근거를 제공한다. 창조를 통해 자신의 증거를 땅끝까지 위탁한 하나님은 또한 저를 부르는 모든 사람에게 부요하시며 모든 사람의 주로서 자신을 나타내셨다(롬 10:12). 죄악한 인간을 향한 하나님의 은혜로운 우주의 증거는 복음의 세계선포가 시작되는 발판을 제공한다. 그렇다고 노아에게 베푸신 하나님의 은혜로 주신 보존의 언약으로 끝나는 것은 아니다. 노아와 그의 가족은 방주에서 나와 포도나무를 심었고 포도주를 마셨다. 그리고 취했다. 그리하여 죄의 역사는 계속되었다. 창세기 11장에서 인간의 죄악된 교만은 하나님이 더한 심판으로 다시 개입하지 않으면 안될 정도로 극에 달하였다. 바벨탑 건축은 언어가 혼잡케 되어 지면 사방으로 사람들이 흩어지게 됨으로써 심판을 받았다.

(3) 약속의 언약(창 12 : 3)

창세기 1장에서부터 11장까지는 하나님은 인류 전체를 한 덩어리로 다루셨다. 그러나 만민에게 구원을 가져 오기 위해 새로운 접근이 필요할 만큼 죄는 발전하였다. 그러한 이유로 하나님은 아브라함과 그 자손은 하나님의 영광을 온 인류에게 나타내는 그의 도구로 부르셨다. 즉, 세계주의(universalism)에서 특정주의(particularism)로 전환했다. 아브라함은 구속사에서 가장 중요한 인물 중의 한 사람이다. 아브라함에게 주어진 하나님의 언약은 두 부분으로 되어 있다. **첫째**는 아브라함이 장차 큰 민족의 조상이 될 것이며 복의 근원이 된다는 것이다. **둘째**는 지상의 모든 백성들이 아브라함으로 인해서 축복을 받게 된다는 것이다. 아브라함에게 주어진 이 언약은 이삭과 야곱에게도 반복해서 주어졌고 하나님은 언약한 말씀의 수행에 신실하실 것이 강조됐다. "너를 축복하는 자들에게 내가 복을 내리고, 너를 저주하는 자에게는 내가 저주하리니, 땅의 모든 족속들이 네 안에서 복을 받으리라." 여기 "네 안에"는 "너를 통하여"라고 번역할 수 있고 "복을 받으리라"라는 말은 3인칭 단수 완료 니팔(Niphal) 동사이며 수동태이다. 그래서 "축복을 받을 것이니라"로 번역할 수 있다. 이 말 앞에 사용된 동사들은 미완료형인데, 여기에 와서 분명히 "니팔"(Niphal) 완료형을 사용하였으며, 결과적으로 지상의 모든 민족들이 복을 받을 것을 의미한다.[10]

이 축복은 그리스도의 십자가 사건을 통해서 얻게 될 것이다. 이 축복은 족장들에게 약속한 다섯 개의 축복 중 첫째에 쓰여진 것이다. 이 축복은 아브라함에게 세 번(창 12 : 3 ; 18 : 18 ; 22 : 17~18), 이삭에게 한 번(창 26 : 3~4), 야곱에게 한 번(창 28 : 13~14) 사용된 말인데 아브라함에게 약속하신 창세기 12 : 2~3이 기본이 된

---

10) 오병세, 『구약신학에서 본 선교』, "교회와 선교"(서울 : 총신대학, 1983), p.56.

다. 아브라함은 큰 민족을 이루고 명성이 크게 되는데, 아브라함이 축복을 받아서 위대하게 되는 것은 아브라함이 복의 기관이 된다는 것이다. 복의 기관이 되므로 아브라함을 축복하는 자를 하나님이 축복하시고, 그를 저주하는 자를 하나님이 저주하신다는 것이다. 이렇게 아브라함은 자신만 위해서 복을 받은 것이 아니라 다른 민족들을 봉사하기 위해서 복을 받았다는 것이다. 이 의미는 아브라함의 역사적 부름을 깨닫고 하나님이 아브라함을 은혜롭게 선택했음을 믿는 것이다. 우리는 먼저 과거를 보고 그 과거에 나타난 사건 가운데서 하나님의 사역을 믿는 것이다. 이렇게 함으로써 하나님이 아브라함을 통해서 주신 축복을 받을 수 있다. 바로 이렇게 하는 것이 우리의 일인 것이다. 이렇게 하지 않으면 저주를 받게 되는 것이다. 이렇게 하나님이 나타낸 역사적인 아브라함 사건을 믿지 않으면 아브라함을 저주하게 되는 것이다. 그러므로 우리는 아브라함과 다른 우리의 일이 있다. 이것이 이 역사적인 사건을 축복하느냐 아니면 저주하느냐 하는 것이다. 이 사건을 듣지 못하면 아브라함을 축복할 수 없다. 이 사건을 모든 사람에게 선포해야 한다. 아브라함을 통한 구속적인 사건을 언급해야 한다. 하나님은 아브라함을 통해서 결국 그리스도를 세상에 보내시고자 하셨다.

　이렇게 아브라함을 부르신 것은 인류 구속사의 첫 장이다. 일차적으로 선민 이스라엘을 위한 것이지만, 더 나아가서는 전인류를 구원하기 위한 것이다. 그리고 하나님의 능동적인 구속의 역사가 지배하고 있으며 아브라함은 이 선택에서 수동적으로 순종하게 되었다. 하나님이 먼저 아브라함에게 오셨고 은혜를 내리셨으며 말씀으로 대화를 시작하셨다. 하나님이 아브라함을 하란으로 그리고 다시 가나안으로 가게 한 것은 예수님을 베들레헴에서 탄생시키기 위함이었고, 우리의 구원을 완성하기 위함이었다. 아브라함과 족장들의 신앙 생활과 선교의 모습은 이방 중에서 여호와를 섬기는 백성으로 살며 구속사를 이루어가는 것이었다. 아브라함은 거짓말의 죄를 범했다. 부인 사래를 누이라고 거짓말을 했다. 그래서 바로는 그에게 양과 소

그리고 온갖 종류의 재산을 주었다. 그러나 하나님이 개입해 들어오셨다. 아브라함의 거짓말은 결과적으로 예수 그리스도의 오심을 위태롭게 만들 뻔했다. 이 때문에 하나님의 재앙이 아브라함에게가 아니라 바로 왕에게 내려진 것이다. 하나님이 당신의 약속을 이루시기 위해서는 사래는 바로 왕국에 있어서는 안되며 아브라함의 천막에서 살아야 했다. 그래서 하나님은 재앙을 통하여 사래를 바로 왕궁으로부터 구해내셨다.

 이 모든 것은 하나님의 약속의 성취를 위해 일어났다. 이 모든 일들은 궁극적으로 하나님이 우리의 구원을 이룩하기 위함이었다. 하나님은 이미 삼천 년 전에 인류의 구원을 내다 보시면서 사래를 바로의 왕궁에서 건지셨다. 그리고 아브라함의 후손을 통해 그리스도가 오시도록 하셨다. 아브라함이 의롭다 함을 받은 것은 율법을 지킴으로나 무슨 행함으로가 아니고 씨를 주시겠다는 하나님을 믿었기 때문에 의롭다 함을 얻었다(롬 4 : 2~3). 바로 이 믿음을 하나님은 의로 여기시고 그 의를 인치시기 위해 할례를 받게 하셨다. 사래의 태의 마름 등의 인간적 불가능에도 불구하고 "네 후손이 이와 같으리라"는 말씀을 믿었다. 즉, 그렇게 말씀하시는 하나님을 믿었다. 하나님께서 자손을 주시겠다고 하셨을 때 많은 자손이 아니라 한 자손을 지칭하시고 이를 네 자손이라고 하신 것은 이삭이 아니라 이삭의 씨를 통하여 세상의 구속주를 주시겠다는 섭리를 아브라함은 보았다. 하나님의 구원섭리를 아브라함은 보고 기뻐하였다. 아브라함은 이삭의 출생에서 그리스도의 출생을 보았다. 이 사실을 그리스도 자신이 증거하셨다. "너희 조상 아브라함은 나의 때 볼 것을 즐거워하다가 보고 기뻐하였느니라"(요 8 : 56). 아브라함이 받은 약속은 그리스도를 통하여 의를 주시겠다는 약속이다. 이삭의 후손 그리스도를 통하여 세상을 구원하시겠다는 약속을 아브라함이 믿었다. 바로 이 그리스도를 믿는 믿음을 하나님은 아브라함에게 의로 여기셨다.[11]

(4) 율법의 언약(출 19:6)

야곱이 애굽에 내려갈 때는 한 가족으로 갔었는데, 모세를 따라 출애굽 할 때는 한 민족을 형성하였다. 출애굽을 통하여 하나님께서 이스라엘을 자기 백성으로 부르신 것은 구약성경에 나타난 선교의 절정이다. 이스라엘이 왕 같은 제사장의 나라로 하나님의 명령을 받게 된다. "너희가 내게 대하여 제사장 나라가 되며 거룩한 백성이 되리라"는 말씀을 받을 때 이스라엘 백성들은 하나님이 아브라함에게 주신 약속 중에서 "내가 너로 큰 민족을 이루고 … 너를 저주하는 자에게는 내가 저주하리니 …"(창 12:2~3) 하신 말씀이 자기들에게 성취된 것을 보게 된다.

이스라엘의 특별한 '제사장의 나라,' '거룩한 백성'이라는 말은 만인제사론적인 입장이나 제사장이 지배하는 종교국가를 의미하기 보다 만백성들 가운데서 수행해야 할 이스라엘의 임무를 말해 주고 있다.[12] 여기서 제사장이란 하나님과 백성 사이에서 봉사하는 자인데, 섬기는 특권과 아울러 임무를 가지고 있다. 이스라엘이 자신만 위해서 존재하는 자들이 아니라, 타민족의 구원을 위해서 봉사할 선교적 사명을 지니고 있다는 것이다.[13] 출애굽 당시 이스라엘 백성 중에는 타국인인 나그네가 섞여 있었다. 그 외국인은 이스라엘 사람이 아니었으나 이스라엘 백성과 같은 대우를 받도록 율법에서 지시한 바 있다. 할례를 받으면 이스라엘 백성과같이 유월절을 지킬 수 있었다(출 12:48, 민 9:14). 또 이방인을 학대하지 말아야 한다(출 22:21).

구약에서 하나님을 섬기는 것은 첫째로 이스라엘 백성의 특전이

---

11) 서철원, 『복음과 율법과의 관계』(서울 : 크리스챤비젼하우스, 1984), p.31.
12) 장중열, 『교회 성장과 선교학』(서울 : 성광문화사, 1978), p.43.
13) 오병세, op.cit., p.57.

며, 의무이지만, 또한 외국인도 여기에 동참이 되며, 같은 특전을 누릴 수 있었다. 그러므로 이스라엘을 선택하는 그 자체가 구속사의 목표가 아니라 선택은 오히려 여호와나 만백성을 섬기도록 부름받은 것임을 알 수 있다.

의의 길이 아브라함이 믿은 그리스도의 믿음이면 왜 그 의의 길 약속 이후 430년 후에 시내 산에서 율법으로 언약을 세우셨는가? 의의 길을 반복해서 약속하시므로 그 약속의 씨를 기다리게 하지 않고 왜 시내 산에서 율법을 주시고 그 율법을 지키므로 살라고 하셨는가? (갈 3:12).

이 하나님의 섭리는 율법준수(律法遵守)로 백성들이 구원에 이르게 됨이 가능하기 때문이 아니다. 오히려 율법을 주시므로 백성들을 죄 아래 가두어 그리스도 믿음에서 오는 의의 길을 계시하시기 위해서였다. 갈라디아서 3:19에 "율법은 무엇이냐 범법함을 인하여 더한 것이라"고 했다. 오직 약속의 자손이 오시기까지만 유효하다. 즉, 율법은 지킬 수 없고 범함만 많게 되니 율법 전에 주신 약속 곧 율법과 구분된 의의 길, 곧 믿음으로 의롭다 함을 얻는 길, 예수 그리스도의 구속을 열망하기 위해서 주신 것이다. 율법은 백성들로 하여금 율법을 지킬 수 없다는 것을 알게 해서 어서 율법의 완성자가 오십사 하고 바라게 하기 위해서 율법이 주어졌다.[14] 그리스도의 십자가가 구원의 길로서 율법의 종결을 보여 준다. 그리스도의 구속사역으로 율법의 길을 마감하셨다. 그리스도가 십자가에 달려 죽으실 때 성전의 휘장이 위로부터 아래까지 둘로 찢어짐으로 하나님께서 지성소를 드러내 보이셨다(눅 23:44~46). 즉, 하나님 자신의 심장을 내보이셨다.

2. 새 언약의 선교

---

14) 서철원, *op.cit.*, p.33.

(1) 왕국의 언약(삼하 7:12~17)

인류를 구원하려는 하나님의 목적은 다윗과의 왕국의 언약에서 최고의 실현 단계를 맺게 된다. 다윗 하에서 왕국이 생기게 된다. 하나님은 한 개의 지역에서 그의 왕권을 공공연히 세우신다.

다윗과 맺은 하나님의 언약은 왕국이 오는 것을 중심하고 있다. 다윗 하에서 왕국이 왔다. 이 언약은 하나님의 백성 가운데서 하나님의 왕국이 오는 공식적인 약정이다. 사무엘하 7:6에 "이스라엘 자손을 애굽에서 인도하여 내던 날부터 오늘날까지 집에 거하지 아니하고 장막과 회막에 거하며 행하였나니"라고 했다. 이스라엘이 체재한 날 동안 내내 하나님은 그들과 함께 체재하였다. 이스라엘이 장막 안에서 살 때 하나님의 영광도 장막 안에 거하셨다. 언약의 백성들이 한 장소에서 다른 거주지로 여행하며 방랑 생활을 하는 동안, 언약의 하나님은 그들과 함께 여행함으로써 그의 백성과 동일하게 거하셨다. 여호와 하나님은 "네가 어디를 가든지 내가 너와 함께 있어"(삼하 7:9)라고 말하실 때 이 관점의 정확성은 다윗 언약의 핵심 속에 임마누엘 원칙이 있는 것이다.

다윗은 밧세바를 우리아에게서 **빼앗아** 스스로 "집을 건설"(11장) 하려고 했고, 또 인구를 조사하여 스스로 "왕국을 건설"(24장) 하려 했다. 이러한 범죄는 사무엘하 7장에서 분명히 말씀한 하나님의 선택과 약속을 스스로 포기하는 죄악이다. 여호와 하나님은 "여호와가 또 네게 이르노니 여호와가 너를 위하여 집을 이루고"(삼하 7:11)라고 하였다. 하나님은 자신이 영원한 다윗의 왕조를 세우겠다고 선언하셨다. 하나님은 다윗의 왕조를 세우실 것이며, 다윗 왕조는 하나님의 영원한 집을 세울 것이다. "네 집과 네 나라가 네 앞에서 영원히 보존되고 네 위가 영원히 견고하리라"(삼하 7:16).

하나님의 계획대로 다윗은 왕이 되어야 하고 다윗 왕의 후손 중 예수 그리스도는 영원한 왕이 되어야 한다. "…육신으로는 다윗의 혈통에서 나셨고, 성결의 영으로는 죽은 가운데서 부활하여 능력으로 하나님의 아들로 인정되셨으니…"(롬 1 : 3, 4).

다윗이 사울의 손에 죽임을 당할 위기 때마다 구원을 받은 것은 하나님의 약속을 성취하기 위함이었다(삼상 19 : 18~24). 다윗이 죽으면 그리스도는 다윗의 자손이 되지 못하며 구약 왕직의 영원한 성취가 되지 못한다. 다윗의 생명을 보호한 것은 구원 사역에 속한다. 하나님의 작정을 따라 예수 그리스도는 필연적으로 다윗 왕의 자손이 되어야 한다.

(2) 완성의 언약(렘 31 : 31)

예레미야 31 : 31에 "나 여호와가 말하노라 보라 날이 이르리니 내가 이스라엘 집과 유다 집에 새 언약을 세우리라"고 하셨다. 예레미야는 "새 언약"을 구체적으로 언급하고 있다. 하나님은 분노로 쫓아 버렸던 이스라엘을 "땅으로 돌아오게"(렘 30 : 3) 하였다. 옛 언약의 저주는 하나님의 백성의 땅을 메마르고 황무케 하였다. 그러나 새 언약, 영원한 언약은 황무지로 선언되었던 밭을 사고(렘 32 : 43), 예루살렘 성은 다시 세워질 것이다. 시체로 오염되었던 전체 골짜기는 여호와의 성지가 될 것이다(렘 31 : 38~40).

에스겔에 의하면 영원한 언약의 규정에는 뼈의 골짜기에서 하나님의 영의 부활적인 작용이 부착되어 있다(겔 37 : 21, 26). 새 언약은 과거와의 연속적인 균형을 유지하는 반면, 독특한 모습을 소유하고 있다. 새 언약에 의해 하나님은 그의 백성을 구원하려는 의도는 완성적인 성취를 보게 된다(사 61 : 8, 겔 37 : 26).

마태복음 1 : 1에는 "아브라함과 다윗의 자손 예수 그리스도의 세계"라고 선언한다. 하나님께서 그리스도를 보내시마고 약속하신 대로 이루어 주셨다. 그리스도를 중심한 하나님의 언약은 아브라함에게와 다윗에게 주신 것이다. 하나님께서 아브라함에게 "땅의 모든 족속이 너를 인하여 복을 얻을 것이니라"(창 12 : 3)고 하셨다. 또 "네 씨로 말미암아 천하 만민이 복을 얻으리니"(창 22 : 18)라고 하셨다. 이 말씀은 확실히 두 가지 내용을 가진다. 하나는 아브라함의 자손 중에서 메시야가 나시리라는 것이며(갈 3 : 16), 또 하나는 유대인만 아니고 모든 민족들 중에서 그리스도의 구원 축복에 참가하는 자가 많은 것을 가리키는 것이다(롬 4 : 12).

아브라함과 다윗에게 각각 주신 언약이 마태복음 1 : 1에서 성취된다. 아브라함과 다윗은 그들의 자손 중에서 메시야가 나시리라는 약속을 받은 자들의 대표자들이다.

모든 민족을 위한 하나님의 목적은 육적 이스라엘에게만 국한된 것이 아니며, 의인들만을 상대한 것도 아니다. 예수님의 족보에 들어 있는 선조들은 유대인들만이 아니라 이방 사람들(라합, 룻)도 있고, 또한 악한 왕들도 포함되어 있다. 인간의 의(義)로 인하여 좌우되는 것도 아니다. 이 언약의 성취와, 도구의 택하심에서 하나님은 충분히 자유하셨다. 이렇게 하나님의 언약의 불가항력적(不可抗力的)인 역사는 이 모든 일에 있어서 빛나고 있다.[15]

3. 이사야서의 선교

이사야는 위대한 복음의 선지자이며, 구약 예언자의 대표격인 인물이었다. 그는 주전 8세기에 남방 유다에 살고 있었으나 유다만이 아니라 주변 국가들을 향하여 예언하였고 또는 신천신지를 바라보며 소망과 위로를 예언한 하나님의 종이었다. 그는 선지자일 뿐만 아니라 정치가로서, 유대뿐만 아니라 당시에 알려진 세계의 여러 민족을 향하여 예언하였다. 그는 이스라엘의 거룩하신 자가 우주의 심판자가 되셔서 모든 것을 다 주관하시되 심지어 당대의 강대국 앗수르도 그의 심판 하에 있음을 밝혔다. 하나님의 공의를 따라 행하는 자들에

---

15) 박윤선, 『성경신학』(서울 : 영음사, 1978), p. 132.

게는 그가 축복하시는 분이심을 밝혔다.

이사야서의 후반부는 위로와 소망의 요소들이 나오는데 여기에 메시야적인 것이 나온다. 이사야 40장에서 66장까지에 '종'이라는 말이 많이 사용되었다. 특별히 이 부분에 '여호와의 종'의 노래가 네 곳(사 42:1~9; 49:1~13; 50:4~9; 52:13~53:12)에 나오는데, 그 절정이 이사야 53장이다. 이 '여호와의 종'은 전세계에 하나님의 구원을 전하는 것이 그의 사명인데 이로 인하여 복음이 세상 끝까지 전파되고(사 49:6), 섬들도 그의 교훈을 기다린다(사 42:4)라고 하였다.

이사야 42:1~6에 나타난 하나님의 종 메시야는 어떤 일을 하는가? "내가 붙드는 나의 종 내 마음에 기뻐하는 나의 택한 사람을 보라 내가 나의 신을 그에게 주었은즉 그가 이방에 공의를 베풀리라 … 그는 쇠하지 아니하며 낙담하지 아니하고 세상에 공의를 세우기에 이르리니 섬들이 그 교훈을 앙망하리라 … 너를 세워 백성의 언약과 이방의 빛이 되게 하리니"라고 하였다. 메시야가 오면 모든 사람에게 공의와 교훈, 즉 그의 말씀을 전파할 것이라고 한다. "공의를 베풀리라"는 말은 여호와의 종이 그의 종교를 이방에 전파할 것을 묘사한다. 참된 복음의 전파자로서 선지자의 풍채를 보여 준다. 또 "너를 세워 백성의 언약과 이방의 빛이 되게 하리니"란 말은 여호와의 종의 선지자직을 의미하며, 오직 고난을 통해서 이루어질 것을 말한다. 선지자인 여호와의 종은 수난자 여호와의 종이었다. 하나님의 구속의 역사에서 임무를 띤 수난자 여호와의 종은 중보적이요 대속적이며 제사장으로서의 면모이다. 여호와의 종은 단순한 선지자의 순교적인 수난만 아니라 제사장으로서의 대속적인 것을 보여 준다. 이사야 52:14~15에 "그 얼굴이 타인보다 상하였고 … 그가 열방을 놀랠 것이며"에서 종은 몸소 자기의 피를 뿌림으로써 성취할 것임을 보여 준다. 이 예언은 구속주 메시야의 예언이다.[16]

---

16) 김희보, 『구약신학 논고』(서울 : 기독교문서선교회, 1975), pp. 321~324.

이사야서에는 두 가지 다른 종이 묘사되어 있다. 하나는 메시야이신 개인적인 종이고, 둘째는 이스라엘 백성들이 여호와의 종이라는 것이다. 개인 메시야이신 여호와의 종은 이상적인 종이다. 그는 허물없이 죄악을 담당하여 많은 사람의 대속물이 되시려고 도수장에 끌려 가는 소와 같이 순종으로 일관하셨다. 그의 죽으심이 구속적인데 그의 죽음이 죄인들과 같이 되었으나 부활과 승리로 끝을 맺었다. 이것은 자신을 위한 것이 아니라 우주적 구원, 곧 하나님의 선교를 위한 것이었다. [17]

그러면 여호와의 종으로서 이스라엘 백성의 할 일은 무엇인가? 그들은 '하나님의 증인들'로서 세상을 향하여 하나님의 구원의 메시지를 선전할 자들이다. 죠지 피터스(George W. Peters)는 이 종의 선교를 중심해서 세 가지 진리를 말하고 있다. [18]

첫째는, 이스라엘의 선교는 하나님께서 확정하신 것이다. 하나님이 이 선교의 근원자가 되시며, 창시자가 되신다는 것이다. 그래서 이스라엘은 "내가 나를 위하여 지었나니 나의 찬송을 부르게 하려 함이니라"(사 43 : 21)고 하였다. 이스라엘은 하나님의 역사를 위해서 존재하며 그 노력과 결과와 그 목적이 하나님께 속해 있다는 것이다.

둘째는, 이스라엘의 선교는 하나님 중심의 선교라는 것이다. 하나님이 이스라엘 선교의 중심이요 내용의 전부이다. 하나님만이 창조자시요, 구속자가 되시며 그만이 구원을 베푸실 수 있다. 이스라엘 자신에게 무슨 능력이나 공로가 있는 것이 아니라, 모든 것이 다 하나님께 속해 있다. 이스라엘은 오직 하나님의 구속의 역사를 깨닫고 하나님의 놀라운 섭리를 인해서 오히려 감사하며 겸손히 선교의 일에 봉사해야 된다는 것이다.

세째는, 이스라엘의 선교는 만국을 위한 것이다. 이스라엘 백성이

---

17) 오병세, op.cit., p.59.
18) G. W. Peters, A Biblical Theology of Missions(Chicago : Moody Press, 1972), pp.85~86.

자신의 구원만 위해서 존재하는 것이 아니라 이 구원의 소식을 만국에 선전할 자들이다. 이스라엘은 세상의 열국을 위해서 존재하며, 세계 선교를 통해서 그들의 존재의식을 깨닫게 되는 것이다.

4. 요나서의 선교

요나서는 성경에 근거한 선교의 중요성을 깨닫게 한다. 요나는 구약성경에 나타나는 최초의 이방 선교사이다. 요나는 여로보암(BC 783~743)이 통치할 때 선지자로서 활약했다(왕하 14 : 25)는 점을 보아 니느웨 선교 파송은 그 무렵에 일어난 일로 본다. 요나서가 오늘날 학자 간에 많은 시비와 의문을 일으키고 있음은 사실이다. 일부 구약학자들은 요나서의 역사성을 부정하면서도 세계주의(universalism)가 가장 뚜렷하게 나타난 곳이 요나서라고 하면서 선교 활동은 없으나 선교 사상은 있다고 동의한다. 로울리(Rowley)는 요나서에 대해 요나의 사건은 역사가 아니라 예언이며, 따라서 메시지가 중요하다고 한다. 요나서에서의 이스라엘의 신앙은 만인의 것으로 특정주의를 넘어서며, 또한 요나서는 이스라엘의 편협한 민족주의를 시정하기 위하여 기록되었고 오히려 이방 선교와는 정반대된다고 한다. 남아연방의 선교학자 보쉬(David Bosch)는 "요나는 선교 정신이 없는 선교사"라고 말했다.[19]

그러나 우리는 액면 그대로 그들의 주장을 수용할 수가 없다. 다만 이 전기의 목적이 스올의 깊음 속에 던져졌다가 다시 살아난 요나가 선민 이스라엘이 아닌 이방인의 죄를 위해 고초를 당하고 영광을 찾은 메시야의 죽음과 부활에 대한 예시를 한 것에 있다는 것이 중요하다. 그것은 곧 하나님의 근원이 한 국가에만 제한되어 있지 않다는 사실을 인식시켜 주는데 있기 때문에 그 점에서 더욱 큰 교

---

19) David Bosch, *Witness to the World* (Great Britain : John Knox Press, 1980), p.53.

훈을 얻는다.[20] 요나서는 하나님은 이방인들을 어떻게 취급하시는지에 대해서 설명을 해주며 신약 선교의 예비적인 역할을 보여 준다. 또 선지자 요나는 선교사 훈련의 필요성을 말해 주며, 선교의 마음이 없는 자가 소명받은 사실을 보여 주기도 한다. 요나서는 역사적인 사실에 근거한 것이지만, 또한 중요한 교훈을 제시하고 있다.

우리는 요나서에서 예루살렘의 하나님이 니느웨의 하나님도 되시며 이방의 니느웨 시민들을 긍휼히 여기심을 볼 수 있다. 하나님은 니느웨를 구원하셨는데 요나는 어떻게 행동하였는가? 이것이 요나서가 주는 교훈이다. 요나는 하나님의 은혜를 많이 받으면서 책임을 회피하는 자의 대표이며 선교의 사명에 불순종한 자의 표본이다. 비록 선민 위주의 구약 역사 중에서도 하나님은 얼마나 이방 선교에 역점을 두셨는가 하는 것을 보여 준다.[21]

---

20) 김요나, 『세계 선교 1집』(서울 : 총신대학 부설 선교 연구소, 1987), p.17.
21) J. Verkuyl, *Contemporary Missiology and Introduction*(Grand Rapids : Eerdmans. Co., 1978), pp.97~100.

제 3 장

신약성경의 선교

신약성경도 선교에 관한 책이다. 마태복음서로부터 요한계시록에 이르기까지 하나로 계속되는 파노라마가 있다. 그것은 바로 구속사에 관한 이야기이다. 복음서들은 예수 그리스도의 생애 곧 그의 죽음과 부활에 관해서 기록하고 있다. 사도행전은 초대교회가 그 주변의 나라에 퍼져 나가는 모습을 보여 준다. 그밖의 서신들은 새로 개척된 초대교회 교인들에게 보내진 편지들이다. 바울은 예수의 구원의 복음을 전하려고 온 지중해 연안을 여행했다.

예수가 나실 때 천사들이 그것은 만민에게 미칠 기쁨의 좋은 소식이라고 말했다. 예수님은 기도할 때 "나라가 임하옵시며, 뜻이 하늘에서 이루어진 것같이 땅에서도 이루어지이다"라고 기도하라고 가르쳐 주셨다. 부활하신 주님의 첫번 명령도 선교적인 명령이었다. 오순절 집회에 성령이 강림했을 때 모든 사람들은 복음을 전파하기 위해서 힘을 받은 것이다.[1]

신약성경은 그리스도인들의 신앙과 생활(practice)의 법칙을 제시한다. 그리고 그것은 우리의 주님, 구세주 예수 그리스도를 통한 하나

---

1) Harold Lindsell, 『선교와 전도의 성서적 근거』(서울 : 대한기독교서회, 1979), p.14.

님의 마지막 계시의 말씀이다. 신약성경 속에서 기독교 선교 활동에 대한 최초의 기록을 발견한다. 그래서 신약성경이 말하는 선교에 대해서 연구해야 한다. 그러나 신약성경을 보는 데 있어서 피하고자 하는 한 가지 잘못이 있다. 성경적 입장을 증명하기 위해서 바로 여기저기 산재한 본문들을 선택하기를 원치 않는다. 마태복음 28 : 19의 "지상명령"(Great Commission), 사도행전 1 : 8의 "증인이 되리라," 요한복음 4 : 35의 "눈을 들어 밭을 보라," 로마서 10 : 14~17의 "보내심을 받지 아니하였으면" 등이다. 이 본문 증거 방법(text proof method)은 중요한 가치를 갖고 있다. 그러나 역시 심각한 반발들을 받게 된다. 어느 사람이 그 배경 가운데서 한 "선교 본문"(missionary texts)을 택하여 좁은 단편에 근거하여 그것이 전혀 의미하지 않는 어떤 것을 가르치기가 쉽다. 그래서 신약성경의 가르침에 대한 폭넓은 고찰을 도모해야 한다. 한 특수한 구절 혹은 다른 구절을 언급할 때 그것은 단순히 제시하는 일반적인 진리를 설명해 주는 것일 것이다. 대부분의 경우에는 장(章)과 절(節)의 증명을 필요로 하지 않을 것이다. 신약성경을 열려진 마음으로 읽음으로써 얻어지는 신약성경에 대한 개괄적인 지식이면 족할 것이다. 결론은 불가피할 것이다. 즉, 신약성경에 나타나 있는 선교는 불확실한 어떤 것이 아니었다는 것을 깨달을 것이다. 그것은 오히려 생동적인 기독교의 표현이다.

물론 여기서 신약성경의 선교에 대해서 가르치고 있는 모든 것을 다 다루게 되기를 기대하지는 않는다. 그것은 역시 너무 방대한 분야인 것이다. 여기서 관심을 갖는 바는 다만 기독교 안에서 신약성경의 선교가 차지하고 있는 위치에 대해서 몇 가지를 보여 주는 것에 불과하다.

I. 신약성경의 선교 메시지

기독교는 본질상 선교적이다. 신약성경은 그 본질상 선교적인 한 신앙을 묘사하고 있다. 다시 말하면, 기독교란 그것이 참 기독교라면 필연적으로 선교적이어야 한다는 것이다. 많은 사람들이 이것을 깨닫지 못하고 있다는 것은 이상한 일이다. 즉, 많은 사람들이 갖고 있는 기독교에 대한 관념들은 신약성경과는 별로 관계가 없음을 깨닫게 될 때까지는 그것이 이상스러운 일로 보이는 것이다.

1. 모든 족속을 위한 메시지

많은 사람들이 종교에 대한 그릇된 관념을 갖고 있다. 그들은 종교를 순전히 사적인 관심사라고 생각하고 있다. 그것은 종교를 문학에 있어서의 사람들이 갖는 하나의 기도와 같은 것으로 생각한다. 어떤 사람들은 진지한 책들을 좋아하고 어떤 사람들은 낭만적인 소설류를 더 좋아하나 다른 사람들은 추리소설과 일간신문을 좋아한다. 각자는 자유롭게 그가 원하는 것을 읽으나 다른 사람들에게 무슨 책을 읽으라고 말하지는 않는다. 그것은 순전히 개인적인 문제인 것이다.

종교란 순전히 개인적인 문제일 수가 없다는 것이 거의 사실이다. 많은 원시인들은 그들의 종교적 충성을 공동체가 결정할 문제로 삼았을 때 이 사실을 깨닫게 되었다. 기독교 신앙은 다른 어떤 것들보다도 단순한 개인적인 문제 이상의 것이다. 그리스도에 대한 신앙이 개인적인 것이어야 한다는 것을 인정한다. 기도와 성경읽기와 같은 몇 가지의 종교 활동은 사적으로 수행될 수 있다는 것 역시 사실이다. 그러나 이것들이 종교의 전부는 아니며 기독교 신앙의 전부는 더더구나 아닌 것이다. 스페인 같은 나라들은 그들이 기독교 국가라고 믿는 것처럼 가장해 왔다. 그들은 프로테스탄트들과 같은 소수 집단들에게 종교적 자유를 인정하고 있다고 공언해 왔다. 그들은 모든 사람이 자유롭게 각자가 선택한 대로 개인적으로 가정에서 믿을 수가 있으며 국민들이 기뻐하는 대로 신앙 생활을 하고 있다고 말해 왔다. 그러나 그 백성들은 어떤 공적인, 심지어는 준(準)공적인

(semi-public) 표현도 할 수가 없다. 뿐만 아니라 다른 천주교 신자들을 구원하기 위해 그들에게 개신교의 신앙을 말할 수도 없다. 그들이 말하는 종교의 자유란 이와 같은 실정이다. 그러나 분명히 그것은 그 나라의 기성 종교에 대해서 부여해야 하는 그런 종류의 자유는 아닌 것이다. 설사 개인적으로 은밀히 신앙을 고백하고 신앙 생활을 할 수 있는 종교가 있다 할지라도 극소수에 불과한 것이다. 그러한 종교란 마치 오두막집의 몇 가지 기념행사와 같은 의식적인 활동이 대부분이 되어야만 할 것이다. 그렇게 해서는 신자의 일상적 행동에 변화를 일으켜 줄 수는 없을 것이다. 만일 그렇게 변화를 줄 수 있다면 다른 사람들에게 감동을 주고 영향을 미칠 것이다. 그리고 종교가 도둑을 정직한 사람으로 변화시키려면, 그는 그 변화가 어떻게 발생되는가를 설명해 주어야만 할 것이다. 뿐만 아니라 개인적 종교는 사회에 대하여 좋든지 나쁘든지 어떤 변화를 목표할 수도 없다. 그런 종교는 현상 그대로에 만족하는 종교이어야만 할 것이다. 그런데 종교로써 그렇게 한다면 부끄러운 일일 것이다. 오늘날 한국 교회의 그리스도인이라고 불리우는 일부 신자들이 그런 지경에 이르지 않았는가고 생각한다.

그런데 그런 것은 신약의 기독교와는 전혀 일치하지 않는 것이다. 신약의 기독교는 개인의 행동에 영향을 주는 면이 지대하였다. 그것은 생활을 변화시키는데 목적을 두고 있는 것이었다. 그리고 변화된 삶을 통해서 신약의 기독교는 사회의 변화를 열심히 모색하였고 때로는 혁명적인 변화를 추구하기도 하였다. 그 이유는 그리스도께서 말씀하시기를 그 분 자신은 평화를 주려는 것이 아니라 칼을 주려고 (마 10:34) 왔다고 하셨기 때문이다.

종교란 국가나 인종이나 기질상의 문제라는 그릇된 관념을 가지고 있는 사람들도 역시 많이 있다. 이 사상은 새로운 것이 아니다. 아람 사람들이(수리아인들) 구약 시대에 열왕기상 20:23에서 그렇게 표현했다. 그들은 이스라엘 사람들에 관해서 "저희의 신(神)은 산의 신이므로 저희가 우리보다 강하였거니와 우리가 만일 평지에서 저희와 싸우면 정녕 저희보다 강할지라."

현대인들은 오늘날 아주 그렇게 노골적으로 말하지는 않는다. 그러나 종종 다른 나라의 종교에 관해서 "그들의 종교는 그들에게 적합한 것이다"라고 말한다. 지난 수 년 동안에 라틴아메리카의 몇 명의 작가들은 개신교(protestantism)는 "라틴 문화에 부합되지 않기에" 라틴아메리카에는 결코 뿌리를 내릴 수 없을 것이라고 엄숙히 공언해 왔다. 그러나 아주 기묘하게도, 최근의 조사에서는 라틴아메리카 제국 중의 하나인 브라질에서만도 삼백 만 이상의 개신교 신자들이 있음이 밝혀졌다. 현재 몇몇 종교들이 그 자체의 본질상 한 국가나 한 민족에 국한되어 있다는 것은 틀림없는 사실이다. 일본의 신도(神道)가 그 한 본보기일 것이다. 그러나 이것은 전반적인 사실과는 전연 거리가 먼 것이다. 불교는 발상지인 인도의 소수집단의 운동이다. 그것은 오히려 아시아의 다른 지역에서 가장 큰 성공을 거두어 왔다. 회교는 마호멧이 전혀 못 본 지역에서 보다는 아라비아에서 훨씬 적은 신도들을 갖고 있다. 그것은 때때로 사막의 종교라고 불리운다. 그러나 두번째로 큰 회교국가들 중의 하나인 인도네시아는 전연 사막지대와 상관이 없으며 그렇게 될 가능성도 희박한 것이다.

기독교를 살펴보면 신기한 현상을 발견하게 된다. 그것은 유대인들 사이에서 발생한 것이었으나 대부분의 유대인들은 그것을 절대적으로 거부해 온 것이다. 그것은 동양에서 시작되었으나 오늘날 그 세력의 중심지는 서양에 있다. 그 성경은 원문으로는 별로 읽혀지고 있지 않으나 전세계적으로는 1,685개의 다른 방언으로써 읽혀지고 있다.[2]

결코 기독교는 단순한 사적 관심사가 될 수 없다. 또한 한 나라에

---

2) P. J. Johnstone, *Operation World*(England : Send the Light Trust, 1979), p. 29. 신구약은 273개 언어, 신약은 472개 언어로 번역되었으며, 세계의 5,103개 언어들 가운데 1,685개 언어로 일부가 번역되었다. 그리고 3,418개 언어는 세계 인구의 3 퍼센트 사람들에 의해 사용되고 있다. 위클리프 성경번역회(Wycliffe Bible Translators Inc.)는 634개 언어가 번역작업이 필요하며, 2,645개 언어도 가능한 필요성을 강조하고 있다.

국한되어질 수도 없다. 한 민족, 한 문화 형태에 국한될 수도 없다. 적어도 신약성경에 펼쳐져 있는 기독교는 그렇지 않은 것이다.

2. 기본적 선교 메시지

기독교를 본질적으로 선교적이라고 규정짓게 해주는 최소한의 두 가지 요소가 있다. 즉, 기독교의 배타적인 주장들과 기독교의 인간관이 바로 그것이다.

첫째, 그것의 배타적인 주장들, 즉 초창기의 로마인들과 오늘날의 불신자들은 모두 다 기독교가 유일한 참 종교라는 그 주장에 대하여 못마땅하게 생각해 오고 있다. 로마인들은 기독교를 로마 제국의 여러 종교들 중의 한 도덕적 종교로써 그 위치를 기꺼이 인정해 주었다. 다른 사람들도 역시 오늘날 똑같은 태도를 취할 것이다. 그들은 전체적으로 살펴볼 때 기독교가 여러 가지 면에서 좋은 도덕적 종교라는 것을 인정할 것이다. 그러나 그들은 모두 기독교 신앙의 배타성엔 반기를 드는 것이다. 기독교가, 다른 종교는 거짓 종교라고 말하는 데에 그들은 거부반응을 일으킨다. 그러나 신약성경이 기독교 메시지(message)의 배타성을 주장하고 있다는 점에는 의심할 여지가 없을 수 없는 것이다. 기독교는 하나님을 하나의 신(a god)이라고 표현치 않는다. 즉, 그 분은 유일신인 것이다. 사도 바울은 말하기를 "우리가 우상은 세상에 아무것도 아니며 또한 하나님은 한 분밖에 없는 줄 아노라"(고전 8 : 4)라고 하였다. 나아가서 기독교는 예수 그리스도를 한 분의 구원자(a savior)라고 표현하지 않고 인류의 유일한 구세주(The only Savior)라고 한다. 베드로가 말한 바와 같이 "천하 인간에 구원을 얻을 만한 다른 이름을 우리에게 주신 일이 없음이니라"(행 4 : 12). 이것이 바로 전신약성경의 증거인 것이다.

이런 사상이 어떻게 기독교를 선교적인 것으로 만들어 주는가? 정확히 이런 식으로 말이다. 만약 기독교가 일종의 종교이며 그리스도께서 하나의 구원자라면, 그때는 사람들에게 그리스도와 그 분의 구원에 대해서 전파해야 할 의무가 상대적으로 작아지는 것이다. 결국 그들에게 열려 있는 또 다른 구원의 길들이 있게 되는 것이다. 그러나 만일 기독교가 유일한 참 종교라면, 즉 그리스도가 유일한 구세주라면, 복음이 인류에게 영생을 제공할 수 있는 유일한 메시지라면, 그때에는 어떻게 내가 침묵만 할 수 있겠는가? 다른 이들이 그 주님 예수의 구원을 받지 못하고 죽어가고 있다는 사실을 알면서 어떻게 내 자신의 구원을 기뻐할 수 있단 말인가? 사도 바울이 로마서를 로마인들에게 쓸 때에 느낀 것처럼 "헬라인이나 야만이나 지혜 있는 자나 어리석은 자에게 다 내가 빚진 자라. 그러므로 나는 할 수 있는 대로 로마에 있는 너희에게도 복음 전하기를 원하노라"(롬 1 : 14~15)는 심정을 가져야만 하지 않겠는가?

둘째, 기독교 인간관의 문제이다. 오늘날 구원에 대해 말할 때 죄악과 죄의 결과로부터 구원을 얻는 것을 의미한다. 여기서 기독교가 선교적이어야 한다는 이유를 발견할 수 있다. 신약성경에 의하면 인간은 버림을 받았고, 하나님의 심판을 받았다. 바로 인간 자신의 죄로 인해서이며, "모든 사람이 죄(罪)를 범하였으매"(롬 3 : 23)라고 하였다. 이제 죄는 오늘날 대부분의 사람들에게 관심이 깊은 혹은 의미심장한 단어는 아니다. 많은 사람들에게 죄에 대한 신약의 개념은 전혀 생소할 것이다. 실제로 모슬렘들은 죄에 대한 어떤 자각을 하고 있다.[3] 또 "죄"란 단어에 익숙하다. 그들은 기꺼이 자기가 죄인이라는 것을 고백하기도 한다. 그러나 그것은 별로 의미가 없는 것이다. 왜냐하면 그들에게는 죄란 마치 죄가 아닌 듯이 단순히 의식적인 불결의 문제이거나 불가피한 문제인 것이기 때문이다. 그는 자기의 신의 독단적인 계율들 중의 하나를 범했다. 그래서 그는 좋은 위치로 되돌아 가기 위해서 일종의 벌금을 얼마간 지불해야만 하는 식이다. 그러한 사람은 죄의 전반적인 문제를 오히려 가볍게 보

---

[3] Charles R. Marsh(이광호 역), 『모슬렘 세계에 예수 그리스도를 심자』(서울 : 기독교문서선교회, 1985), p.14.

기 쉽다. 결국 누가 실수하지 않고 경기의 모든 규율들을 지킬 수 있 겠는가? 특히 그가 모든 규율 그 자체에 대하여 확실히 파악하지 못하고 있을 때는 더욱 그럴 것이다. 그렇다. 나는 죄인이다. 그래 서 어쨌다는 말인가? 죄인이 아닌 사람이 어디 있단 말인가? 죄를 죄인의 영혼을 상하게 하고 더럽히는 것으로, 도덕적인 부정 같은 것으로 보는 견해는 기독교 밖에서는 흔하지 않다. 그 죄는 저지르 지 않아야 할 성질의 것이며 어떠한 신적 명령으로부터 전적으로 이 탈된 것이라는 생각은 대부분의 불신자들에게 새로운 개념인 것이 다. 심지어 자기들이 죄인들이라고 고백하는 순간에서라도 '죄의 사 악성'에 대한 인식은 매우 결여되고 있는 것이다.

오늘날 문명화된 이교들도 결코 그들보다 나은 것이 없다. 그들은 범죄, 비행, 그리고 잘못이라는 단어들을 잘 알고 있다. 그러나 그 들에게 죄란 단지 구식의 고리타분한 설교자들과 흥을 깨버리는 딱 딱한 사람들에 의해서 사용되는 신학적 용어에 불과한 것이다. 어느 누구도 실제로는 죄인이 아니며, 그렇기 때문에 자기의 죄악들에 대 해서 책임을 질 필요가 없다. 범죄자들은 바로 나쁜 환경의 산물이 거나 아니면 진단받지 못한 질병에 의한 희생물인 것이다.

그러나 의심할 바없이 죄는 신약성경의 중요한 주제인 것이다. 즉, 죄와 죄로부터의 구원이 신약의 최대 주제인 것이다. 죄는 온 세 상을 하나님으로부터 분리시켜 버렸다. 죄는 인간의 성품을 타락시 켰다. 죄는 정죄와 죽음을 가져 왔다. 아무도 여기서 벗어날 수 없 다. 즉, 아무도 자신을 거기서 구원해낼 수 없는 것이다. 그러나 모 두 죄악에 대해 하나님 앞에서 책임을 져야 할 입장이다. 오직 그리 스도 안에서 구원이 있고 하나님 자신에 의해서 손수 마련하신 구원 을 받는다. 이것이 신약성경의 메시지(message)의 진수(essence)인 것 이다. 만일 신약성경의 인간관과 인간의 죄를 부인한다면 선교사가 될 필요가 없다. 만일 사람들이, 결국 근본적으로 선하다면 비록 그 들이 실수는 저지를지라도, 즉 만일 죄가 신약성경이 증거하고 있는 대로 그런 절망적인 것이 아니라면, 또 죄의 결과들이 그렇게 위험

천만한 것이 아니거나 혹은 심지어 복음에 대한 무지가 사람들을 범죄와 정죄에서 면죄시켜 줄 수 있다고 항변할 수 있다면, 선교사의 존재가 절대적으로 필요한 것은 아닐 것이다. 그러나 아무도 인간에 대한 신약성경의 묘사를 그리스도와 따로 무관하게 떼어 놓고는 온전히 믿을 수 없으며, 만일 그가 정말로 그 신약의 인간관을 믿는다면 세계 도처의 모든 곳에 있는 잃어버린 영혼들에게 널리 구원의 메시지(message)를 알리고 전파하지 않을 수 없는 압박감을 느낄 것이다.

정말 그들은 영혼을 잃어버린 자들인가? 지금까지 복음을 몰랐다는 사실이 사람을 죄책과 정죄에서 면제해 준다고 항변하는 사람들이 있다는 사실을 언급했다. 이것은 결코 새로운 사상이 아니다. 그런 사상은 대개 이런 식으로 추리하게 된다. 무엇보다도 하나님은 정당하신 분이며 또 정당하셔야만 한다. 그래서 복음을 들을 기회를 전혀 갖지 못했던 사람들을 정죄한다는 것은 분명히 부당한 처사이기에 하나님은 틀림없이 그렇게 정죄하시지 않을 것이다. 이런 견해를 지지하는 사람들은 대개 성실한 자들이다. 그래서 그 견해는 그들 자신의 이 문제에 대한 공의감각을 만족시켜 주는 것처럼 보이는 하나의 설명이 된다. 그러나 그들은 두 가지 점에서 실패하고 있다. 그들은 자기들의 이성(reason)의 추론을 그 논리적 귀결점으로 이끌어 완성하지 못하고 있는 것이다. 또한 성경이 실제로 말씀하고 있는 바를 제대로 탐구하지 못했으며 믿지 못하고 있는 것이다. 그러한 신념이 의미하는 바의 함축된 의미를 살펴보자. 이것은 사람이 심판을 받는 표준은 복음이라는 신념이다. 그래서 혹자가 이 심판의 표준을 인식하지 못했다면 그의 생활이 아무리 악한 것이라 할지라도 그 사람은 정죄받지 않는다고 한다. 나아가서 그것은 세상에 복음을 준 것은 자비로 생각할 필요가 없다는 것을 의미하는 것이다. 복음을 듣는 자들 중에 단지 소수의 사람들만이 복음을 받아들인다는 사실을 체험을 통하여 알고 있다. 그래서 사람들에게 생명을 부여하려는 선교 활동이 도리어 정죄와 죽음을 가져다 주는 것으로 되어 버리고 마는 것이다. 이 얼마나 웃지 못할 맥빠지는 생각(prospect)인가!

그러나 어떤 이들은 그런 생각이 꼭 그들이 생각하고 있는 바와 일치하는 견해가 아니라고 항의할 것이다. 그들이 실제로 의미하는 것은 두 가지 표준이 있다는 견해이다. 즉, 복음을 듣고 영접할 기회를 가진 자들만은 그 표준인 하나님의 말씀에 의해 심판을 받게 될 것이며, 다른 사람들은 자기들 나름대로의 이상에 이르기까지 얼마나 올바르게 잘 살았느냐에 따라서 심판을 받을 것이라는 견해이다.

이런 견해가 함축하는 바의 의미는 보통 심각한 것이 아니다. 즉, 복음을 온전히 이해하지 못하고서 복음을 들었던 사람은 어떻게 되겠는가? 이런 사람은 무슨 표준에 의해서 심판을 받게 될 것인가? 그리고 도대체 어디서 자기가 갖고 있는 이상에 따라 완전히 생활한 사람을 발견할 수 있단 말인가? 만일 한 사람도 없다면, 그때는 어느 정도 사람이 부족하여도 여전히 구원을 받을 수 있단 말인가? 그렇다면 잃어버림을 당하려면 얼마나 큰 죄인이 되어야 할 것인가? 구원의 근거는 어디에 있는가? 사람의 선행에 있는가? 그러면 왜 그리스도께서 죽으셨는가? 그리스도의 희생과는 상관없이 사람이 구원받을 수 있다면 도대체 복음에는 어떤 유익이 있단 말인가?

그러나 이런 견해에 대한 모든 비판 가운데서 가장 결정적인 것은 그것에 대한 성경적 근거가 전혀 없다는 사실이다. 그것은 성경이 말씀하는 바에 대한 객관적인 연구가 전혀 없는 인간 자신의 생각 속에서 나온 것이다. 성경은 전연 다른 모습을 보여 주고 있다.

이제 신약성경의 4대 기본적 교훈에 대해 살펴보자.

첫째, 모든 사람은 하나님 앞에서 죄인이다(롬 3 : 23 ; 5 : 12을 보라). 그는 호감을 살 수 있는 인물일는지 모른다. 그리고 좋은 친구일 수도 있다. 자상한 남편이자, 친절한 아버지일 수도 있다. 그러나 하나님과의 관계에 있어서는 그는 반역자요, 자신의 쾌락을 추구하기를 완강하게 고집하며 하나님께서 그에게 선과 의로서 계시해

준 바를 무시해 버리는 패역한 자인 것이다. 그것은 몇 가지의 특별한 규율들이나 계명들을 어기는 문제가 아닌 것이다. 그것은 의로운 것이 무엇인가를 몰라서 발생하는 불순종이 아닌 것이다. 사도 바울은 그의 로마서의 처음 두 장들에서 이 점에 대해 분명히 밝혀 두고 있는 것이다. 로마서 3 : 9~12에서 그는 이 문제를 다음과 같이 요약하여 말하고 있다.

> …유대인이나 헬라인이나 다 죄 아래 있다고 우리가 이미 선언하였느니라. 기록한 바 의인은 없나니 하나도 없으며, 깨닫는 자도 없고 하나님을 찾는 자도 없고 다 치우쳐 한 가지로 무익하게 되고 선을 행하는 자는 없나니 하나도 없도다.

죄에는 두 가지 죄가 있다. 원죄(原罪)와 실행죄(實行罪)이다. 인간 스스로 주장함으로 자기를 하나님으로부터 닫아 버리는 것이 원죄이다. 인간의 힘이 완전하고 자기의 자원에 무한한 것 같은 환상 속에서 인간이 하나님께 의존하고 순종하기를 거절하고 자기의 자원에 의존하는 것이다. 이러한 원죄의 결과로 나타나는 현상으로서의 죄를 실행죄라고 볼 수 있다. 실행죄에는 생각의 영역에서 일어나는 죄(증오, 시기), 말의 영역에서 일어나는 죄(욕하고 상처주는 언어), 행동으로 나타나는 죄(폭력)가 있다. 생각에서 말로 그리고 행동으로 죄가 발달할수록 파괴력이 크다.

둘째, 하나님과 우리 인간 사이를 분리시켜 놓은 것은 죄이다. 우리는 "죄로 말미암아 죽은" 사람들이다. 죄는 하나님 보시기에는 경기 도중 규칙을 무심코 범하는 것과 같은 그런 사소한 사건이 아니다. 죄는 차라리 거룩한 하나님과의 교제에 부적당한 부패한 성품의 표현이라고 해야 옳을 것이다. 요한복음 3 : 18을 인용하는 몇 마디 말을 듣고서 사람들은 단순히 "하나님의 독생자를 믿지 않았다"는 이유로 정죄당한다고 말할는지도 모른다. 그렇게 말하는 것은 그 구절을 왜곡시켜 해석하고 있는 처사이다. 그 다음 구절은 그것이(18절) 그리스도에 대해서 전혀 들어 보지 않은 자들과는 아무 상관이 없는 구절이라는 것을 밝혀 주고 있다. 하나님께서 듣지 못한 자를 믿지 않았다고 하여서 인간을 정죄한다면 분명히 하나님이 불의하신 것이 될 것이다. 그러나 하나님은 결코 그런 일을 하시지 않는다. 그 분은 사람들이 죄인들이기에 그들을 정죄하는 것이다. 그들을 하나님과 분리시키는 것은 바로 그들의 죄인 것이다(사 59 : 2).

　셋째, 하나님은 자신의 무한한 사랑으로 예수 그리스도 안에 있는 구원의 길을 마련해 주셨다. 알다시피 이것은 신약성경 전체의 주제이다. 그래서 우리는 더 이상 상세하게 살펴볼 필요는 없다. 구원의 길을 마련해 주시는 것은 예수 그리스도께서 오신 목적이었다. 또한 십자가상에서 죽으시면서 가졌던 바로 그 한 가지 목적도 구원의 길을 열어 주시는 것이었다. 그리고 그것은 전세계를 죄의 암흑에서 구원하기에 충분한 희생이었다.

　네째, 하나님은 이 구원이 유효하게 될 수 있는 단 한 가지 방법을 전제하신다. 죄로 죽은 자들이 새 생명으로 중생할 수 있는 데에는 단 한 가지 길만이 있을 뿐이다. 그것은 믿음의 길이다(히 11장). 그 믿음은 바로 하나님께서 그리스도 안에서 마련해 주신 구원을 받아들이고 우리의 삶 속에서 그 구원이 효과를 미치도록 그리스도를 신뢰하는 것이다(행 15 : 9).

　그러면 복음을 결코 들어 본 적이 없는 사람들의 경우는 어떠한가? 어떻게 그들은 신앙을 가질 수 있으며, 전혀 들어 본 적이 없다면 어떻게 이 구원을 받아들일 수 있겠는가? 그것은 곤란한 것이다. 그들은 할 수 없다. 그래서 그들은 여전히 정죄 상태에 머물게 되는 것이다. 그들은 자기들의 죄악으로 인한 죽음에 처하게 되는 것이다.

　"그러나 그러한 법이 어디 있단 말인가!"라고 항의할는지 모른다. "어떤 사람들은 혹 듣기만 했더라도 믿었을는지 모른다. 왜 하나님은 말씀을 영접하지 않았다는 이유로 그들을 정죄하셔야 하는가?"라고 반대할는지 모른다. 그러나 하나님은 그렇게 하시지 않는다. 하나님은 결코 구원을 받아들일 수 있는 기회를 갖지 못한 자들을 정죄하시지 않는다. 단지 그 분은 우리가 마땅히 해야 할 바를 알면서도 하지 않았기 때문에 우리를 정죄하는 것이다. 복음을 들은 사람들과 마찬가지로 듣지 못한 자들도 단순히 우리가 모두 죄인이라는 사실 때문에 정죄하신 것이었다. 우리는 모두 죄로 인해 죽었다. 우리는 새 생명에로 다시 중생할 필요가 있다. 그리고 이 변화가 일어날 수 있는 오직 한 가지 길이 인류에게 있는 것이다. 바로 예수 그리스도를 믿음으로써만 중생이 가능한 것이다(행 4 : 12).

하나님 자신은 그가 할 수 있는 것을 해 놓으셨다. 엄청난 댓가를 치르고서 그 분은 구원을 베풀어 주셨다. 그것은 바로 모든 사람들이 그것을 받기에 충분한 것이다. 그러나 항거할 수 없는 그 분의 신적인 지혜로써, 그 분은 다른 사람들에게 복음을 전파하는 책임을 복음의 기쁜 소식을 먼저 받은 자들에게 부여하셨다. 이전의 우리와 같이 그들은 죄로 인해서 죽어 있다. 즉, 바로 이전에 우리가 그랬던 것처럼 자기들의 죄로 말미암아 "그들은 평계치 못하는 것이다." 그들은 결코 하나님이 그들을 정죄하였다 해서 그 분을 비난할 수는 없다.[4] 만일 어떤 사람이 복음에 대해 그들에게 말하기만 하였어도 그들 중의 몇 사람은 (아마도 단지 소수에 불과할 것이다) 하나님의 새 생명 주심을 받아들일 가능성이 있을 것이다. 그래서 그 가능성으로 인해 우리의 어깨가 무거움을 느낀다. 이미 중생하여 새 생명을 얻은 우리들은 다른 사람들에게 문을 열어 줄 수 있는 유일한 존재들이며 또한 우리가 열쇠를 가지고 있다. 어떻게 우리는 이 열쇠를 사용하고 있는가?

우리가 대답할 수 없는 한 가지 문제가 여전히 남아 있다. 그것은 밝혀진 것이 없다. 그리고 하나님 자신의 기쁘신 뜻 안에 있는 불가사이한 경륜(Counsels) 속에 깊이 숨겨져 있다. 그것은 바로 다음과 같은 문제이다. "왜 하나님은 그의 사랑으로 나에게는 예수 그리스도의 생명의 말씀을 듣도록 하셨으며, 반면에 다른 많은 사람들은

---

4) Harold R. Cook, *op.cit.*, pp. 24~26.

아직 전혀 듣지 못하고 있는가? 정녕 나는 그들보다 결코 나은 사람이 아니다. 그런데 왜 그럴까?"

다만 한 가지 대답이 있을 뿐이다. 성경의 하나님은 의로우실 뿐만 아니라 주권적이시다. 하나님은 그의 공의 안에서 우리의 죄를 인해 우리 모두를 정죄하셨다. 그리고 그의 지배하심 가운데서 구원의 길을 마련해 주셨다. 그러나 그와 같은 사랑을 아무도 받을 자격이 없으므로 그가 기뻐하는 사람이면 누구에게라도 먼저 구원의 길을 계시하는 그의 권리에 이의를 제기할 수 있는 사람은 아무도 없다. 나는 다만 그가 구원의 길을 나에게 알려주신 것에 대해서 기뻐할 수밖에 없을 것이다. 그러나 나는 이기적으로 그것을 혼자만 기뻐할 수는 없다. 만일 그의 구원에 대한 소식이 내게 먼저 임했다면 그것은 내가 다른 사람에게 구원을 전파하도록 하시기 위함이라는 것을 알고 있다. 만일 그들이 복음을 전혀 듣지 못했다면, 그것은 그의 잘못이 아니라 나의 잘못인 것이다.

II. 예수님의 선교

예수 그리스도는 선교를 가르쳤다. 이것은 비단 공생애 초기, 즉 그가 처음 제자들을 불러서 "나를 따라 오너라 내가 너희로 사람을 낚는 어부가 되게 하리라"(마 4:19)고 하셨던 때에만 해당되는 것이 아니다. 뿐만 아니라 "너희는 온 천하에 다니며 만민에게 복음을 전파하라"(막 16:15)고 분부하셨던 그의 지상 공생애 사역의 바로 마지막 기간에만 해당되는 것도 아니다. 차라리 그의 생애와 사역의 모든 전행로(全行路)가 선교였다고 보아야 한다.

1. 예수님의 오신 목적

예수님은 깨어진 구약의 언약을 대신해서 새로운 언약을 선포하시기 위해서 오셨다. 이스라엘 민족은 메시야의 오심을 바라고 있었다. 그러나 그들은 생각만 할 뿐 현실적으로는 그의 오심과 그가 내리실 심판에 대한 준비를 하지 않았다. 오직 영적으로 준비된 사람들만이 그의 오심을 감당할 수 있었다. 메시야의 오심은 구약성경을 닫고 신약성경을 펼치는 것을 의미한다. 예수께서는 시내산에서 이루어진 율법 언약이 불복종하는 이스라엘 민족에 의해 계속해서 파기되어 왔고 그들을 되돌리기 위해 오랜 세월 동안 많은 선지자들을 보냈다. 마침내 새로운 완성의 언약자이시며 생명과 죽음의 재판관이신 메시야가 오신 것이다.

예수님이 스스로를 일컬어 사용하신 호칭은 다른 무엇보다도 더 많은 진리를 밝혀 준다. 예수님은 메시야에 대한 대중적인 호칭인 '다윗의 자손'이라는 칭호를 좋아하지 않았다. 예수님은 시편 2:7에서 언급된 "하나님의 아들"임을 아셨으며 산헤드린의 재판에서 이를 인정하셨다. 그러나 예수님이 자신의 전도 활동을 통해 줄곧 사용하셨던 호칭은 '사람의 아들,' 즉 '인자'였다. 이 호칭이 복음서에 50번 이상 사용되었으며 그 경우 언제나 예수님은 스스로를 그렇게 일컬으셨다. 제자들은 결코 이 호칭을 사용하지 않고 예수님을 '주'(主), '선생님' 등으로 불렀다. 예수님은 스스로 주다, 그리스도다, 하나님의 아들이다는 칭호를 쓰지 않고, 제자들이 신앙고백을 하면 그 신앙고백을 받아들이기는 했다. 예수님의 '인자'라는 호칭은 거의 일인칭 대명사 '나'에 해당됐다. 예수님은 되풀이하여 이 호칭을 사용하셨다. "인자는 머리 둘 곳이 없다"(마 8:20). "인자가 세상에서 죄를 사하는 권세가 있는 줄을 너희로 알게 하려 하노라"(마 12:8). "인자는 안식일의 주인이니라"(마 9:6). "그때에 인자가 구름을 타고 큰 권능과 영광으로 오는 것을 사람들이 보리라"(막 13:26).

예수께서 이 호칭을 끌어내온 주요한 두 가지 전거는 에스겔서와 다니엘서이다. '사람의 아들'은 하나님께서 선지자 에스겔에게 붙여 준 독특한 명칭으로 87회 나온다. 그 히브리어는 '벤 아담'(ben

Adam)인데, 그 축어적 의미는 '아담의 아들' 곧 '사람의 아들'이다. 원래 그것은 하나님과 대립되는 '인간'을 뜻했으며, 에스겔에게 그의 비천한 지위를 일깨워 주었다. 그러나 예수님 시대에 이르러 그 호칭은 메시야를 명예롭게 일컫는 말이 되었고, 에스겔서의 많은 구절들이 이상화되고 메시야와 관련되어 해석되었다. 예수님이 에스겔서를 읽으실 때에 하나님께서 직접 그에게 다음과 같이 말씀하셨을 것임에 틀림없다. "인자야, 내가 너를 이스라엘 자손 곧 패역한 백성 나를 배반하는 자에게 보내노라"(겔 2:3), "인자야, 내가 너를 이스라엘 족속의 파숫군으로 세웠으니 너는 내 입의 말을 듣고 나를 대신하여 그들을 깨우치라"(겔 3:17). 예수님이 특별히 중요시했던 것은 남게 될 자들에 관한 구절들이었다(겔 6:8). 그 뿐만 아니라 새로운 마음과 새로운 영(겔 11:19 ; 36:26~27), 잃은 양을 찾는 거룩한 목자(겔 34:11~16), 새로운 영원한 언약(겔 37:26), 이방 나라들이 주 곧 이스라엘 하나님을 알게 되리라는 약속(겔 37:28 ; 38:23 ; 39:7) 등등에 관한 구절들이 중요했다. 이 모든 구절들은 인자이신 예수님에 의해 이루어지게 된다.[5]

다니엘서 7:13~14는 예수님이 "인자"라는 호칭을 사용하실 때에 염두에 두셨음은 의심할 여지가 없다. 여기서 이 호칭은 '벤 아담'이 아니라 아람어 '바르 에나쉬'(bar enash) 이었다. 그러나 그 의미는 비슷해서 '에나쉬'는 일인칭 남성을 가리키기 보다는 인간 일반을 가리키는 말이다. 다니엘의 환상 가운데 하나님을 보고 하나님 앞에 구름을 타고 오는 한 분을 보는데 인자같이 생겼다고 했다. 구름을 타고 왔다는 점은 신적 존재를 의미한다.

> 내가 또 밤 이상 중에 보았는데 인자 같은 이가
> 하늘 구름을 타고 와서
> 옛적부터 항상 계신 자에게 나아와

---

[5] H. Cornell Goerner(노창우 역), 『모든 민족을 위한 하나님의 목적』(서울 : 침례회 출판사, 1986), pp.71~72.

그 앞에 인도되매
그에게 권세와 나라를 주고
모든 백성과 나라들과 각 방언하는 자로
그를 섬기게 하였으니
그 권세는 영원한 권세라
옮기지 아니할 것이요
그 나라는 패하지 아니할 것이니라(단 7 : 13~14).

 예수님이 자기를 '인자'(The Son of Man)라고[6] 했을 때는 자기가 바로 다니엘에게 미리 환상 가운데 나타난 하나님의 아들로서 종말에 하나님의 진정한 백성들 곧 하나님의 아들들을 창조하고 대표하는 분이라는 것을 나타낸다.
 예수님이 오신 목적에 대한 이해는 마가복음 10 : 45에 가장 잘 요약되어 있다. "인자(人子)의 온 것은 섬김을 받으려 함이 아니라 도리어 섬기려 하고 자기 목숨을 많은 사람의 대속물로 주려 함이니라." 여기서 "사람의 아들"이란 구약 다니엘 7 : 13에 나오는 "한 사람의 아들 같은" 존재를 칭호하는 것이다. 예수님이 자기를 인자, 즉 "사람의 아들"이라고 불렀을 때 그는 사실 자기가 다니엘 7 : 13에 나오는 바로 그 "사람의 아들"이라고 말하는 것이다. 예수님이 자신의 실체(identity)를 내보이는 것이다. "내가 한 환상 가운데 다니엘에게 한 사람의 아들과 같이 나타난 하나님의 아들이다." 그런데 다니엘의 환상 가운데 한 '사람의 아들'같이 나타난 신적 존재 곧 하나님의 아들은 이스라엘의 조상 야곱(하나님으로부터 이스라엘이란 이름을 받은 그 개인)이 이스라엘의 민족을 자기 안에 내포하듯 대표한 것과 같이(Corporative personality) 하나님의 종말의 백성을 자기 안에 내포하듯 대표하는 분이라고 밝혔다(단 7 : 18~27).[7]
 구약에서 이스라엘이 하나님의 백성이었고 그러기에 그들은 하나

---

6) 예수가 처음으로 '그'라는 관사를 사람의 아들(The Son of man)이라고 붙여 썼다. '그'라는 지시관사를 붙이므로 자기가 특정한 사람임을 지적한다.
7) 김세윤, op.cit., pp.23~24.

님의 아들이라고 불리웠다. 이것은 그들이 하나님의 은혜의 언약에 의해 하나님께 의지하고 순종하여 살아야 하는 관계를 가진 백성이라는 것을 말한다. 그러나 이스라엘은 하나님께 누차 불순종하여 이 언약의 관계를 파기했다. 그리하여 하나님은 예레미야,[8] 에스겔[9] 등의 선지자들을 통해 영원한 언약을 세워 새로운 하나님의 백성을 창조할 것을 선언하시고, 다니엘의 환상을 통하여 자기 아들을 통해 종말에 진정한 하나님의 백성을 창조하여 그들로 하여금 자기의 자녀들이 되게 하겠다는 약속을 하신 것이다. 예수님은 자기가 바로 그 약속을 성취하기 위해 온 하나님의 아들이라고 하나님의 백성의 숙명, 즉 하나님께 의존하고 순종함을 대신함으로, 대표적으로 이룰 수 있는 자임을 선언했다. 그것은 곧 이사야에 의해 예언된 대로 죄인들을 위해 대속의 죽음을 함으로 말미암아 그들의 죄사함을 이루고(사 53장), 새 언약을 세워 새로운 하나님의 백성을 창조하는(사 42:6) "주의 고난받는 종"의 역할을 감당하는 것이었다. 그래서 예수님은 "자기 목숨을 많은 사람의 대속물로" 주기 위해 오셨다(막 10:45).

2. 예수님의 생애의 성격

바울은 '모든 시대를 통해 가장 위대한 선교사'였다는 말을 종종 듣는다. 그리스도를 따르는 자들 가운데서는 아마도 이것은 틀림없는 사실로 받아들여질 것이다. 그러나 여전히 예수 그리스도 자신이 더 위대하신 선교사이시다. 신약성경이 그리스도가 세상에 오신 것은 선교적인 목적을 위한 것임을 말해 주는 것은 의심할 바 없는 사실이다. 사실상, 이것이야말로 다른 어떠한 사람의 출생과 구별이

---

[8] "나 여호와가 말하노라. 보라 날이 이르리니 내가 이스라엘 집과 유다 집에 새 언약을 세우리라"(렘 31:31).
[9] "내가 그들과 화평의 언약을 세워서 영원한 언약이 되게 하고 또 그들을 견고하고 번성케 하며 내 성소를 그 가운데 세워서 영원히 이르게 하리니"(겔 37:26)

되는 생애 가운데 하나이다. 그의 오심은 자발적이었고, 확정된 분명한 목적을 가졌다. 주님 자신이 누가복음 19 : 10에서 "인자의 온 것은 잃어버린 자를 찾아 구원하려 함이니라"고 말하면서 바로 그 목적에 대해서 말했다. 다시 그는 말씀하시기를 "내가 하늘로서 내려온 것은 내 뜻을 행하려 함이 아니요 나를 보내신 이의 뜻을 행하려 함이니라"(요 6 : 38~39 상반절)고 하였다. 그리고 후에 사도 요한은 "하나님이 자기의 독생자를 세상에 보내심은 저로 말미암아 우리를 살리려 하심이니라"고 기록하였다.

그래서 예수 그리스도는 선교사, 즉 '보내심을 받은 자'의 생애였다. 그 분은 목적과 함께 보내심을 받았다. 그리고 그 목적이란 오늘날 주님의 선교사들의 생애와 같은 목적이었다. 그것은 바로 잃어버린 자들, 즉 "허물과 죄로 말미암아 죽은"(엡 2 : 1) 사람들을 구원하는 것이었다. 히브리서 기자는 예수님을 '사도'라고 불렀으며 "그를 부르신 자에게 충성했다"(히 3 : 1~2)라고 묘사하고 있다. 사도는 특별한 시기에 특별한 장소에서 특별한 임무를 수행하기 위한 권위와 책임을 위임받은 자다. 이 특수한 임무는 하나님의 계시의 역사적 연관 속에서 이해되어야 한다(사 61 : 1, 눅 4 : 18~21). 예수님의 생애는 그를 보내신 아버지 하나님을 대표했으며 하나님이 보내어 행하라 하신 일에 자기를 제한하면서 그 일에 충실한 생애를 보내셨다.

그러므로 그리스도의 생애의 성격은 바로 진정한 의미에 있어서 선교 활동이었다. 선교사란 대사와 같이 어떤 사람을 대신하여 보내어진다. 그는 개성을 갖고 있으나 가급적이면 개성을 억제하도록 해야 한다. 그는 사사로운 삶을 살아서는 안된다. 그의 행위는 바로 그를 보낸 자의 행위로 간주된다. 그의 말들은 개인의 의사표현이 아니라 공적인 언급들인 것이다. 그는 자기를 보낸 자의 위치에 서 있는 것으로 간주된다. 물론 선교사들은 대사들처럼 이따금 이 사실을 잊어버린다. 그러나 예수 그리스도는 그것을 결코 잊지 않았다. 그 분 생애에 있어서 가장 괄목할 만한 특징들 중의 하나는 전혀 비이기적인 점이다. 예수님은 자기를 따르는 자들에게 말하기를 "인자가 온 것은 섬김을 받으려 함이 아니라 도리어 섬기려 하고 자기 목숨을 … 주려 함이니라"(마 20 : 28)고 하였다. 그리고 사도 바울이 각 성도에게 "우리 각 사람이 이웃을 기쁘게 하되 선을 이루고 덕을 세우도록 할지니라"고 말한 그의 권면을 기억하기를 바라면서 그는 "심지어 그리스도께서도 자기를 기쁘게 하지 아니하셨나니 …"(롬 15 : 2~3)라고 상기시켜 주었다.

그리스도께서 "내가 곧 길이요 진리요 생명이니"(요 14 : 6)라고 말씀하심은 전혀 이기심이나 자랑하는 마음에서 나온 것이 아니다. 왜 그런가? 바로 곧 이어서 말씀하시기를 "나로 말미암지 않고는 아버지께로 올 자가 없느니라"고 하였기 때문이다. 또한 그 분이 "나를 본 자는 아버지를 보았거늘"(요 14 : 9)이라고 말할 때 이것도 역시 마찬가지 사실이라고 말할 수 있다. 실제로 예수님의 요한복음 14 : 9의 "나를 본 자는 아버지를 보았거늘"이라는 말씀이야말로 그 분의 선교사적 성격에 대한 언급인 것이다. 다시 말하면 주님은 하나님 아버지의 위치에서 그들 앞에 서 있다는 것이다.

3. 예수님의 지상사역

예수님의 지상사역이 결코 선교적인 것이 아니라고 반론을 제시하는 사람도 있다. 예수님이 자신의 민족인 유대인들에게 자기의 사역을 국한시켰다는 사실이다. 예수님이 제자들을 거느리고 두로와 시돈 지방에 선교 여행을 갔을 때 가나안 여인이 자기 딸을 치료해 달라고 간청했다. 이때 예수님은 이방 여인에게 말하기를 "이스라엘 집의 잃어버린 양 외에는 다른 데로 보내심을 받지 아니하였노라"(마 15 : 24)라고 하였다. 비록 그 여인의 겸허한 신앙에 대한 응답으로써 그녀의 청을 정중하게 허락해 주었다 할지라도 우리에게 기이한 인상을 준다. 또 수가성의 여인과의 대화 중에서 "너희는 알지 못하는 것을 예배하고 우리는 아는 것을 예배하노니 이는 구원이 유대인에게서 남이니라"(요 4 : 22)고 선언했다. 더욱이 예수님은 처음으로 열 두 제자를 파송할 때 "이방인의 길로도 가지 말고 사마리아인의 고을에도 들어가지 말고 차라리 이스라엘 집의 잃어버린 양에게로 가라"(마 10 : 5)고 하셨다.

우리는 복음서의 전체적인 흐름에 의해서 이 구절들을 이해할 필요가 있다. 예수님이 이렇게 말씀하신 이유는 명백하다. 시간이 없었으므로 빠른 회개가 이스라엘에 터지지 않는다면 최후의 심판이 이스라엘에 닥칠 것이다. 심판의 때가 보다 늦게 올 이방 민족들보다도 이스라엘 민족이 훨씬 더 급박했다. 제자들의 전도가 이방인들에게 확대되리라는 예언이 바로 이러한 맥락 속에서 이루어진 것이다. "너희가 나를 인하여 총독들과 임금들 앞에 끌려 가리니, 이는 저희와 이방인들에게 증거가 되게 하려 하심이라"(마 10 : 18). 그러나 예수님과 그의 제자들은 시간이 없으므로 먼저 유대의 도시들에 관심을 집중하지 않을 수 없었던 것이다(마 10 : 23).

누가복음서는 이후에 70명의 사람들이 둘씩 파견된 전도 활동에 대해 말하고 있다(눅 10 : 1). 열 두 사도가 상징적으로 이스라엘 열 두 지파를 대표하는 것처럼 70인은 이방 나라들을 상징한다. 창세기 10장에 노아의 후손들의 이름이 기록되어 있는데 그 수가 70이다. 랍비의 전통은 이것이 바벨탑 사건 이후에 땅 위에 흩어진 모든 나라들의 수라고 주장하고 여러 차례 70개의 이방 민족들에 관해 언급했다. 예수님은 자신의 광범위한 목적을 상징하시기 위해 이 수를 사용하셨는지도 모른다. 열 두 명은 임박한 심판을 이스라엘 지파들에게 경고하기 위해 파견되었다. 70인은 뒤에 전세계에 대한 그들의 궁극적인 선교를 준비하기 위한 선교 훈련으로 파견되었다.[10]

여기서 굳이 논쟁의 여지가 있는 문제들을 다루지 않더라도 다음 두 가지 사람들을 분명히 알 수 있다.

첫째, 예수님은 자기 자신의 백성 유대인들에게 그 분의 지상 사

---

10) H. Cornell Goerner, *op.cit.*, p.75.

역을 바쳤다. 그 당시에는 복음을 전세계에 전파할 시기가 아직 이르지 아니했음을 시사한 것이다.[11] 물론 특이한 경우에는 사마리아인이나 이방인들에게도 종종 예외적인 사역이 있었다.

둘째, 예수님은 유대인들에게 역사하는 동안에도 자기의 복음을 위하여 전세계적 사역을 구상하였던 것이다. 우리는 이 사실을 예수님의 생애의 마지막 즈음에서 뿐만 아니라, 사역의 기간 중에서도 수많은 경우를 통해서 살펴볼 수 있다. 예를 들면, 마태복음서의 초반 부분에서(8:5~13) 가장 유대인적인 복음서라고 생각되어지는 이 부분에서 우리는 로마인 백부장의 하인에 대한 이야기를 목격한다. 그 경우에 그리스도는 백부장의 간청을 들어 주시고서 그 이방군인의 신앙을 칭찬하였다. "이스라엘 중 아무에게서도 이만한 믿음을 만나보지 못하였노라"(마 8:10). 그리고 덧붙여서 예언적 언질로서 "동서로부터 많은 사람들이 이르러 아브라함과 이삭과 야곱과 함께 천국에 앉으려니와"(마 8:11~12)라고 말하였다. 또한 그 분 생애가 거의 끝날 무렵에도 마태복음 24장의 예언에서 주님은 말씀하기를 "이 천국복음이 모든 민족에게 증거되기 위하여 온 세상에 전파되리니 그제야 끝이 오리라"(마 24:14)고 했다. 그래서 우리는 그리스도의 지상사역은 우선순위(priority)로 유대인들에 대한 것이었으나 그럼에도 불구하고 예수님은 자신의 제자들이 자기의 복음을 온 세상에 전파할 날을 대비하여 가르치고 준비시켰다. 이스라엘과 계약을 맺으신 하나님의 구원은 유대인에게서 나오며(요 4:22), 유대인들에게 먼저 복음이 전파되어야 한다(롬 1:16 ; 2:9 ; 3:9, 26, 행 13:5 ; 20:21)는 것이다. 구원의 축복도 먼저 유대인에게요, 다음이 이방인이며 아울러 책임을 다하지 못한 데 대한 심판도 먼저 유대인에게요, 다음이 이방인이라는 계약 신학적 관점에서의 해석인 것이다.[12] 즉 구속사적 위치 때문이다. 이 점에 대한 예레미

---

11) Johannes Bavinck(김명혁 역), 『선교의 성서적 기초』(서울 : 성광문화사, 1983), p.25.
12) 전호진, 『선교학』(서울 : 개혁주의신행협회, 1985), p.61.

아스(J. Jeremias)의 말은 정당하다.

> 예수가 이스라엘에게 선포한 구원은, 예수의 속죄의 죽음이 온 이스라엘을 위한 것임과 마찬가지로 온 세상을 위한 것이었다.[13]

또한 한(Ferdinand Hahn)의 말은 예레미아스의 말과 공통점을 나타내 보이고 있다.

> 예수는 이스라엘의 구원을 위해서 일하는 가운데 온 세계의 구원을 위해서 일했다.[14]

예수님은 자기 자신의 활동을 하나님의 인류 구원의 언약과 이스라엘의 선택이라는 범주에 순응하였다. 이스라엘의 구원을 위해서 일하시는 가운데 온 세계의 구원을 위해서 일하셨다. 이스라엘에게 선포하는 구원의 소식은 이방인에게 대한 구원의 선포였다.

4. 예수님의 지상명령

예수님이 부활 후 제자들에게 주신 계명은 선교의 대명령이다. 오늘날 많은 신학자들이 지상명령(The great commission)을 신약성경에 나타난 유일한 선교의 기반이라고 생각한다. 그러나 비판자들이 지상명령의 출처에 대한 확실성을 의심하게 될 때에는 실로 선교의 전체 기반이 흔들리게 되는 결과를 초래하게 될 것이다. 그러나 이미 선교란 신약에 나타난 기독교의 본질 그 자체의 한 요소이며 지상명령을 떼어 놓고서라도 주님 자신이 친히 선교에 대해서 가르치신 것이라는 것을 살펴보았다.

그리스도는 자기의 제자들에게 부활하고 승천하기 직전에 지상명

---

13) J. Jeremias, *Jesus' promise to the Nations*, p.73.
14) Ferdinand Hahn, *Mission in the New Testament*, p.129.

령을 주셨다. 그것은 예수님이 자기의 교회에 주는 하나의 위대한 임무였던 것이다. 여러번에 걸쳐서 주님은 그것을 설명해 주셨다. 사실상 그리스도께서 여러번 그 분의 임무를 반복하여 말했다는 것은 당연한 것이다. 그 중요성에 비추어 볼 때 주님이 그렇게 하지 않았다면 그것이 오히려 이상한 것일 것이다. 사복음서와 사도행전은 모두 한 형태 혹은 또다른 한 형태로써 지상명령을 말하고 있는 것이다. 가장 많이 인용되는 선교 명령의 구절들은 마태복음 28 : 18~20, 마가복음 16 : 15~16, 누가복음 24 : 46~49, 요한복음 20 : 19~20, 사도행전 1 : 8이다.

　　예수께서 나아와 일러 가라사대 하늘과 땅의 모든 권세를 내게 주셨으니 그러므로 너희는 가서 모든 족속으로 제자를 삼아 아버지와 아들과 성령의 이름으로 세례를 주고 내가 너희에게 분부한 모든 것을 가르쳐 지키게 하라 볼지어다 내가 세상 끝날까지 너희와 항상 함께 있으리라 하시니라(마 28 : 18~20).

　　또 가라사대 너희는 온 천하에 다니며 만민에게 복음을 전파하라 믿고 세례를 받는 사람은 구원을 얻을 것이요 믿지 않는 사람은 정죄를 받으리라(막 16 : 15~16).

　　…아버지께서 나를 보내신 것같이 나도 너희를 보내노라(요 20 : 21).

　　오직 성령이 너희에게 임하시면 너희가 권능을 받고 예루살렘과 온 유대와 사마리아와 땅끝까지 이르러 내 증인이 되리라 하시니라 (행 1 : 8).

위의 선교 명령 중 마태복음 28 : 18~20과, 마가복음 16 : 15~16의 말씀에 대해서는 상당한 논쟁이 있어 왔다. 이것은 선교 명령에 대한 설명을 담고 있는 바로 그 부분들인 것이다. 비평가들은 그것들이 원래는 복음서들의 한 부분이 아니었으나 후에 첨가되었다고 주장해 오고 있다.
 여기서 이 문제에 대해서 왈가왈부하지 않겠다. 설사 그것이 사실이라 할지라도 그 부분들이 믿을 만한 설명들이 못되며 신적인 영감을 받은 것이 아니라는 것을 반드시 의미하지는 않는다. 그러나 지상명령에 관한 한 우리는 마태복음서와 마가복음서에 국한시키지는 않는다. 사도 요한도 역시 그 주제에 대하여 무엇인가 할 말이 있었다. 그는 말하기를 그리스도께서 부활하신 후 처음으로 자기의 제자들에게 나타나 말씀하시기를 "아버지께서 나를 보내신 것같이 나도 너희를 보내노라"(요 20:21)고 하셨다고 증거하고 있다. 그 분이 그들과 함께 앉아서 음식을 먹을 때에야 비로소 그 분임을 알아차렸던 것이다. 그리고나서 그들은 예루살렘으로 급히 돌아가서 다른 사람들에게 자기들이 주님을 보았다고 증거하였다. 그러나 그들이 증거하는 중에 예수님 자신이 친히 나타나서 그들에게 말씀하셨다.

> 또 이르시되 이같이 그리스도가 고난을 받고 제삼일에 죽은 자 가운데서 살아날 것과 또 그의 이름으로 죄사함을 얻게 하는 회개가 예루살렘으로부터 시작하여 모든 족속에게 전파될 것이 기록되었으니 너희는 이 모든 일의 증인이라 볼지어다 내가 내 아버지의 약속하신 것을 너희에게 보내리니 너희는 위로부터 능력을 입히울 때까지 이 성에 유하라 하시니라(눅 24:46~49).

 다시 사도행전에서 똑같은 선교 명령에 대한 또 다른 표현을 본다.

> 오직 성령이 너희에게 임하시면 너희가 권능을 받고 예루살렘과 온 유대와 사마리아와 땅끝까지 이르러 내 증인이 되리라 하시니라(행 1:8).

 이런 증거를 살펴볼 때 우리는 예수 그리스도께서 선교를 가르쳤다는 사실을 조금도 부인할 수가 없다. 나아가서 그 분은 자기의 제자들이 선교 활동을 펼치기를 원했고 그 분의 복음이 온 세계에 두루두루 전파되어지기를 원했다.

이제 예수님의 선교 명령을 연구하여 선교 역사에 끼친 영향과 그 의미를 밝혀 보겠다.

먼저 마태복음 28 : 18∼20의 해석이다. 흠정판 영어성경이나 한국어 번역성경은 선교 명령을 평면적인 4대 명령으로 구분(① Go ② Make disciples ③ Baptising them ④ Teaching them)하고 있다. 만일 가서(go)를 사역동사로 보지 않고 분사(participle)로 본다면 세 구분이 된다. 이것을 도식으로 나타내면 다음과 같다.[15]

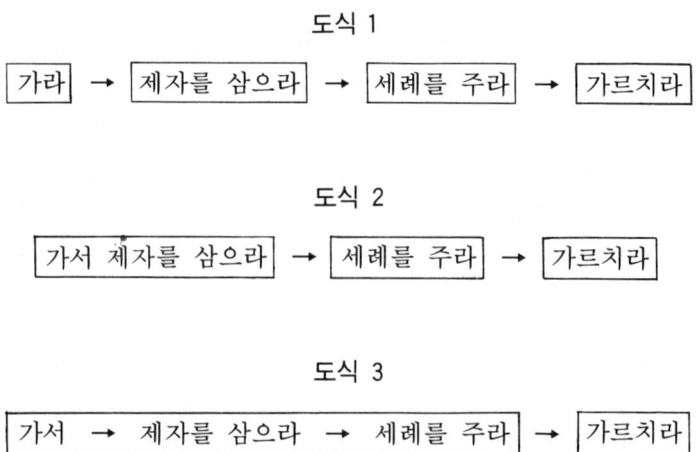

이 세 가지 도식이 보여 주는 것은 교회가 목회의 실제적 경험에서 전도(선교)와 교육(영적 성장)이라는 2단계적 이해를 가지고 있다는 것이다. 이것은 "가르치라"는 명령을 회심 후의 교육으로 해석하고 있음을 보여 준다. 그리고 이러한 이해와 해석은 많은 학자들의 지지를 받고 있다. 또한 교회 성장학의 초기 작품인 맥가브란

---

15) 장중열, op.cit., p.78.

(Donald A. McGavran)의 『하나님의 가교』(The Bridge of God)에도 나타나 있다. 그는 제자삼음(discipling)과 양육(perfecting)을 구분하여 전도의 단계와 윤리적 변화를 초래하는 성숙한 단계로 해석했다. 맥가브란의 이러한 구분은 제자삼음의 단계를 다만 지적으로 예수님을 구주로 믿음으로 우상을 버리는 단계로 정의한다. 그리고나서 점차 배우는 예수님의 가르침에 복종하는 단계로 본다. 반면 제자삼음은 하나님께 충성하며, 이웃 신자에게 봉사하는 참 신자를 의미한다고[16] 강조한다. 그리고 헬라어 원문에 대한 연구는 선교의 명령이 단 하나의 명령만을 가지고 있다고 주장한다. 유일한 목적을 나타내는 명령은 "제자를 삼으라"는 사역동사이며 다른 동사들은 주동사에 소속한 분리동사(participle)이다. 따라서 교회는 지역과 인종을 초월하여 "나가서," "가면서," "가서" 교회를 설립하고 세례를 주며 가르쳐야 한다. 이 두 분사도 "세례를 주면서," "가르치면서"라고 하는 수단의 뜻을 나타내며 결코 명령이 되지 못한다고 말한다. 세례와 교육은 주동사를 보완하는 역할을 하며 그 의의와 기능은 제자를 삼으라는 명령에서 분리하거나 독립할 수 없다. 그 어디까지나 제자를 삼는 일에 직접적으로 관계하며 참여하는 것이다. 선교 명령에 대한 이와 같은 고찰은 전도와 교육이라는 이원론적인 견해를 단호하게 거부하고 통일적이고 일원론적인 견해를 확립하게 된다. 이것을 도식으로 표시하면 도식 4가 된다.[17]

도식 4

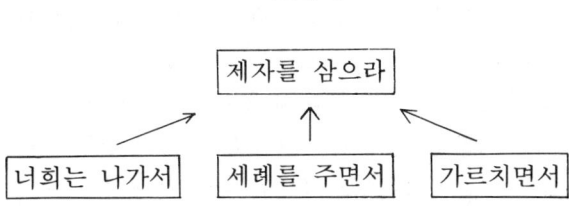

---

16) 전호진, op.cit., p.65.
17) 장중열, op.cit., p.81.

"그러므로 너희는 가서"(Go therefore)의 가서(Go)는 분사형이다. 따라서 글자 그대로 번역하면 '가서'(Going)가 될 것이다. 그러나 이 문장의 본동사 '제자를 삼아'(make disciples)는 명령형이어서 헬라어 용법에서는 동반하는 분사가 주동사 힘을 지니게 된다. '세례를 주고'(baptize)와 '가르쳐'(teach)의 경우도 마찬가지로 적용된다.

"모든 족속(all the nations)으로 제자를 삼아" 동사 마쎄튜사테($\mu\alpha\theta\eta\tau\epsilon\upsilon\sigma\alpha\tau\epsilon$)와는 그 뒤에 오는 말 '가르쳐'($\delta\iota\delta\acute{\alpha}\sigma\kappa\text{o}\nu\tau\epsilon\varsigma$)와는 다르다. '삼아'($\mu\alpha\theta\eta\tau\epsilon\upsilon\sigma\alpha\tau\epsilon$)의 문자적 의미는 '그들을 학교에 입학시키다,' '그들을 내 가르침에 따르도록 만들다,' '그들을 배우는 자로 만들다' 등이다. 이 단어가 '가르친다'는 개념을 포함하고 있다. 강조점이 놓여 있는 것은 배우기 위한 최초의 의탁 (the initial commitment)이다. 이러한 의탁이 있은 연후에 상세한 가르침이 따른다.

'족속'(nations)에 해당되는 헬라어 원문의 단어는 종종 '이방인'이라고 번역되는 단어와 동일하다. '모든'에 해당되는 단어는 이 세 절에서 네 번 사용되었다. '모든 권세,' '모든 족속,' '너희에게 분부한 모든 것,' '항상'(all the days : 모든 날) 등이 바로 그것이다. 이러한 보편주의적 포괄성(comprehensiveness)은 의도적인 것이다.[18]

"세례를 주고"의 이 동사의 분사형은 명령의 기운을 띠고 있다. 세례를 주는 것은 자의적인 선택이 아니라 예수님이 내리신 명령의 불가결한 부분이다. "가르쳐 지키게 하라." 여기서 다시 분사가 명령의 기운을 띤다. 이것은 선교적 희생을 요구한다. 자원하는 봉사를 요구한다. 성령의 능력을 가지고 안심하고 가서 가르치라. 영적인 개조와 성장과 변화를 목적으로 삼고 가서 목적을 두고 가르치라. 강조되고 있는 것은 가르침의 내용이라기 보다는 명령의 준수다. 복종은 가장 중요한 것이다. 예수님의 제자가 되는 것은 예수님의 학교에 입학하여 제자 혹은 학생이 되는 것이다. 그러므로 '가서,' '세례를 주고,' '가르치는' 것은 예수님의 '제자를 삼기' 위해

---

18) H. Cornell Goerner, *op.cit.*, p.87.

서이다.

5. 예수님의 부활 후 사역

꿈같은 40일! 예수님의 부활과 승천 사이에는 한 달 이상의 기간이 있었다(행 1:3). 그 기간 동안 예수님은 부활하신 몸, 곧 갈릴리의 먼지 길을 걸으시고 갈보리 산의 십자가 형극의 고통을 견디셨던 바로 그 몸을 입으시고 이 땅 위에 머무르셨다. 그러나 죽은 자들 가운데서 다시 사신 바로 그 몸은 영광스럽게 변화되어 있었다. 예수님은 제자들이 보는 앞에서 음식을 잡수심으로써 자신이 육체가 없는 영이나 그림자 없는 혼백이 아니라 자신이 예언했던 대로 무덤에서 부활하신 바로 그 예수라는 것을 증명하셨다. 그렇지만 그는 닫힌 문 저쪽에, 그리고 해안에 모여 있는 제자들에게 마음대로 나타나실 수도 있고 사라지실 수도 있었다. 승천하신 후에는 예수님은 가시적(可視的) 형태로 나타나지 않으시고 오직 영적인 형태로, 육체적인 제약을 받지 않는 그리스도의 영이신 성령으로서만 나타나셨다. 그리고는 보혜사로서, 위로하시는 분으로서, 그리고 훈계하시고 변화하시는 분으로서 모든 믿는 자와 함께 동거하신다. 여기서 다음과 같은 물음이 제기되리라. 왜 40일 간의 간격이 있었는가? 왜 부활하신 주님이 하나님 아버지에게로 부활하시자마자 곧장 가시지 않았는가? 그의 일을 모두 이루셨는데 말이다. 예수님은 인간의 죄의 댓가를 지불하시려고 고난받으시고 죽으셨다. 죄 많은 인간을 위해 하늘에 계신 아버지에게 바쳐진 완전한 복종으로 이루어진 완벽한 예수님의 삶에 있어서 더 이상의 어떠한 것도 더할 필요가 없었다. 그런데 왜 예수님은 그의 대속적인 희생이 완성되었는데도 하늘의 본향으로 곧장 돌아가지 않으시고 지체를 하셨는가?

그 40일 간은 흥미진진한 활동으로 가득차 있었다. 그 기간 동안에 부활하신 예수님은 그를 좇는 제자들에게 여러 차례 나타나셔서 그의 삶과 죽음과 부활의 의미를 신중하게 가르쳐 주시고, 그의 증인으로서 또 그를 대신할 사람으로서 그들에게 기대하는 바에 대해 그리고 그가 행하시고 가르치기 시작하셨던 모든 것을 계승하기를 바란다는 것에 대해 제자들에게 말씀하셨던 것이다(행 1:1). 예수님은 제자들에게 지상명령을 남기고 하나님께로 돌아가실 수 있었다. 한 번만이 아니라 계속해서 자신의 계획을 설명하시고 제자들에게 그것을 수행할 책임을 부여하셨다.

예수님의 부활 후 40일은 후에 세워질 교회의 방향과 성격을 미리 보여 주고 있다. 부활 후 40일은 예수님의 복음과 훗날 교회와의 다리를 놓는 소중한 기간이다. 예수님이 부활 후 40일이나 더 계셔야 했던 이유는, 제자들에게 올바른 새로운 독립심(A new independence)을 가르쳐 주기 위해서였다. 머지 않아 주후 70년에 예루살렘 함락의 때가 온다. 그때에 예루살렘 교회가 흩어지고 원사도들이 모두 이리저리 쫓겨서 로마로, 에베소로, 안디옥으로 뿔뿔이 흩어져버릴 때가 온다. 예수님의 복음을 권위있게 전승받은 베드로가 십자가에 거꾸로 매달리고, 교회 정치의 복잡한 여러 가지 문제가 일어날 때마다 명백한 대답을 서신으로 보내주는 바울이 로마에서 참수형에 처하게 되고, 예루살렘 회의를 명사회하던 요한의 형 야고보의 목이 헤롯의 칼날 앞에 무참히 떨어질 때 그래서 문자 그대로 교회가 송두리채 흔들리게 된다. 로마의 원형극장에서 그리스도인은 인간 횃불이 되어 화형을 당하고, 카타콤에서 예배를 드리다가 생매장이 되지 않았는가. 이토록 엄청난 위기에 부딪힐 때에 과연 하나님의 종들은 이 전무후무한 시련을 어떻게 극복할 수가 있었겠는가.

거룩한 예루살렘이 재가 되어도, 모교회가 흩어져도, 지도자를 빼앗겨도, 그리스도의 복음은 선포되어야 한다. 그래서 부활의 주님은 40일 동안 음으로 양으로 제자들과 같이 있으면서도, 떨어져 계시고, 눈에 안보이시나 졸지에 또 나타나 주시는 교제를 통하여 독립신앙을 길러 주신 것이다. 무슨 역경이 밀어 닥칠지라도 "내가 예수의 십자가밖에는 전하지 않으려 하노라" 하는 의지가 굳세게 서야 할 제자들을 훈련시키는 기간이었다.

예수님이 부활하신 지 40일이 경과했다. 예수님은 예루살렘에 두 번 나타나신 후에 적어도 갈릴리에 두 번, 즉 한 번은 디베랴 바다에, 나머지 한 번은 야산의 정상에 나타나셨다. 또 육신의 형제인 야고보에게 개인적으로 나타나셨고(고전 15:7), 그 외에도 여러 차례 나타나셨다. 예수님은 그의 죽음의 의미와, 드디어 성립되기는 했으나 지리적으로 그리고 후세에 확장될 범세계적인 주님의 나라에 대해 사도들과 다른 제자들이 새롭게 깨닫도록 하셨다.

예수님의 메시지를 제자들은 깨달았다. 사복음서가 모두 선교 명령으로 절정에 이르고 있다. 사복음서의 각 구조는 모두 하나의 핵심 곧 주님의 지상명령을 중심으로 짜여져 있다. 그리고 누가의 두 번째 저서인 사도행전은 또 하나의 분부로 시작되었다. 그 후 삼십 년 간에 걸쳐서 제자들이 추구한 것은 부활하신 주님이 주셨던 분명한 지상명령을 실천한 결과였다. 이 지상명령은 성령의 권능과 인도로 수행되었다.

III. 사도행전의 선교

신약성경을 읽을 때 제자들이 때때로 예수님이 제자들에게 가르쳐 주신 것을 기억치 않았던 사실을 발견한다. 이것은 예수님의 부활에 대해서도 마찬가지였다. 마태복음서에서만은 저자 마태가 예수님이 미리 자기의 부활에 대해 말씀한 네 번의 경우에 대해서 우리에게 말해 주고 있다(16:21; 17:9; 26:22). 그는 또한 유대 종교지도자들이 그 가르침을 알고 있었다고 말해 준다. 예수님이 십자가에 못 박히자 그들은 주님이 무덤에 머물러 있다는 것을 분명히 하기 위하여 감시병을 세웠다. 그들은 제자들이 주님의 시체를 훔쳐다가 주님이 부활하셨다고 주장하는 것을 바라지 않았던 것이다. 그런데 사실은 그들 자신이 그렇게 수고하지 않아도 좋았을 것이다. 사실

제자들이 그 부활의 가르침을 까맣게 잊어버렸던 것으로 나타나 있다. 그리고 그들은 주님의 어떤 가르침에 대해서는 온전히 이해하고 있지 않았다. 그들은 주님이 살아계실 적에 자주 그러한 태도를 보여 주었다. 때때로 그들은 예수님께 설명해 주도록 요청했다. 그런데 적어도 한 경우만큼은 그들이 설명을 요청하기를 두려워하였던 것이다(막 9 : 32). 주님이 돌아가셨을 때, 그들은 분명히 주님의 죽으심의 의미를 이해하지 못했다. 즉, 그들은 주님이 부활하신 후에라야 겨우 그 의미를 깨닫게 되었다. 사실 그때에라도 그들이 예수님에 대한 충분한 의미를 파악하고 있었는지 의심해 볼 수도 있는 것이다. 물론 이것은 경험있는 교사라면 누구나 그것을 예상하게 되는 것이다. 주님은 자기가 가르친 자들이 가르쳐 주고자 한 모든 것을 획득하지 못할 것이라는 것을 알고 있었다. 그리고 그들이 얻었다고 생각되는 것 가운데서도 그들은 단지 어느 일부분만을 보존하게 되는 것이다. 이것은 한편으로는 교사의 잘못일 수도 있겠지만 대부분의 경우에는 그렇지 않다. 오히려 그 원인을 학생들 자체에서 종종 발견하게 된다. 사람의 말을 듣는데 대한 주의집중력, 말에 대한 이해력, 말에 대한 기억력은 극히 제한되어 있기 때문이다.

　이런 조건 밑에서 정상적인 유추를 해볼 때 그리스도의 가르침들이 주님이 떠나가신 후에 상당히 변질되었을 것이라고 예상하는 것도 무리는 아닐 것이다. 아무도 그 당시에는 주님의 교훈을 기록하지 않았다. 어떤 부분들이 잊혀졌다 해도 그것은 이상할 것이 전혀 없는 일일 것이며, 혹은 기억력의 부족이나 잘못된 재생으로 인해 어떤 다른 부분들은 왜곡되어졌을 것이라고 추측하는 것도 이상할 것이 전혀 없을 것이다. 또한 그리스도가 가르치신 바에 대한 서로 모순되는 증거를 예상할 수 있을 것이다. 혹자는 실제로 틀림없이 그렇게 되었을 것이라고 말한다. 그것은 흔히 있을 수 있는 일이라고 생각한다. 신약성경 저자들이 어떠한 주제에 대해서 아주 밀접하게 일치하고 있다면 그들은 단지 한 결론에 도달할 수 있다. 그것은 그들이 똑같은 문서나 자료들에 의존했기 때문임에 틀림없다. 그

제 3 장 신약성경의 선교 **131**

들이 일치하지 않을 경우에만 그들은 독립적인 전통을 나타낸다. 그래서 그들은 요한복음서와 다른 세 가지 복음서, 즉 '공관복음' 사이의 차이점들이 있다고 강조한다. 그들은 바울의 신학과 베드로와 야고보의 신학을 대조시키기를 좋아한다.

  여기서 그들의 주장을 취급하자는 것은 아니다. 편견이 없는 관찰자에게는 신약성경을 구성하고 있는 여러 가지 저작물들 사이의 놀라운 조화가 명백한 불일치보다는 훨씬 주목할 만한 것으로 보일 것이다. 그렇게 다양한 신분 계급의 저작자들이 자기들의 저작물을 어떠한 사정위원회의 교정을 받지 않고서도 그리스도와 그 분의 복음에 대해 그렇게 통일된 묘사를 했다니 얼마나 놀라운 일인가! 그것은 설명을 시도해볼 만한 놀라운 조화인 것이다. 어떻게 그러한 일이 있을 수 있었는가? 물론 그리스도의 제자들은 그 분의 사역기간 동안에 다만 주님과 함께 있는 것만으로도 많은 것을 흡수하였다. 어떤 이들은 제자들이 "그리스도의 영에 사로잡혔던" 것이라고 말한다. 그러나 신약성경의 일치성에 대한 설명으로서는 이것은 아주 부족한 것이다. 한 위인의 '정신에 매혹된' 사람들은 그가 죽은 후에는 얼마 오래 가지 않아서 그들 사이에 서로 의견이 달라지는 법이다. 현대의 '위인들' 중의 제자들을 살펴보라.

  오히려 신약성경 자체가 입증해 주고 있는 바는 저작물을 쓰는데 지배적 작용을 한 것은 이와는 전혀 다른 종류의 정신이라는 것이다. 그것은 애매모호한 비인격적인 영향이 아니다. 그것은 하나님의 성령의 작용이다. 예수님 자신이 성령의 오심을 죽기 전에 약속하셨다. 예수님은 "내가 떠나가는 것이 너희에게 유익이라"(요 16：7)고 하셨다. 왜냐하면 보혜사 성령을 보내시기 위해서였다. 보혜사라는 말은 헬라어 **파라클레토스**($\pi\alpha\rho\acute{\alpha}\kappa\lambda\eta\tau o\varsigma$)로써 "내 옆에 불리움을 받은 자," "내 안에 계신 분"을 말한다. 성령은 오셔서 "죄에 대하여, 의에 대하여, 심판에 대하여 책망"하신다(요 16：8). 죄에 대한 책망은 "저희가 나를 믿지 않기 때문"이다. 의에 대한 책망은 "내가 아버지께로 가니 너희가 다시 나를 보지 않기 때문"이다. 예수의 승천은

의를 확증한다. 유대인들의 신성모독과 율법모독의 고발로 죽음을 당했으나 그리스도의 의가 세상 앞에 증거된다. 그리고 심판에 대한 책망은 "이 세상 임금이 심판을 받았기 때문"이다. 사단은 심판을 받았다. 사단에게 순종할 수 없다고 가르친다. 예수님은 제자들에게 이미 성령의 이러한 방면의 임무에 대하여 "너희에게 모든 것을 가르치시고 내가 너희에게 말한 모든 것을 생각나게 하시리라"(요 14 : 26)고 하셨다.

예수님 자신이 성령강림의 중요성을 강조하였을 뿐만 아니라 제자들도 성령강림 이후에는 동일한 사실을 강조하였다. 사도행전에서 성령이 그렇게 현저하게 주어졌으므로 사도행전을 '성령행전'으로 부르고 있다. 신약성경의 다른 곳에서도 역시 성령을 교회의 성장을 인도하고 지배하는 분으로 분명히 설명하고 있다.

1. 성령과 선교 명령

신약성경은 성령을 기독교 팽창에 있어서 선도자(Initiator)와 지배적 요인으로 묘사하고 있다. 그리고 해외선교 활동에 대한 예표들 중에도 성령의 역할은 두드러진다. 초대교회 선교의 선교 명령(행 1 : 8)은 시간적 개념이 아니라 지리적 개념 위에 서 있다. 예루살렘, 유다, 사마리아, 땅끝까지라는 순서를 강조한 것이라기보다 모든 지역이 전부 선교의 동일한 대상이라는 것을 말한다. 예루살렘, 유다, 사마리아 그리고 모든 나라들이 다같이 선교의 동등한 대상으로 관계지어진다.[19] '땅끝'(ends of the earth)을 '전세계'(the whole world)와 '모든 나라들'(all nations)의 동의어로 본다. '모든 나라들'이란 전체 비이스라엘의 세계를 의미하며 지리적 포괄성을 포함하고 있다. 세계 가장 구석구석에 이르는 전세계이다.[20]

---

19) 장중열, op.cit., p.70.
20) Johannes Blauw(채은수 역), 『구원사 속의 선교』(서울 : 로고스연구원, 1987), p.170.

이에 대해 미국 웨스트민스터 신학교 교수인 리챠드 개핀(Richard B. Gaffin, Jr.)은 사도행전 1:8을 사도들에 대한 예수님의 약속과 계획의 관점으로 본다. 즉 예루살렘-유대-사마리아-땅끝(로마는 지중해 세계의 저편 끝이었음)의 시간적 개념으로 본다. 모든 신자들에게 하신 말씀이 아니라 다만 사도들에게 직접 하신 말씀(2절의 "너희"는 8절의 "너희"와 같이 분명히 사도를 가리킨 것임)이다. 복음을 예루살렘으로부터 로마까지 전파하는 창설 사역을 사도들이 완성했다는 것을 보여 준다.[21]

사도행전 2장에서 예수님 승천 이후에 신자들에게 임한 성령강림에 대한 설명이 있다. 성령이 오순절 날에 강림하였다는 것은 의미심장하다. 오순절은 다른 명절들보다는 아마도 훨씬 '천하 각국으로부터' 예루살렘에 유대인을 모이게 한 명절 중의 명절이었다. 그것은 마치 복음이 그날에 전파되기 시작하여서 모든 민족들에게 전달되어야 한다는 사실을 분명히 해주려는 것이 성령의 뜻인 양 생각되는 사건이었다. 다시 8장에서 가장 이례적인 설명을 목격한다. 그것을 빌립과 에디오피아 내시의 이야기라고 부른다. 초대교회의 최초의 집사들 중의 한 사람인 빌립은 사마리아에 복음을 전파하여 놀라운 성과를 거두었다. 그러나 이제 주님의 천사가 빌립에게 말하기를 그 일을 그만두고 예루살렘에서 가사로 내려가는 사막길로 내려가라고 하였다. 여기서 빌립은 성령이 그에게 지시해 주는 한 병거를 보았다. 병거 안에 있는 사람은 외국인이었다. 그는 출생지와 거주지가 에디오피아였다. 그러나 그는 확실히 유대교로 개종한 사람이었다. 빌립은 그를 그리스도를 믿는 신앙으로 인도하여 세례를 베풀었다.

이들 두 가지 경우에서 우리는 유대인들의 신앙을 전혀 고백해 본 적이 없는 다른 민족들 사이에서 그리고 다른 국가에서 전개될 사역

---

21) Richard B. Gaffin, Jr.(권성수 역), 『성령 은사론』(서울 : 기독교문서선교회, 1983), p.26.

의 예표들을 보는 것이다. 그러나 이것들은 단지 예표들에 불과한 것이다. 이방인들에 대한 실제적 활동은 아직 시작되지 않고 있었다. 그러나 이와 같은 예표들 속에서도 이 역사를 성취하도록 인도하신 분은 바로 다름아닌 성령이었다.

(1) 성령의 사역과 용어해설

정원태 교수는 성령의 사역에 대해서 다음과 같이 해설하고 있다.[22]

1) 중생(요 3:5)
새 생명의 원리를 인간의 영혼 속에 심고 영혼의 주도적 성향을 거룩하게 하시는 하나님의 사역이다.

2) 성령의 기본 세례(고전 12:3, 13)
거듭난 영혼을 주님의 몸된 교회에 연합시켜 (고전 12:13), 예수님을 성령으로 말미암아 주시라고 부르게 하시는 하나님의 사역이다. 이런 의미에서 중생과 성령의 기본 세례는 동일한 사건을 각각 다른 차원에서 본다. 전통적 칼빈주의 교회에서 중생한 자는 성령의 세례를 받았다고 말하는 것은 성령의 기본 세례를 지칭하는 것으로 해석하여야 한다.

3) 성령의 생활 충만(엡 5:18)
중생되고 성령의 기본 세례를 받은 자가 "성령님을 마음의 중심에 모시고 그 분의 인도와 주장을 지속적으로 온전히 받는 것이다.

4) 성령의 능력 세례(눅 24:49, 행 1:5; 2:1~4)
신자들이 성령의 충만한 생활 가운데 살 때 그들에게 특별한 사역

---

22) 정원태, 『열정 칼빈주의』(서울:기독교문서선교회, 1984), pp.46~47.

을 수행시키기 위하여 능력을 부어 주시는 성령의 사역이다.

5) 성령의 능력 충만(행 2:1~4 ; 4:8, 31 ; 7:55)

특별한 사역(special task)과 위기의 때에 성령님의 능력 세례의 결과로 성령의 능력이 충만히 임재한 상태라고 정의될 수 있다.

이 다섯 가지 상태를 예수의 제자들에게서 살펴보면 잘 이해할 수 있다. 오순절이 이르기 전에 제자들이 거듭나 있었다(마 16:16, 17). 그들은 이미 성령의 기본 세례는 받은 것이다(고전 12:3, 13). 다음에 그들이 마가의 다락방에 모여서 그들의 잘못을 회개하고 "전혀 기도에 힘쓰므로" 성령의 생활충만을 받은 것으로 볼 수 있다. 그리고 오순절 날이 이르매 하나님께서 성령으로 능력 세례를 베풀어 주셨고(행 2:1~3), 그 결과 그들은 성령의 능력 충만을 받은 것이다.

(2) 오순절 성령강림의 단회성과 계속성

1) 역사적 차원에서 본 관찰

역사적인 차원에서 관찰해 보면 오순절 성령강림은 주님의 몸된 교회를 위한 단회적인 강림이다. 이것은 반복될 수 없다. 역사적으로 고찰해 보면 구약 시대에는 교회가 여러 가지 양태로 존재한 것을 볼 수 있다. 족장 시대 때에는 하나님께서 제단을 통해 족장들과 만나셨다(창 12장). 출애굽 당시에는 하나님께서 성막(회막)에서 만나셨다(레 1장). 스데반은 이런 형태의 교회를 광야교회(행 7장)라고 불렀다. 솔로몬 시대에는 하나님께서 성전에서 사람과 만나셨다(대하 7장). 그러나 오순절 성령강림 이후로는 성령님께서 신자의 심령 속에 영구적으로, 또 주도적으로 임하사 성령의 전으로 삼으신 영구한 주님의 몸을 삼기 위한 성령의 단회적 강림인 것이다(행 2장).

2) 언약신학적 차원에서 본 관찰

언약신학이란 하나님께서 말씀하시고 그대로 이루심을 기초로 한 신학이다. 삼위일체 하나님께서는 창세 전에 하나님의 자녀를 예택(豫擇 : predestination)하시고, 구속하실 구속의 의논이 있었다(구속언약). 그리고 인류의 대표인 아담과 행위를 근거로 하여 구원하겠다는 행위언약을 맺었다(창 2 : 16, 17). 이 행위언약을 어기고 하나님의 진노와 저주를 받아 영원히 멸망할 택한 백성들에게 예수 그리스도를 보내 은혜로 구원하겠다는 은혜언약(Covenant of Grace)을 맺으시고 그 뒤로 계속해서 그 언약을 확인하셨다(아브라함, 다윗, 이사야에게, 특히 창 3 : 15 ; 15장, 신 18 : 15~18, 삼하 7장, 사 53장을 참조할 것). 오순절 성령강림은 하나님께서 이 언약의 메시야 그리스도를 보내셨고 그가 이 사역을 영광스럽게 마치고 승천하셨다는 보증으로 성령을 보내주신 날이다. 곧, 은혜언약의 약속을 최종적으로 보증하고 인친 상징적 사건으로서 성령님을 보내신 날이 오순절이다. 그러므로 오순절 사건은 이런 의미로서 볼 때는 단회적이다.

3) 교회론적 차원에서 본 관찰

성령을 받은 장소적 의미에서 볼 때 성전 중심의 예배를 드릴 때가 아니라 신자들의 기도하는 모임에서 성령이 강림한 것은 과거의 처소 중심에서 영혼 중심(고전 3 : 16)의 개념으로 바뀌는 결정적 계기가 되는 강림이다. 이런 의미에서 볼 때도 성령강림은 단회적이다. 이 오순절 사건이 있기 전 주님께서 십자가에 못 박히실 때에 성소의 휘장이 위로부터 아래로 찢어졌다(마 27 : 51, 눅 23 : 45). 크리스마스가 주 예수 그리스도의 생일로 비유된다면 오순절 날은 그리스도의 몸된 교회의 생일로 비유될 수 있다. 역사적 차원에서는 시간을 중심으로 본 관찰이고, 교회론적 차원에서는 장소를 중심으로 본 관찰이다.

4) 기독론적 차원에서 본 관찰

기독론적 의미가 잘 묘사된 곳은 사도행전 2장 32~36절이다. 32절에 "이 예수를 하나님이 살리신지라." 32절 초반부에는 십자가가 전제되어 있고 그 다음에는 부활이 명시되어 있고 그 다음 33절에 보면 "하나님이 오른 손으로 예수를 높이시매 그가 약속하신 성령을 아버지께 받아서 너희 보고 듣는 이것을 부어 주셨느니라"고 기록되어 있다. 곧, 십자가 사건→부활 사건→승천 사건→오순절 사건으로 연결되는 그리스도의 사역의 일환인 것이다. 이렇게 볼 때 이것은 오순절파에서 말하는 제2의 축복(Second Blessing)으로써의 오순절이 아니라 단회적 사건으로써의 오순절인 것이다. 좀 전문적인 용어를 사용하면 오순절 사건은 구원의 서정(Ordo Salutis)이 아니라 '구속역사'(Historia Salutis)로 보아야 할 것이다. 십자가도 부활도 승천도 구원사건이요, '구속역사'이기 때문에 이런 의미에서 볼 때 오순절은 다시 반복될 수 없는 것이다. 오순절 사건으로 말미암아 그리스도의 모든 사역이 열납되고 구원이 성취되었다는 하나님의 확인으로써 오순절에 성령님을 보내 주신 것이다.

5) 성령론적 차원에서 본 관찰

성령님은 하나님이시요 천지에 충만한 영이시므로 무소부재(無所不在, Omnipresence)하신 분이시다. 그리고 언제나 사역하시고 활동하시는 분이시다. 그러나 하나님의 사역과 경륜에는 차서가 있다. 성부 하나님께서는 작정과 예정의 사역을 하셨고, 성자 하나님께서는 구속을 성취하셨고, 성령 하나님은 성취된 구속을 각 택자의 심령에 적용하신다. 이것을 성경역사(Bible History)에 비추어 보면 언제나 삼위 하나님께서 동시에 사역하시지만 구약 시대 때는 성부 하나님께서 주로 사역하시고, 신약 시대의 예수님 지상사역 기간에는 성자 하나님께서 주로 사역하시고, 오순절 성령강림 이후로는 성령 하나님께서 주로 사역하신다. 이런 의미에서 오순절 사건은 단회적으로 보아야 한다. 인간적인 비유가 극히 불완전하지만 크리스마스가 예수님의 생일이라면 오순절은 성령님의 생일인 것이다. 예수 그리스도는 구약 시대 때도, 영원 전에도 계시며 활동하셨지만 크리스마스를 기점으로 그의 지상사역을 준행하신 것같이 성령님도 영원 전부터 계시고 구약 시대 때도 활동하셨으나, 오순절을 기점으로 그의 사역을 본격적으로 시작하여 우리의 보혜사가 되시고 우리의 능력의 원천이 되신 것이다. 생일이 반복될 수 없듯이 오순절도 반복될 수 없다.

6) 사역론적 차원에서 본 관찰

오순절 성령강림은 실패와 낙망 가운데 빠져 있는 제자들에게 성령께서 능력으로 임하신 사건이다. 신구약 성경에는 이러한 성령의 능력적 강림이 수없이 많이 기록되어 있다. 선지자들과 많은 성경 인물들이 위로부터의 충만을 체험했다. 신약성경에서도 이러한 능력적 강림을 예언하셨다. "볼지어다 내가 내 아버지의 약속하신 것을 너희에게 보내리니 너희는 위로부터 능력을 입히울 때까지 이 성에 유하라"(눅 24 : 49)고 하셨고, "오직 성령이 너희에게 임하시면 너희가 권능을 받고 예루살렘과 온 유대와 사마리아와 땅끝까지 이르러 내 증인이 되리라"고 약속하셨다. 그리고 오순절 날에 이 약속이 이루어지고 그러한 사역이 계속되는 곳에 하나님의 주권적 역사도 계속되는 것을 볼 수 있다(행 4 : 8, 31,…). 이런 사역론적 차원에서 볼 때 오순절은 단회적이 아니라 계속적 반복적인 하나님의 사역이다. 사도행전과 교회사가 이를 증명한다. 이런 의미에서 우리 한국 교회와 세계 교회도 계속적인 성령의 능력적 강림과 교회의 부흥을 위해서 계속해서 하나님께 기도해야 할 것이다. 이러한 성령강림이 없이는 한국 교회와 세계 교회는 끊임없이 침체의 늪에서 헤어나지 못할 것이다.

7) 목적론적 차원에서 본 관찰

목적론적 의미에서 살펴보면 오순절 성령강림은 계속적 반복적 강림으로 이해될 수 있다. 사도행전 1:8의 원문은(ἔσεσθέ μου μάρτυρες) "너희들은 내 증인들이 될 것이다"(Ye shall be my witnesses)라는 의미이다. 성령의 권능으로 말미암아 증인이 된다는 뜻이다. 성령강림의 목적은 전도요 선교다. 전도, 설교, 선교의 모든 행위가 성령의 능력적 강림이 아니면 아무것도 아닌 것이 된다. 전도와 증거의 사역이 있을 때마다 성령님은 능력으로 임재하셨다. 사도행전 1:8에 "예루살렘과 온 유대와 사마리아와 땅끝까지 이르러 내 증인이 되리라"고 하셨으니 이 증거사역이 끝나기까지는 성령님은 계속적으로 하나님의 주권대로 하나님의 백성들의 기도에 따라 강림하실 것이다. 이런 의미에서도 오순절 성령님의 강림은 단회적인 사건이 아니라 계속적이고 반복적이다.

이상에서 우리는 오순절 성령강림을 여러 가지 차원에서 고찰해 보았다. 우리는 장님이 코끼리를 만지는 비유처럼 단회적이다, 계속적이다고 논쟁만 할 것이 아니라 오순절 성령강림의 단회성을 확집(確執)하면서도, 오순절 성령강림의 능력적 강림은 오순절 이후에도 계속될 수 있다는 사실을 분명히 깨달아서 하나님의 교회의 제단에 번제의 불길과 부흥의 불길이 계속적으로 불일듯 해야 할 것이다.

2. 성령의 인도

그리스도의 가르침에도 불구하고, 교회는 처음에 전세계가 그 선교지가 될 것이라는 사실을 깨닫지 못했다. 교회는 차츰차츰 그 전세계적 선교 사역에 참여케 되었다. 신약성경 속에서 우리는 그러한 과정의 5단계를 구분해서 살펴볼 수 있다. 그것들은 성령이 주도적 역할을 한 다섯 가지의 결정적인 활동으로 잘 표현되어 있다. 그리스도인들은 사도행전에서 스스로 그것들을 읽고 살펴보아야 한다. 첫번째 단계에 이르기 전에는 기독교란 유대인과 유대교 개종자들에게만 국한된 것이었다. 그러나 다섯째 단계가 지난 후에는 기독교가 실제로 전세계적 종교가 되었던 것이다.

(1) 제1단계 : 베드로가 고넬료에게 전도(행 10장)

복음이 순전한 이방인들 집단에 맨 처음 전파된 때는 베드로가 로마 백부장 고넬료의 집에서 전도했던 때였다. 베드로는 그런 일을 하기를 바라지 않았었다. 유대인으로서의 그의 편견은 그를 망설이게 만들었다. 이방인들도 역시 복음에 참여할 수 있다는 것을 그에게 확신시켜 주는 데에는 세 차례의 하나님의 역사가 필요했다.

첫번 역사는 하나님께서 욥바에서 그에게 보여 주신 하늘의 환상이었다. 세번 씩이나 주님께서 그에게 동물들을 환상으로 보여 주시면서 그것들을 잡아 먹으라고 말씀했다. 그런데 세 번 모두 그는 거절했다. 유대인에게 그것들은 부정한 동물들이었다. 그래서 세번 씩이나 주님은 "하나님께서 깨끗케 하신 것을 네가 속되다 하지 말라"고 강권하셨다. 이런 환상에 뒤따라서 마침 고넬료가 보낸 사람들이 왔다. 고넬료 역시 환상 속에서 베드로에게 사람들을 보내라는 말씀을 받았다. 베드로가 그 사람들을 보기도 전에 성령은 그에게 명령하기를 "그들과 함께 가라. 아무 의심도 하지 말라. 내가 그들을 보내었음이니라." 그래서 베드로는 약간의 망설임 끝에 따라나섰던 것이다. 그러나 고넬료에게 가는 문제와 그를 인정하여 복음의 축복 속으로 인도하는 문제와는 그때까지 여전히 별개의 문제였다. 여전히 베드로가 마지못해, 억지로 하고 있었다는 사실을 "왜 자기를 초대하러 그들을 보내었느냐"는 그의 질문 속에서 살펴볼 수 있다. 고넬료는 그 자신의 경험에 대해서 말하였고 베드로는 부분적으로 납득이 갔으며, 특별히 그 자신의 환상에 비추어 볼 때 수긍이 갔다. 그러나 전체 일을 마무리짓는 데는 세번째의 하나님의 역사(act)가 필요했다. 베드로가 모인 무리에게 복음을 설명했을 때, 성령이 그들 위에 오순절날 제자들 위에 강림했던 것과 똑같이 임하였다. 이 성령의 마지막 역사가 베드로에게 확신을 주었다. 그는 믿은 자들에게 세례를 주었다. 후에 예루살렘의 유대 신자들이 그에게 설명해 주도록 부탁했을 때, 성령이 이미 이루어 놓으신 것을 자기는 단지 인정해 주었을 뿐이었다는 입장을 취함으로써 자기를 정당화시켰다(행 11:17). 이것은 예외적인 경우였다. 우리는 결코 신약성경에서 그런 사건이 되풀이되는 것을 찾아볼 수 없다. 어떤 이들은 말하기를 그것은 바로 베드로가 이방인을 향해 신앙의 문을 열어 주는 열쇠를 사용한 사건이었다고 한다. 그것은 정말 중요한 사건이었다. 그 사건에 대한 전체적인 의의(significance)는 후에 바울과 바나바가 이방인들에 대한 그들의 사역을 설명하도록 부름을 받았을 때(행 15:7~11) 한층 더 분명해졌다. 하여튼 그 문을 연 첫번째 인물은 바로 베드로였다. 그러나 이방인들에 대한 선교의 짐을 주로 짊어지게 될 사람은 다른 사람들이었다. 베드로는 오히려 유대인들에 대한 그의 본래적 사역을 맡은 "할례받은 자들의 사도"가 되었다.

(2) 제2단계 : 이방의 안디옥에 있는 교회(행 11:19~26)

고넬료는 유대 땅에서 살았다. 우리는 그것을 국내 선교지라고 부를 수 있을 것이다. 그러나 안디옥은 갈릴리의 북부 국경지에서도 훨씬 떨어진 지역이었다. 그것은 동부 지중해에서 가장 중요한 이방인 도시였다. 피난민들은 안디옥으로 복음을 가져 왔다. 그들은 스데반이 처형되었을 때 예루살렘에서 시작된 핍박을 피해온 사람들이었다. 피난민들은 가는 곳곳에서 항상 그리스도에 대해서 이야기하였으며, 이곳 안디옥에서도 그들의 증거사역이 펼쳐졌으며 회중들은 늘어만 갔다. 어떤 회원들이 실제 이방인 회심자들이었는지에 대해서는 약간의 의문이 제기될 수 있다. 그러나 안디옥이 이방인들에게 복음을 전파하는 첫번째의 주요한 중심지가 되었다는 점에는 의심할 여지가 없는 것이다. 그곳 교회는 예루살렘 교회에서 독립된 채로 시작되었다. 그러나 오래되지 않아서 예루살렘 교회는 안디옥 교회에 일정한 관심을 가지게 되었다. 그래서 안디옥 교회의 형편을 조사하기로 결정했다. 그리고서는 안디옥에 공식적 대표인으로서 바나바를 파견했다. 외국에서 출생했다는 것을 제외하고는 바나바는 본성이 "착하고 성령과 믿음이 충만한 사람"이었던 것처럼 보인다. 바나바는 상황을 살펴보고서 성령의 분명한 역사를 보고 기뻐하였다. 그는 머물러서 그들을 도와주기로 결심했다. 그러나 그는 역시 아주 적합한 다른 협조자에 대해서 생각하였다. 그리 멀지 않은 곳, 소아시아의 다소에서 사울이 살고 있었고 이 사람은 후에 바울이라고 불리워진다.[23] 바나바는 사울을 예루살렘 교회에 소개했던 사람이었다. 아마도 그 당시에 사울은 그에게 자기의 회심 시에 주님이 자기를 이방인에게 사역하는 데 사용하실 것이라고 말씀했던 것을 알린 것 같다(행 9:15; 26:17~18). 또한 사울이 예루살렘을 떠날 때 주님은 말씀하기를 "떠나가라 내가 너를 멀리 이방인에게로 보내리라"(행 22:21)고 하셨었다. 그래서 사울은 특별히 안디옥과 같은 이방의 도시에서 활동하기에 적합하였을 것이다. 바나바는 다소로 가서 그를 데려 왔다. 그것은 하나의 중대한 변화였다.

(3) 제3단계 : 바나바와 사울을 파송(행 13:1~5)

성령은 명백히 세번째 단계를 지시하였다. "내가 불러 시키는 일을 위하여 바나바와 사울을 따로 세우라"(2절). "두 사람이 성령의 보내심을 받아 실루기아에 내려가 거기서 배 타고 구브로에 가서"(4절). 성령은 이전에 그들을 불렀었다. 그리고 지금 안디옥 교회는 이 선교 활동을 위해서 그들을 따로 세운 것이었다. 성령님이 교회의 선교 활동을 창설하셨다.

우리는 안디옥 교회에서 발생한 사건의 의미를 오해해서는 안된다. 그곳 교회는 현대적인 의미로서 선교를 하는 교회가 아니었다.

---

23) 사울이란 이름은 베냐민 지파의 최초의 이스라엘 왕이었던 '기스의 아들 사울'에서, 바울이란 이름은 유대 이름 사울(Saul)과 비슷한 음으로써 로마의 위대한 장군인 '에밀리우스 바울'에서 택해진 것으로 본다.

즉, 그 교회는 선교 위원회나 선교 단체를 갖고 있지 않았다. 그 교회는 선교 후보자들을 받아들일 기준을 설정하지 않았으며 뿐만 아니라 그들을 훈련할 계획도 세우지 않았다. 그리고 어디로 갈 것이며 무엇을 해야 할 것인지도 그들에게 지시해 주지 않았다. 뿐만 아니라 선교지에서 필요한 재정 후원도 그들에게 약속해 주지 않았다. 그러할지라도 그런 일이 정녕 그릇된 것이라고만 생각할 수는 없다. 안디옥 교회가 한 일은 다음과 같은 것이다. 그 교회는 선교에 진정한 관심을 보여 주었다. 그 교회는 성령의 가르침에 귀를 기울였을 뿐만 아니라 교회의 가장 탁월한 지도자요 교사들인 두 사람에게 그 임무를 맡기는 일에 결코 주저하지도 않았다. 그 교회는 더욱 진지하게 참여하여 나갔다. 그 교회는 그들과 자신들을 동일시하였으며 일종의 위임식인 안수를 해줌으로써 그들이 수행하게 될 사역과도 관련을 갖게 되었다. 이것들은 그들 자신들의 책임에 따라서 수행한 두 가지의 개인적인 행동들이 아니었다. 성령에 순복함으로써 교회는 그들을 파송했던 것이다. 그리고 바나바와 사울은 돌아와서 교회에 보고하였다.

(4) 제4단계 : 예루살렘 공회(행 15장)

제4단계는 바나바와 바울의 제1차 선교여행에 뒤따라 발생한다. 사실상, 그것은 제1차 선교여행의 직접적 결과였으며 세번째 단계의 결과였다. 안디옥 교회에서는 아직도 많은 사람들이 이방인들도 기독교인들이 될 수 있다는 사실을 확신하지 않았던 것이다. 즉, 적어도 유대인이 되지 않고서는 결코 기독교인이 될 수 없다고 생각했었다. 이 문제가 안디옥 교회의 수뇌부에 올라오게 되었다. 예루살렘에서 안디옥으로 내려온 어떤 사람들은 이방인 회심자들이 기독교인이 되려면 반드시 유대인처럼 할례를 받고 율법을 지켜야 한다고 가르치고 있었다. 어떤 사람들은 이것을 초대교회의 실로 커다란 위기라고 부른다. 그것은 기독교 선교에 있어서 중대한 사건이었다. 그리스도 자신의 말씀을 빌리자면 그것은 "낡은 포도주 부대에 새 술"이라는 격이었다. 그것은 유대교의 낡은 가죽 부대에 복음의 새 술을 부어 넣으려는 시도였다. 만일 유대교화한 사람들이 승리했었다면 어떻게 되었을 것인가? 회심자들이 그리스도인이 되는 데 할례와 율법을 지켜야 한다는 조건이 요구되었었다면 어떻게 되었을까? 기독교가 어느 정도는 선교적 성격을 띠어 왔으리라고 생각할 수는 있었을 것이다. 그러나 그 선교는 도저히 큰 성과를 거둘 수는 없었을 것이다. 그리스도의 복음은 권세있는 힘이다. 그 복음은 그 속에 인간과 사회를 개혁시키는 능력을 가지고 있는 것이다. 그러나 그 복음을 전달하는 자들이 온갖 형식과 조건으로 억눌려서 그들이 복음을 그것들과 함께 전해야 한다면 그들의 임무는 거의 불가능하게 될 것이다. 그 유대교화한 바리새인들이 아마 정직한 사람이요, 진지한 그리스도인이었는지는 모르나 성령의 조명을 받지는 못했던 것이다. 하나님의 구원사적 섭리를 이해하지 못하였다. 그들은 오늘날에 이렇게 분명한 사실로 드러난 것이지만 그들이 주장하는 그런 종류의 기독교, 즉 그 시절의 유대주의에 매우 밀접하게 부착되어 있는 기독교가 결코 세상을 정복할 수 없을 것이라는 것을 그 당시엔 깨닫지 못했던 것이다.

그러나 오늘의 안목으로 그들을 비판하면서 우리는 똑같은 종류의 잘못을 저지르지 않도록 역시 조심할 필요가 있는 것이다. 왜냐하면 사람들은 복음뿐만 아니라 국내에 있는 우리의 교회들 안에서 찾아볼 수 있는 온갖 살림살이도 받아들여야 한다고 주장하는 의견이 오늘날 선교 활동 속에서도 너무 많이 대두되고 있기 때문이다. 우리는 유대교화한 사람들이 아닐는지는 모르나 그런 종류의 어떤 식을 따르려는 경향이 있다. 이 문제를 의논하기 위해서 예루살렘 교회의 공회가 소집되었다. 베드로가 고넬료의 집에서 성령이 행하신 역사의 경위를 그들에게 상기시켜 주었을 때 이 문제에 대한 전환점에 들어서기 시작했다. 하나님께서 이방인들을 그리스도에 대한 단순한 신앙의 기준에 따라서 받아들이신 이상 왜 교회는 그들에게 더 무거운 짐을 지우려고 해야만 하는가? 이 말에 바나바와 바울의 간증이 첨가되었다. 이들은 자기들의 선교여행 중에 이방인들 가운데서 성령이 어떻게 역사하셨는가를 보고했다. 할례받지 못한 이방인에게도, 아브라함의 언약 밖에 있는 백성들에게도 기사와 이적을 행하신다고 보고했다. 그래서 예루살렘 공회는 문제의 결말을 지었다. 유대주의자들의 할례를 베풀어 율법을 지킬 의무를 부과해야 한다는 의견은 거절당했다. 이방인들도 주 예수를 믿음으로 구원받는 새로운 신앙으로 말미암아 자유로우며, 할례를 받아야 한다는 무거운 짐으로 고통을 받아서는 안되었던 것이다. 율법요리(kosher), 간음 그리고 우상숭배의 제약들이 공회로부터 전달되었는데 선교 활동을 진전시키는 데에는 아무런 방해도 주지 않는 것들이었다. 반면에, 이제 더욱 큰 선교 확장을 위해서 그 길이 환하게 열렸다.

공회가 결정을 내릴 적에 "성령과 우리는 이 요긴한 것들 외에 아무 짐도 너희에게 지우지 아니하는 것이 가한 줄 알았노니"(행 15:28)라고 말한 사실에 주목하는 것이 중요하다.

(5) 제5단계 : 유럽 이외의 지역

제5단계인 마지막 단계는 드로아에서 취하게 된 단계였다. 바울과 그의 일행들은 제2차 선교여행에서 분명히 소아시아를 횡단하여 북서부 지역까지 갔다. 그들이 진행하는 동안 성령은 그들을 이모양 저모양으로 인도하셨으므로 결국 그들은 바닷가에 이르게 되었다. 더 이상 나아간다는 것은 유럽으로 건너가는 것을 의미하였을 것이다. 그것은 거대한 진보였을 것이다. 이런 단계 역시 성령에 의해서 인도함을 받은 것이었다. 성령은 선교 일행들을 드로아로 인도하였을 뿐만 아니라 드로아에서 성령은 바울에게 그 유명한 마게도냐인의 환상을 보여 주셨다. 이렇게 해서 선교사들은 유럽에 건너가기를 결심케 되었다.

그러나 이 단계는 무엇을 의미해 주는 것인가? 복음이 유럽에 처음으로 선포되는 것은 아니었다. 로마에는 아마도 신자들이 있었을 것이다. 사실상 바울은 그들을 개인적으로 방문하기를 열망하면서 곧 편지를 쓸 예정이었던 것이다. 그것은 기독교가 더욱 거대한 성장을 위해서 서방으로 북방으로 발걸음을 돌이켜야 한다는 지시였을는지도 모른다. 즉, 아시아보다는 오히려 유럽으로 방향을 돌이켜야 한다는 지시였을지도 모른다. 그러나 6절에 언급된 아시아는 아시아 대륙을 말하는 것이 아니라는 점에 주의하라. 그것은 아시아라고 일컬어지는 소아시아 지방이었다. 그 지방의 중심도시는 에베소였다. 바울은 후에 이 선교여행에서 그 도시를 방문했다. 이 선교여행은 선교사가 최초로 유럽에 들어간, 즉 맨 처음으로 사람들이 복음을 확장키 위한 신중한 목적을 가지고 유럽에 건너간 역사적 사건이었다고 말할 수 있을 것이다. 그 뒤를 이어 다른 선교일행들이 계속되었을 것이며 마침내 유럽은 제일가는 기독교 중심지가 되었다.

그러나 여기서 중요한 것은 그 선교사는 바로 바울이었다는 사실이다. 공연히 그가 '이방인의 사도'로 불리워진 것이 아니었다. 현대 저술가들이 그를 까닭없이 '가장 위대한 선교사'라고 부르는 것이 아니다. 그의 활동은 생동적이었고 견고한 뿌리를 내렸던 것이다. 오늘날까지도 우리는 자신들의 선교 사역 진보를 위해서 그의 활동을 연구하고 있는 실정이다. 그의 활동은 집중적이었으나 한편으로 다른 어떤 사람들의 활동보다 훨씬 더 광범위한 사역이 되었다. 기독교 선교 역사에 있어서 바울보다도 더 위대한 발자취를 남긴 사람은 없었다. 사실 바울의 지금까지의 사역은 서부 아시아, 특히 수리아, 팔레스타인, 그리고 소아시아 지방에서 수행되어졌었다. 그의 본래 고향은 소아시아의 동남북 지방에 있었다. 소아시아 지방엔 그리스인들이 많이 있었다. 그러나 유럽과는 아주 달랐다. 해양의 장벽이 두 대륙을 갈라 놓았다. 그래서 사상의 장벽도 아울러 존재했던 것 같다. 적어도 바울의 경우에 있어서 그것은 사실이었던 것 같다. 성령이 그를 인도하여 마게도냐로 건너가는 항해를 할 때에 바울의 생각으로는 세계 선교의 마지막 관문을 통과하는 것처럼 보였다. 그는 마게도냐에서 멈추지 않았다. 계속해서 그는 헬라 지방으로 내려 갔다. 그는 로마까지 진군하려는 거대한 포부를 품고 있었다. 그는 이에 대해서 로마 교회에 편지했다. 그는 심지어 훨씬 더 서쪽인 스페인까지 나아가려는 그의 여정에서 그들이 자기를 도와주기를 바란다고 편지했다(롬 15：23~24). 그 당시에는 스페인이라면 지구의 서쪽 끝이었던 것이다. 그래서 우리는 이방인들 가운데 온전히 복음이 전파되기 위한 첫 단계는 베드로가 고넬료 집에 복음을 전하였을 때에 내어딛게 되었고 마지막 결정적인 단계는 바울이 마게도냐로 건너가게 되었을 때에 내딛게 되었다는 것을 깨닫게 된다. 그리고 각 단계마다 그 길을 따라서 그 사역을 지시한 분은 바로 성령이셨다. 사도행전 10：45에 의하면 성령님이 이방인들에게 강림하심을 알게 된다. 이렇게 성령이 내려오신 것은 보통의 한 사건이 아니라 교회에게 이방인들도 세례를 받을 수 있음을 가르치기 위한 특별 사건이었다. 그때부터 교회는 이방인들에게 세례를 베풀었다.

Ⅳ. 제자들의 선교

신약성경의 시대에 누가 선교 활동을 하였는가? 특별히 준비된 신자들로서 선택된 무리들이었는가? 신약성경 자체에서 이 문제에 대해 우리에게 어떤 자료를 제공해 주고 있는가?

1. 열 두 제자의 선교

사도들부터 생각해 보자. 열 두 제자들은 선교사들이 되기로 하였으며 그들 중에 대부분이 선교사들이 되었다는 것은 거의 의심할 여지가 없다. 바로 사도라는 그들의 명칭이 선교사라는 말의 헬라어 형태에 불과한 것이다. 그들은 예루살렘 주변에서 오랫 동안 머물러 있었다. 아마도 사도행전 15장에 기록된 예루살렘 공회가 열렸을 때까지는 거기에 머물러 있었을 것이다. 이 사도행전 15장에서 "사도들과 장로들"이라는 말이 언급되어 있다. 그러나 바울이 마지막으로 예루살렘을 방문했을 때에는 이미 모든 장로들이 그 도시를 떠나 버렸었던 것처럼 보인다. 사도행전 21 : 18은 다만 "모든 장로들이 참석하였다"고 말할 뿐이다. 그때에 이미 사도들 중의 한 사람 이상은 죽지 않았을까 하는 점에 대해서는 그 여부를 알 길이 없다. 물론 요한의 형제 야고보는 오래 전에 헤롯에 의해서 처형되었던 것이다(행 12 : 21).

베드로에 관해서는 우리는 어느 정도 알고 있다. 바울이 베드로를 "할례자의 사도"라고 부르고 있으나 그것이 베드로를 이방인을 위한 선교사가 되지 못하게 하는 것은 아니다(갈 2 : 11). 바울은 친히 베드로는 안디옥에 있었다고 말한다(갈 2 : 11). 그는 심지어 그 이방 도시에서 이방인 신자들과 사귀고 있었다. 사실상 바울은 말하기를 자기는 베드로가 어떤 유대인이 예루살렘에서 올라 왔을 때 이방인들에게서 떠나 물러간 것에 대해서 그를 꾸짖었다고 한다.

베드로가 이전에 헬라의 고린도를 방문한 적이 있는지 없는지 확실히 알 수는 없다. 그러나 그랬을 가능성은 없지만 그곳에 일종의 영향력은 미치고 있었다. 그것은 고린도 교회가 여러 개의 파당으로 분리되었을 때에 그 파당들의 한 파가 베드로 파라고 선언할 정도의 그런 세력이었다(고전 1 : 12). 더욱이, 베드로의 첫번째 서한은 바벨론의 이방 도시에서 써 보낸 것이었다는 사실을 암시해 주고 있다(벧전 5 : 13). 이 사실은 전혀 이상스러운 것이 아니다. 베드로가 주로 유대인에게 사역했었다 할지라도 우리가 알기로는 그 동방 땅에는 바벨론 유수 이후에 팔레스타인으로 돌아가지 않은 유대인들이 많이 있었다. 로마 가톨릭 저술가들이 주장하는 것처럼 베드로가 '바벨론'이라고 할 때에 실제로는 로마를 의미하는 것이라는 말은 사실인 것이다. 이것은 주로 그들이 베드로가 로마의 최초의 주교, 즉 제1대 교황이었다는 그들의 주장에 대한 몇 가지 증거를 성경 안에서 발견코자 하기 때문이다. 그러나 어느 경우에도 그는 이방 선교사였을 것이다. 역시 많은 논란이 되고 있는 전설이긴 하지만, 베드로는 로마에서 순교했다는 이야기가 있다.

성경은 우리에게 요한의 후기 사역에 관하여는 별로 자료를 제공해 주지 않는다. 요한과 베드로는 예루살렘 공회의 시기까지는 예루살렘에 둘 다 있었다는 것은 분명한 것 같다(갈 2 : 9). 그러나 그 후의 일은 확인할 수가 없다. 가장 보편적으로 알려진 전설에 의하면 그는 에베소로 가서 그 선교 지역에서 그의 일생을 마쳤다고 한다. 또한 에베소로부터 밧모 섬으로 유배되었다고 전해진다. 밧모 섬은 그가 요한계시록을 계시받은 곳이다.

신약에서 베드로와 요한의 후기 사역에 대한 자료를 별로 얻을 수 없다면 열 두 제자에 대해서는 더욱 더 알 수 없을 것이다. 인도 남부의 시리아계 기독교인들은 도마가 인도로 와서 교회를 세웠다고 주장한다. 이 주장은 역사가들이 상당한 고려를 해볼 만한 충분한 근거를 갖고 있다. 마태는 애굽과 에디오피아로 갔다는 전설도 있다. 그리고 열 두 제자 중의 다른 사람들에 관해서는 다른 전설들이 있다. 어떤 전설들은 그럴 듯한 것도 있다. 그리고 나머지 것들은 후세의 창작들이어서 분명히 허구적인 것들이다. 우리가 입수한 모든 증거를 볼 때 고작해야 야고보를 제외한 모든 사도들은 이방 선교사들이 되었던 것 같다는 정도밖에는 말할 수 없다. 그러나 열 두 제자 이외에도 신약에 그 이름이 언급된 다른 선교사들이 있다.

2. 바울의 선교

신약의 선교사들에 대해 우리가 이야기할 때에 언제나 즉시 생각하는 사람들은 바울과 그 일행들이다. 이것은 아주 자연스러운 것이다. 바울은 사람들이 가장 많이 그 저서를 읽도록 했다. 바울의 저서들은 그리스도인들에게 가장 친숙해 있다. 바울은 그의 헌신을 말해 주는 사도행전의 상당한 분량을 갖고 있을 뿐만 아니라 그 자신의 서한집을 갖고 있는 것이다. 반면에 다른 사람들의 선교 활동에 관해서는 실제로 거의 모르고 있다. 바울에 관해 그렇게 많은 자료를 갖고 있기에 상대적으로 다른 사람들에 관해서는 아주 적은 자료를 갖고 있는 것이다. 그래서 마치 다른 사람들의 사역은 별로 중요하지 않은 양 생각되며 자주 그들을 무시하는 경향이 있다. 이것은 중대한 실수인 것이다. 우리는 꼭 그렇게도 많은 여러 다른 지역들 속에서 1세기 동안에 급진적인 기독교 확장을 살펴보고서 그 엄청난 역사에 결코 어떤 한 사람만이 책임을 감당할 수 있었던 것이 아니라는 것을 깨달을 필요가 있다. 그렇다. 결코 한 무리의 역사일 수가 없는 것이다.

그러나 바울의 활동은 중차대한 것이었다. 그는 소아시아와 헬라의 새로운 지역들을 개척한 것만이 아니다. 그는 로마에서도 강력한 영향을 주었다. 그는 다른 사람들에게 영향을 불어 넣어 그의 선교 역사에 참여케 했으며 그 활동 속에서 그들을 지도하였다. 그 당시부터 지금에 이르기까지 사람들이 연구해 온 활동 원리들을 마련해 주었다. 이 모든 것들 외에도 그의 유일무이한 독보적인 기독교 신학에의 공헌을 빼놓을 수가 없다.

바울은 열 두 제자들 중의 한 사람은 아니다. 그러나 이들 중의 어떤 사람도 유대 종교의 연구에 있어서 그만큼의 배경을 갖지 못했다. 그가 선교 사역에로의 부르심을 받은 것은 그의 괄목할 만한 회심과 동시적인 일이었다(행 26:16~18). 그러나 여러 해가 지난 후에야 그는 사명을 온전히 수행할 수 있게 되었다. 바울은 다마스커스(다메섹)와 예루살렘에서 강제로 추방당하였고 다소로 귀향했다. 그리고 바나바가 그의 가장 위대한 사역을 위해 안디옥으로 그를 데려왔을 때 비로소 선교의 문은 열려지기 시작했던 것이다. 구브로와 소아시아의 남부에 대한 제1차 선교여행 때에는 바울보다는 오히려 바나바가 지도자였다. 그러나 그 후에는 바울 자신의 선교 사역을 수행하게 되었다. 제2차 선교여행을 그는 주도하였으며 이 여행에서 그는 마게도냐까지, 그리고 고린도에 이르는 먼 헬라의 남부 지방에까지 여행하였다. 후에 또 같은 선교 지역의 몇 군데에 대한 제3차

제 3 장 신약성경의 선교 **151**

선교여행을 갔었고 이 3차 여행에서 그는 다소 지루하게 긴 나날을 몇 군데의 전략적 중심지에서 체류했었다. 로마로 가는 그의 선교여행은 어떤 의미에서는 비자발적인 것이었다. 죄수의 몸으로 항해해 갔기 때문이다. 그러나 그것은 감탄사를 발할 정도로 그의 선교 목적에 적합한 선교 항해였다. 그가 황제에게 상소한 것에 승소했고 그 투옥 상태에서 풀려 나왔는지에 대해서는 확신할 수 없다. 그가 만일 풀려났었다면 다시 투옥당하기 전에 스페인을 방문했을는지도 모른다. 마지막으로 그가 로마에서 순교했다는 사실은 틀림없는 것 같다.

바울의 일행에 관한 한 우리는 이미 바나바에 대해서 어느 정도 말한 적이 있다. 그는 초기에는 매우 중요한 위치를 접하고 있었다. 사도행전 14 : 14에서 그를 사도라고 부르고 있다는 사실은 흥미로운 것이다. 바나바는 제2차 선교여행에 마가를 데려 가는 문제에 대한 논쟁 끝에 바울과 그 일행은 떠나게 되었다. 바나바는 마가가 친척이라는 사실에 영향을 받았을는지 모른다. 그러나 후에 나타난 결과로는 바나바의 판단이 건전한 것이었다는 것을 짐작할 수 있다. 바울 자신이 그의 생애의 마지막 무렵에 디모데에게 편지하기를 "네가 올 때에 마가를 데리고 오라 저가 나의 일에 유익하니라"고 하였던 것이다(딤후 4 : 11). 그러나 바나바의 후기 사역에 대해서 우리가 아는 바의 전부는 그가 구브로에 돌아갔다는 사실뿐이다.

실라는 우리가 아는 바로는 선교여행 중에 바울의 제2의 동역자였다. 디모데와 디도는 바울이 선교 활동을 전개하면서 사귀게 된 보다 나이가 어린 사람들이었다. 바울이 이들에게 쓴 서신들은 "어린 선교사들에게 쓴 서신들"이라고 불릴 수 있을 것이다. 그 서신들은 이 사람들에 관해서 약간 말해 주고 있고 역시 바울이 그들에게 가르친 선교 원리들과 선교 방법들에 대하여 어느 정도 우리에게 말해 주고 있다.

의사 누가는 얼마 동안 바울과 동행하였다. 몇 번이나 동행했는지, 혹은 얼마 동안이나 동행했는지 우리는 모른다. 그러나 그의 가장 훌륭한 사역은 그의 저술에 있었다. 그는 사복음서 중의 한 권을 기록했다. 뿐만 아니라 그는 최초의 선교 역사가로서 사도행전을 기록하였다.

바울과 누가 양인은 우리에게 아볼로, 아굴라, 브리스길라, 데마와 두기고와 같은 선교 활동에 종사한 다른 사람들에 대해서 말해준다. 그러나 단지 짤막한 단편적 이야기에 불과한 것들을 얻을 뿐이다. 우리가 더욱 많은 것을 알 수 있다면 얼마나 좋겠는가?

바울의 선교에서 "첫째는 유대인에게요"(롬 1:16, to the Jews first)라는 말은, 선교를 유대인에게 먼저 하고 그 후에 이방인들에게 하라는 뜻이 아니다. 바울이 종종 그 순서에 있어서 유대인을 먼저 꼽는 것은 구속사에 있어서의 그들의 위치 때문이지 시간적 개념의 순서를 말하는 것은 아니다. 바울은 이방인들에게 중점적으로 선교하였으며 예수님의 지상명령(마 28:19)을 가장 조직적으로 실천한 선교사였다. 그리고 바울의 선교 원리는 첫째는 성령의 인도하심에 전적으로 의존했다. 그는 성령께서 문을 열어 주시는 대로 선교의 방향을 돌렸다(행 17~18장). 둘째는 그의 유명한 "여러 사람에게 여러 모양"(all things to all men)으로의 전도 방법이다. 그리고 세번째는 남의 터 위에 건축하지 않는 정책(롬 15:20)으로써 이것은 보다 많은 선교를 위해서가 아닌가 싶다.

3. 바나바의 선교

바나바는 구브로 섬사람으로 본명은 요셉이었다. 그가 고향을 떠나 예루살렘으로 갔을 때 거기에서 그리스도인이 되었으며, 그 후 그를 별명으로 불러서 '바나바,' 즉 '권면의 아들' 또는 '위로의 아들'이라고 불렀다. 바나바는 사도행전 4:36~37에 자기 모든 재산을 팔아 제자의 발 앞에 바쳤다는 기사에 처음으로 등장한다. 그리고 사도행전 11:24에는 "바나바는 착한 사람이요 성령과 믿음이 충만한 자라 이에 큰 무리가 주께 더하더라"고 증언한다.

바나바는 바울의 보증인으로 귀한 사역을 한다. 사도행전 9 : 27에 "바나바가 데리고 사도들에게 가서 그가 길에서 어떻게 주를 본 것과 주께서 그에게 말씀하신 일과 다메섹에서 그가 어떻게 예수의 이름으로 담대히 말하던 것을 말하니라."

바나바는 바울을 변호, 소개한다. 바울은 이방 선교를 위하여 하나님께서 특히 선택하여 부르신 종이다. 그러나 바울의 개인 사정은 딱하고 난처한 형편이었다. 그때에 바나바는 그의 보증인이 되어 그를 두려워하고 있는 예루살렘의 사도 앞에 안내한 후에 그의 회심의 확실함과 그의 증거의 확실함을 설명하였다. 그래서 바울은 발붙일 곳을 얻게 되었다. 훗날에 그가 사도요, 적어도 13편의 귀중한 편지를 쓴 것이 확실한 신약의 집필자로, 그리고 로마에서 그리스도를 위한 순교자가 되었는데 그러한 생애의 출발을 가동시켜 준 사람이 바나바였다.

바나바가 얼마 동안 안디옥 교회의[24] 지도를 맡아 오던 중 새로운 활력이 넘쳐 있고, 세계 교회의 새로운 꿈에 부풀어 있는 의욕적인 활동을 보고 그 의중에 지체없이 바울을 선택한 것이다. 바나바는 다소로 내려가서 거기서 노방전도를 열심히 하고 있는, 그러나 아직은 인정을 받지 못하고 있는 바울을 동반하여 안디옥 교회로 돌아온다. 그리하여 바나바와 바울은 깊은 신뢰와 우정으로 안디옥 교회에서 헌신할 때에 바로 교회사에서 기념할 만한 업적이 생겼다. 그것은 바로 그 교회에서 예수믿는 이를 가리켜서 '그리스도인'이라고 부른 것이다. "제자들이 안디옥에서 비로소 그리스도인이라 일컬음을 받게 되었더라"(행 11 : 26). 전에는 그리스도인들이 유대인의 한 분파라고 간주되었지만 이방인 지지자들과 모세의 율법과는 사뭇 다른 교리체계가 형성됨에 따라 세계는 그 차이를 인식하고 그에 따라 새로운 이름을 붙이기 시작했다. 헤롯당이 '헤롯에게 속한다'는 의

---

[24] 안디옥이라는 도시는 BC 300년 셀루커스 니케이터(Seleucus Nicator)에 의해 세워졌다. 안디옥 교회는 BC 40~33년 경 어간에 설립됐다.

미를 지니듯이, '그리스도인'이란 말은 '그리스도에게 속함'을 의미했다. 바울의 편지인 디모데후서 4 : 11에 "누가만 나와 함께 있느니라. 네가 올 때에 마가를 데리고 오라. 저가 나의 일에 유익하니라." 바울의 이 말은 마가가 제1차 선교여행 시에 예루살렘으로 떠난 지 10년이 지난 후의 일이다. 십년 후 마가와 바울의 사이가 다시 아물어 붙도록 권면한 사람은 바로 마가의 외숙부가 되는 바나바였을 것이다. 바나바는 제1차 선교여행 시 구브로에서 바울에게 주도권을 양보한 후에 사도행전에서 그의 이름은 사라져 버리나, 그 후 과격한 성격의 소유자 바울을 염려하여 10년 간이나 뒤에서 계속 돕고 있음이 분명하다.

4. 빌립의 선교

빌립은 사도 빌립이 아니라 일곱 집사 중의 한 사람이다. 비록 사도로 임명을 받지는 않았지만 오늘날 선교사들에게 본을 보여 준 훌륭한 모범 선교사라고 생각한다.

빌립은 북쪽 사마리아에서 남쪽을 향해 가라는 천사의 지시를 받았다. 빌립은 하나님의 지시를 받는 선교사였다. 빌립은 자신의 백성인 유대인보다는 다른 이방 백성들을 향한 그의 메시지의 가능성에 대한 비젼을 소유하고 있음을 보여 준다. 그 반응은 매우 놀라웠다. 사마리아인들이 그들의 미신적인 풍습을 버리고 예수를 믿기 시작했다. 빌립이 사마리아 성에서 성령에 충만하여 많은 군중 앞에서 하나님의 나라와 예수 그리스도의 이름에 관하여 전도하고 있었다. 이때 듣고 있던 사람에게 붙었던 더러운 귀신들이 크게 소리지르며 나가고 많은 중풍병자와 앉은뱅이가 일어나는 기사와 이적이 나타남으로 빌립은 더 한층 힘을 얻어 열렬히 복음을 전하여 크게 부흥을 일으켰다. 만일 빌립에게 인간적인 생각이 조금이라도 있었더라면 아무리 하나님의 명령이라 할지라도 순종하기 어려운 상황이었다. 더더구나 가라 하시는 곳이 사람이라고는 그림자도 볼 수 없는 광야였다. 그럼에도 불구하고 일언반구의 항의도 없이 주저함도 없이 곧 일어나 갔다. 가히 본받을 선교사의 자세이다. 선교사는 하나님의 명령에 절대 순종, 절대 복종하는 자유를 소유해야 한다.

예루살렘 순례여행으로부터 돌아가는 개종자로 보이는 에디오피아의 여왕 간다게의 모든 국고를 맡은 큰 권세가 있는 내시가 병거를 타고 이사야의 글을 읽으면서 오고 있었다. 성령께서 빌립에게 이르시기를 이 병거 앞으로 가까이 가라 하시므로 빌립이 달려가서 내시가 이사야서를 읽는 것을 듣고 단도 직입적으로 "읽는 것을 깨닫느뇨"(행 8:30) 하였다. 빌립은 하나님의 전권대사로서 기풍당당하게 그 읽는 것을 깨닫는가고 용감하게 물었다. "지도하는 사람이 없으니 어찌 깨달을 수 있느뇨"(행 8:31) 하고 빌립을 청하여 복음을 들었다. 빌립은 이사야 53장은 예수 그리스도에 대한 예언임을 속시원하게 가르쳐 주었다. 성경의 참 뜻을 내시에게 바로 가르쳐 줌으로 내시가 회개하고 예수 그리스도를 자기 구주로 영접하여, 구원받은 증거로 세례를 받고, 기쁨으로 귀국도상에 오르게 하였다.

빌립은 모진 박해로 인해 이리저리 피해 다니면서 복음전하기에 전심전력하면서 제대로 먹지 못했고, 입지도 못했고, 잠도 제대로 자지 못했을 것이다. 자기로 인해 구원받은 권세있고 돈있는 내시에게 이런 것쯤은 큰 문제가 되지 않았을 것이다. 그러나 하나님의 종이요, 사명에 사는 전도자 빌립은 성령의 이끌림을 받아 혼연히 길을 가므로 내시가 다시 보지 못했다. 청렴한 전도자, 청렴한 선교사였다.

빌립은 오늘의 선교사들에게 몇 가지 원리를 제시해 준다. 하나님의 지시를 받고 행하는 선교사요, 절대 순종하는 선교사요, 용감한 선교사요, 예수 중심의 복음을 전하는 선교사요, 청렴결백한 선교사였다. 그리고 이방인들에게 복음을 들고 가는 인종적 편견을 극복했고, 개인을 향한 전도는 대중부흥만큼 하나님의 눈으로 볼 때 중요하다는 것이 증명되었다. 예수님에 대하여 전도할 때 구약성경을 인용하는 방법이 제시되고 있다. 그리고 예루살렘으로부터 이방 세계로의 기독교의 중심이 변천해 가는 수많은 접촉을 포함하고 있다는 것과 복음은 여러 방향으로 퍼져 나간다는 사실을 보여 준다.

5. 무명의 선교사들

세계 선교에 대해서 확신하는 것들이 있다. 즉, 오늘날 그 이름들을 알고 있는 선교사들은, 신약성경 시대에 복음을 거대한 로마 제국, 아니 그 이상의 지역에까지 전파한 수많은 선교사들 가운데서 다만 극소수의 사람들에 불과하다는 사실이다. 바로 복음을 최초로 로마에 전파한 사람은 누구였는지 모른다. 애굽의 수도, 알렉산드리아에 교회를 설립한 사람은 누구였는가? 우리는 전혀 알지 못한다. 안디옥에서 선교 활동을 시작했던 사람들의 이름을 다 알 수가 없다. 아무 이름도 전해 내려오고 있지 않다. 그러나 이상의 도시들은 제국의 3대 수도들이었다. 많은 이름도 빛도 없는 선교사들이 자기들의 신앙을 다른 지역으로 전파하는 일에 참여했다는 것은 분명한 사실이다. 대부분이 어찌할 수 없는 상황으로 인해서 그러한 지역에 내려가게 되었던 겸손한 증인들이었다. 그러나 그들은 가는 곳곳마다 자기들의 신앙을 선포할 만큼 생동적인 신앙을 가지고 있었다. 또한 어떤 자들은 자신들의 독자적인 생각이든지, 아니면 교회의 위임을 받든지 그들의 일생을 이 선교 사역에 헌신하였다. 그리고 호사다마격으로 소수의 거짓 선교사들까지 있었다. 바울은 적어도 그가 실제 인물인지 아니면 다만 헬라어를 사용하는 신자들을 상징하는 것인지 확인하자 않았지만 이름 자체는 헬라어인 것이다.

무엇보다도 중요한 것은 우리가 다음의 결론을 내리지 않을 수 없다는 사실이다. 바로 신약성경의 기독교는 본질적으로, 의도적으로 선교적이다는 사실이다.

제 4 장

선교의 동기와 목적

 선교에 있어서 갖추어야 할 특별한 근거, 동기, 목적들에 대해서 말하기 전에 용어를 이해해야 할 필요가 있다. 선교의 근거, 동기들과 목적들이라는 말을 생각할 때나, 말할 때에 똑같이 혼동하고 있다. 그래서 데이비드 J. 보쉬(David J. Bosch)는 "선교 실례에 있어서 선교의 근거, 동기 그리고 목표가 서로 뒤얽히어 있기 때문에 이 세 가지 측면을 구별하여 선교 신학을 다루는 것은 어려운 것이다"라고 했다.[1]

 '근거'란 의논이나 의견에 근본이 되는 의거(依據), 즉 근거지나 본거를 의미한다. '동기'란 사람으로 하여금 그의 목적을 얻도록 노력하며 행동하도록 자극을 주는 것을 의미한다. 즉, 개인의 행동, 또는 사회적 집단의 행위를 결정하는 요인이 되는 의식경험을 말한다. 즉, 동기는 사람들이 해야 할 바를 하도록 충동해 주는 힘인 것이다. 그것은 왜?라는 질문에 대하여 답변해 주는 것으로 간주된다. 한 사람의 동기는 그 사람의 내적인 것과 관계가 있다. 이 동기는 어떤 자극을 받았을 때 그의 행동이나 감정, 욕망을 실제 행동으로 옮기게 하는 것이다.[2]

---

1) David J. Bosh(전재옥 역), 『선교 신학』(서울 : 두란노서원, 1986), p.33.

'목적'이란 실현하거나 또는 도달하려는 목표를 의미한다. 즉, 객관적이고 목표적인 관점에서 사용한다. 그것은 사람이 행동함으로써 성취하기를 기대하는 바를 가리킨다. 목적은 무엇을? 혹은 무슨 목적으로?라는 질문에 대해 답변해 주는 것이다. '동기'와 '목적'의 두 낱말을 그렇게 밀접하게 연관시켜 구별을 어렵게 만든 것은 바로 다음과 같은 점에서이다. 즉, 인간의 행동을 통해 성취하기를 원하는 목적에는 종종 그 자체 속에 매우 강렬한 열망이 있어서 결국 우리를 움직여 행동케 한다는 점이다. 그래서 동기의 힘(motive force)이란 잡아 끄는 힘(the force of attraction)이다. 그것은 로케트의 추진력이 아니라 자석의 힘인 것이다. 어떠한 의무감에서 할 때보다 더욱 더 열심을 내도록 하는 상금을 바라보고 열심히 일하는 것과 같은 종류의 힘인 것이다.

I. 선교의 근거

선교는 삼위일체 되신 하나님의 구속의 뜻에 근거하며 그리스도의 몸된 교회가 부활과 재림의 중간기에 수행하는 사역이다. 선교 활동은 삼위일체 하나님의 거룩한 뜻 가운데서 생겨났다. 교회와 선교는 하나님의 사랑의 뜻에 그 근원을 가지고 있다. 따라서 양자는 독립된 실재가 아니라는 전제 아래서만 교회와 선교를 논할 수 있다.[3]

선교의 근거는 창조주 하나님, 인류의 구원을 위해서 독생자를 세상에 보내신 하나님의 뜻에 있다. 더 나아가서 하나님의 뜻에 따라 세상에 온 예수 그리스도가 부활 후에 내린 선교의 대명령에 확고히 서 있는 것이다.[4] 선교의 대명령은 하나님의 인류 구원의 계획 가운

---

2) John M.L. Young(김진홍 역), 『선교의 동기와 목적』(서울 : 개혁주의신행협회, 1972), p.10.
3) George F. Visdom, *The Mission of God*, p.6.
4) George W. Peters, *A Biblical Theology of Missions*, p.3.

데서 전인류에게 구원의 복음이 필요하다는 것을 이미 전제하고 있다. 따라서 선교는 인류를 구원하시려는 삼위일체의 하나님의 거룩한 뜻에 근거하며 또한 그리스도가 보내심을 받은 것같이 우리를 보내시는 선교의 대명령 위에 서 있다.[5] 그러므로 참된 선교는 그 근본이 하나님 안에 있다. 부활하신 예수님의 명령과 사도들과 신자들의 증거로 알려진 예수님의 행동 속에서 그 근거, 목적, 과업을 찾을 수 있다. 선교는 하나님이 선택한 인간에 의해 이루어지는 일이며 하나님의 영광을 위해서 세계의 도처에 번져 나가는 데 선교의 목적이 있다.

II. 선교의 동기

  선교의 동기(Motivation of Missions)는 대개 선교의 근거에 달려 있고, 동기와 근거는 다 선교 목표설정에 결정적 영향을 끼친다. 동기를 알려면 다음과 같은 질문을 할 필요가 있다. 사람들은 왜 해외 선교사가 되고자 하는가? 무슨 요인이 그들로 하여금 자기들의 생애를 외지에서 복음사역에 헌신케 하고 있는가? 여기서 교회적 차원의 동기보다는 차라리 보다 더 근본적인 개인적 차원의 동기를 언급하고자 한다는 것을 전제해야겠다.
  그리스도인은 이 질문들에 대답해야 할 것이다. 여러 가지 방법으로 외지에서 그리스도를 섬기고자 자원하는 젊은 청년들은 이 문제에 부딪혀 왔으며, 또 꼭 해결해야 할 것이다. 때때로 그런 질문을 던지는 사람들이란 조소하는 자들로서 기독교에 대한 참된 이해가 없는 사람들이라고 볼 수 있다. 그러나 그들은 빈번히 기독교의 신앙을 고백하기도 하며 그들 중의 몇 명은 진지한 태도를 갖고 알고 싶어한다. 그리고 또한 때때로 분명한 답을 얻고자 하는 것이 바로

---

5) 장중열, op.cit., p.22.

선교사 후보자 자신의 마음일 경우도 있다. 해외 선교 사역에 대해서 생각하고 있는 사람은 선교의 동기들을 신중하게 검토해 보고 싶을 것이다. 사실 그 동기가 선교사로서 성공과 지대한 관계를 갖게 될 것이라는 점에서 아마 다른 어떠한 형태의 활동보다도 이 동기 평가작업을 신중하게 해야 할 것이다. 낭만적인 생각! 여행에 대한 욕구! 이국적 유혹!(lure of the exotic), 선교를 고무시키는 메시지(message)에 대한 순수한 정서적 반응! 이런 모든 것들이 동기가 되는 것이다. 이런 동기들은 일부 젊은이들을 선교지로 내보낼 만큼 강력한 것일 수도 있다. 그러나 젊은 선교사들이 불친절하고 심지어 악의에 찬 행동을 하는 외지의 타문화권 환경 속에서의 실제적인 선교 상황에 직면하게 될 때 그런 동기들의 약점들이 즉시 노출되는 법이다. 그러한 동기들이 그들을 계속 선교하게 할 수 없다.

　미국의 한 대학에서 강의하고 있는 어느 중국인 교수는 중국(본토)의 많은 현대 선교사들의 비능률성에 대해 논평한 적이 있었다. 그는 오늘날의 선교사들이 초기 선교사들에게는 현저히 나타나 있던 강한 동기성(motivation)을 갖고 있지 않음에서 빚어지는 결과에 대해 언급하였다. 이것이 바로 현대 선교사들이 그렇게도 무능해져 버린 주요 원인들 중의 하나이다. 이들은 종종 그릇된 방법을 사용하기도 하였다. 그들은 심지어 타문화권에 대해 쓸데 없는 적대감을 유발시켰을는지도 모른다. 그러나 그들은 하나님의 선교에 대한 끓어 오르는 사명감을 가졌기에 그런 모든 외지의 악조건들을 극복하였다.6)

　오늘날 자신들이 자랑하는 우수한 지식을 가지고 초기 선교사들을 비판하고 심지어 조롱하는 것을 당연하게 생각하는 사람들이 있다. 그들은 초기 선교사들이 저지른 실수들을 지적한다. 그들의 신학이 구식이라고 말해 준다. 그들은 초기 선교사들이 이교도의 신앙을 무

---

6) Harold R. Cook, *An Introduction to Christian Missions*(Chicago : Moody Press, 1977), p.66.

차별로 공격하고 그 속에서 발견되어지는 좋은 면들을 인정하지 않았다고 비난하고 있다. 그들은 초기 선교사들이 독선적이거나 가부장적(paternalistic) 권위주의자들이었다고 비평하고 있다. 물론 어느 정도까지는 그들의 말에 일리가 있다. 그러나 동시에 그런 비평들의 몇 가지는 선교에 있어서 참된 효과의 결여, 혼란, 불확실성 등에 대해 오늘날 경종을 주는 것이다. 그리고 근본적인 선교 원칙들을 재검토해야 할 필요성을 말해 주고 있다. 그리고 물론 거기에는 동기성(motivaion)도 포함된다. 그러나 어느 정도의 학구적 조사만으로는 불충분하다. 연구란 것은 동기를 발견할 수는 있으나 동기를 만들어 낼 수는 없는 것이다. 왜 그럴까? 누구든지 유능한 선교사가 되려면 그는 근본적인 그 무엇, 그를 선교 활동으로 강력하게 몰아부치는 그 무엇을 가져야만 하기 때문이다. 즉 "내가 만일 복음을 전하지 않으면 내게 화가 있으리로다!"라고 편지했던 그 당시에 바울이 경험했던 것과 비슷한 그 무엇을 가슴깊이 품어야 하기 때문이다. 가장 성공적인 선교사들의 경험에 비추어 볼 때, 밀접하게 연관된 두 가지의 동기들이 다른 어떤 동기의 것들보다 강력한 동기로 나타나고 있는 것을 보게 된다.

첫번째의 동기는 그리스도 안에서 소유하고 있는 구원에 대한 예리한 인식이다. 이것은 전세계 인류가 절대적으로 필요로 하고 있는 것을 그리스도 안에서 갖고 있다는 것에 대한 인식인 것이다. 그리스도인은 온 세계가 반드시 소유해야 되는 영원한 가치를 지니고 있는 말씀과 생명을 갖고 있다. 어떤 사람이 그리스도의 길은 보다 더 나은 길이 아니라 유일한 좋은 길이라는 것을 확신할 때이다. 또 그리스도를 만나서 그 자신의 삶이 변화되고 고귀하게 되었을 때이다. 이방 종교와 솔직하게 대면하여 그 심각성을 깨닫게 되며 그것들도 역시 자기의 삶을 변화시킨 바로 그 분 구세주에 의해 변화될 수 있다는 사실을 깨닫게 될 때 선교 사명에 생포되지 않을 수 없는 것이다. 그러한 동기와 내적인 사명감에 의해서 그는 선교현장으로 나가게 되는 것이다. 뿐만 아니라 그렇게 강한 사명감을 가졌을 때에 곧

경과 낙심 속에서도 잘 견디어낼 수 있는 것이다.

두번째 동기는 첫번째와 긴밀하게 연관되어 있다. 그것은 단순한 그리스도의 지상명령(the conmand of Jesus Christ)인 것이다. 물론 이 명령은 그리스도가 구세주 되심을 전혀 인정치 않는 자들에게는 아무 소용이 없다. 또한 순종하는 것을 배우지 못한 사람들의 삶 속에서도 전혀 효험이 없는 것이다. 그러나 전심으로 그리스도의 권위에 복종해온 사람들은 주님의 뜻을 헤아리는 데에서 기쁨을 얻는 자들, 혹은 애절하게 주님에 대한 의무감을 통감하는 자들은 이 동기가 가장 강력한 동기임을 알게 되는 것이다. 이 동기 자체만으로도 충분할 것이다. 이와 같은 사람들은 바로 주님 그 분께서 명령하셨기에 종은 순종하는 것이 마땅하므로 더 다른 이유가 필요치 않다고 생각한다.

이 두 가지 동기들이 일반적으로 다른 어떠한 동기들보다도 가장 강력한 동기들이라는 사실이 입증되어 왔다. 그러나 유심히 그것들을 살펴보면 그 두 가지 동기들은 공통된 기반을 갖고 있다는 것을 깨닫게 된다. 그 기반은 바로 하나님의 사랑(the love of God)이다. 고린도후서 5:14~15에서 바울은 "그리스도의 사랑이 우리를 강권하시는도다. 우리가 생각컨대 한 사람이 모든 사람을 대신하여 죽었은즉 모든 사람이 죽은 것이라 저가 모든 사람을 대신하여 죽으심은 산 자들로 하여금 다시는 저희 자신을 위하여 살지 않고 오직 저희를 대신하여 죽었다가 다시 사신 자를 위하여 살게 하려 함이니라"고 단언하고 있는 것이다. 그리스도의 사랑을 체험한 바울은 "네 이웃을 네 몸같이 사랑하라"는 사랑의 대계명을 선교의 대사명으로 표현했다. 그러므로 만일 그리스도인이 주님의 사랑을 체험하고 그 분을 참으로 사랑한다면 그 분을 세상에 알리는 일에 있어서 어떠한 다른 동기가 필요하지 않다. 그리스도인이 누리고 있는 삶은 주님의 사랑의 선물이다. 도대체 우리는 어떻게 그에게 보답할 수 있을까? 주님의 명령은 그리스도인을 향한 사랑에서 비롯되었으므로 기꺼이 순종해야 한다. 그 놀라운 사랑을 부인하지 않는다면 다른 어떤 일도 그리스도에 대한 우리의 순종을 막을 수 없는 것이다. 그러나 다른 동기들이 전혀 없다고 하는 말은 아니다. 많은 다른 동기들이 있는 것이다. 사실상 누구도 그 동기들의 복합성에 대한 분석을 완전하게 할 수는 없을 것이다. 예를 들면, 어떤 청년들이 선교사가 되겠다는 결심을 하는 데 있어서 얼마나 많은 모험정신이 거기에 섞여 깃들어 있는가를 알아내기는 쉬운 일이다. 또 어떤 청년들은 주님께 대한 전적인 헌신을 하면 자연적으로 해외 선교 사역을 하게 될 것이라고 생각한다. 한편 주님께 봉사하기를 원하나 설교자와 교사로서의 자격을 자기는 얻을 수 없다고 생각하는 청년들도 있다. 그래서 그는 본국에서는 쓰임받을 수 없었던 능력이지만 그러나 합당한 자리가 해외 선교 사역에는 있을지 모른다고 생각하는 것이다. 선교부가 가르칠 목적으로 선교사를 단기간 동안만 파송하는 일을 어떤 청년들은 주님의 일에 헌신하는 동안 어떤 경험을 얻는 기회로 간주할 것이다. 선교사의 자녀들인 경우에 있어서 때때로 단지 부모의 전철을 밟아 이미 어느 정도 익숙해진 어떤 활동을 하게 된다. 그리고 덧붙여서 다음과 같은 경우도 선교의 동기 중에 한 몫을 차지할 것이다. 많은 젊은이들이 생기발랄한 이상주의적 호소에 감동되고 인류를 돕는 이타적인 열정에 감동을 받는다는 것이다. 평화봉사단에 대해 그토록 열광하고 있는 것을 보라. 아직도 젊은이들은 이상주의자들이다.

 이런 것들과 다른 많은 동기들이 선교사를 현지에 파송하는 데에 한 몫을 하고 있는지도 모른다. 그것들이 동기로서의 역할을 하고 있다는 점을 결코 비난할 수는 없다. 단지 분명히 알아야 할 점은 그런 동기들은 단지 하찮은 동기들이라는 점이다. 그런 동기들은 앞에서 말한 두 가지 근본적인 동기들이 지니는 힘을 갖거나 추진력을 유지시켜 주지 못한다. 기껏해야 그들의 역할이란 부차적인 역할인 것이다.

Ⅲ. 선교의 목적

이제 해외 선교의 목적(Goals of Missions)을 결정지어 주는 선교 목적에 대해서 알아보자. 인류의 고통에 대한 단순한 동정심에 의해서 감동을 받고 선교 전선에 나선 선교사는 그가 그 고통을 해결하여 줄 때 그의 사역은 다 이루었다고 생각하게 될 것이다. 그의 목적은 병자들을 치료하고 굶주린 자들을 먹이고, 집이 없는 자들에게 거주지를 제공하고, 우물이 없는 곳에 펌프 시설을 해주고 부당한 압박을 멈추게 하는 것이다. 그러나 복음을 전파할 의무감에 의해서 감동을 받아 선교 전선에 나선 선교사는 훨씬 더 깊숙히 파고 들어간다. 그것은 그 선교사에게는 생명 그 자체를 의미한다. 그의 목적은 복음이 타국의 모든 사람들에게 똑같은 생명을 가져다 주는 것을 보는 것이다. 더욱 자세하게 말해 보자면 그리스도의 참된 선교사는 그리스도의 생명을 전해 주는 것이다. '천당과 지옥'의 결말을 보여주는 단 하나의 목적밖에는 없다고 할 수 있다. 그것은 그리스도를 증거하는 것이다. 그래서 사람들이 그리스도에 대한 신앙을 가지도록 한다. 그리고 그리스도의 교회가 설립이 되고 발전되게 하는 것이다. 이러한 목적은 온전히 영적인 것이며 당연히 그래야 한다. 그리스도께서도 다음과 같이 말씀하시지 않았는가? "너희는 먼저 그의 나라와 그의 의(義)를 구하라. 그리하면 이 모든 것을 너희에게 더하시리라"(마 6 : 33). 선교의 목적은 복음전도의 교육을 포함하고 있다. 전도는 예수를 믿지 않는 사람을 예수믿게 하는 것이고, 교육은 예수믿는 사람을 하나님의 말씀 안에서 성장하게 한다.

우리가 한 가지 목적이 "복음을 전하는 것"이라고 말하지 않은 점에 유의하라. 이러한 말은 정확하지도 않고 유치한 것이다. 선교사는 결과를 고려하지 않고서 단순히 복음을 전하는 행동만으로는 '영혼 구원'에 성공할 수 없다. 그는 단순히 지시받은 것을 되풀이하는 전령 이상의 존재이다. 선교사는 증인이다. 바로 다른 사람들이 자기의 증언을 믿고 호의적인 반응을 보이는지에 대해서 깊은 관심을 갖는 증인인 것이다. 복음전파는 선교 활동에 있어서 중요한 것이다. 그것은 말씀을 제시하고 사람들로 하여금 말씀을 받아들이도록 설득시키려고 하는 데 있어서 가장 많이 사용하는 방법이다. 그러나 듣는 사람들이 이해할 수 있는 용어로써 복음이 전파되어야 한다. 체험에서 나오는 진지함이 곁들여져 있어야만 한다. 그것은 복음이 전달되고 있는 사람들에게 따뜻한 관심을 표명해 주어야만 한다. 효과적인 선교 방법의 통계에 의하면 행실전도 46.4%, 구술전도 9.2%로 나타났다. 그리고 전파하는 일은 증거하는 여러 방법 중의 하나이다. 그 외에도 다른 많은 방법이 있다.

우리는 참된 선교사는 위대한 한 가지 목적을 갖는다고 말했다. 이것은 그가 다른 여러 가지 연관된 목적들을 갖지 않을 것이라는 뜻이 아니다. 이 말의 뜻은 다른 여러 가지 것들이 단지 이 한 가지 근본적인 목적에 종속될 것이라는 것을 의미하는 것이다. 선교사는 때때로 병자를 치유하고 굶주린 자들을 먹일 것이다. 그러나 그 자체를 목적으로 삼는 것은 아니다. 그것들은 그 선교사 안에 내주하는 그리스도의 삶의 외적 표현인 것이다. 그는 문맹자들을 가르칠 것이며 그리하여 그리스도를 그들이 더욱 잘 이해하도록 할 것이다. 그는 새로운 사상을 소개할 것이며 그리고 아마도 몇 가지 경우에 있어서는 신문명, 혹은 생활방식을 소개해 줄 것이다. 그러나 그것들 자체가 가장 중요한 것이기 때문에 그렇게 하는 것은 아니다. 그 이유는 그것들이 구세주의 삶을 충분히 나타내는데 필요한 일들이기 때문이다. 그의 전목적들은 다만 하나의 위대한 목적에 초점을 맞추고 있고 그 목적으로부터 기타 모든 목적들이 나름대로의 중요성을 얻게 되는 것이다.

아마도 오늘날 기독교 선교 사역의 가장 큰 약점은 이와 같은 하나의 위대한 목적으로부터 이탈하고 있다는 점에 있다. 오늘의 한국 신학교들과 기독교 대학들은 어떤 분명한 기독교적 목적을 상실해 버린 지 오래지만 계속 그리스도인의 이름을 내걸고 있는 것이다. 자유주의 교회의 사회봉사는 물질적인 것, 경제적인 것에 깊이 빠져 들게 되었기에 영적인 것을 소홀히 하게 되어 버렸다. 아니면 우리의 선교를 확장 발전시키고, 우리의 교파, 우리의 활동에 너무 집착하게 되어 주님 자신의 피로써 사신 그 분의 교회와 주님을 잊어 버리고 말았다. 때때로 우리는 약간의 조그만 목적에 적당히 진전해 나가는 것으로 만족하면서, 우리가 그 근본적 주요 목표에는 얼마나 미달되고 있는가를 통감하지 못한다. 우리가 실제로 탈선하지는 않았을 때에도 우리는 지엽적인 일들에만 몰두할 때가 많다.

화란의 개혁파 선교 신학자 보에티우스(Voetius)는 그의 저서 *Politica Ecclesiastica*에서 선교의 목적을 세 가지로 정의했는데 곧 이방인의 개종과 교회의 설립과 하나님의 은혜를 확증함과 영광돌림이라고 했다.[7]

첫째, 이방인의 개종은 모든 민족으로 예수 그리스도의 제자를 삼는 것을 의미한다. 모든 민족을 회심하도록 인도하여 예수 그리스도를 따르는 것과 그의 제자로 삼는 것이다. 인간적인 면에서 본다면 회심이란 완전히 옛 생활을 버리고 죄의 사슬을 끊는 것이며, 마음과 혼을 다해 그리스도께 복종하는 것이다. 물론 회심 그 자체는 무한히 위대하고 값진 것이다. 그것은 바로 "어두움의 권세에서 해방" 되는 것이며 하나님의 사랑하는 아들의 나라로 옮기게 되는 것이다 (골 1 : 3). 그것은 그리스도와 연합하여 그 분의 죽음과 함께 장사지냈으며 그 분과 함께 새 생명으로 부활케 되는 것이다. 그것은 급격한 변화요, 따라서 그리스도 안에 있는 자는 누구나 새로운 피조물인 것이다. "이전 것은 지나 갔으니 보라 새 것이 되었도다"(고후 5 : 17). 그러한 것이 위대한 구속이며 구원이요 화평이다.[8]

---

7) J.H. Bavinck(전호진 역), 『선교학 개론』(서울 : 성광문화사, 1980), p.163.
8) *Ibid.*, p.166.

둘째, 교회의 설립과 확장은 하나님 나라의 최후의 영광스러운 도래를 위해서 하나님은 세상의 모든 지역으로부터 그의 백성을 불러 모으시며, 이 일에 우리는 적극적인 하나님의 동역자가 되어야 한다. 세계 선교가 주님의 재림의 선행 조건(막 13 : 10)이라고 하신 주님의 말씀에서 부활과 재림의 중간기에 구체적으로 선교 활동을 담당하는 교회를 세우시겠다는 주님의 뜻을 이해하게 된다. 성경의 선교는 예수 그리스도의 몸된 교회에 의해서 수행된다. 선교의 수행은 성령의 역사를 통해서 주님이 친히 주관하시고 완성시키시는 것이다.

선교의 궁극적 목표인 하나님 나라 도래 시까지 전세계에 복음을 전해야 한다는 사도적 사명의식은 교회 설립과 교회의 성장을 위한 노력으로 나타났다.

세째, 하나님께 영광을 돌리는 것은 구원받은 그리스도인의 생의 목적이다. 신구약 성경은 하나님의 영광을 찬양하는 말씀으로 가득 차 있다(민 14 : 16, 시 83 : 17, 겔 38 : 23, 엡 1 : 9~12, 고전 15 : 24~28). 이와같이 선교의 목적은 하나님의 영광, 하나님 나라와 밀착되어 있다. 예수 그리스도로 말미암아 구속받은 사람은 하나님을 떠나서는 결코 평강을 얻을 수 없다. 선교 활동은 세상을 향한 하나님의 궁극적인 목적, 즉 영원한 그의 나라에 직결된다. 교회의 확장과 교회의 설립은 이러한 전(全) 포괄적인 궁극 목적의 범주 내에서 이해되어진다.

제 5 장

선교의 책임과 소명

 선교 활동의 책임은 그리스도인 모두에게 달려 있는가? 지금까지는 아직 이런 문제점에 대해서는 고찰해 보지 않았다. 그리고 개인의 의무와 교회의 의무를 구분하지 않았다. 그러나 바로 누가 선교의 책임을 맡아야 하는가? 선교는 그러한 명분에 특별히 관심을 갖는 그러한 개인들만의 책임인가? 아니면 선교는 전적으로 교회의 책임이라고 생각해야 하는가? 종종 선교는 마치 선택받은 소수들 중에서 어떤 사람들은 선교사로 나갔고 나머지 다른 사람들은 선교 활동을 벌이고 있는 그들을 지원해 왔다. 선교 사역은 꼭 그렇게 되어야만 하는가?
 이 개인주의적 태도는 오늘날의 일부 기독교 선교 단체들 가운데 아주 현저하다. 우리는 그러한 개인주의적 자세를 많은 독립 선교사들 속에서 발견할 수 있다. 그들은 어떤 교파나 어떤 교회 단체와 관련을 맺지 않고 활동을 시작하고 수행하려고 하는 사람들이다. 또 그런 개인주의적 태도들이 급격히 늘어나고 있는 독립 선교 단체들 속에서 볼 수 있다. 그들은 많은 교회들에 속해 있는 관심있는 개인들로부터 선교 후원을 받으면서도 그 교회들의 간섭을 전혀 받지 않는다. 우리는 그러한 선교 활동에 자신들을 바치는 많은 젊은이들을 볼 수 있다. 그들은 자기들의 활동을 단순히 개인적인 의무를 이행하는 것으로 간주하고 있다. 그들은 훨씬 더 넓은 친교 단체인 교회를 대표하도록 부르심을 받았다는 사실을 인식하지 못하고 있다. 현대적 정치, 용어를 사용한다면 그들은 자신들을 그리스도와 그 교회의 '사신들'(ambassadors)로 생각하기 보다는 그리스도의 한 개인적인 대표로 간주하고자 한다. 이들의 생각은 올바른 것일까?

우리가 해답을 얻고자 신약에 눈길을 돌릴 때 두 가지를 발견하게 된다. 성경은 양쪽 모두, 즉 개인과 교회가 모두 선교에 대한 책임이 있음을 가르친다고 말할 수 있다. 그리고 그 각각의 책임에 대하여 뚜렷이 어떤 한계를 그어 놓지는 않았다. 어떤 의미에서 그것은 친구를 위해서 은행 융자의 연대 보증서에 서명 날인해 준 몇 사람들의 책임과 같은 것이다. 어음이 만기가 되었을 때 만일 그 사람이 직접 돈을 지불할 수 없다면 채권자는 연대 보증인으로 서명날인한 모든 보증인들에게 지불을 요구할 수 있다. 아니면 그들 연대 보증인들 중의 어느 한 사람에게 개인적으로 요구할 수 있다. 즉 그들은 모두 힘을 합하여 각자의 담당한 몫을 내놓아 어음의 액수를 지불할 것이다. 아니면 연대 보증인들 중의 어느 누가 그 전액을 지불하게 될 것이다. 어음에 서명 날인하는 각 사람은 그 모든 것에 대하여 책임을 스스로 지는 것이다. 그들이 모두 정직하고 능력이 있다면 각 사람은 자기의 책임분량을 지불할 것이다.

그런데 그리스도께서 자신의 지상명령을 분부하셨을 때, 주님은 그것을 수행할 방법에 대해서 정확히 지시하지는 않았다. 주님은 부활한 후 자신을 만나본 일단의 제자들에게 지상명령을 주었다. 그리고 틀림없이 주님은 각 사람이 자기의 책임을 느껴서 자신의 주님에 대해 증거해 주기를 기대하였던 것 같다. 그러나 처음부터 한 몸으로서의 교회는 사역의 확장을 교회의 공동책임의 일환으로 간주했다. 그래서 빌립은 처음에 자기 자신의 활동으로 사마리아에서 복음을 전파했다. 그러나 예루살렘 교회는 교회의 대표들을 파송하여 그 사역을 굳게 하였다. 안디옥에서는 성령이 이미 바나바와 사울을 선교 사역에로 부르셨다. 그러나 교회는 성령의 지시하심을 받아서 그들을 파송하였고, 그들은 또한 선교여행에서 돌아와 교회에 보고하였다.

그리스도인으로서 우리는 모두 우리 주님, 구세주로부터 수행해야 할 위대한 임무(task)를 부여받은 것이다. 그 임무가 완수되지 않는 한 그것은 우리 각인에 대한 선취득권이며 이 선취득권에 대해서 주님은 우리가 개인적으로 책임을 져야 한다고 생각할 것이다. 그러나 그것은 역시 교회에 대한 선취득권이기도 하다. 그것은 교회의 임무인 것이다. 그런데 그것은 또한 그리스도인 모두의 임무인 것이다. 선교는 교회와 그리스도인 모두가 책임을 져야 한다.

Ⅰ. 교회의 선교 책임

교회의 책임에 대해 말하자면 여기서 지역 교회의 회중들에게 초점을 맞추고자 한다. 선교 활동의 현재 여건 아래서 교단적이든, 아니면 비교단적이든 개교회는 어떤 성취해야 할 훨씬 분명한 의무를 갖고 있다. 선교 사역의 근본적인 취약성이 바로 여기에서 나타난다. 그것은 바로 지역 교회가 자주 그러한 선교적 의무들을 전혀 알아차리지 못하고 있는 경우가 많다는 점이다. 아니면 설령 선교 사역에 대해 인식하고 있다 해도 거기에 대해 거의 신경을 쓰려고 하지 않는다는 점이다.

교파 교회에서는 그 교단의 선교부에 대한 재정후원을 위해 종종 일정한 배당액이 할당된다. 그러나 그 배당액이 작은 액수에 불과하지만 교회는 종종 그 액수를 달성하지 못한다. 독립 교회들은 선교비를 배당해 줄 선교부가 없다. 그래서 지역 교회는 선교나 그 외의 어떤 일을 합당하다고 생각하는 대로 수행하기로 할 것이다.

양자의 경우에 어떤 교회가 교회의 지휘권에 크게 의존하겠는가? 일반적으로 많은 사람들에 의해서 교회의 일을 운영해 나가는 것이 개신교의 특징이다. 개교회들이 가장 민주적으로 조직이 되었을 때에 그렇게 운영이 된다. 평균적으로 보통 교회 회중들은 몇 가지의 교회 활동에 참석하고 미약한 헌신을 할 뿐, 그 이상의 일을 하지 않는다. 다만 진취적이고 건설적인 지도력이 있어야 일반 교인들을 교회의 일에 큰 몫을 맡아 수행케 할 수 있다. 그러나 지역 교회 지도자들은 선교 문제에 있어서 흔히 많은 정보를 갖고 있지 못하다. 뿐만 아니라 그들은 자신들의 통제를 받지 않는 선교 사역에 별로 관심을 두지 않는다. 목사 자신은 선교 방면에 대해서 거의 훈련을 받지 않았으며 심지어 자기 자신의 교단의 선교 기관에서도 훈련을 받은 적이 없다. 신학교에서는 목회 사역의 필수요소로서 대부분 목사들에게 선교 사역을 제시하지 않고 있다. 선교 사역은 과외의 일이며, 지역 교회가 풍성하게 된 후에라야 참여해 볼 수 있는 일이다. 심지어 남녀 전도회에서도 선교 이외의 다른 일들에 번번히 바쁘다. 박력있는 선교적 지도자가 없기 때문이다.

그러나 모든 사람들에게 그리스도를 증거하는 세계 선교는 바로 구세주께서 부활하신 후에 자신의 교회에 주신 하나의 위대한 임무(one great charge)이다. 예배를 별도로 해두고서 생각한다면 교회는 실제로 꼭 두 가지 목적을 위해 존재한다. 바로 전도와 친교이다. 우리는 두번째를 강조한 나머지 첫번째를 자주 잊곤 한다.

여기서 지역 교회에 관련된 네 가지 명확한 책임을 제시해 보기로 하자.

1. 교회의 선교 사역

선교란 교회의 필수적 사역의 일부분이라는 것을 깨달아야 할 책임이다. 이것은 국내 전도냐, 아니면 해외 선교냐 하는 문제가 아니다. 그런 문제는 여기에 전혀 관련이 없는 것이다. 그 대신에 교회가 자신의 소집단에 사역할 것인가? 아니면 그 사역을 확장시켜 외부의 사람들에게 봉사할 것인가? 하는 문제인 것이다. 그것은 자신을 초월하여 다른 사람의 필요에 눈길을 돌리는 사역에 역행되는 자기 중심의 사역에 대한 문제인 것이다. 우리는 국내 선교와 해외 선교에 대한 인위적인 구별 문제를 가지고 걱정할 필요가 없다. 자신의 사회 속의 잃어버린 자들에게 손을 뻗쳐 봉사할 필요성을 민감하게 절감하는 교회는 결코 지역 사회에서 멈출 수 없는 것이다. 다른 사람들에 대한 동정어린 관심은 민족의 국경선에 의해서 결코 중단되지 않는 것이다. 일단 우리가 우리의 시선을 밖으로 돌리기만 하면 "세계는 우리의 교구이다"(the world is our parish). 마찬가지로 해외 선교에 깊은 관심을 갖는 교회도 그렇게 될 것이 틀림없다. 그 자신의 문앞 층층대에 있는 궁핍한 자들을 모른 채 할 수 없는 것이다. 즉, 교회가 진심으로 인간의 영혼에 관심을 갖고 있으며, 결코 단순히 낯설은 땅, 이방의 백성들에 대한 감상적인 생각으로 선교에 매력을 느낀 것이 아닐진대 그렇게 문턱의 도움이 필요한 자에게 무관심할 수는 없다.

첫번째 책임은 근본적인 것이다. 그것은 교회가 그 자체만을 위해서 존재하는 것이 아니라는 것을 인정하는 것이다. 교회는 사회단체가 아니다. 교회는 안식의 항구가 아니다. 만일 교회가 교회의 거룩한 목적을 달성하려면 그것은 선교적이어야 한다. 그리고 그 목적을 달성하는 데 있어서 첫번째 단계는 선교를 인정하는 것, 즉 선교를 반드시 수행되어야 하는 의무로써 간주하는 것이다. 사도행전 13장은 교회적 선교의 시작을 말해 준다. 바나바와 바울이 1차 선교여행에서 돌아왔을 때 안디옥 교회에 보고를 하였다(행 14 : 26, 27). 또 2차 선교여행도 마찬가지로 교회에서 시작했다(행 15 : 41). 사도행전 13장부터 성령님은 교회가 선교사를 보내는 것을 원하였다. 선교사를 보내는 것이 교회의 임무에 속하였다. 선교는 교회에서부터 시작해야 한다. 신약 시대에 성령님은 교회를 통한 선교 활동을 요구하였다.

2. 교회의 중보기도

제 5 장 선교의 책임과 소명 **173**

 한 교회가, 선교가 교회 활동의 필수적 요소라는 것을 깨달았을 때라야 교회는 교회 활동의 다른 어떤 방면에 간절히 기도하면서 관심을 갖고 주의를 집중하는 것과 똑같은 관심과 주의를 선교에 바치는 데 책임을 질 수가 있는 것이다. 교회는 선교를 교회 내의 어떤 선교기구에 떼어 맡겨 버려서는 안된다. 그것은 마치 교회가 신자들의 전체 집단(body)에는 아무 상관이 없다는 듯한 태도이다. 교회는 선교 계획을 수립해야 한다. 교회는 선교의 문제점들을 제직회와 당회에 내놓고 다루어야 한다. 교회는 그 예산의 일정한 액수를 선교에 책정해야 한다. 너무도 많은 교회들이 심지어 선교에 관심을 두고 있다 해도 명확한 선교 계획(program)을 갖고 있지 않다. 선교사들을 자주 초청했던 강남지역의 한 교회가 생각이 난다. 그 교회는 선교사를 연사로 초청했을 때마다 매번 풍성한 헌금을 하였다. 그러나 그 교회를 수년 간 지켜본 결과 그 교회는 계속적이며 정기적으로 어떤 선교사에게나 선교 사역에 후원을 한 적이 없었다. 이러한 교회에서는 선교가 책임으로써가 아니라 강사를 초빙해서 이야기나 듣고 즐기는 오락으로써 간주되고 있는 것이다.

 한국 교회는 선교 사역에 착수할 필요가 있다. 한국 교회는 물장난을 멈추고 활동에 들어가야 한다. 그렇게 함으로써만이 하나님이 우리에게 부여한 책임을 완수할 수 있는 것이다. 아마 선교를 위해 기도하는 일에 대해서 한마디 더 해야 할 것 같다. '기도하면서 갖는 관심'(prayerful attention)은 단지 "하나님! 선교사에게 복을 주소서"라고 기도하는 것보다 훨씬 더 많은 것을 의미한다. 그것은 얼마나 주어야 할 것인가에 대해서 기도하는 것보다 훨씬 의의가 있다. 그것은 진행 중인 사역을 위해 실제로 헌신을 부탁하는 것이다. 그것은 선교 활동하는 자들의 특별한 문제들을 위해서 기도하는 것을 의미한다. 그것은 우리의 도고적 기도(중보적 기도) 속에서 우리의 관심 그 자체를 표명한, 그 모든 것들에 대하여 실제로도 그와 똑같은 관심을 갖고 있다는 것을 의미한다.

 우리는 중보기도(intercessory prayer)의 중요성에 대해서 상술할 필요가 없다. 그것은 선교사들 자신이 그것을 중요하게 생각하고 있다는 것을 깨닫는 것으로 충분하다. 그들은 자기들이 수행해야 할 일들이 결코 개인의 노력만으로는 성취될 수 없다는 것을 알고 있다. 하나님이 역사해야 한다. 그들은 하나님께서 자기들의 요구를 기꺼이 들으신다는 사실을 알고 있다. 그러나 동시에 그들은 하나님이 교회와 선교사들이 이 선교 임무에 대하여 연합하기를 원하고 계시다는 것을 알고 있다. 기도는 그러한 영적 결합을 표현하는 한 방법이다.

안디옥 교회는 금식하고 기도했다. 교회가 금식한다는 언급은 신약에 거의 없고 예외적인 것 같다. 선교사를 파송할 때 교회는 금식해야 한다. 그 금식은 기도와 관련된다. 금식은 회개하는 상한 심령의 모습, 열심으로 하나님을 구하는 모습, 열심으로 하나님의 축복을 바라는 모습이다. 즉, 기도에 집중하여 잘 기도하기 위하여 금식을 하는 것이다. 선교사를 따로 세우는 것은 우선 열심히 기도하는 것을 요구한다. 선교사를 보내는 것은 성령님의 명령이다. 하지만 그렇다고 기도가 불필요하다는 뜻은 아니다. 선교 사역이 하나님이 기뻐하는 뜻일지라도 그 뜻이 잘 성취되도록 교회는 기도해야 한다. 교회는 선교사를 파송하고 기도해야 한다. 선교사 혼자서 어떻게 하나님의 말씀을 잘 전달할 수 있겠는가. 선교사가 유혹과 연약 속에서도 선교 활동을 수행하도록 교회는 "따로 세운" 선교사들을 위해 계속 기도해야 한다.

3. 교회의 재정책임

지역 교회의 책임은 선교를 위해 재정을 마련하고 다른 물질적 후원을 제공하는 임무이다. 이것은 대부분의 성도들이 첫째로 생각하는 책임이다.

안디옥 교회는 바나바와 바울에게 안수했다. 그 안수는 목사 안수와 같은 것이 아니라 오히려 교회가 자기의 책임을 인정하는 행위였다. 교회는 자기 대신에 대표자로 바나바와 바울을 파송했다. 그들이 교회를 통해 선교 임무를 받았기 때문에 교회는 그들을 하나님의 이름으로 보냈다. 교회가 선교사를 보낼 때에 그들이 우리 대신에 가는 것을 깨달아야 한다. 그러므로 파송하는 교회는 선교사들을 위한 책임을 느껴야 한다. 선교사가 더 이상 본 교회에서 일하지는 못하지만 그렇다고 선교사와 관계가 끊어지는 것이 아니라 동일화(Identification) 개념으로 인식해야 한다. 교회는 보내는 임무와 기도와 책임을 져야 한다. 그리고 재정적인 임무도 감당해야 한다. 오늘날 불행히도 교인들 중의 너무 많은 사람들이 지역 교회만을 유일한 책임으로 생각하는 것 같다. 이것은 중요한 임무이지만, 이것을 수행하는 데 있어서는 교회가 피해야 될 몇 가지의 잘못들이 도사리고 있다. 그것들 중에서 세 가지만 열거해 보자.

첫째로, 한국 교회가 본당을 건축하고, 교육관과 기도원을 신축하고 새로운 외국산 오르간 구입을 위해서 막대한 돈을 사용하고 있다. 그러나 선교를 위해서 주님의 돈을 정성껏 사용하고 있는가. 한국 교회가 새로운 사업을 선정하는 데 신경을 쓰는 것보다도 선교기금을 모아서 배분하는 데 신경을 더 쓰지 못하고 있다. 교인 모두가 물질에 대해서 하나님의 소유권을 인정하며, 복음의 전파와 가르침을 위해 헌금을 하고 있다면 그 교회 헌금이 사용되는 명분에 대해서 가급적이면 올바로 알아야 한다. 교회는 주님의 재정을 개인들 자신의 재정보다 결코 더 소홀하게 다루어서는 안된다.

둘째로, 다만 자기 교회 출신 선교사들이나 특별한 사업에만 투자하지 말라. 물론 교회가 파송한 선교사들과 개인적인 접촉과 후원을 하는 것은 좋은 일이며 필수적이다. 특히 그들이 같은 교회 출신이라면, 적어도 얼마간의 몫을 그들을 후원하는 데 할당해도 좋은 것이다. 그들은 성도들을 감동시켜 선교 헌금을 지원케 하는 특권을 갖고 있다. 그러나 거기에서 멈추지 말아야 한다. 도움을 필요로 하는 선교사들에게 폭넓게 후원해야 한다. 그 이유는 이렇다. 선교 사역을 수행하는 데 다른 많은 경비를 누가 지불할 것인가? 그 선교사가 사는 주택의 경비를 누가 지불할 것인가? 그가 필요로 하는 서적과 다른 물자를 누가 제공할 것인가? 그 선교사의 여행비를 누가 지불할 것인가? 심지어 그에게 가까운 우체국으로 그에게 사례비(salary)를 부치는 비용도 누가 지불할 것인가? 선교를 수행하는 데 필요한 다른 경비의 총 액수를 누가 지불할 것인가? 이렇게 필요한 재정들을 교회가 잊지 말아야 한다.

세째로, 우리는 선교사를 후원할 때 그 선교사의 사생활을 감독하는 권한까지 부여받는 것으로 생각하지 말라. 그가 주님의 충성스러운 사신이라는 사실을 믿기 때문에 지원하는 것이다. 그리고 주님에게 하듯이 하라. 우리의 청지기의 사명은 그에게 줄 때에 끝나고, 청지기직 사명이 그에게 주어진 셈이다. 그는 선교비를 현명하게 사용해야 할 책임을 사람에게 지워야 하는 것이 아니라 주님에게 지워야 하는 것이다. 마치 우리의 수중에 그 선교비가 있었을 때 주님께서 그 사용에 대한 책임을 져야 하는 것과 같은 이치이다.

4. 교회의 선교사 배출

아주 중요한 지역 교회의 책임은 선교사 후보들을 배출하는 것이다. 외지의 선교 활동들은 실제로 거의 대부분 본국 교회의 영적 생활을 반사하는 것이다. 오늘날 선교사들이 교회가 아닌 다른 곳에서 아주 깊은 영적인 감동을 받는 경우도 있다. 즉, 성경 캠프(Bible camp), 기독 청년단(Christian youth group), 대학생 기독단체들(IVF, UBF, CCC), 혹은 성경 훈련대학(Bible training school)에서 감명을 받았을는지도 모른다. 그러나 대개 우리의 해외 선교사들은 파송을 받은 교회의 기독교 신앙 상태를 반영해 주고 있다.

이런 연유로써 선교교육에 대한 일정한 계획을 지역 교회가 갖는 것이 중요하다. 오늘날 많은 교회들 안에는 젊은이들이 선교 활동에 대해 아무것도 모르며 선교사의 길에서 그리스도를 위해 자신들의 삶을 헌신하는 데 대한 도전에 전혀 부딪혀 본 경험이 없다는 단순한 이유로써 선교의 인적 자원이 미개발 상태로 묻혀 있다. 젊은이들에게 도전을 주고 선교할 수 있도록 그들의 마음을 돌이키는 것은 교회의 임무이다. 교회는 유치부에서부터 해외 선교에 대한 비젼을 넣어 주어야 한다. 어린이들이 성경의 주제에서 선교에 대해 배우고 선교사의 생애, 선교지의 특이한 문화와 종교를 배우는 가운데 무의식적으로 또는 의식적으로 해외 선교에 대한 것을 생각할 수 있다. 중·고·대·청년부에서는 가난한 지역에 몸으로 하는 성육적 선교를 실습하거나, 도시의 특수 선교를 위한 시간을 마련하거나, 선교사들에게 편지를 쓰거나 선교사들의 소식을 나누고 중보기도 시간을 갖도록 한다. 장년부에서는 해외로 여행하는 신도들의 시간표를 종합해서 선교지에 있는 선교사를 적절한 시기에 방문하여 격려하는 목회적 역할을 할 수 있다. 이러한 방문은 선교사에게 힘이 되고 또 선교지에서의 체험이 선교 운동에 강한 도전이 될 수 있다. 교회는 이러한 방법으로 선교사를 배출하고 돕는 선교 교육을 실시해야 한다.

안디옥 교회는 바나바와 바울을 자기 교회에서 일하게 할 수 없고 그들에게 다른 임무를 주었다. 교회는 더 이상 바나바와 바울의 좋은 설교를 듣지 못하고 그들의 수고의 체온을 느끼지도 못했다. 그들을 다른 곳으로 파송했다. 안디옥 교회는 위대한 선교사를 배출했다. 교회의 선지자와 교사를 배출하여 파송했다. 교회는 하나님의 말씀을 전달하는 일에 책임맡은 자를 배출했다. 오늘날 교회에는 바나바와 바울 같은 자, 선지자 같은 의미의 교사는 없어졌다. 하지만 교회는 하나님의 말씀을 전달하도록 배운 자가 여전히 있다. 교회는 그러한 사람을 배출해야 한다. 우선적으로 하나님의 말씀을 전달하는 목사, 선교사여야 한다. 그리고 의료 선교사, 교육 선교사, 기술 선교사도 배출해야 한다.

II. 그리스도인의 선교 책임

 지역 교회의 일원으로서 모든 그리스도인은 교회의 선교 책임 중의 한 몫을 갖고 있다. 그러나 순전히 개인적인 몇 가지의 다른 책임들이 있는 것이다. 사실상 교회의 선교 활동에 각 개인이 참여하는 문제는 그리스도의 호소에 대한 그 개인적 응답에 달려 있을 것이다. 그리스도인의 최대 책임은 바로 사울이 다메섹 도상에서 중생했던 대로 하는 것이다. 즉, "주여 내가 무엇을 하기를 원하시나이까"라고 묻는 일이다. 이 단계에 이르게 될 때까지는 다른 어떤 것을 이야기한다는 것이 쓸모없는 일인 것이다. 우리가 직접 선교지에 가야 한다면 선교지의 대표자를 후원하는 헌금을 보냄으로써 괴로운 양심을 편케 할 수는 없다. 소명을 받은 자가 그리스도를 위해서 선교지에 가는데 헌신하지 않았다면 그는 그리스도에게 헌신하지 않은 셈이다. 그러나 단지 헌신한 자들의 소수들만이 실제로 파송될 것이다. 모든 지원자들이 선교 사역에 합당한 것은 아니다. 선교 사역의 조건들은 기꺼이 나가기를 자원하는 자들 중의 많은 사람들이 규정에 의하여 제외되어야 하는 문제에 관한 것이다. 그러나 그리스도께서 기독교 사역의 모든 분야에서 사용할 수 있는 사람들은 바로 그러한 자원하는 마음을 갖는 사람들이다. 국내의 가장 유능한 우리의 일군들 중에서 많은 사람들이 한때는 선교사로 나가기를 원했으나 나가지 못한 사람들이다. 여기서 선교의 소명에 대한 문제가 대두되는 것이다.

1. 개인의 선교 소명

 소명은 성경에서 20개 이상의 히브리어 및 헬라어 단어로 표현되는 개념이다.[1] 그 중에 대표적인 단어는 히브리어 동사 카라(קָרָא) 인데 그 의미는 '부른다'(to call), '소집한다'(to summon, קָרָא) 또는 '초대한다'(to invite)이다.[2] 구약에 나타난 의미를 다음의 다섯 가지로 분류하여 생각할 수 있다.

1. '호송하다,' '불러들이다'는 하나님께서 아담을 부르신 것(창 3:9), 모세가 장로들을 부른 것(출 19:7), 하나님께서 회중들을 부르신 것(애 1:18), 그리고 요엘이 유다를 부른 것(욜 1:4)을 들 수 있다.

2. '하나님께로 나아가다'(창 4:6, 욜 2:32), '기도하다'(시 31:17; 53:4; 86:5; 102:2).

3. '이름이 불리워지다,' '이름을 부르다'(창 1:5 이하, 창 17:19; 32:28).

4. '하나님께서 봉사를 위하여 환상으로 이름을 부르다.'

5. '그 자신을 부르다'(사 43:7; 45:4).[3] 하나님께서는 모세를 가시나무 덤불에서 부르셔서 이스라엘 백성을 압제국 애굽에서 해방시키는 사역을 하게 하셨다(출 3:4 이하). 또한 사무엘에게서도 이와 동일한 모습을 보게 하였다(삼상 3:1 이하). 비록 '소명'이란 단어를 사용하지 않고도 여러 선지자들을 부르셨다. 구약의 카라(קָרָא)는 헬라어 동사 칼레오(καλέω), 명사 클레시스(κλῆσις)로써 하나님을 주권자로 한 구원의 근거와 목적을 삼는 중요한 의미를 지닌 단어[4]인데 그 뜻은 '이름하여 불러 들인다'이다. 그것이 '부르다' 혹은 '부르심을 받는다'는 경우에는 성부 하나님에 의해 받아들여서 성령 하나님에 의하여 효력을 발하는 그러한 종류의 부름을 나타낸

---

1) Merrill C. Tenney(ed.), *The Zondervan Pictorial Encyclopedia of the Bible*, vol. I (Grand Rapids : Zondervan Pub. House, 1977), p.694.
2) 김병원, 『목회학』(서울 : 개혁주의신행협회, 1984), p.48.
3) G.W. Bromiley, *The International standard Bible Encyclopedia*(ISBE), vol. I (Grand Rapids : Eerdmans Pub. Co., 1979), p.580.
4) G. Kittel, *Theological Dictionary of the N.T.*, Ⅲ(Grand Rapids : Wm. B. Eerdmans Pub. Co., 1965), pp.490~491.

다.⁵⁾ 그러므로 소명이란 하나님이 사람을 불러 하나님의 일에 참여하게 하시는 일을 의미한다. 로마서 1:1에는 사도직과 관련된 부름으로 사용되어 있고, 사도행전 13:2과 16:10에는 선교사로서의 소명과 관련하여 사용되며, 히브리서 5:4에는 제사장으로서의 부르심과 특수한 직무와 사역과 관련하여 사용되었다. 신약에 나오는 소명의 목적은 다음과 같다.⁶⁾

① 구원과 거룩과 믿음을 위하여(살후 2:13).
② 하나님의 나라와 영광을 위하여(살전 2:12).
③ 영원한 유산을 위하여(히 9:15).
④ 교제를 위하여(고전 1:9).
⑤ 복음전파를 위하여(갈 1:6).

이러한 소명에 대해서 선교사 지원자들은 주님의 뜻으로 확신되는 어떤 것을 궁금해 할 것이다. 아마도 지원자의 이러한 의혹감은 전적으로 당연한 것이다. 많은 지원자들이 선교 소명에 대한 설명을 들어 왔고, 또 다른 서적들도 읽어 보았을 것이다. 그리고 그것들이 합리적인 것임에 감탄하였을 것이다. 그 설명들은 이미 취해진 행동의 노선에 대한 일종의 교리적 근거를 제공하려는 시도인 것처럼 보일 수도 있다. 그리고 그 설명들을 단지 애매하게 어렴풋이 이해할 수도 있다.

때때로 목사는 선교의 부르심을 반드시 무엇이어야 한다는 고정관념을 갖고 있다. 그래서 그 사상에 비추어서 그는 그 자신의 행동을 부르심을 성취하는 행동으로 간주하려고 애쓰는 것이다. 그는 자신의 소명이 완전히 구체화되지 못했다는 불안한 느낌을 면치 못할 것이다. 그러나 그 사실을 인정하려는 데 주저하며 심지어 자신에게까지 속이려고 한다. 결국 자신의 경험을 회상하면서 고정관념을 갖지

---

5) Merrill C. Tenney, *op.cit.*, p.694.
6) 김병원, *op.cit.*, p.49.

않고 분석하기란 결코 쉬운 일이 아니다. 그들이 어떤 중요한 국면을 취급하는 동안 보통 젊은 그리스도인들을 여전히 불만족케 하는 소명에 대한 다른 설명들이 제시된다. 그 설명들 중의 하나는 '필요성, 필요성에 대한 인식 및 그 필요를 채울 수 있는 능력'이라는 것이다. 아마도 그것은 몇 마디로 표현하기에 아주 좋은 정의일 것이다. 그러나 그것은 인간의 필요 그 자체가 소명이라는 것을 의미하는 것처럼 보인다. 그것은 주님 자신을 제거해 버리고 부르심을 받은 자와 그 분의 관계성을 배제해 버리는 것이다. 뿐만 아니라 이 설명은 본국과 해외의 많은 필요들 중에서 어느 것이 우선권을 가져야 하는가에 대해 결정할 어떤 근거를 제공해 주지도 못한다. "필요성이 가장 큰 곳으로 가라"고 우리가 말한다 해도 그 문제는 여전히 불분명한 것이다. 사람의 숫자만으로 필요를 측정할 수 있을까? 뉴기니아의 야만인들이 문명화된 일본인들보다 영적으로 더욱 가난한 사람들이라고 말할 수 있을까? 모든 해외 선교지들이 어떠한 본국 선교지보다 더욱 선교의 필요성이 많은 곳인가? 아마 이 문제를 명확히 밝히는 데 있어서 더 이상의 어떤 설명을 계속할 수 없을 것이다. 그러나 다음에 우리가 말하는 바는 이 문제를 객관적으로 다루는 데 있어서의 성실한 시도이다. 즉, 우리는 성경의 권위와 교훈들을 명심하고자 한다. 동시에 기독교 신앙체험의 확실성과 가치를 인정하고자 한다.

2. 소명에 대한 잘못된 견해

이 문제에 대해 명확한 대답을 줄 수 있기에 앞서서 선교 소명이란 무엇인가? 우리는 선교의 길을 가로막고 있는 몇 가지 그릇된 관념들은 제거해야 한다. 우리는 이런 몇 가지 관념들이 어떻게 발생했는지 모르지만 번번히 대두되어 적지 않게 도전하여 사람들은 그런 관념들이 자명한 진리인 것처럼 받아들이고 있다.

첫번째는 우리가 필히 어떤 특별한 소명을 가져야만 잃은 자들에 대한 그리스도의 증인들로서 우리 조국의 국경선을 넘어갈 수 있다는 관념이다. 즉, 우리는 그리스도의 부르심을 듣고서 자신들의 삶을 기독교 선교 사역에 헌신하게 될 것이며, 우리가 조국의 국경선을 넘지 않는 한에 있어서는 서울에서 제주도에 이르기까지 어디서든지 자유롭게 필요한 곳을 보고 기회를 얻는 대로 활동할 것이다. 그러나 보다 큰 필요성이 있는 곳, 개방된 곳, 즉 바로 국경선 밖의 열려진 곳이 있다고 어떤 사람에게 말하도록 해보라. 그러면 우리는 반대를 제기할 것이다. 즉시 우리는 해외 선교 봉사에 대한 '소명'을 전혀 받지 않았음을 이야기하기 시작한다. 그것은 마치 하나님이 한계선으로서 민족 국경선을 세우신 것처럼 생각하는 소치이다. 우리가 대담하게 복음을 들고 다른 지역으로 국경을 넘어가기 전에 특별한 하나님의 여권(passport)이 발행되어야 하며, 특별한 하나님의 명령이 떨어져야 하는 것처럼 생각하는 소치이다. 어떤 도시 교회가 초빙할 때는 제주도에서 서울까지 가는 데에도 별로 주저하지 않을 것이다. 그러나 선교사로 가기 위해서 비행기로 날아가는 데에는 먼저 특별한 '소명'을 받아야 한다는 것이다. 단순히 그러한 관념을 엄밀히 조사해 본다는 것은 선교를 거부하는 것이다. 우리는 그러한 생각을 지지하는 어떤 근거를 어디에서 발견할 수 있는가? 틀림없이 성경 속에는 없다. 성경에선 전세계가 선교지로 제시되어 있으며 '국내'와 '해외'의 선교지를 전혀 구분짓지 않고 있다. 빌립은 사마리아에서 복음을 전하였고 예루살렘에서 온 피난민들은 이방의 안디옥에 교회를 세웠다. 피난민들은 핍박의 첫번째 소용돌이에서 도망쳐 나온 것이며 그들이 가는 곳곳마다 항상 구세주에 대해서 증거했다. 특별한 신의 소명, 즉 유대와 갈릴리 지방 밖으로 나가서 활동하라는 특별한 소명이 그들의 생각 속에 들어 왔던 것은 아니라고 생각된다. 그들은 모든 사람에게 모든 지역에서 선교하는 증인들이었다.

　물론 안디옥 교회를 최초로 설립한 자들은 오늘날 우리가 전문적인 선교사라고 부르는 사람들은 아니었다. 그래서 기독교 사역에 전

제 5 장 선교의 책임과 소명 **183**

시간을 바친 그곳에서 후에 지도자가 된 사람들에 대해서 살펴보는 것이 좋을 것이다.

 첫째로, 바나바에 대해서 언급해 놓고 있다. 그는 이미 예루살렘의 사역에 있어서 탁월한 사람이었다. 안디옥으로 바나바를 파송한 것은 예루살렘 교회였다. 그들은 안디옥의 소식을 들었으며 바나바를 그곳의 상황을 조사하여 그 새 신자들을 믿음 안에 세울 수 있는 적격자일 것이라고 믿었던 것이 명백하다. 바나바는 갔고, 자기가 봉사해야 할 필요성을 깨달았고 안디옥에서 머무르기로 작정했던 것이다. 그리고 안디옥 교회가 세계 교회의 새로운 이미지(image)가 있으며 의욕적인 새로운 지도자가 요구됨을 알았다. 그래서 바나바는 지체없이 다른 한 사람이 안디옥에서 쓰임받을 수 있다는 것을 알았다. 바나바의 의중에는 "이 사람이 그 사람이다!"라고 바울을 기억했고, 바울을 그가 처음으로 예루살렘의 신자들에게 소개했다. 그는 바울이 소아시아의 다소로 귀향했다는 사실을 알았다. 바울이 그 당시에 다소에서 노방전도를 열심히 하나 아직 인정받지는 못하였다. 다소가 안디옥에서는 그다지 멀지 않았다. 그래서 바나바는 다소에 가서 바울을 만나 새로운 교회에서 그를 도와 사역을 온전히 이룩하도록 데리고 왔다.

 여기서 바나바와 바울이 안디옥으로 가는 것에 착수하기 전에 주님의 명령에 먼저 귀를 기울였다고 생각할 수 있다. 그러나 양자의 경우에 그 주도적 제안이 다른 사람들로부터 왔다는 것을 성경은 분명히 말해 주고 있다. 예루살렘 교회는 바나바를 '파송했다.' 그리고 바나바는 바울을 '데려 왔다.' 그들이 그리스도의 일군들로서 자신들의 고향을 떠나는 데 대한 저항감을 극복하는데, 하나님의 부르심이 필요했었다는 데 대해서 한 마디도, 한 가닥의 어떤 힌트조차도 나와 있지 않다. 사실 바나바는 구브로 태생이며 바울은 길리기아 태생이다. 그래서 안디옥은 그들 두 사람에게 아주 낯선 선교지였던 것이다.

 안디옥에 있었던 다른 '선지자들과 교사들'에 대해서는, 즉 니그

로라고 불리는 시므온과 구레네의 루기오, 그리고 헤롯 왕의 젖동생이었던 마나엔은 안디옥 출신이 아니었던 것이 분명하므로 해외 선교사들이라고 불리울 수 있었다. 그러나 그들이 거기에 와서 활동하게 된 경위는 전혀 가르쳐 주지 않고 있다. 그들은 아마 피난민들 가운데 있었을 것이다. 아니면, 아가보와 똑같은 때에 예루살렘에서 내려온 사도행전 11 : 27에 언급된 선지자들 가운데 있었을 것이다. 하여튼 해외 선교지에서 봉사하고 있었다는 사실만큼은 어떤 특별한 설명을 하지 않아도 자명한 사실로 인정할 만한 것이었다.

전신약성경을 통해서 볼 때 단 한 가지의 경우에만 선교사들이 외지로 건너가기로 결심하기 전에 민족적, 지역적 장벽을 극복하는데 특별한 부르심이 필요했던 것 같다. 그것은 바울과 동료들이 드로아에 도착했던 당시의 제2차 선교여행의 경우였다. 거기서 그들은 유럽으로 계속해서 건너가야 한다는 하나님의 뜻에 대한 놀라운 계시를 받았던 것이다. 성령이 아시아에서 말씀을 전하지 못하게(행 16 : 6) 명령하였다. 일반적으로 '마게도냐인의 부름'이라고 불리우는 이 독특한 체험은 종종 전형적인 선교적 소명으로 간주되고 있다. 일부 신중한 선교 지도자들과 선교사들조차도 노골적으로 그것을 그렇게 불러 오고 있다. 그들은 해외 선교 사역에 직면하고 있는 젊은 기독교인들이 처해 있는 상황에 어떻게 그 마게도냐인의 부름이 적용되는 것인가를 보여 주려고 하고 있다. 그들은 젊은이들에게 바울이 체험한 그런 경험을 갖도록 암암리에 권면하고 있다. 그래서 그런 경험이 오지 않을 때, 젊은이들은 혼란과 실의에 빠지게 된다.

이것은 실로 그릇된 관념으로써 우리로 하여금 선교 소명을 올바르게 이해하지 못하게 하는 것이다. 우리는 '마게도냐인의 부름'이 절대적인 선교의 부름이 아니었다는 사실을 깨달을 필요가 있다. 그것은 어떤 형태로도 결코 전형적인 부름이 될 수가 없었다. 그것은 바울의 병(갈 4 : 13 이하)으로 그의 계획이 취소되고 구라파 선교가 시작된 것이다.[7] 그래서 더욱 돋보이는 것일 뿐이다. 아마도 그 당시에 그 바울 선교단의 마음 속에서 그 선교 소명의 목적을 성취시키려면 그 부름이 예외적인 것이어야 했음에 틀림없다. 오늘날에도 특정한 다른 경우에는 하나님께서 그런 비상한 방법을 사용하여 사람들을 이런 사명, 저런 사명에로 부르신다고 추정하는 것은 엉뚱한 생각이 아니다. 그러나 신약성경 속에서 이런 경우는 상례라고 하기보다는 예외이었던 것이다. 그리고 기독교 신앙체험으로도 오늘날 그런 체험이란 마찬가지로 예외적인 것이다.

우리는 '마게도냐인의 부름'이 선교의 부름이 아니었다고 말했다. 이보다 앞서 나오는 사도행전의 장들을 쭉 훑어 보기만 해도 이 사실은 충분히 밝혀질 수 있을 것이다. 바울은 이미 선교사였다. 그는 수 년 동안 선교사였다. 실제로 이 역사적 사건은 그의 제2차 선교여행의 중반기에 발생하였다. 그는 마게도냐의 환상이 임할 때 이미 해외 선교지에 있었다. 그래서 그와 그의 선교단을 선교 사역에로 불러 내기 위해서가 아니라 소아시아를 벗어나며 유럽으로 그들의 활동 범위를 확대시키기 위해 임한 환상이었다. 만일 우리가 그 환상이 해외 선교 사역에로의 전형적인 부르심이었다는 관념을 생각 속에서 제거시킬 수 있다면 그런 환상의 부르심이 진정 무엇을 의미하는 것인지를 훨씬 더 잘 이해할 수 있을 것이다. 역사가 토인비는 이것을 묘사하여 "바울이 타고 간 배는 오늘날의 구라파 문명을 싣고 갔다"고 했다.

다음으로 밝혀져야 할 오해는, 선교의 부름이 필연적으로 몇 군데의 정해진 선교지와 연관된다는 관념이다. 어떤 젊은이들은 주님이 그들이 해외 선교사들로서 나아가기를 원하신다고 확신하지만 정확한 선교지를 몰라서 몹시 혼란한 상태에 있다. 여기서 다시 일반적 관념이 성경상의 실례들과는 일치하지 않는다는 사실을 알 수 있다.

바나바와 바울이 함께 제1차 선교여행을 출발했을 때에 그들은 바로 단 한 가지만을 확신했었다. 그들은 해야 할 일을 알았다. 왜냐하면 성령이 교회에 다음과 같이 말씀하셨기 때문이다. "바나바와 사울

---

7) 신성종, 『신약 신학』(서울 : 기독교문서선교회, 1981), p.211.

을 따로 세우라. 내가 불러서 시키는 일을 위하여…" 그러나 그들이 바로 이 선교 사역을 수행하게 될 그런 특정한 장소들을 알았는가 하는 점은 몹시 의심스럽다. 그들의 선교 여정을 조심스럽게 살펴보라. 구브로는 근처에 있었고 그곳은 복음이 전파되지 않은 곳이었고 바나바의 고향이었다. 그들이 그곳에 맨처음 가야 했다는 것은 당연한 일이 아니었겠는가? 구브로 서부 지방에서부터 다음의 단계는 소아시아 본토였다는 것은 자연스러운 것이었다. 여기서 복음화 사역이 계속해서 전개되어 바울의 고향인 길리기아 지방의 변경에까지 이르게 되었다. 추측컨대, 그는 안디옥으로 가기 전에 그곳에서 계속해서 사역했던 것 같다. 그리고 그들은 다시 여행지들을 되돌아 다녔으며 그들이 시작한 사역을 더욱 잘 보살펴 견고케 하였으며 마지막으로 안디옥에 돌아와서 그들의 선교를 마무리지었다. 그 전체 여행이 사전에 미리 계획되었을 가능성은 거의 희박하다. 그러나 소아시아에 들어갈 때에 마가가 그들을 떠나는 경우와 같은 여러 가지 세부적 사건들은 그와는 달리 계획적인 여행이었음을 보여 준다. 그 제1차 선교여행에서 그들이 가게 될 목적지를 정확히 알고 있었는지 아닌지는 모르나 확실히 제2차 선교여행의 전여정의 행로를 바울이 미리 알고 있지는 않았다. 바나바와 그가 전에 세웠던 교회들을 재차 방문하려고 출발하였다. 그러나 그는 다른 곳에 있는 복음의 문을 열려고 애썼다. 그 문들 중의 몇은 일시적으로 닫혀져 있음을 깨닫고 그는 단지 열려져 있는 방향으로 계속 드로아에 도착할 때까지 나아갔다. 그곳에서 마게도냐 환상을 받고서 다음의 목적지를 아주 분명히 작정하게 되었다. 그러나 마게도냐는 단지 징검다리의 디딤돌에 불과하였다. 다른 더 이상의 어떤 환상을 받지 않고서도 바울은 서부 지방과 남부 지방으로 계속해 나아갔으며 마침내 고린도까지 가게 되었다. 고린도에서 돌아오는 길에 바울은 아시아 지방을 방문했다. 그 당시 아시아의 수도는 에베소였다. 주님은 일찍이 그 똑같은 여행의 일정에서 그가 그곳에 복음을 전하는 것을 금하셨다. 그러나 이제는 아무런 방해도 없었다. 그는 에베소에서 잠시 동안만 체류하였고 후에 다시 에베소에 돌아오게 되었는데 훨씬 더 많은 선교 활동을 하기 위함이었다. 바울의 로마를 향한 선교여행은 어떤 환상이나 특별한 계시의 결과가 아니었다. 그곳의 형제들에게 편지하면서(그가 그곳에 가기 전에), 그는 여러 해 동안 간절히 로마 여행을 바랐으며 그들을 보기를 간절히 원했었다고 말했다. 그의 사도적 사역은 그가 처한 곳에서 이제 완수되었기에 그는 이윽고 스페인으로 가는 도중에 로마를 방문할 준비를 하였던 것이다(롬 15 : 23~24). 그는 죄수의 몸으로 그가 예상하지 못했던 방법으로 로마로 가게 되었으나 역시 그는 개인적 포부를 성취해 나가고 있었다.

그래서 이 위대한 이방 선교사의 경력을 고찰해 볼 때 바울이 그의 활동을 지시하는 어떤 특별한 계시를 받은 적이 거의 없었다는 것을 알게 된다. 바울이 회심한 후에 네 번에 걸쳐 환상을 보았다고 했다.[8] 첫번째 환상은 사도행전 9 : 4~6에 기록된 부활하신 그리스도의 환상이고, 두번째는 사도행전 9 : 12의 아나니아가 자기에게 안수하여 다시 보게 하는 환상이고 세번째가 사도행전 16 : 9,10의 마게도냐인의 환상이며, 네번째가 사도행전 22 : 17~21에 기록된 속히 예루살렘에서 나가라는 환상이었다. 바울의 선교가 이방을 향한 것이 되어야 할 것이므로 예루살렘을 떠나라고 주님이 말씀하셨다. 바울이 떠나가라는 명령은 받았으나 어디로 가라는 말을 듣지는 못했다. 또 다른 한 경우는 마게도냐인의 환상을 받은 때였다. 이 환상 단계에서는 단지 중요한 첫 시발 단계(initial step)만을 계시해 주셨을 뿐이다. 마게도냐인의 음성은 의사를 부르는 환자의 간절한 요청이요, 지혜를 구하는 무식한 자의 애절한 간구였다. "건너와서 우리를 도우라." 사실상 바울에게는 두 가지 양자택일만이 있을 뿐이었다. 즉, 유럽으로 건너가든지 아니면 그가 왔던 길을 따라 돌아갈 것인지의 양자택일이 있을 뿐이었다. 그것은 선교지에 대한 문제가 아니라 진군이냐 아니면 정비강화냐 하는 문제였다. 주님은 앞으로 진군

---

8) 신성종, *op.cit.*, p.212.

하도록 지시하셨다.

요약하면 첫째, 특수한 하나님의 소명은 국경을 넘어 그리스도를 증거하는데 절대 필수적인 것은 아니다. 둘째, 돋보이는 환상, 바울이 드로아에서 받은 환상, 이른바 '마게도냐인의 부름'은 그의 선교 소명이 아니었다. 뿐만 아니라 그 환상은 선교 소명의 전형적인 형태는 아니다. 세째, 선교 사역에 대한 소명은 본국에서 혹은 해외에서 정해진 선교지와 필수적으로 연관되어 있는 것은 아니다.

이로써 우리는 완전히 소명에 대한 관념을 배제했다고 생각될 것이다. 그러나 이것은 결코 그렇지 않다. 우리는 단순히 선교 소명에 대한 보다 성경적이고 뜻깊은 사상을 정립하기 위한 원칙들을 밝혀 보고자 한 것이다. 소명이 부족한 것은 아니다. 사실상 소명은 기본적인 것이다. 만일 누가 자기의 사역에 있어서 하나님의 축복을 기대한다면 어떠한 선교지에라도 소명감 없이 가서는 안된다. 그러나 고작 아주 비정상적인 경험을 기다리고 구한다는 것은 실망과 혼란으로 향한 길을 열어 놓을 뿐인 것이다.

3. 일반소명과 특별소명

선교 소명에는 두 가지 양상(aspects)이 있다. 하나는 일반적인 소명(general call)이요 또 하나는 특별한 소명(specific call)이다. '일반소명'이란 그리스도인은 누구나 그리스도의 일을 위해 부름받은 자[9]라는 말이다. 베드로전서 3:15에서 모든 그리스도인은 자기 속에 있는 소망에 관한 이유를 묻는 자에게 대답할 말을 항상 예비하라고 하였다. '예비하라'는 말은 변명, 설명 내지는 변호할 말을 예비하라는 것이다. 이 말은 비공식적이고 자발적인 방식으로 언제나 요구되는 것을 의미한다. '묻다'는 공식적인 심문이 아니라 일상적인 대화를 의미한다. '항상'은 일반적이고 포괄적인 경우를 가리키는 말

---

9) 임택진, 『목회자가 쓴 목회학』(서울 : 예장 총회교육부, 1982), p.50.

이다. 그리스도인은 누가 언제 자기의 신앙을 설명하고 밝힐 것을 요구해 올지도 모른다. 기독교의 진리를 문의해 올 때는 독특한 소망을 합리적으로 설명해야 한다.[10] 모든 그리스도인이 자기가 왜 그리스도인이 되었는지에 대한 이유를 진술할 수 있어야 한다. 그렇다고 해서 모든 그리스도인이 선교사나 목사로서 설교해야 한다는 것을 의미하지 않는다. 이러한 차이는 사도행전 8:4,5에 가장 흥미롭게 나타나 있다. 우리는 사도행전 8:1에서 교회에 대한 대 핍박이 예루살렘에서 일어났다는 것과 사도를 제외한 모든 교인들이 흩어졌다는 말씀을 대하게 된다. 그 다음의 4,5절에도 이런 말씀이 있다. "그 흩어진 사람들이 두루 다니며 복음의 말씀을 전할새 빌립이 사마리아 성에 내려가 그리스도를 백성에게 전파하니"(Therefore they that were scattered abroad went everywhere preaching the Word. Then Philip went down to the city of samaria, and preached Christ unto them).

여기서 전했다(전파했다 : preached)란 말을 두 번이나 대하게 된다. 그러나 원문에는 이 두 절에 똑같은 어휘가 사용되지 않았다. 이는 아주 중대한 구별이다. 여러 곳으로 간 사람은 말씀을 '소문내다'(퍼뜨리다 : Gossip)였다. 그것은 회화 형식의 이야기로 나눈 것이다. 반면에 빌립이 행한 것은 좀 다르다. 그는 복음을 전파(Herald)하였다. 이는 강하게 말해서 전도자의 설교이다. 모든 그리스도인은 4절의 소문을 퍼뜨려야 한다. 이것은 일반적 소명이다. 그 목적은 그리스도의 증인(the witness of Christ)이며 봉사의 일을 하는 것이다. 그러나 5절의 복음전파는 특별한 소명을 받아야 한다. 어떠한 사람들만이 메시지를 전하도록 별도로 소명을 받아야 한다. 공식적인 면에서 교회를 대표하여 소명을 받아야 한다. 가르치는 은사를 받은 목사와 교사를 말한다.[11] 일반적 소명은 모든 그리스도인에게 주어진

---

10) Alan M. Stibbs(권성수 역), 『틴델, 베드로전서』(서울 : 기독교문서선교회, 1980), p.159.

기능으로 '봉사의 일을 하기 위함'(for the work of the ministry)이며 특별한 소명은 '성도들을 온전케 하는 일'(for the perfecting of the saints)이다.

(1) 일반적 소명

일반적 선교 소명은 주님의 지상명령 대위임(大委任)과 같은 뜻을 지니는 동의어이다. 그것은 다양한 방법으로 표현되고 있다. "그러므로 너희는 가서 모든 족속을 가르치라… 너희는 온 천하에 다니며 만민에게 복음을 전파하라… 나의 아버지께서 나를 보낸 것같이 나도 너희를 보내노니… 너희는 나의 증인이 되리라… 땅끝에 이르기까지." 그러나 메시지는 동일하다. 그것은 주님을 따르는 자들에게 "가서 온 세상에 주님을 증거하라"는 그리스도의 부르심이었다. 그것은 주님의 모든 제자들을 다 포함하고 있다. 즉, 한 사람도 그 범위에서 제외되지 않았다는 것이다. 자신의 구세주에 대해서 증거하지 못하는 그리스도인들은 바로 자신을 부르시는 이 부르심에도 불순종하는 사람이다. 이 부르심은 예상되는 선교사들로서의 모든 그리스도인들을 포함하기 때문에 일반적인 소명인 것이다. 선교 대상으로서의 모든 불신자들을 포함하고 있기 때문에 또한 일반적인 소명이다. 이것은 국내 전도냐 혹은 해외 선교냐 하는 문제가 아니다. 또한 도시 전도냐 아니면 농촌 전도냐 하는 문제도 아니다. 이것은 그리스도의 사신(Christ's ambassadors)이 되라는 부르심이다. 그리하여 잃어버린 죄인들을 찾아가도 어느 곳이든지 인도하는 대로 따라가기만 하라는 부르심인 것이다. 이러한 일반적 선교 소명의 문제가 정립이 될 때에 비로소 해외 선교지에 대한 특별한 소명에 대해서 이야기할 필요가 있을 것이다. 그것은 마치 구세주에 대한 자기의 신앙을 정립하는 문제를 해결하기 전에 선교 사역에로의 부르심에

---

11) D. M. Lloyd-Jones(서문강 역), 『목사와 설교』(서울 : 기독교문서선교회, 1981), pp.112~113.

제 5 장 선교의 책임과 소명 191

대해 토론하는 것과 같이 아무 소용없는 일인 것이다. 바다를 건너는 여행으로써 선교사가 되는 것이 아니라는 것은 당연한 말이다. 그러나 또한 해외로 나가는 데 실패했다고 해서 선교사가 되지 못한다는 법도 없는 것이다. 이 일반적 선교 소명의 중요성을 경시하는 일이 없도록 시간을 할애하여서 일반적 선교 소명이 구원에로의 부르심과 얼마나 흡사한지를 살펴야 한다. 사실상 신약성경을 조심스럽게 통독해 보면 소명이라는 단어가 사역(service)보다는 오히려 구원의 서정과 관련되어 아주 빈번히 사용되어져 있다는 것을 발견하게 될 것이다. 구원에로의 부르심은 모든 죄인들에게 제시된 일반적 부르심이라는 사실에 주목하라. 그것은 "하고자 하시는 모든 자들"(whosoever will)에 대한 부르심인 것이다. 때때로 주님은 한 개인에게 "나를 따르라"고 말씀하시나 보통 주님의 부르심(invitation)은 "수고하고 무거운 짐진 (모든) 자들아 다 내게로 오라"는 것이다. 우리가 그리스도께 나와서 그 분의 구원을 받아들였을 때 그러한 부르심에 응답한 것이 아닌가? 그리스도인이 영접했던 일반적인 초청은 단지 개인을 포함시키고자 의도된 그런 초청이 아니었던가? 후보자는 어떤 특별한 하나님의 초청을 기다렸는가? 들을 수 있도록 후보자의 이름을 부르는 하나님의 음성을 기다렸는가? 후보자가 호출받아 선발되기를 기다렸는가? 구원에로의 부르심은 죄인들이 그것을 듣고 그것이 자기에게 향한 것이라는 것을 깨달을 때 그것으로서 족하다는 것은 틀림없는 사실이다. 그러나 죄인들이 거기에 반응할 때까지는 그 소명은 완전치 못한 것이며 효과적인 것이 못된다. "주여, 제가 믿나이다!"라고 화답하기 전에는 유효한 소명이 되지 못한 것이다. 마찬가지로 일반적 소명은 신자가 듣고 자기를 향한 것이라고 깨달으면 그것으로서 족한 것이다. 그러나 그 소명이 효력을 발생하려면 그도 역시 다음과 같이 말해야만 한다. "주여, 제가 여기 있나이다. 나를 보내소서!" 하나님께서는 부르시고 사람은 응답할 때에, 바로 그때에 하나님의 소명은 온전케 된다.

실제로 해외 선교 사역을 위해서는 다른 어떤 선교 사역과 같이 이 일반적 소명 이외의 다른 어떤 소명을 꼭 필요로 하는 것은 아니다. 그리스도의 선교사들은 주님의 명령을 순종해야 할 깊은 의무감과 불가항력적인 의무감을 갖는 사람들이다. 또한 주님의 구원을 모든 사람들에게 알리는 데 있어서 깊고도 거역할 수 없는 의무감을 갖는 자들이다.

사도들 이외에도 많은 선교사들이 신약에서 언급되어 있다. 어떤 이들은 디도와 아볼로와 에바브로디도와같이 이름이 언급되어 있으며 다른 사람들은 데살로니가 신자들과같이 무명으로 언급되어 있다. 그러나 우리가 갖고 있는 자료에 의하면 그 대다수의 사람들이 이 일반적 소명에 순종하여 자기들의 사역을 수행했던 것이다. 자신들의 마음 속에 살아계시는 그리스도를 품고 그들은 어느 곳에서도 그 분의 증인들이 되는 일에 골몰하였다.

(2) 특별한 소명

특별한 소명은 어떤 사람의 심령 속에서 일어나는 의식의 형태로 출발한다. 즉, 어떤 압력이 자기의 심령에 가해지는 것 같은 것을 느끼게 된다. 마음이 전도한다는 모든 문제에 집중되고 있다. 그 사람은 그것을 일부러 생각하지 않았다. 그의 고의로 그 가능성을 검토해 보지도 않았다. 그것은 하나님께서 그 사람을 다루고 계시는 것이다. 성령으로 그 사람에게 역사하시는 내적 소명인 것이다. 그리고 목사님이나 장로님들이 "당신은 복음전도자로 소명을 받았다고 생각하지 않는가?"라는 외적 소명의 질문을 받는다. 자기 영계에서 일어나는 일과 영적인 사람들을 통해 오는 것이다.[12]

스펄전(Spurgeon) 목사는 "만일 여러분들이 목회사역을 안하고도 견뎌낼 수 있으면 그렇게 하십시오"라고 하였다. 그는 "나는 다른 일은 할 수 없어 말씀전파만 해야 한다"라는 소명감을 강조하는 것

---

12) D. M. Lloyd-Jones, op.cit., pp.114~115.

이다. 선교사의 소명은 강압적이므로 너무나 압도되어 결국 "다른 일은 할 수 없어, 나는 더 이상 버틸 수 없다"라고 말하게 되는 것이다. 하나님께로부터 내적 소명을 받은 사람은 그가 부름받은 일이 무엇인가를 감지하고 그 일에 너무나 두려움을 느낀 나머지 그것에 위축되는 사람이다. 이 특별한 내적 소명은 압도적인 소명과 강제적 강박의식을 느끼게 된다. 그리고 교회에 의해 확인되는 외적 소명인 것이다. 로마서 10 : 13~15에 "누구든지 주의 이름을 부르는 자는 구원을 얻으리라 그런 즉 저희가 믿지 아니하는 이를 어찌 부르리요 듣지도 못한 이를 어찌 믿으리요 전파하는 자가 없이 어찌 들으리요 보내심을 받지 아니하였으면 어찌 전파하리요"라고 했다. 선교사는 보내심을 받은 자이다. 보내심을 받았다는 것은 스스로 지원한 것이 아니라는 뜻이다. 목회서신에서 똑같은 것을 발견하게 된다. 장로들과 집사들에 관한 자격이 주지되어 있다. 한 사람이 선교사로 부름을 받았다는 것을 확신하기 전에 그의 인품이 교회에 의해 확증되어야 한다. "네 속에 있는 은사 곧 장로의 회에서 안수받을 때에"(딤전 4 : 14)와 "그러므로 내가 나의 안수함으로 네 속에 있는 하나님의 은사를 다시 불일듯하게 하기 위하여 너로 생각하게 하노니"(딤후 1 : 6)에서 알 수 있다.

선교사는 그 사람 자신 속에 뜨거운 내적 소명감이 있어야 한다. 사도 바울은 자기의 소명감에 대하여 말하기를 "맨 나중에 만삭되지 못하여 난 자 같은 내게도…사도 중에 지극히 작은 자라… 교회를 핍박하였으며…그러나 나의 나 된 것은 하나님의 은혜로 된 것이니"라고 말하였다(고전 15 : 8~10).

"하나님이 우리를 구원하사 거룩하신 부르심으로 부르심은 우리의 행위대로 하심이 아니요 오직 자기 뜻과 영원한 때 전부터 그리스도 예수 안에서 우리에게 주신 은혜대로 하심이라…저는 사망을 폐하시고 복음으로써 생명과 썩지 아니할 것을 드러내신지라. 내가 이 복음을 위하여 반포자와 사도와 교사로 세우심을 입었노라"고 하셨다 (딤후 1 : 9~10).

하나님을 사랑하는 자 곧 그 뜻대로 소명된 자라 하셨고(롬 8 : 28), 바울 사도가 사도직을 받아 목양하는 하나님의 은사의 부여와 선교를 위한 특별한 소명을 주심에 결코 후회하심이 없다고 하였다 (롬 11 : 29). 그리고 소명의 분명한 단정을 소명자가 알고 있는 것을 말하였다(엡 1 : 18 ; 4 : 4). 사도 베드로도 소명을 받은 후에 선을 행함으로 고난을 받고 참으면 이는 하나님 앞에 아름답고 이를 위하여 우리가 부르심을 입었다고 하였다(벧후 2 : 21).

교회의 선교사직은 신적 소명의 거룩한 부르심이다. 선교사의 부르심은 그리스도를 위한 전권대사(Ambassador for Christ : 고후 5 : 20)요, 하나님의 청지기이다(Steward of God : 고후 4 : 1~2). 선교사의 내적 소명은 하나님의 무조건의 은혜(고전 15 : 16)로 되었고, 그리스도의 보혈로 사심을 받았고(고전 6 : 20), 하늘의 소명이요(히 3 : 1), 후회함이 없는 소명이요(롬 11 : 30), 복음선포의 소명(딤후 1 : 10)이다. 분명한 소망의 소명(엡 1 : 18), 생명의 소명(딤후 1 : 10), 존귀한 소명(히 5 : 4), 성령이 주신 소명(행 20 : 28), 비밀의 소명(엡 1 : 9), 거룩한 소명(딤후 1 : 9), 영원한 때 전부터의 소명(딤후 1 : 9), 하나님의 뜻의 소명(롬 8 : 28), 영광의 소명(살후 1 : 12), 의의 면류관이 예비된 소명(딤후 4 : 8)이다.

예수님의 피로 값주고 세운 소명된 선교사는 사망을 폐하시고 복음으로써 생명과 썩지 아니할 것을 드러내시기 위하여, 이 복음을 전파하기 위한 반포자(딤후 1 : 10)를 그리스도 예수의 선한 일군(a good minister of Jesus Christ)이요, 하나님의 동역자로 교회가 파송한다. 선교사는 교회의 성도들의 참된 교제에서 총회나 노회나 당회에서 천거된 외적 소명을 받고 교회가 가결해서 파송해야 한다.

4. 선교지 선택의 소명

선교사의 소명에 선교지 장소에 대한 선택이 남아 있다. 해외 선교지냐 아니면 국내 전도냐 하는 문제일 것이다. 해외 선교지라면 어느 쪽인가? 그러한 문제들은 끊임없이 질문되어야 하고 또 대답되어져야 한다. 선교사가 어떤 환상이나 다른 어떤 매우 특이한 체험으로 응답받는 경우는 거의 없다. 이런 체험이나 환상이 불가능하다고 생각해서는 안되지만 이와는 달리 정상적인 방법이 있는 것이다. 이 문제에 있어서 목사님들이 상담해 줄 수 있을 것이며, 권면할 수도 있을 것이다. 또한 선교회 지도자들의 강력한 충고를 받을 수도 있을 것이다. 그러나 마지막 결정은 선교사와 하나님 사이에서 결정된다. 때때로 이 문제를 합당한 하나님과의 관계에서 살피기 위해서 우리는 곧잘 부르심이라는 단어를 상기하면서 선교의 지침으로서 부르심에 대해 말하고 있다. 물론 특별한 부르심이 있을 것이다. 우리는 그것을 배제하려는 것이 아니다. 그러나 젊은 선교사들이 단순하게 그들이 봉사해야 할 장소(선교지)에 뚜렷이 지시되기를 원하고 있는 경우가 너무도 많다. 지도자의 일반적인 원리들이 여기에서도 물론 적용된다. 올바른 인도의 필요성에 대한 인식, 기꺼이 인도하시는 대로 따라가고자 하는 마음, 신중하게 이기심을 제거함, 하나님의 원하시는 뜻(wishes)에 민감하도록 하나님과 긴밀하게 교제할 것이다. 동시에 하나님의 말씀을 계속적으로 사용(constant use)하고 진지하게 기도할 것 등이다.

그리스도 자신의 명령인 "눈을 들어 밭을 보라"는 말씀은 사람들의 필요성을 깊이 인식하여 그러한 필요들이 고무되어지도록 동정심을 일으키게 해주는 것이다. 선교지에 대한 세심한 연구는 하나님의 인도를 받는 길을 열어 줄 것이다. 여러 곳에서 활동하고 있는 선교사들의 말에 귀를 기울이는 것도 도움이 될 것이다. 여러 곳에서 선교에 대한 필요가 많다는 선교사들의 말을 들을 때에 처음에는 마음이 혼란해질 수도 있다. 그러나 잠시 후에는 선교지들 중의 한 지역이 선교사가 가장 유리한 조건으로 사용할 수 있는 장소로서 부각되기 시작하는 경우가 종종 있을 것이다.

선교사는 국내에서 아니면 해외에서 그리스도를 섬기는 문제를 신중하게 생각해야 한다. 하나님께서 특별히 해외 선교지로 부르시지 않는다면 본국에서 복음사역을 맡아야 한다고 생각하는 것은 아주 나쁜 태도라는 것을 명심해야 한다. 많은 그리스도인 일군들이 단지 특별한 부르심이 없었다 하여 본국에서 직분을 맡아 주저앉아 버린 것이다. 예수 그리스도께서 그곳으로 불러주셨다는 분명한 확신도 없이 감히 목사로서 강단에 대담하게 설 수가 있겠는가? 어떠한 강단이라도 어떠한 대담한 안수 위원회나 교회의 부르심이라도 결코 그리스도의 부르심에 대치될 수 없는 것이다. 무엇 때문에 콩고의 밀림 속에서 사역하는 것이 서울의 중심도시에서 사역하는 일에 생을 바치라는 것보다 압도적인 하나님의 강권을 느끼지 못한다고 생각하는가? 소명이 콩고의 밀림 사역에서 필요하다면 역시 마찬가지로 서울의 중심도시에서도 필요한 것이다.

선교사가 한국에서 봉사해야 하는가 아니면 해외에서 봉사해야 하는가? 이 문제에 대해서 다른 두 가지 질문에 대답할 수 있기까지는 만족할 만한 해결을 기대할 수 없다. 하나님께서 자기를 위해 전적으로 모든 시간을 바치기를 원하고 계시다는 것을 확신하는가? 이 질문에 대한 대답에 따라 해외 선교지에 대한 봉사를 의미하는 것이 될지도 모른다. 흔히 그런 경우가 많다. 그러나 흔히 주님은 사람을 부르시되 그 분의 사역에로 먼저 부르신다. 주님은 그에게 한동안 국내 선교 사역을 맡기실지도 모른다. 주님은 그 후에 그를 다른 민족들에게 주님의 사신(messenger)으로서 해외로 파송한다. 어떻든 그리스도인의 봉사를 위해 특별히 따로 세우심을 받았다는 것을 아는 것이 필수조건이다.

우리들 중에 너무도 많은 사람들이 전적 헌신이란 반드시 전시간을 기독교 사역에 바치는 것을 의미하는 줄로 생각하고 있다. 그러한 생각은 중세에 팽배했던 그런 사상과 똑같은 방향으로 기울어지고 있는 것이다. 그 당시에는 참으로 헌신적인 생활을 위해서는 사람은 반드시 속세에서 벗어나와 수도원으로 들어가야만 한다는 사상이 있었다. 오늘날의 세속화된 사회에서 그런 요소들을 살려서 증가하는 부패를 막을 필요성은 있을 것이다. 그런 사상은 역시 "직업과 종교는 섞여질 수 없다"는 잘 알려진 관념을 나타내 주고 있다. 사실상 노동자나 회사원은 목사만큼 열성적인 기독교 증거자이거나 영적인 사람은 아니라고 주장할 만한 정당한 이유는 없다. 목사보다 영적인 평신도들도 많다. 그러나 그리스도인이 확신하는 바, 주님이 당신을 전문적인 사역자로 삼기를 원하신다고 확신한다 할지라도 여전히 대답해야 할 또 다른 문제가 있는 것이다. 자신의 뜻을 주님의 뜻에 맡길 각오가 되어 있는가? 주님이 자신에게 무엇을 하라고 요구하시든지 기꺼이 행할 준비가 되어 있는가? 그러한 헌신은 쉽지 않은 것이다. 뿐만 아니라 그러한 순간도 자신이 생각하는 만큼 그렇게 완전한 헌신이 되지 못한다. 그러나 이미 자신의 마음 속에서 가고 싶은 선교지가 결정이 되어버렸을 때에라도 하나님께서 그가 선택할 장소로 당신을 인도하시기를 기대하는 것은 옳은 일인가? 진정 주님의 인도하심을 원한다면 선교사는 그 분의 손 안에 자신을 맡겨 버릴 준비를 해야 할 것이며 기쁘게 하나님의 지시를 순종하여 어디든지 그가 인도하시게 될 곳이면 따라갈 준비가 되어야 할 것이다.

 이기적인 야심이 자신의 계획 속에 침투하고 있는가? 다른 그리스도인들로부터 인정받고 찬양받고 싶은 욕망이 들어와 있는가? 사람들보다 하나님을 기쁘시게 해드리는 것이 훨씬 더 나은 일이다. 그렇게 함으로써 자신의 영에 훨씬 더 많은 만족을 준다. 자신의 생활이 어려워질까봐 두려워하고 있는가? 자신의 생활방식이 급작스럽게 변화되는 모험을 회피하고 있는가? 낯설고 생소한 사람들과 접촉하는 것을 두려워하는가? 우리 구세주는 세상 끝날까지 항상 함께 있으리라고 약속하셨다. 선교사가 선교하러 나갈 경우에 해당되는 약속인 것이다. 그 약속은 "가라!"는 명령과 긴밀하게 연관되어 있는 것이다. 반면에 어떤 사람들에게는 가까운 선교지보다는 다른 선교 지역이 항상 더욱 풍요롭게 보이는 것이다. 또 어떤 이들에게는 순수한 인간적인 매력이 이방의 땅과 사람들 속에 있어 보이는 것이다. 그들은 스스로 자신에게 반문해 볼 필요가 있다. 나는 과연 한국에 머물러서 이렇게 멋없는 지역에서 봉사하여도, 주님이 가장 원하시는 곳이라면 기쁘게 일할 수 있을까? 그들의 경우에는 체류하는 결심이 다른 사람들의 경우에 가겠다는 결심이 어려운 것과 같이 본국에 남아서 봉사하겠다는 결심이 몹시 어려울 것이다. 그러나 남아 있으라는 소명은 아주 명확한 것이며 이에 순종할 경우에 몹시 큰 기쁨을 맛보게 될 것이다.

　이제 선교사가 이 두 가지 예비적 질문에 긍정적으로 대답하였다면, 즉 만일 주님이 자신의 전체를 그 분의 사역에 헌신하기를 원하신다고 확신하고 또 전심으로 그 분의 뜻을 성취하기를 바라면서, 주님의 뜻이 무엇이든지 주님의 뜻이 어디로 그대를 인도하든지간에 간절히 바라는 바라면, 근본적 문제가 더욱 쉽게 해결되어질 수 있다. 어떠한 사람도 자신을 위해 그 문제에 대답할 수는 없다. 비록 그들이 자신에게 그들의 대답을 강요하여 그대로 대답하도록 할지라도 당신은 그들의 대답을 받아들일 수 없다.

제 6 장

선교사의 자질과 자격

 그리스도인의 선교에 대한 태도는 자신을 전적으로 헌신하는 소명감이 있어야 한다. 그러나 선교 사역에는 선교사로서 봉사하려는 많은 후보자들을 인선과정에서 탈락시키기도 한다. 물론 선교사들이 모든 자격과 자질을 다 갖출 수가 없을 것이다. 그러나 선교사의 자격, 특히 해외 선교의 경우에 대해서는 그 자격과 자질을 갖추어야 한다.
 해외 선교사에 필요한 자격은 도대체 무엇인가? 일반적으로 모국에서도 그리스도의 훌륭한 증인이 되어야 한다. 선교사는 사람들이 지금 구원받아야 한다는 열정을 가져야 한다. 자기 본국에서 전도자가 되지 못하면 해외 선교사로서 자격이 없는 것이다(He must be jealous to see people saved now. A person who is not an evangelist in his own country is unlikely to be an evangelist overseas).
 그리고 선교사는 그리스도의 사신으로 낯설은 환경 속에서 선교 사역을 수행해야 하기 때문에 특수한 자질이 있어야 한다. 선교사는 새로운 언어, 혹은 열심히 노력하여 배워야 할 언어로 선교하는 것이다. 때로 절대적이며 자신과는 전혀 다른 문화의 사람들 가운데서 일한다. 외국인이기 때문에 그의 메시지는 때로 의심받기도 한다. 기후와 생활조건이 선교 사역을 방해하고 용기를 좌절시키는 일이

비일비재하다. 그래도 본국에서 도움과 준비물만 가지고서 계속 그의 직책을 수행해야 한다. 선교회가 요구하는 바는 어떤 것이든지 선교지는 남녀 선교사들에게 높은 재질을 요구하며 극도의 재능을 짜내도록 한다. 많은 사람들이 생각하는 것과는 달리 그리스도인의 동정심만 가지고는 선교 사역에 충분하지 못하다. 선교사들은 만화가들이 즐겨 묘사하듯이 백일몽에 잠긴 이상주의자들이 아니다. 환경 때문에 그들은 어쩔 수 없이 현실주의자가 된다. 그렇지 않고서는 오래 지속할 수 없다. 그들의 사역은 원시인들 속에서도 다방면의 기능과 지식이 필요한 것이다.

Ⅰ. 선교사의 명칭과 임무

성경은 선교사에 대한 개념을 분명하게 말하지 않는다. 그러나 선교사의 기능과 역할에 대해서는 많은 것을 말한다. 그러나 선교사의 개념은 너무 다양하기 때문에 개념 정립에는 어려움이 있다. 일부 구약 신학자들은 타문화권 전도 활동을 찾아보기 힘든 구약 시대에도 이미 선교사가 있었다고 주장한다. 아브라함, 요셉, 모세를 구약 시대의 위대한 선교사로 열거한다. 신약 시대에 와서 예수님의 제자들과 사도들도 소명을 받고 전도 활동을 한 점에서 모두 '선교사'라고 할 수 있다. 이런 식으로 말하면 복음전파를 위하여 세워진 목사, 전도사 및 교회의 직분자들은 모두가 '선교사'라 할 수 있다.[1]

복음주의 선교 학자들은 선교사를 문화적으로 정의하는 것이 타당하다고 역설한다. 그러나 여기서는 문화적 국경을 넘어 전도하는 선교사도 국내에서 사역하는 목사와 동등한 일차적 자격자로 보고 성경이 가르치는 선교사(목사)의 의미를 생각해 보려고 한다.

---

1) 전호진, 『선교학』(서울 : 개혁주의신행협회, 1985), p.118.

1. 목사와 교사의 임무

목사란 하나님이 맡기신 양 무리인 성도들을 영적으로 먹여 주고, 인도하고, 필요한 것을 공급해 주고, 다스리고, 격려하며, 이끌어 주고, 보살피며 보호해 주는 사역자를 말한다. 목사는 '먹이다'(to feed) 혹은 '보호하다'(to protect)는 뜻의 어원에서 비롯한 헬라어 포이멘($\pi o \iota \mu \acute{\eta} \nu$)이란 단어에서 번역되었다. 영어의 Pastor는 헬라어 포이멘과 같은 뜻을 가진 라틴어 *Pastores*에서 생겨났다.[2] 목사를 지칭하는 **포이멘**이란 말이 근본적으로 '목자'를 의미하는 말로 신약에서 17회 번역되었고 에베소서 4:11에만 '목사'로 1회 번역되었다.

성경에는 같은 의미의 단어가 등장하는데 그것을 문맥에 따라 그 뜻을 파악하는 것이 성경해석의 원리이다. 에베소서 4:11의 '목사'와 '교사'의 두 사역은 두 단어의 사용에 의해 구별되어질 뿐이지 각각 다른 사람으로 구성된 두 직임임을 말하지 않는다. 오히려 이 말은 한 직임을 받은 한 사람의 두 가지 특징인데 분리될 수 없는 기능임을 보여 주고 있다.[3] 에베소서 4:11의 이 문장은 두 단어가 나열되어 있다. **투스 데 포이메나스 카이 디다스칼루스**($\tau o \grave{\upsilon} \varsigma \ \delta \grave{\epsilon} \ \pi o \iota \mu \acute{\epsilon} \nu a \varsigma \ \kappa a \grave{\iota} \ \delta \iota \delta a \sigma \kappa \acute{a} \lambda o \upsilon \varsigma$)이다. **포이메누스**(목사) 앞에 정관사 **투스**(그)가 있고, 교사라는 의미의 **디다스칼루스** 앞에 접속사 **카이**(~와, 과)가 있다. **디다스칼루스** 앞에 '그'라는 정관사 **투스**는 필히 있어야 한다. 그러나 **투스**라는 정관사가 목사 **포이메누스**와 교사 **디다스칼루스**를 수식하기 때문에 목사와 교사를 동일인으로 보아야 한다.[4] 바울이 목사와 교사를 분리해서 생각했었더라면 '혹은 목사와 혹은 교

---

2) Ralph G, Turnbull(ed.), *Baker's Dictionary of Practical Theology*(Grand Rapids : Baker Book House, 1976), pp. 292~293.
3) Jay. E. Adams(정삼지 역), 『성공적인 목회사역』(서울 : 기독교문서선교회, 1979), p.15.
4) 이상찬, 『교회 직분론』(서울 : 지혜문화사, 1984), p.22.

사'로 사용했어야 했다. 목사와 교사는 1인 2역의 동일인인 것을 가르친다. 즉, 선교사는 목사로서 설교도 잘 해야 하고 교사로서 진리와 교리를 가르치는 일도 잘 하여야 한다.

2. 사환의 임무

목사를 신약성경에서는 사환이라고 했다. 사환 데라포온($\theta\varepsilon\rho\acute{a}\pi\omega\nu$)은 히브리서 3 : 5에 "모세는 장래에 말할 것을 증거하기 위하여 하나님의 온 집에서 사환으로 충성하였고"라고 1회 사용되었다. 영어 성경에는 종(servant)으로 번역되어 있다. 본래의 이 말의 의미는 '병을 고친다,' '낫게 한다,' '돌본다,' '거둔다'의 의미로 사랑과 의무로서 봉사하는 사역자를 말한다. 그리고 하나님과 모세 사이의 친밀한 관계와 온 집에서, 즉 하나님의 집에서 그의 위치에서의 충성스러운 면을 나타내 주는 것이다.[5] 선교사도 자기 의무를 감당하는 데 사환처럼 충성스러워야 한다.

3. 노예의 임무

'노예'란 말은 헬라어로 둘로스($\delta o\tilde{v}\lambda o\varsigma$)라고 하는데 신약성경에 125회 사용되었다. 매임이나 얽매인 자로 번역되기도 하였다. 노예는 자유인의 반대어로 선교사의 재능, 지식, 시간, 소유 그외 모든 일이 선교사 자신의 것이 아니고 그리스도의 소유라는 것이다. 예수님의 종, 또는 주님의 노예라는 뜻은 선교사 개인 자신에게는 전혀 자유가 없고 예수님께 얽매인 몸이라는 뜻이다.

---

5) Thomas Hewitt(정일오 역), 『틴델, 히브리서』(서울 : 기독교문서선교회, 1982), p.89.

4. 일군의 임무

고린도후서 3:6에 "새 언약의 일군 되기에 만족케 하셨으니"라고 하였다. 본래 '일군'이라는 말은 '집사'라는 뜻으로 '직책을 맡았다'라는 직역(職役)과 유사한 것을 말한다. 보통 디아코노스(διάκονος)를 일군, 종, 집사라는 말로 번역하는데 각각 다른 말로 번역된 것은 문맥에 따라 알맞은 의미로 사용하기 위해서이다. 하나님께서 인간들을 택하시사 성령으로 말미암아 복음의 사역자로 세워 주신 사실은 그들이 새 언약(RSV는 더 좋은 언약)을 선포하기 위하여 일군으로 불리움을 받았다고 한다. 신령한 언약은 성령 충만한 선교사들을 필요로 한다. 그렇게 하여야만 그들이 사역을 감당할 수 있기 때문이다.[6]

디아코노스(διάκονος)는 헬라어의 두 자가 결합하여 표현된 용어이다. 디아(διά)는 '통한다,' '통하여'이고 콘(κον)이란 말에는 '먼지,' '흙탕'이란 뜻이 있다. 집사라는 의미의 용어는 Deacon인데 '먼지 나는 흙 속에서 먼지를 피우면서 분주히 일하는 일군'이라는 뜻이다. 먼지를 피우면서 일하는 곳은 바로 잔치집에서 손님들에게 음식을 대접하기 위해 준비하는 주방의 주방장 역할을 말한다. 선교사는 주방장의 역할을 하는 새 언약의 일군이다.

5. 하인(下人)의 임무

로마서 14:4에 "남의 하인을 판단하는 너는 누구뇨"라고 하였다. '하인'이란 헬라어 오이케테스(οἰκέτης)이다. 영어 성경에는 종(servant)으로 번역되어 있고, 한글 성경에는 하인 또는 사환으로 번

---

6) R. V. G. Tasker(정일오 역), 『틴델, 고린도후서』(서울 : 기독교문서선교회, 1983). p.72.

역되어 있다. 영어 성경 사도행전 10:7에는 '집 종'(Household Servant)으로 번역되었다.

바울은 모든 그리스도인은 그리스도의 종으로 살아간다는 것을 말한다. 선교사는 자기 생활이 사람들에게 영향을 주므로 그들에 대한 책임을 고려하여 자기의 유익만을 생각할 수 없으며 마치 '머슴'처럼 봉사해야 한다는 것이다. 선교사는 집안 하인처럼 영적 애보기(Baby Sitting)나 가정교사(Tutor), 요셉이 보디발의 집에서 재정 사무를 맡았듯이 회계와 같이 전가정의 남녀노소를 보살피며 가사를 꾸려가고 돌보아 주어야 한다.

6. 수종자의 임무

사도행전 13:5에 "요한을 수종자로 두었더라"고 하였다. 마가 요한은 정식 선교사(catechist)의 권위를 가지고 일행에 동행하고 있다. '수종자'라는 말은 헬라어 휘페레테스(ὑπερέτης)이다. 영어로는 an under-rower이다. 이는 **휘포**(ὑπό)의 '아래서,' '밑에서'와 레테스(ῥέτης)의 '배의 노를 젓는 사람,' '뱃사공'의 합성어이다. 수종자는 상관이나 주인의 명령을 복종하는 자를 말한다. 노를 젓는 뱃사공이라는 뜻이다. 본래 군사용어로서 사령관이나 부대장의 지시대로 노를 저어서 명령에 복종한다는 수종의 의미를 지니고 있다. 선교사는 최고 사령관인 예수님의 수종자가 되어야 한다.

7. 감독의 임무

사도행전 20:28에 "성령이 저들 가운데 너희로 감독자를 삼고"라고 하였다. '감독'(Bishop)이란 말은 헬라어 에피스코포이(ἐπισκόποι)이다. 에피(ἐπί)의 뜻은 '상관,' '웃어른'이란 뜻이고 **소코포스**(σκοπός)는 '감독,' '시찰,' '관찰'이 결합한 합성어이다. 감독은 영적 인도와 지도의 의미를 포함하고 있다. 선교사는 선교지의 감독자로서 주일의 출석, 결석자, 병든 자, 죽은 자, 애기낳은 자, 병원에 입원한 환자, 새 등록자 등을 세밀히 살펴야 하며 전성도의 신앙생활, 가정 생활, 직장 생활 등을 잘 보살펴야 한다.

8. 사역자의 임무

히브리서 1 : 7에 "그의 사역자들을 불꽃으로 삼으시느니라"고 하였다. '사역자'란 헬라어 레이투르고스(λειτουργός)이다. 원어의 뜻은 '백성을 위하여 일한다,' '회중을 위하여 일하는 사역자'를 말한다. 선교사는 하나님의 백성을 위하여 공공연히 하나님의 백성의 공적 직무를 수행하는 자이다. 공적 예배나 주일 예배를 드리는 사역자이다. 백성과 회중을 위한 사역자이다. 그리고 성역을 집행하는 공무자 또는 공직을 맡은 자라는 뜻이다.

9. 전도자의 임무

사도행전 21 : 8에는 "전도자"로, 에베소서 4 : 11에는 "복음전하는 자"로 디모데후서 4 : 5에는 "전도인"으로 호칭되었다. 헬라어 유앙겔리스테스(εὐαγγελιστής)의 번역이 한국 성경에서 통일되지 않았으나 그 뜻은 '복음을 전파한다' 또는 '기쁜 소식을 전한다,' '희소식을 전하는 최고급 임명의 사명자'라는 의미로 사용되었다.

사도행전 21 : 8에는 빌립을 전도자라고 했고 에베소서 4 : 11에는 은혜받은 성직자의 공식명칭으로 성도를 온전케 하며 봉사의 일을 하게 하며 그리스도의 몸을 세우려 하심이라 하였고, 디모데후서 4 : 5에는 모든 일에 근신하여 고난을 받으며 일하는 디모데를 전도인이라 했다. 전도자 빌립에 관하여 연구한다면 사도행전 21 : 26에는 주의 사자가 빌립더러 남으로 향하여 예루살렘에서 가사로 내려가는 길까지 가라 했으니 특정된 지방(specific location)을 의미하고 사도행전 8 : 29~35에는 성령이 빌립에게 에디오피아 사람 곧 에디오피아

여왕 간다게의 국고를 맡은 큰 권세가 있는 특정인(specific man) 내시에게 복음을 전하였다. 사도행전 8:39에는 복음을 받은 내시에게 세례를 베풀었고, 또 주의 영이 빌립을 이끌어 타지방으로 갔으며, 사도행전 8:40에는 빌립이 "아소도에 나타나 여러 성을 지나 다니며 복음을 전하고 가이사랴에 이르니라" 했다.

전도자 빌립에 관하여 그의 직무를 사도행전 8:26~40에서 보면 가사(장소)로 내려가서 내시(특정인)에게 복음을 전하고(전도인의 사명), 세례를 주고(성례를 거행하며 신자됨을 확약), 아소도의 여러 성을 지나 다니며 가이사랴에 이르렀다(지방 순회설교)고 했으니 빌립은 오늘날 교회가 외국에 파송한 선교사와 같다. 역사의 눈으로 볼 때 빌립의 사역은 베드로의 사역에서 바울의 사역으로 의미있는 전환을 제공해 준다. 빌립은 교리와 견해에 있어서 스데반과 같고 선교에 있어서는 바울과 같은 자로서, 구약의 선지자적인 면을 갖춘 아주 뛰어난 인물이며 선교사였다. 빌립의 선교 방법은 활발스럽고 청신한 사역이었다. 그는 성령의 감화를 받아 이리저리 움직였다. 그의 용감성 또한 두드러진 것이다. 그리스도의 본을 따라(요 4장), 복음을 사마리아인들에게 전한 선교사의 표상이다.

II. 선교사의 영적 자질

훌륭한 선교사가 되는 데 가장 필수적인 자질은 영성인 것이다. 다른 자질들도 선교사에게는 중요하다. 그러나 영적인 자질은 기본적인 것이다. 그리고 선교사가 갖추어야 할 가장 우선적인 조건은 하나님으로부터의 확실한 소명이다. 선교사는 목회자와는 사역의 성격이 많이 다르므로 선교사로서의 부름을 받아야 한다. 그러므로 자신의 소명을 보다 분명히 확인해야 할 것이고, 또 너무 감정적으로 헌신하는 경우도 재고해 보아야 할 것이다. 사도행전 13:2에도 "성령이 가라사대 내가 불러 시키는 일을 위하여"라고 하였다. 영국의

WEC 선교부나 CLC 선교부에서는 신학교 졸업 후 선교사 훈련과정을 6개월 이상 마치고도 인사 위원회(personnel committee)의 만장일치가 없으면 탈락을 시킨다. 개인의 소명도 참고로 하지만 선교사의 동기, 자세, 열심 그리고 영적 자질을 엄격히 심사한다.

그 자신이 훌륭한 선교사였던 스티픈 닐(Stephen Neill)은 이렇게 썼다.

> 선교지의 필요는 항상 본국 교회의 필요보다 훨씬 더 크며, 사람들이 아무리 훌륭한 자격을 지녔다 해도 선교사 일에 적합하고도 남을 그런 사람은 없다. 또한 선교만큼 진취적이고 창조적인 영역을 줄 수 있는 직업이란 아무것도 없으며, 그 보상은 요구되는 약간의 희생에 비해 측량할 수 없이 크다고 하는 것이 나의 확신하는 바라고 해도 좋을 것이다.[7]

1. 헌신 생활

선교사에게 첫번째로 요구되는 것은 예수 그리스도와 그의 복음에 전적으로 헌신하는 것이다. 그리고 자기의 구원에 대한 확증이다. 그것이 없이는 선교를 할 수도 없으며 선교사가 될 수도 없다. 자신의 충성이 확고하지 못하다면 다른 사람을 그리스도 앞으로 인도할 수 없다. 선교사는 우선 자기를 그리스도인으로 만들어 자기를 전달해 주는 예술가이다. 선교사가 자기 신앙에 대해 확신이 없다면 마음 속에서 우러나오는 확신을 가지고 "나는 내가 믿는 그리스도를 안다"고 말할 수 없다. 그렇다면 집에 머물러 있는 편이 낫다. 선교사들은 자기의 믿음으로 '팔린' 자들이다. 그러므로 "나는 어머니의 배 속에서부터 교인이다"고 해서 선교사의 자격이 있는 것이 아니다. 전인격(whole personality)적인 헌신이 있어야 한다. 머리와 가슴과 의지가 동일하게 헌신되어야 한다.

---

7) Stephen Neill, *Builders of the Indian*(London : Edinburgh House Press, 1934), p.4.

2. 영적 생활

  기독교의 선교사들은 물질적인 면에 반하여 신령한 마음을 가져야 한다. 선교사는 그의 주목적이 신령한 것이기 때문이다. 육신적 방법으로는 신령한 일을 이룰 수가 없다. 그렇다고 선교사들이 물질적인 면을 무시할 수는 없다. 그것은 그의 영적 생활과 사역에 있어서 필수적인 것이다. 그러나 그것을 우선적으로 생각해서는 안된다. 물질에 대한 유혹은 더 심하지는 않을지라도 고국에 있을 때보다 덜하지는 않을 것이다. 본국에 사는 사람들처럼 기독교 정기간행물을 받을 수 있거나 풍부한 자금을 가진 선교사들은 별로 많지 않다. 그래서 선교사에게도 "먼저 하나님 나라와 그의 의를 구하는 것은" 쉬운 일이 아니다. 그러나 영적인 것은 그의 전도 사역에 있어서 필수적인 것이다. 잃은 자를 구원하는 그리스도 사역자들의 마음에는 영적인 것들, 즉 영혼의 지고한 가치를 최고의 자리에 두어야 한다. 선교사가 영적 생활을 가지는 방법을 배우는 것은 중요하다. 그렇지 않으면 잠재적인 실패자가 된다.
  선교사는 "지혜의 영"(출 28 : 3), "지혜와 총명의 신"(사 11 : 2), "모략과 재능의 신"(사 11 : 2), "지식과 여호와 경외의 신"(사 11 : 2), "진리의 영"(요 14 : 17), "지혜와 계시의 영"(엡 1 : 17)으로 영적 생활을 해야 한다.

3. 믿음 생활

  영국의 WEC과 CLC 선교사들은 '믿음 선교사'(Faith Missionary)들이라고 불린다. 선교사들은 믿음으로 살아야 한다는 말은 아니다. 모든 선교사들은 체험으로써 신앙의 의미를 배우는 것이다. 외국에서 그들은 그들에게 익숙해 있던 인간적 도움의 수단에서 격리된다.

때로는 자금과 지원이 중단되기도 한다. 또 때로는 병이 났어도 의사나 간호원을 찾을 수 없을 때도 있다. 혹은 행정 당국의 반대에 부딪히거나 사람들이 의심을 하여 적대하기도 한다. 어두움의 세력이 거의 이기는 것 같다. 선교사의 마음 속에서는 그들 자신의 실망, 불안과 고독과 좌절과 싸우고 있는 것이다. 거기에는 그들이 위로와 격려를 얻을 만한 신앙의 충고자도 없다. 그들은 자기들 혼자만으로는 아무것도 할 수 없음을 알게 된다. 선교사는 물질적인 면에서나 신령한 면에서 모든 필요한 것들을 하나님께 의지하는 것을 배워야 한다. 훌륭한 선교사가 되기 위해서는 그 교훈을 배워야 할 필요가 있다. 그렇게 의지하는 마음은 위급할 때 자동적으로 생겨나는 것이 아니다. 믿음 생활이 선교사로서 임지에 도착했을 때 그냥 얻게 되는 것이 아니다. 오히려 그것은 작은 일에 있어서도 하나님과 그의 신실하심을 바라보는 데 있다. 비록 학창 생활에 있어서 하나님을 의지하는 것을 배울 수 있는 기회가 많다고 할지라도, 정말 큰 어려움이 다가왔을 때 그 교훈을 배웠다면 자연히 필요를 채워 주실 수 있는 분에게로 마음을 향하게 될 것이다.

4. 사랑의 마음

사랑은 그리스도인 생활의 표지이며(요 13:34~35), 기독교 봉사의 요소이다(고전 13:1~3). 사람들은 선교사는 하나님의 인간에 대한 사랑의 화신, 그 자체인 것으로 기대한다. 그는 단지 어떤 장소에서 기독교 복음의 사신(使臣)에 불과한 것이 아닌가? 그리고 그 복음의 핵심은 하나님의 사랑이 아닌가? 죄인을 위하여 죽도록 그의 아들을 세상에 보내신 하나님의 사랑은 그 구원을 알리도록 선교사를 보내는 그 사랑과 똑같은 사랑이다. 어떤 사람을 사랑하는 것은 쉬우나 다른 사람들을 사랑하는 것은 어려울 때가 있다. 그러나 선교사는 사랑스러운 사람을 골라서 사랑할 수는 없다. 그리스도의 사랑이 선교사들을 나가도록 강권한다. 그 사랑은 우리가 그의 원수였을 때 우리 모두를 위하여 자신을 주신 아가페적 사랑이다. 바로 그러한 그리스도의 사랑이 선교사가 선교지의 사람들에게 그의 목숨을 바쳐 헌신하면서 나타내고자 하는 것이다. 선교사는 그들을 나의 백성으로 생각하는 것을 배운다. 그러한 사랑이 없으면 그는 계속해서 일할 수가 없다. 그는 수고의 열매를 거두지 못할 것이다. 예수님은 "나를 사랑하느냐"라고 물으신다. 그것은 아가페(to give)의 사랑을 요구하시는 것이다. 그리고 "내 어린 양을 먹이라"(요 21 : 15), "내 양을 치라"(요 21 : 16), "내 양을 먹이라"(요 21 : 17)고 하신다.

5. 윤리적 확신

여기서는 선교사의 윤리나 '새로운 도덕' 같은 것을 말하는 것이 아니고, 도덕적 확신에 대한 용기를 갖는 것에 대하여 이야기하는 것이다. "모략과 재능의 신"(사 11 : 2)을 겸비해야 한다. 적절한 충고를 줄 수 있는 은사가 있어야 한다. 선악의 표준이 매우 유동적인 선교사가 있다. 그들은 거의 모든 상황에서 어느 누구의 감정도 상하지 않게 적당히 처신할 수가 있다. 또 '옳은 것이 옳다'고 믿는다는 선교사들도 있다. 말하자면 그들이 믿는 바를 위하여 일어설 수 있는 용기가 없다는 말이다. 양쪽 모두가 '다루기 쉬운' 사람들이다. 그들은 결코 논쟁을 하지 않는다. 그러나 이런 사람들은 훌륭한 선교사가 될 수는 없다. 선악에 대한 철저한 표준이 선교사에게는 꼭 필요한 것이다. 철저한 표준뿐만 아니라 그것을 알릴 수 있는 용기가 필요하다. 그는 마음이 좁다는 말을 들을지도 모른다. 그것은 확신을 갖음에 대한 댓가이다. 그러나 좁은 통로를 흐르는 물이 가장 세찬 법이다. 선교사들이 꼭 미움을 받아야 할 필요는 없는 것이다. 단지 옳고 그른 것에 대해서 이야기하는 것 뿐이다. 또 선교사는 공개적으로 가혹하게 죄악을 고발할 필요는 없다. 성경은 "사랑 안에서 진리를 말하라"고 충고한다. 그러나 그는 죄를 솔직하게 공개적으로 처리해야 하며, 진리를 말해야 한다. 그렇지 않으면 그 이름에 합당한 선교사가 못 되는 것이다.

6. 목적있는 삶

　오늘날 많은 젊은이들을 괴롭히고 있는 소위 목적 상실이라는 것이 있다. 그것은 우리가 아는 것보다 더 심각하다. 거기에 영향받은 사람들은 그들이 생활에서 무엇을 하고자 하는지를 확실히 모르고 있다. 그들은 무엇을 위해서 사는지도 모른다. 그래서 그들은 그럭저럭 살아간다. 그들은 뚜렷한 결정을 못하고 다만 어떤 환경이, 그리고 무엇이 그들에게 당장 유익이 되는가를 보여 주기를 기다리는 것이다. 때로는 고등학교, 대학교, 대학원 등에서 공부하면서도 앞을 모른 채 방황하는 것이다. 인생의 전체 진로에 영향을 주는 결정에 있어서 일시적으로 불확실한 것은 그리 큰 문제가 아니다. 결국 이러한 결정은 많은 시간과 세심한 고려를 요한다. 결정을 하는 데 항상 어려움을 느낀다면, 습관적으로 목적 의식이 부족하다면, 또 그것을 위하여 다른 관심을 희생해야 할 위대한 목적을 갖는 것이 무엇인지 모른다면 선교 사역을 썩 잘할 수 없을 것이다. 선교사는 "여호와를 경외하는 것이 지식의 근본(출발점)"임을 아는 사람이어야 한다(잠 1 : 7). 그의 비젼(vision)은 높고 그의 전생애를 바칠 만한 가치있는 목적이어야 한다. 그는 하나님이 주시는 목적있는 삶을 가져야 한다. 선교사가 아직 그것을 갖지 못했다면 하나님께 간구해야 할 것이다.

7. 분별력있는 판단

　여기서 뜻하는 것은 "지혜와 총명의 신"(사 11 : 2)을 말하는 것이다. 선교사는 식별과 지각있는 교사여야 한다. 이 문제에 있어서 선교사는 그의 만화상과는 아주 다르다. 실지로 그는 공상가가 아닌 비젼의 사람이 되어야 한다. 그의 비젼은 때로 현재 상황 너머를 보게 하여 준다. 그러나 현실에 눈을 감아서도 안된다. 선교 사역을 계속하는 것은 때로 그의 실제적 분별력에 달려 있다. 그는 불쾌한 일들을 대처하고 당면한 현실 문제를 분별해야 한다. 그는 문제의 복잡성을 파악하고 피상적인 해결책으로는 해결할 수 없음을 알아야 한다. 그러나 자신에 대해 웃을 수 있어야 한다. 긴장감이 돌고 폭발 가능성이 많은 상황들은 유모어 감각으로 피할 수 있어야 한다. 선교사 중에 이론가라고 할 수 있는 사람은 드물다. 그들의 선교 사역은 이론과 실제의 균형을 요한다. 아프리카 교회 지도자들이 "일부일처제는 서양의 것이고 일부다처제는 아프리카인들의 것이다"라는 주장을 현명하게 분별하고 이해해야 한다. 복음은 불변하나 현실성을 파악해야 한다.

8. 열심과 열정

선교사는 실로 열심있는 사람이어야 한다. 그의 열심은 정열적인 감동을 수반하는 활성적인 것이어야 한다. 그것은 진지하며 모든 반대를 무릅쓰고 끝까지 모든 것을 완성하는 것이다. 그가 열심있는 사람이라도 무관심하고 뜨겁지 아니하다면 그의 이름이 부끄럽게 될 것이다. 그런 사람에게 적절한 선교 사역이란 없으며 차라리 없는 것이 나을 것이다. 선교사의 열심이란 자기가 하는 사역에 스스로 붙잡힘을 당했다는 인상을 주어야 한다. 선교사는 "진리의 성령"(요 16:13)으로 자기 사역에 감동되고 감격한 나머지 사람들에게 나눠가지기를 갈망하며 그들을 돕기를 간절히 소원하고 진리를 말하고 싶어 견딜 수 없어야 한다. 바울은 "눈물로써"(빌 3:18) 말씀을 전파했다. 휫필드(Whitefield)도 메시지를 전파할 때 눈물이 얼굴에 흘러 넘쳤다. 선교사는 머리로 이해하고 가슴으로 감동을 받고 의지로 표현하는 사람이다.

9. 인내심과 계속성

 모든 일에 있어서 실망과 좌절은 있게 마련이다. 이것을 중국인은 '쓴 것 먹기'라고 부른다. 아마도 선교사들은 다른 것보다 자기 자신에 대해서 실망하게 될 것이다. 선교 사역의 체험은 인간이 얼마나 연약한지를 보여 준다. 선교사가 이 사실을 깨닫게 될 때, 포기하고 싶은 강한 유혹을 느낀다. 다른 사람들이 "당신을 주님이 여기에 보내셨다고 확신한다면 포기해서는 안된다"라고 말하기는 쉽다. 그러나 그 이상의 문제가 있다. 우리는 소명을 잘못 받았든지 모른다든지, 아니면 주님이 그 계획을 바꾸실지도 모른다는 그런 생각에 사로잡히기 쉽다. 항상 굳게 서는 사람은 계속성의 교훈을 배운 사람이다. 선교사는 실망에도 불구하고 인내심과 계속하기를 배운다. 주님은 그러한 사람을 신뢰할 수 있다. 그러한 인내가 없이는 참된 성공을 거둘 수 없다. 여러 지역의 선교 사화가 이것을 보여 준다. 그러나 신앙처럼 이 끈기는 밤새우며 얻을 수 있는 것이 아니다. 그것은 끊임없이 하나님을 의지하고 순종한 연습의 결과로 되는 것이다. 이것은 직장, 공부, 가족에 대한 의무, 대인 관계에 있어서도 마찬가지다. 사람들이 항상 선교사를 믿고 의지할 수 있는 곳에 가 본 적이 있는가? 없다면 당장 시작해 보라. 욥은 인내와 믿음의 챔피언이며 표상이다.

10. 지도력

 선교 사역에는 지도자들이 필요하다. 그들이 원하든 원치 않든 선교사로 나가는 사람들은 지도자의 입장에 서게 된다. 이것은 그들의 선교 사역이 국가 교회의 감독 하에 예속하게 되어도 마찬가지다. 그런 경우에 지도력은 강제력이 약화되고 미묘해진다. 그래도 여전히 지도력인 것이다. 사람을 그리스도 앞에 인도하는 것은 선교 사역의 시작에 불과하다. 선교사는 새 신자들의 영적 성장을 인도할 수 있어야 한다. 그들을 교회 기관에서 어떤 역할을 하도록 이끌어야 한다. 그는 국가의 일군을 훈련시켜 조만간 전체 선교 사역을 떠맡도록 해야 한다. 또 기독교 문서 선교를 개척하고 기타 기독교인의 생활을 발전시키고 충분히 표현하는 데 필요한 여러 가지 사역을 해야 한다. 그의 사역은 본질적으로 개척자의 사역인 것이다. 그러므로 그는 선도력, 책임감 등등의 지도자적 자질을 가져야 한다.

지금까지 훌륭한 선교에 필요한 열 가지의 필수적인 자격을 말했다. 선교사가 이 열 가지 항목 중 어느 것에 약점이 있다면 사역에 어려움이 있을 것이다. 그것들은 참으로 위대한 선교사들이 가졌던 자질들이다. 그러나 그것을 측정하기란 매우 어려운 것이다. 선교회의 인사 위원회가 어느 정도의 자격을 가진 사람을 선교사 후보자로 받아들여 파송한다고 어떻게 말할 수 있겠는가? 그가 실제로 얼마만큼의 자질을 갖추었다고 알 수 있는가? 어떻게 사랑이나 영적 생활정도를 측량할 수 있겠는가? 이 항목은 분명히 선교사 후보자 자신에게 가장 유익할 것이다. 그는 그것을 자신의 마음과 생활을 판가름하는 데 사용할 수 있을 것이다. 선교사는 그가 어디에 약점이 있는지를 알아서 그 부분을 보강하려고 할 것이다. 인사 위원회가 받아들이는 것은 별도의 문제이다. 주님과 자신에게 정직하여 참된 선교사를 지망하는 것이다.

III. 선교사의 신체적 자격

앞에서 기술한 영적 자격은 선교 사역에 필수적인 것이다. 그러나 현대 선교의 성격상 또 다른 조건들이 요구된다. 선교와 선교지에 따라 조건이 다르므로 여기서는 일반적으로 원리나 경향만을 말하는 것이다. 선교사는 선교에 있어서 그 특수한 요건들을 알아야만 한다. 그러나 어떤 환경에서는 예외가 있다는 것도 알아야 한다. 물론 정당한 이유가 있고 분별이 있을 때 예외가 있을 수는 있다. 선교회는 선교사 후보자를 단순한 자격의 집합체로 보지 않고 하나의 개인으로 보려고 한다. 선교회는 특정한 개인이 선교의 필요와 계획에 적합한지를 보여 주려고 할 것이다. 어떤 선교회는 조건이 매우 까다로움에 비해서 다른 점에서는 엄격하지 않다는 것도 알아야 한다. 기쁘고도 아주 보람있는 봉사를 원한다면 목표를 높이 설정해야 한다. 선교사는 자신이 찾을 수 있는 가장 좋은 선교회와 그리고 자랑스럽게 생각하는 선교회와 함께 목표를 세워야 한다.

선교사의 뚜렷하고 판단하기 용이한 신체적인 조건에서부터 이야기를 시작해야 하겠다. 선교사는 음식, 기후, 불편한 환경에서도 잘 견디고 적응할 수 있어야 한다.

1. 연령 문제

어느 누구도 그리스도의 증인이 되기에 너무 늙거나 어리다는 것은 있을 수 없다. 그러나 해외로 나가서 그리스도의 말씀을 낯선 사람들에게 전하고 교회를 그곳에 세워야 할 사람을 선택할 때는 연령의 문제가 중요하다. 일반적인 원리들이란 다음과 같다.

① 선교지의 언어를 배울 만큼 젊어야 한다.

② 자신을 새로운 환경과 생활조건에 육체적으로나 정신적으로 잘 적응시킬 만큼 젊어야 한다.

③ 그 준비에 필요한 합당한 기간과 그곳에서의 유능한 선교사가 되기 전에 거쳐야 할 모든 훈련과 교육을 받을 만큼 젊어야 한다.

또 한편 선교 사역을 위한 생활에 대한 성실한 책임을 질 수 있도록 행동과 생각이 성숙한 나이어야 한다. 그러나 실지로 어떤 선교회들은 20대 초반의 젊은 선교사들을 받아들인다. 그들 대부분이 25, 26세의 20대 중반의 연령이 선교 사역을 시작하기에 좋다는 데 동의할 것이다. 그래야 준비와 성숙에 필요한 시간을 가질 수 있다. 선교회는 30세를 정상적 조건 하에서 후보자 연령의 상한선으로 본다. 다른 선교회 특히 더 많은 준비가 필요한 곳에서는 35세로 연장하기도 한다. 우리 나라에서는 통합측이 40세 이하, 합동측이 35세 미만의 선발요건을 제시하고 있다. 그러나 이러한 상한선은 특수한 경우에는 무시되기도 한다. 보통 의사, 간호원, 농업기술자, 엔지니어 등의 경우에 있어서 그렇다. 그 이유는 그들의 수련 기간이 더 길기 때문이다. 또 복음을 직접 전도하는 선교사처럼 선교의 효과가 모국어를 구사하는 능력과 밀접한 관련이 있는 분야에서는 더 긴 수련 기간이 있어야 할 것이다. 말하자면 선교 사역에 그들의 연령상의 불리한 조건들보다 더 중요한 특별한 능력이 요구될 때는 나이가 문제되지 않을 수도 있다는 말이다. 특히 현재에 와서는 나이에 있어서 지난날보다 더 융통성이 있다. 선교회들은 나이를 초과한 어떠 후보자들이 훨씬 더 일을 잘 한다는 것을 알게 되었다. 그들의 신앙 생활과 사업의 체험 그리고 성숙한 경험이 필요한 안정성을 주는 것이다. 모든 성공 사례는 각자가 가진 장점에 달린 문제이다.

2. 건강 문제

선교사는 건강과 정력이 절실히 요구되는 분야와 조건에서 일하게 되어 있다. 그러므로 온갖 병리적 증상을 한 몸에 짊어지고 있는 사람은 기꺼이 가고자 해도 적합한 의료시설이 갖추어지지 않은 나라에 가면 오히려 짐이 될 것이다. 선교사가 낯선 기후에 적응하기 위해서는 건강해야 한다. 그는 긴 시간을 봉사하고도 그 다음날 일찍 일어날 수 있는 스태미너를 가져야 한다. 또한 낯설고 기분에 맞지 않는 음식물이나 불규칙한 시간을 받아들일 수 있는 신체를 필요로 한다. 선교사는 마루에 쭈그리고 앉을 수 있는 강한 무릎과 진흙탕 속에서 차를, 또는 눈보라 속에서 짐을 끌어낼 수 있는 강한 힘 등을 가지고 있어야 한다. 이러한 이유 때문에 모든 선교부는 종합 건강 진단을 요구한다. 그들은 고혈압, 시각장애 또는 청각장애, 신경불

안, 또는 알레르기 등의 증상에 대해 특히 세심한 주의를 요구한다.[8]

　오늘날 여러 분야에서 특히 의료 선교사들에 의해서 의료 사역이 이루어지고 있다. 그리고 선교지 자체의 의료 사역이 호전되고 넓게 행하여지고 있다. 그럼에도 불구하고 의료 진료에 있어서는 의료선교에 미치지 못하는 곳이 많다. 때로는 비의료 선교사도 자신의 가족들 뿐만 아니라 그의 한정된 의학 지식으로 선교지 주민들을 보살펴야 한다. 물론 선교지에 따라 큰 차이가 있다. 각 선교회는 각 분야의 필요에 맞게 표준을 정하는 것이다. 그러나 원칙적으로 선교지를 향해 떠날 때에 후보자는 건전하고 열정적이며 건강해야 한다. 그는 또 자신을 새로운 풍토와 환경에 적응시킬 수 있어야 한다. 그는 적극적인 생활을 하며 어색한 긴장감이 없이 선교의 무거운 책임을 수행할 수 있도록 건강해야 한다. 그는 예측할 수 없는 질병들, 즉 간염이나 말라리아, 콜레라, 이질, 풍토병 등에 쉽게 걸리지 않는 저항할 수 있는 건강이 있어야 한다. 선교회는 보통 이런 것을 확실히 하기 위해 각 후보자에게 엄정한 신체검사를 요구한다. 선교회는 후보자의 개인 의사가 만든 신체검사표보다 선교부 소속 의사가 작성한 것을 채택하려고 한다. 그 이유는 두 가지이다. 선교회 소속 의사는 보다 객관적이고 철저할 것이다. 그는 누구보다 선교 사역과 선교회가 요구하는 바를 잘 알고 있다. 어떤 분야에 있어서는 몇 개의 선교회가 선교지에서 봉사도 겸하고 있는 의사 한 사람의 봉사를 받고 있다. 진찰 의사가 후보자 자신도 알지 못했던 신체적 약점이나 잠복성 질병을 발견해내는 것은 흔한 일이다. 이들 중 어떤 것은 선교 사역의 긴장 속에서 곧 발병할 수 있는 것이다. 다른 것들은 큰 어려움없이 치료될 수 있기도 하다. 그러나 그것 때문에 후보자 선정이 늦어지고 선교지 파견이 지연되는 것이다. 보다 심각한 경우에는 아예 진로가 차단되는 경우도 있다. 이러므로 해외 선교에 뜻을

---

8) J. Herbert Kane(백인숙 역), 『선교사의 생활과 사역』(서울 : 두란노서원, 1986), p.42.

둔다면 아직 진찰을 받지 못한 사람은 종합진단을 받아 두는 것도 좋을 것이다. 선교회에 지원하거나 수련 과정을 마치기 전이라도 그렇게 하는 것이 좋다. 물론 선교 지원을 코 앞에 두고 있지 않을 때 진단의 결과 뜻밖의 질병이 발견되어 해외 선교를 못하게 되는 경우는 별로 없다. 젊은 사람이 해외 선교를 위해 생애를 바치며 준비를 위해 수 년을 바치고 계획을 세우고 바라다가 최종 진단에서 해외에 못 가게 되었을 때 그 실망은 비할 수 없이 클 것이다. 건강에 대해서 말하자면, 보통 사람은 신경과 정신적 안정의 문제를 간과하기 쉽다. 가정에서의 신경과민은 선교 생활의 긴장 속에서는 악화되기 쉽다. 위험하게 악화될지도 모른다. 정신의 건강과 균형은 효과적인 선교를 하는 데 육체의 건강 못지 않게 중요하다. 선교 사역에 있어서 육체적 긴장보다 정신적, 심적 긴장이 더 심하다. 이것은 실지로 선교지에서 일하면서 체험해 보지 않으면 이해하기 힘들다. 실제적인 주의 사항을 한 가지 더 보탠다면 선교사의 건강유지를 위한 가장 중요한 두 가지 사실은 자기 자신 스스로 청결하고 깔끔해야 하는 것이다. 이것은 대부분 습관의 문제이다. 그것들은 선교지에 나가기 전 새로운 환경에 접하기 전 형성할 수 있는 습관이다. 불결한 습관은 함께 사는 사람을 짜증나게 하며 불필요한 질병을 불러 들이는 것이다. 다음 사항들을 명심해야 한다. 오늘 후보자를 선교지에 가지 못하게 한 조건(condition)은 영속적인 장애물이 아니다. 아마 1, 2년 사이에 바로잡아 방해요소를 제거할 수 있을 것이다. 불리한 조건을 극복하는 체험 그 자체가 선교지에서 봉사를 위한 최선의 훈련이다. 물론 완전히 극복할 수 없는 육체적인 결점도 있다. 수족의 절단 혹 소아마비의 후유증으로 저는 것은 영구적인 결점이다. 그것들은 때로 선교 사역을 할 수 없게 하기도 한다. 그러나 반드시 그런 것은 아니다. 건강한 수족이 다 없어도 할 수 있는 일과 알맞은 장소가 있다. 여러분이 훈련을 마치고 필요한 능력을 갖추었다면 어떠한 핸디캡을 간과하고서라도 선교 사역을 찾을 수도 있을 것이다. 일정한 장소에서 가르치는 일 혹은 사무보는 일 등은 신체적으로 결점이 있어도 할 수 있는 일이다.

Ⅳ. 선교사의 학문적 자격

학력의 문제에 대해서는 특히 주의를 요한다. 그것은 다른 어느 조건보다도 오해하기 쉬운 것이다. 선교 사역은 무엇보다 영적인 봉사, 그러므로 여기에는 개인적으로 그리스도를 체험하고 아는 지식을 대신할 수 있는 것은 아무것도 없다. 아무리 대학교육을 받았어도 이것이 부족한 것을 보충할 수는 없다. 정식으로 대학과 신학교 교육은 별로 못 받았으나 예수 그리스도와 생명력있는 관계를 유지하고 있는 후보자와, 고등교육은 받았으나 복음의 능력을 피상적으로 체험한 후보 중에 하나를 선택해야 한다면 그것은 간단하다. 전자가 훨씬 훌륭한 선교사가 될 것이다. 그러나 이런 이론상의 경우는 아마도 없을 것이다. 가끔 선교회는 종교적 체험은 다소간 비슷하나 학력 자격에 있어서 아주 차이가 나는 경우를 종종 접한다. 같은 정도의 영적 생활과 지도력을 가졌다면 높은 교육의 배경을 가진 사람이 확실히 선교 사역에 유용할 것이다. 선교 사역은 고도의 지적 능력과 준비를 요한다. 초기 우리 나라 선교에 주역을 담당했던 모팻(Samuel Moffatt)와 클라크(Allen Clark), 이 두 선교사 모두가 박사 학위 소지자였던 것을 기억할 필요가 있다. 어떤 종류의 일은 다른 것보다 더 높은 지식을 요구한다. 그러나 그들 모두 평균 이상의 학력을 요구한다. 우리 나라의 장로교단인 통합측과 합동측의 선교사 선발요건은 4년제 대학 졸업 및 신대원 졸업자를 요구한다. 이것은 선교사가 해야 하는 일 때문이다. 그의 선교는 알다시피 주로 정신적이고 영적인 것이다. 때로 본국에 남아 있는 사람들은 선교 생활의 물리적인 면(물질적인 면)에 치중한다. 그들은 선교사의 모험과 육체적인 수고, 외국 생활의 문제점 등에 귀기울이기를 좋아한다. 그런 것들은 흥미를 끌지만 근본적인 것은 아니다. 선교사들 자신들도 항상 사람들이 무엇을 먹어야 하느냐고 묻기 때문에 짜증스러운 때가 있다. 마치 먹는 문제가 전부인 것처럼 묻는 것에 대해 한 선교사는 불평이었다. "왜 선교 활동에 대해서는 묻지 않지요?" 가끔 선교사도 건축, 수선, 여행 등등의 활동을 할 수 있다. 그러나 이런 것들은 그가 여기 있는 목적이 아니다. 단지 그의 주된 사역을 하기 위해 어쩔 수 없으므로 하는 것뿐 그의 주된 사역은 사람의 영혼에 관한 것이다. 이 영적 선교는 그의 대부분의 시간을 차지하지는 않더라도 그의 사역의 핵심인 것이다. 그는 사람의 생각을 변화시키려는 일을 한다. 그는 그들의 인생의 목적과 진로를 변화시키려 한다. 그의 싸움의 무기는 영적인 것이다. 성경 말씀, 즉 하나님의 말씀은 그의 진정한 무기다. 그는 사상을 심고 그것이 열매를 맺도록 가꾼다. 그의 수고의 열매는 변화된 마음과 심령이다. 그는 성도의 교제를 권하고 예배를 도와 인도한다. 지혜로운 상담으로 봉사하며 그리스도가 이미 그에게 가져다 준 신령한 생활과 성장이 다른 사람들에게서 이루어지는 것을 본다. 그는 사상, 영혼, 생명을 다루는 것이다. 이렇게 하기 위하여 그는 준비해야 한다. 학교 교육의 연한으로는 그 사람이 받은 수련의 정도를 알 수 없으나 여기에 대한 별다른 척도가 없는 것이다. 그러므로 많은 선교회는 계속 학력을 중요하게 여기는 것이다. 선교사 후보자의 학교 교육의 연한과 취득한 학위와 과정을 볼 것이다. 우리는 다음을 기억해 두어야 한다. 선교사는 보통 모국어보다 외국어를 많이 사용한다. 그는 외국어를 익히되 시장에서 물건을 사거나 건설 공사장의 인부들에게 명령을 내릴 수 있는 정도가 아니라 철저히 익혀야 한다. 그는 사람들에게 인간이 가질 수 있는 가장 심오한 기독교의 숭고한 진리를 가르칠 수 있어야 한다. 사람들이 그의 메시지를 이해하지 못한다면 그의 모든 수고는 헛되게 된다. 원시적인 사람들 속에서의 그의 임무는 개화된 사람들 속에서 보다 어려울 것이다. 지극히 간결한 표현을 위해서는 깊고도 넓은 지식이 필요하다는 것은 사실이다. 그가 아무리 겸손하게 봉사하고 싶어해도 선교사는 어느덧 그가 지도자의 위치에 서 있는 것을 기억해야 한다. 그의 사역이 지도력을 요구한다. 가끔 독학한 사람 중에서도 지도자가 나올 수는 있으나 교육받지 못한 계층에서는 지도자가 배출되지 못한다. 이 외에도 선교 사역이 무지, 원시, 야만인들과 관계되는 일이라고 생각한다면 잘못이다. 우리가 복음을 전하는 많은 사람들이 결코 야만인들이 아니다. 그들은 문명화되고 개발되었으며 때로는 고도의 교육을 받은 사람들이다. 우리는 그들에게 전할 놀라운 메시지를 가지고 있지만 다른 모든 사람보다 우월하다고 망상해서는 안된다. 우리는 결코 그런 것이 아니다. 우리는 다른 사람 심지어 소위 '야만인'에게서도 배울 점이 많이 있다. 사실은 많은 저개발 국가에서도 선교사들이 고도의 교육을 받은 사람들과 상대하지 않으면 안된다. 대부분의 다른 선교지들도 정적(靜的)인 것은 아니다. 그들은 급속히 변화하고 있다. 그들은 교육체제를 개선시키고 있다. 수천 명의 그들 젊은이들이 고등교육 과정을 밟고 있으며 미국이나 유럽 등에 유학도 많이 가 있다. 어떤 선교사들이 선교지에서 얼마 후에는 그들 자신의 교육적 배경이 부족함을 느낀다는 것은 당연하다. 그들 중 안식년에는 선교학 전공의 대학원 등에 많이 등록하고 있다. 어떤 선교사는 공부를 마칠 수 있도록 휴가를 연장해 달라는 요청도 하고 있다. 대학 공부를 못 받은 사람은 이제 연수를 받고 있는 것이다. 다른 사람은 그들의 선교를 더 잘하기 위해 재교육을 받고 있다. 사실 본국에서 일하는 사람보다 해외 선교를 하는 사람이 더 많은 교육을 받아야 한다. 그는 같은 일을 하지만 다른 언어로 해야 한다. 환경은 훨씬 좋지 않은 데서 사역을 한다. 그는 또 고국에 있는 풍족한 장비의 일부만을 가지고 지내야 한다. 그리고 임시변통 또는 스스로 만들어서 사용해야 할 경우가 비일비재하다. 학력조건에 따르는 원리는 다음과 같은 것이다. 교육은 생활의 준비여야 한다. 그러므로 선교사는 그들과 같이 살면서 존경을 얻을 수 있도록 교육을 받아야 한다. 그러나 교육은 또한 봉사를 위한 준비이다. 그래서 선교사는 그의 직무를 효과적으로 수행하도록 충분한 그리고 올바른 교육을 받아야 한다. 이 원리가 대단히 광범위한 것이다. 그것은 선교 사역 자체가 그렇게 광범하기 때문이다. 각 사회의 성격에 따라 각각 적응도가 다르다. 다른 종류의 일에는 각각의 수련이 필요할 것이다. 어떤 선교 사역은 다른 사역보다 긴 준비를 요한다. 일반적으로 말해서 문화에 대한 광범위한 교육에다 성경공부를 한다면 최선의 기초가 되리라 생각한다. 실지로 각 교파 선교회의 대부분이 최소한 4년제 대학졸업을 요구한다. 그리고 신학교나 의학, 일반 대학원교육, 농업 등의 전문분야의 교육을 요구한다. 영국의 경우는 대학 졸업자나 고등학교 졸업자들에게 최소한 성경학교 수련을 요구한다. 이런 전문적인 일을 위해서도 최소한 2년 간의 신학교 수학이 요구된다. 이 모든 노력이 선교 사역의 주 목적에 바쳐지기 때문이다.

선교는 성경말씀을 전하고 가르치는 것이다. 그래서 신학적, 성경적 지식이 필요하다. 좋은 예로 부인이 47명이나 되는 루야족의 경우, 전도 후에 세례를 어떻게 해야 하고 일부다처주의에 대하여 어떻게 대책을 세울 것인가? 이혼하게 해야 할 것인가 아니면 그냥 살아도 좋다고 할 것인가? 신학적 바탕이 없이는 해결할 수가 없다. 선교지에서는 수많은 신학적 문제가 대두된다. 토착화, 대화, 신학적 개념 문제 등 신학적 체제가 없으면 큰 과오를 남길 수 있다. 아프리카의 경우 일부다처제가 큰 문제가 되고 있다. 그 외에도 세례를 5,6차례씩 받는다든지 하는 이상한 일들도 있고 혼합주의의 문제도 심각하다.[9]

사실 현대 선교사들에게는 더 많은 자격들이 요구되고 있다. 또 전문적인 일에는 그에 따르는 특별 요건이 있다. 선교사의 조건은 선교회에서 정하고 어떤 조건은 선교지의 나라에서 정한다. 예를 들면 의사에게는 본국과 선교국에서 개업하기에 충분한 자격을 요구할 것이다. 그리고 정부에서는 자격증에 대해 그들의 요건을 갖출 것을 요구할지도 모른다. 교육 선교사는 훌륭한 선교사가 되기 위한 적절

---

9) 한경철, op.cit., p.77.

한 교육을 받아야 한다. 이것은 그들의 고향, 주에서나 지방에서 교사자격증을 얻는 것을 의미하기도 한다. 특수 선교에 필요한 요건은 나라와 시대에 따라 아주 다르다. 선교회의 선교사 후보 담당비서에게서 수련기간 중에 자문을 구하는 것이 가장 좋을 것이다. 우리는 선교 사역이 보통 이상의 능력을 요한다는 것을 살펴보았다. 이 말은 모든 선교사가 천재이기를 기대한다는 뜻은 아니다. 각자는 한 분야에 있어서 다른 사람보다 재능을 나타내야 한다. 그러나 원만하고 균형잡힌 발전이 제한된 분야에서 뛰어나는 것보다 더 좋을 것이다.

V. 선교사의 인격과 생활

1. 인격 훈련

선교사의 학력 혹은 신체적인 요건 외에도 선교회는 선교사의 인격에 지대한 관심을 갖는다. 왜냐하면 선교지의 화목과 질서를 유지하기 위해서이다. 팀선교에서 인화단결이 되지 못하여 겪는 갈등이 얼마나 큰가를 알고 있기 때문이다. 한국 선교사들이 선교지에서 반목과 질투가 가장 심하다고 서구 선교사들이 평가한다.

오늘날 인격(personality)이란 말의 정의를 내리기가 어렵다. 그것은 우리의 태도가 타인에게 미치는 전체 효과를 말한다. 그래서 우리는 사람이 선악(善惡) 간에 깊은 인상을 주지 못하면 개성이 없다고 한다. 그의 좋은 성격이 우리에게 나쁜 성격보다 깊은 인상을 주면 좋은 인격을 가진 것이다. 그 반대의 경우면 나쁜 인격인 것이다. 이런 것은 사실과는 별로 무관한 것이다. 좋은 인격의 사람이 극악한 죄인이 될 수도 있고 인격이 없는 사람이 강한 성격의 소유자일 수도 있다. 우리는 단지 외부에 나타난 모양과 그것이 다른 사람에게 주는 인상만을 다루고 있는 것이다. "당신의 단점을 구설수에 오르게 하지 말라"는 말이 있다. 이 말은 우리에게 선행을 하며 좋은 인상을 받도록 하라고 가르치는 것이다. 경리를 보는 사람은 다른 사람에게 어떤 인상을 줄까 염려할 필요가 없고 단지 주인에게 어떻게 보일까를 염려해야 한다. 중요한 것은 그 기록을 깨끗하고 정확하게 하는 것이다. 그러나 이것은 판매원에게는 해당되지 않는 이야기이다. 그가 파는 책과 그가 버는 이익수당은 그가 주는 인상에 달린 것이다. 어떤 과학자는 상대하기가 매우 어려운 까다로운 사람일지 모르나 그가 과학계에 끼친 공헌으로 존경받는다. 그러나 복음전도자는 다른 사람을 계속 괴롭히면 그의 메시지를 듣게 하기조차도 어려울 것이다. 선교사는 모든 사람에게 좋은 인상을 심어줄 필요가 있다. 그는 그의 메시지를 들려 주어야 할 뿐 아니라 그것이 그 자신의 생활과 밀접히 결합되어 그의 생활과 복음이 주는 인상이 같은 것이 되어야 한다. 그래서 그의 전체 선교는 다른 사람과의 관계와 연결된다. 그는 선교를 모퉁이에서 혼자 할 수는 없다. 심지어 WBT(세계 성경번역 선교회)의 성경번역 같은 학구적인 과업도 다른 사람들과의 관계가 요구된다고 한다. 번역자는 자신이 그들이 매일 사용하는 언어로 살아 있는 성경의 메시지를 나타낼 수 있기까지 그 사람들의 생활에 젖어야 한다. 그는 거기에서 필요한 구절과 단어들을 무한한 인내와 이해로서 추려낸다. 그러나 먼저 그들의 신임을 얻기까지는 그렇게 할 수가 없다. 여기에다가 선교사는 항상 조화를 이루는 데 도움이 되지 못하는 조건 아래서 다른 선교사들과 함께 생활하고 일해야 한다. 그리고 선교 사역은 두 주일 전에 통지를 내고 끝낼 수 있는 것이 아님을 기억해야 한다. 선교회가 후보자들의 인격에 매우 관심을 갖는 것은 당연하다. 왜냐하면 남과 동역할 수 없는 성격, 둘러치기 잘하는 사람, 재주나 이간 잘 시키는 사람, 경솔한 말이나 남을 잘 꼬집는 성격, 정서적 불안정, 때로는 우월감이나 성급함이 문제가 되고 있다. 인격의 요소 중에 무엇이 가장 중요하냐고 묻는다면 아무도 대답하지 못할 것이다. 아마 그 점에 대해 의견이 일치되는 어떤 선교 지도자도 찾아볼 수 없을 것이다. 한 가지 일반적인 동의는 적응성인데 거기에도 현저한 예외가 있음을 인정해야 한다. 말하자면 그러한 성격이 부족하거나 거기에 약점이 있으면서도 훌륭한 선교사들이 있다는 것이다. 그것은 인격이 독립된 요소들의 집합체가 아니기 때문이다. 그것은 여러 특성들이 함께 섞여 전체를 구성하는 복합체이다. 우리는 다른 사람의 어떤 점을 좋아하고 싫어하는가를 정하기 위해 그들의 인격을 분석하면서 이 사람은 좋아하고 저 사람은 싫어하는 것이다. 우리가 그것들을 천칭 저울에 올렸을 때 한 온스의 질투를 균형잡기 위해 얼마의 관용이 필요한지 헤아릴 수 없다. 우리는 다만 전체적 인상에 반응할 뿐이다. 여러 선교회에서는 선교지에서의 선교사들 간의 화목을 위해서 인간 됨됨을 여러 방법으로 체크하고 있다. 5명 이상의 추천인 혹은 100명 이상의 참고인을 통해 후보자의 성품을 파악한다. 물론 선교회는 그들이 후보자에게 보낸 질문지의 항목이 대단히 세분화, 조목별화되어 있지만 전적으로 의존하지 않는다. 그 질문서는 특수하고 한정된 항목만을 다룰 뿐이다. 선교회는 그리 많지 않지만 보다 일반적이고 개인적인 인상을 얻을 수 있는 개인적인 면담에도 의존하지 않는다. 훈련기간 동안 일상 생활의 사건들에서 그와 보다 긴 개인적인 접촉을 가지려 한다. 다른 사항이 모두 양호하면 인사 위원회는 그를 가정으로 초대하여 일주일 혹은 그 이상의 시간을 보내도록 한다. 지도자들은 그가 다른 사람과 어떻게 지내는가를 체크한다. 그들은 그의 인격에 대한 일반적인 견해를 얻을 것이다. 선교회가 특별히 관심을 갖는 후보자의 인격이나 성격에 대하여 몇 가지 사항이 있다. 가끔 그들은 후보자가 제출한 참고사항에 대한 질문을 한다. 그들이 대답을 원하는 몇 가지 전형적인 질문들을 보면 다음과 같다. 좋은 답변을 분명히 알 수 있는 형식으로 기록되고 있다. 그래서 선견지명이 있는 후보자는 그것을 읽고 자기의 약점을 알아내어 좋은 결과를 얻는다.

① 후보는 인격에 영향력있는 힘을 가지고 있는가? 아니면 그는 보통 회중들을 다루고 타인으로 하여금 그의 결정을 짓도록 하는가?

② 그는 자기 중심적인가 혹은 다른 사람의 일에 정말 관심이 있

는가?

③ 어려움에 부딪혔을 때 쉽게 낙심하는가? 보통 자기가 시작한 일을 끝내는가?

④ 감독하지 않아도 자기 일을 잘 하는가? 그의 의무를 완수할 것을 믿을 수 있는가?

⑤ 현대의 긴장 속에서도 재치있고 합리적인가? 쉽게 화를 내는가?

⑥ 상식이 풍부한가?

⑦ 그는 지도자에게 필요한 책임을 기꺼이 지며 지도력을 보이는가?

⑧ 다른 사람과 협력하는 것이 어려운가? 아니면 권위자에게 복종하는가?

⑨ 새로운 환경에 쉽게 적응하는가?

⑩ 불평없이 어려움을 견디어낼 줄 아는가?

⑪ 정서적 안정은 어떤가? 유머 감각이 있는가? 낙담하기 쉬운가?

⑫ 비판과 조롱에도 견딜 수 있는가?

⑬ 아무리 비천해져도 필요한 직책에 기꺼이 봉사하려고 하는가?

⑭ 교육자의 정신을 가지고 있는가?

2. 신앙적 체험

이제 선교 사역을 위한 자격으로서 그리스도인의 생활과 사역에 대해 살펴야 한다. 처음에 말했던 영적인 자격이 필수적인 것이다. 그러나 앞서 말했듯이 인사 위원회는 그것을 평가하기가 어렵다. 그래서 실제적으로 그들은 후보자의 생활과 체험에 대한 일정한 문제를 조사한다. 물론 그가 그리스도인으로서 생활과 인격에 대해 좋은 증거를 가졌다면 우선 알고자 할 것이다. 그들은 그의 참고사항과 그를 아는 다른 사람들에게 물어 볼 것이다. 그들은 후보자가 선교 소명, 동기, 목적에 대하여 확신이 있는가를 알아보고자 할 것이다. 왜 그는 선교사가 되려고 하는가? 교리적 신앙에 관해서는 매우 다른 과정이 있다. 어떤 선교회는 후보자에게 단지 선교회의 교리적 진술에 서명하기를 요구한다. 또 어떤 선교회는 후보자에게 자신의 믿음을 기록한 간증문이나 선교사 지원 사명감 진술서를 요구한다. 어떤 선교회는 후보자에게 그들이 중요하다고 생각하는 특정한 사항에 대해 질문을 하기도 한다. 이 모든 것은 그가 선교회의 기본 원리와 조화되는지를 확인하고자 함이다. 기독교 사역에 대한 체험은 매우 중요하다. 선교사는 초보자로서 나아가서는 안된다. 그가 그리스도를 섬기는 것을 배우지 못하고 본국에서 유능한 전도자가 되지 못했다면 해외 봉사에 적합하지 않다. 때로 선교회는 해외에 나가기 전에 그에게 잠시 동안의 목회와 본국에서의 선교분야에서 봉사할 것을 권고하기도 한다. 최소한 본국 교회에서 자원 봉사한 경력을 가져야 한다. 후보자에게 주어지는 마지막 문제 한 가지는 이런 식이다. 기도의 습관은 어떤 것인가? 우리의 기도는 처음에는 매우 의도적이다. 그리고 대부분의 젊은이들이 생활하는 분위기는 기도를 규칙적으로 계속할 수 없게 하는 것이다. 기도 생활이 습관이 되기 위해서는 계속적인 오랫 동안의 반복을 통해서만 가능하다. 그러면 영적 생활의 틀이 형성됨을 볼 수 있다.

3. 약혼과 결혼

선교 사역의 자격이라는 제목 하에 약혼과 결혼의 문제를 말한다는 것이 이상하다. 그러나 그것들은 그 주제에 분명한 관계가 있다. 후보자의 자격을 생각해 볼 때 선교회는 항상 그가 독신인가 약혼 중인가를 알고 싶어한다. 거기에 따라 큰 차이가 생긴다. 어떤 선교지의 일에는 독신 선교사를 원치 않는다. 또 다른 일에는 독신을 원하기도 한다. 그들은 어떤 이들은 결혼을 했어도 받아들이고 어떤 이들은 하지 않았어도 받아들이지 않는다. 물론 자녀가 있다면 그들의 숫자와 나이도 결정에 영향을 준다. 절대 다수의 선교사가 선교지로 떠나기 전 혹은 떠난 후에 결혼했다. 이것은 독신의 여성이 다른 모든 선교사들을 수적으로 능가한다는 그릇된 관념을 말해 준다. 특수한 지역을 제외하고는 선교회에서 지명받는 데 결혼할 것을 요구하지 않는다. 그러나 일반적으로 선교회는 결혼한 경우를 생각한다. 가끔 결혼한 부부에 우선권을 준다는 것을 분명히 나타내기도 한다. 이것은 특히 모든 여자는 남편을 가져야 하며 혼자 사는 여자가 존경받지 못하는 풍습이 있는 곳에서 그러하다. 그러나 결혼에는 각 후보자가 이해해야 할 몇 가지 문제가 제기된다. 많은 분야에 있어서 가족 선교사를 가진다는 것은 정말 귀한 일이다. 그래서 이런 선교회는 가족 선교사나 또는 후보자가 결혼하는 것을 반대하지 않는다. 또한 청년의 의도가 그에게 바른 것이었는지 추측하여 판단하지 않는다. 그것은 순전히 개인적인 문제이다. 그러나 이런 일은 선교 사역에 영향을 미칠 것이다. 그것은 선교회에 관련된 문제이다. 문제점을 분명히 할 수 있는가를 살펴보아야 한다. 그 문제는 하나는 제2차 대전 직후에 특히 예리하게 대두되었다. 전쟁으로 많은 청년들이 선교 사역에 훈련받는 일에 방해받거나 연기되었다. 수년 후 군복무에서 돌아와서 선교 훈련을 계속하기 전에 결혼하려고 할 것은 당연한 일이다. 정부는 이런 현상을 아내와 가족을 가진 사람을 위한 교육 수당을 증액시킴으로써 지원했다. 이윽고 이 젊은이들이 선교지에 지원했다. 어느날 큰 선교회의 책임자가 물었다. "자녀를 3, 4명이나 데리고 우리에게 지원해 오는 이들을 어떻게 해야 합니까? 가족을 가졌다는 이유만으로 거절하고 싶지는 않은데요. 그러나 그 때문에 문제가 발생하는 것을 보시게 될 겁니다." 물론 사실이 그러했다. 그것은 수요와 공급에 더 큰 경제적 비용을 의미했다. 그것은 언어를 익히고 여러 가지 사역에 익숙해지고 적응될 여러 달 동안 더욱 지원해야 하는 것이었다. 또한 언어 연수를 받을 동안 숙식 문제뿐 아니라 부모가 공부하는 동안 자녀들을 돌보는 문제인 것이다. 말하자면 젊은 부부가 선교 사역을 할 때 가족을 돌보는 일 등의 부담을 말한다. 이런 문제점이 있음에도 불구하고 선교회는 적임자라면 가족까지 보낸다. 아주 보수적인 선교회에서는 어린 아이 한 명만을 허용한다. 어린애가 둘이라도 대개는 불평하지 않는다. 대부분의 선교회들이 선교사 개인의 역량에 따라 융통성을 두고 있다. 자녀 문제를 떠나서라도 후보자들은 선교회가 때로는 남편과 아내가 모두 선교사이기를 바란다는 것을 알아야 한다. 어떤 선교회는 아내를 동반할 선교사를 지명한다. 그러나 다른 선교회는 차라리 보통 수준에 이르는 두 사람의 선교사를 지명한다. 아마도 아내의 선교는 그녀가 독신일 때 한 것 같지는 않을 것이다. 가족에 대한 책임을 생각지 않아도 된다. 그러나 그것은 훌륭한 사역이지만 많은 준비와 능력이 필요하다. 건강이나 다른 이유로 둘 중 하나를 받아들일 수 없을 때 선교회는 어떻게 하는가? 둘 다 거부할 수밖에 없는가? 그것은 결정하기 힘들 뿐 아니라 피할 수도 없는 문제이다. 그런 경우가 자주 있다. 젊은 부부에게는 매우 큰 실망이 될 것이다. 그러나 꼭 그렇게 생각할 필요는 없다. 당신이 인생의 다른 문제에서처럼 조력자를 선택하는 데 주님의 인도를 구한다면, 또 당신이 주님께서 둘을 함께 보내시고 같이 일하게 하심을 확신한다면 선교회가 거부한 것은 주님께서 다른 곳을 예비하고 계신다는 의미일 것이다. 둘 다 거부되었을 때도 마찬가지로 생각할 수 있다. 하나님의 편에서는 당신 둘은 진리 안에서 한 몸이기 때문이다. 보통 선교회는 부부가 떠나기 최소한 1년 전에 결혼할 것을 요구하는 것이 상례이다. 그 목적은 단순하나 매우 중요하다. 결혼 자체가 젊은 부부의 생활에 예전에 미처 생각지 못했던 문제들을 포함한다. 식사 시간이라든지 저녁에 무엇을 할 것인가라든지, 거실, 양탄자를 새로 살 것인가 등은 더 이상 혼자 결정할 수 없다. 그밖에도 두 사람의 독립적인 생활을 시작하는 데는 수많은 문제가 따른다. 그리스도의 선교사로서 해외로 나갈 때는 그밖에도 조정해야 할 문제가 많다. 거기는 기후, 생활 조건이 다르고 사고방식이 다르며 우리에게 매우 낯설은 사람들이 있다. 새로 배우고 지켜야 할 예절, 본국에서는 생각지 못했던 사생활에 대한 침범 그리고 익숙해야 할 새로운 음식 등의 문제가 있다. 이러한 급격한 변화에 부부가 똑같이 적응한다는 것은 매우 힘든 일이다. 그밖에도 신혼 기간은 어렵고 새로운 언어를 배우기에는 적합한 시기가 못된다. 그래서 선교회는 결혼한 부부에 대해서 선교 활동을 시작하기 전에 일 년 쯤 적응할 시간을 주기도 한다. 이런 문제는 독신으로 선교지에 가서 그 후에 결혼하기로 약혼한 사람에게도 부딪히는 문제이다. 그러나 결혼 생활을 시작하기 전에 생각해야 할 선교 생활의 문제가 있다. 선교회는 보통 선교사들이 도착한 후 1, 2년을 기다리게 한다. 말하자면 선교지와 그들의 사역에 적응될 때까지 기다리게 하는 것이다. 약혼한 사람들에게는 훨씬 더 복잡하다. 선교회에서는 그들이 결혼할 때까지 때로 적당한 거리에 떨어져 있는 것이 현명한 것임을 알게 된다. 이것은 그들에게 자주 만나서 본국에서 즐기는 기회를 자주 주지 않는 것을 의미한다. 그것은 어느 한쪽이 정말로 일군이 필요할 때에 그를 잃어버리는 것을 의미한다. 혹은 결혼 후에 그들 모두 전혀 다른 곳에 파견될 수도 있다. 그래도 이런 문제는 피할 수 없다. 떠나기 전에 결혼하는 것이 좋은가 아니면 도착할 때까지 기다리는 것이 좋은가 하는 질문에는 여러 가지 대답이 나올 것이다. 아무도 모든 경우에 맞는 대답을 줄 수 없다. 젊은 사람들에게는 먼저 결혼하는 것이 매력있게 보일 것이다. 그러나 선교회는 몇 가지 위험성을 지적한다. 기다리는 동안 후보자가 다른 방향의 사역으로 들어설 수 있는 위험이 있다. 자녀들이 있다면 선교지로 떠나는 것이 연기되거나 아주 못 가게 될지도 모른다. 모든 후보자는 모든 사실에 비추어서 그리고 주님의 인도를 바라보면서 결정을 내려야 한다.

제 7 장

선교사의 준비와 훈련

 그리스도인 선교사는 어떻게 선교 사역을 위한 준비를 시작할 수 있을까? 대답은 쉽지 않다. 그것은 어느 정도까지는 언제 그가 지원자가 되었는지 그 시기에 달린 문제라고 볼 수 있다. 아마도 그는 연령 제한에 도달했는지도 모른다. 그가 비록 필요한 훈련을 받을 수 있다 하더라도 특수 훈련을 받을 충분한 시간이 없다. 그러나 그가 십대에 결심을 했다면 완전하고 충분한 준비과정을 거칠 수 있는 시간이 있을 것이다. 또 고려해야 할 다른 일들이 있다. 그는 선교사가 되고자 한다. 그러나 어떤 선교사인가? 그는 선교사와 그가 하는 일에 대해서 막연한 생각을 가졌는지 모른다. 복음 선교사를 원하는가? 교육 선교사를 원하는가? 의료 선교사인가? 기술자 선교사인가? 이는 모두 각각 특수한 소질과 준비를 요구한다. 개인의 성격과 능력도 문제가 된다. 단순히 훌륭한 의료 선교사가 될 수 있으리라는 것만으로는 될 수가 없다. 거기에 적성이 있는가? 오랜 기간 기꺼이 준비할 수 있는가? 단순히 아무도 가본 적이 없는 곳에 가고 싶다는 이유만으로 선교 사역에 자신이 적당하다고 생각해서는 안된다. 이런 일에는 특수한 사람이 필요하다. 정식 교육과정에는 선교사 훈련학교(missionary training college)가 있다. 좋은 곳도 있고 별로 좋지 않은 곳도 있다. 훈련원은 소위 부트 캠프(boot camp)라는 몇 달 과정에서부터 선교 대학원까지 광범위하다. WEC 의 선교사 훈련센터(Missionary Orientation Center) 등도 있다. 그러나 완벽한 곳은 없다. 그들은 모두 제1차적인 훈련에 기초를 둔다. 기본 교육을 분화시킨 곳은 거의 없다. 선교회는 아직도 여러분들이 모두 보통 정규학교 과정을 다 마친 것으로 생각한다. 어떤 선교회는 고등학교, 대학교 그리고 신학대학원까지의 교육을 요구한다.

또 다른 선교회들은 대학 졸업생들만을 받기도 한다. 각 선교회가 할 수 있는 일은 그 자체의 교육과 학생들의 학력에 달린 문제다. 어떻게 선교사 훈련학교를 선택할 수 있을까? 거기에는 전망있는 선교사만이 알 수 있는 많은 요소들이 있다. 예를 들면 일반학교에 비하여 학교 간의 교과 문제가 있다. 학위를 주는 학교와 주지 않는 학교의 문제, 작은 학교와 큰 학교의 문제, 학교의 신학적 입장에 관한 문제 등이다. 이 외에도 다음과 같은 문제가 있다.

① 선교 위원회에서 졸업생을 받아들이는 여부

② 선교 과목들을 가르치는 교수들이 이론과 실제에 있어서 충분한 자격자인가의 여부

③ 도서관 등의 교육 시설, 특히 선교 분야에 대한 교육 시설이 충분한가?

그러나 선교사 훈련이 책이나 학교에서부터 다 되어지는 것이 아니다. 그것은 다른 데서부터 얻어진다. 훌륭한 선교사가 되는 것은 학교공부 못지않게 교과과정 이 외의 준비에서 좌우된다. 선교사는 그리스도인의 생활과 그리스도의 증인이기 때문이다. 그러므로 선교사는 자신이 그 생활을 해야 한다. 기본적인 그리스도인의 삶과 성품, 인간 관계가 바르게 형성되어야 한다.

I. 필수적 준비요소

선교 준비에 있어서 필수불가결하다고 할 수 있는 것이 몇 가지

있다. 말하자면 중요할 뿐 아니라 그것이 없으면 필경 선교 사역에 큰 장애를 가져올 것을 말한다. 그것들은 아주 기본적인 것들이므로 그것들 없이는 참된 선교 사역을 할 수가 없다. 거기에 대해서 잠시 생각해 보자. 그것이 무엇을 말하는지 알게 될 것이다. 모든 분야에 모든 선교사에게 필요한 특수한 준비가 있다. 후보자들에게 전적으로 필수불가결한 종류의 준비가 있다. 결국 오늘날 선교회는 많은 전문분야가 있다. 또 그래야만 한다. 전문적 기술자들은 복음만을 전하는 선교사들에게 필요한 것과 똑같은 준비를 할 필요는 없다. 기술자로서 그는 복음전도자와는 전혀 다른 훈련을 받았다. 그러나 그도 선교사라는 사실을 기억해야 한다. 선교사라는 말에 어떤 뜻이 있다면 그 이름을 갖는 사람들에게는 어떠한 공통점이 있어야 할 것이다. 그것이 바로 그들로 하여금 선교사가 되게 하는 것들이다. 이것은 기독교인들이라고 불리우는 사람들에게도 마찬가지다. 직업은 다 달라도 그리스도인이라는 그 이름 때문에 하나의 믿음, 하나의 주님, 하나의 선악에 대한 표준으로 연합되어 있다. 선교 준비에 있어서 참된 필수불가결한 것은 모두 영적인 것이다. 교실에서 공부하는 것도 그의 일부이나 중요한 것은 아니다. 생활에 실천하지 않고 시험을 통해서 학문을 배우는 것은 쉬운 일이다. 우리는 일류학교 과정을 마치고도 선교 사역의 준비는 못하는 것이다. 무엇인가 더 필요하다. 학교 공부 외에 더 필요한 것이 있다. 일반적으로 선교사가 되려면 네 가지 것을 꼭 준비해야 한다. 무엇보다도 근본적인 첫째는 영적 훈련이라 할 수 있는 우리의 내적 생활의 훈련이다. 둘째, 선교 사역에 아주 중요한 것으로 다른 사람과의 관계에서 우리의 생활을 보여 주는 훈련이다. 어떤 이는 이것을 간증이라고 부른다. 즉, 실질적인 그리스도인의 생활인 것이다. 세째로 우리가 전해야 할 복음에 관한 훈련이다. 선교사는 하나님의 사신이다. 그러므로 항상 그의 메시지를 준비해야 한다. 네째는 다른 사람에게 말씀을 전하는 체험의 문제이다. 이것은 실천하는 훈련이다. 여기에서 우리는 성장하며 실제 생활과 살아 있는 사람을 상대하는 것을 배우게 된다.

1. 자기 훈련

영적 훈련의 중요한 과정에서 적어도 체계적인 자기 훈련(self-discipline)이 있어야 한다. 선교회의 인사 위원회는 학교에서 가르쳐 주지 않는 영적인 자격을 가진 후보자를 찾는다. 그들은 이것을 교회가 할 일이라고 생각할지 모른다. 그러나 그것은 큰 잘못이다. 대부분의 교회에서 하는 훈련은 계획성이 없다. 같은 교회에서 몇 사람의 젊은이가 선교사로 지원했을 때도 자기 훈련의 정도는 다르다. 예를 들면 한 후보자는 엄격한 기독교 가정에서 낳아 어릴 적에 주님을 영접했다. 그 후에 곧 선교 사역에 헌신하기로 했다. 그래서 실제로 선교할 때까지 발전한 몇 년이 있었다. 성경을 잘 알며 가정예배와 개인기도가 생활에 배었다. 주일학교, 성경공부, 설교, 토론, 수양회, 청년회 등은 영적 생활의 성장에 큰 도움을 준다. 다른 후보자는 대학에 다닐 때까지도 그리스도의 구원을 몰랐었다. 그는 불신 가정 출신이며 죄악된 세상길에 젖어 있었다. 그러다가 그리스도를 영접하고 변화되었으며 새로 얻은 믿음의 열심에서 그는 선교 사역에 지원했다. 그는 첫번째 후보자와 같은 환경의 출신은 아니지만 목적의 성실성에서는 조금도 못하지 않다. 그가 오히려 더 뜨거운 열심이 있을지 모른다. 그는 교회에서 적극적으로 활동했다. 그는 다른 그리스도인 젊은이들과 사귄다. 그는 목사님과 함께 상담하는 일을 도우며 그가 들은 말씀을 받아들인다. 두번째 젊은이는 한때 그의 영적 성장에 있어서 누구 못지 않았다. 그런데 그 뒤로는 그렇지 못했다. 앞 일을 얘기한다는 것은 매우 어렵다. 어떤 경우에도 그는 그의 영적 성장을 위해 계획된 길을 찾을 수 없었다. 대학에서도 찾지 못했다. 심지어 신학교에서도 주된 목적은 어떤 진리에 대한 지식을 습득하고 어떤 기술을 익히는 데 있었다. 그의 영적 유익은 대부분이 자기 훈련과 노력, 교실 밖에서 얻어진 것이다. 여러 예비

학교 중에서도 신학교는 정신과 심령을 수련하기에 알맞은 곳이다. 그것으로 충분하다는 것은 아니다. 그들 스스로가 먼저 이것을 자인하고 있다. 그러나 선교를 위한 자기 훈련이 그들 계획이며 중요한 것이다. 학생들의 생활은 다른 학교보다 엄격하다. 늘 거듭 강조하는 것은 묵상과 기도 생활, 개인 성경연구, 실천하는 생활, 학생마다 봉사 생활을 실천하게 하여 영적으로 자라나게 한다. 그것으로 충분하지는 않다. 선교사들에게 어떠한 영적인 자기 훈련이 필요한가? 대부분이 의견을 같이 할 몇 가지 항목을 설명해 보겠다. 기도의 습관은 아주 중요하다. 매일 아침 명상의 시간(Quiet Time)에 하나님과 기도 중에 늘 교통하고 하나님의 말씀에서 교훈과 영감을 얻는다. 깊은 곳까지 조명되고 파헤쳐져야 한다. 이런 것들은 선교 생활의 호흡과 같은 것이다. 그리하여 그런 생활이 반복적이며 습관적이 되도록 한다. 이것이 선교 준비의 일부이다. 이런 기도 습관 위에다 기독교의 원리를 매일의 생활 속에 적용해 나간다. 그리고 내 마음이나 내 소원에서부터 출발하는 기도를 중지하고, 성경의 가르치심에 귀를 기울인 후에 자신을 수정하고 근본적으로 뜯어 고치기 위한 기도를 해야 한다. 학교에서 배우는 기독교 윤리는 그것이 추상적인 것으로만 남아 있는 한 가치가 없는 것이다. 그 원리는 구체적인 상황에서 적용되지 않으면 실제적인 의미가 없다. 예를 들면 거짓말하는 것은 나쁘다라고 되풀이하는 것은 쉽다. 그러나 거짓말을 해서 곤경에서 빠져 나왔을 때 그 진리를 설명하는 것은 쉽지 않다. 선교사가 실천하지도 않으면서 그 원리가 진리임을 어떻게 알 수 있겠는가? 선교사는 확신을 가져야 한다. 신앙에 대한 신학적 정의를 알며 갈라디아서에 있는 바울의 가르침을 해석한다 해도 생활에서 그것을 실천하지 못하면 무엇이 유익하겠는가? 학생 생활에서도 신앙이 요구될 때가 많다. 이교도들의 종교에서도 체험이 이론보다 더하지는 못할망정 밀접히 연결되어 있다는 것에 주의해야 한다. 그들은 체험에서 나오지 않는 한 어떤 이론이나 교리에도 관심을 기울이지 않는다.

2. 지도력 훈련

　선교사의 심령을 훈련시키는 것도 다른 사람의 영혼의 필요를 다루는 것을 통해서 얻을 수 있다. 여기서 우리의 첫째 불가결의 요소가 다른 것들 특히 다른 사람과 우리의 관계인 두번째 것과 결합하게 된다. 개인 전도는 어디에서나 선교 사역의 초석이 되며 본국에서 필요했던 마음의 준비가 해외에서도 똑같이 필요하다. 개인 상담도 선교사의 아주 공통적인 일이며 가장 필요한 일이다. 그 원리는 어디에서나 거의 비슷하다. 그 원리들 중에 하나는 상담자가 그 도움을 구하는 사람에게 참된 관심을 보여야 한다는 것이다. 사실 선교사는 누구보다도 타인에게 헌신적인 관심을 가지며 그들의 짐을 같이 질 수 있어야 한다. 선교사의 생활에 있어서 타인과의 관계는 지도력의 문제와 관련이 있다. 그가 원하든지 원치 않든지 그들은 선교사에게 지도를 기대한다. 어떤 사람은 지도력이란 천성적으로 타고나는 것이어서 어떤 사람은 언제나 지도자가 되고 어떤 사람은 언제나 추종자가 된다고 생각한다. 천재적인 지도력을 가진 사람이 있는 것은 사실이다. 그러나 우리의 지도자들이 모두 이런 재능을 가진 것은 아니다. 이런 재능을 갖지 못한 사람도 지도자로서의 능력을 발전시킬 수 있다. 때로는 기회를 얻어 용기있게 나가서 지도하는 것이 필요할 때가 있다. 우리는 선교사들을 지도자로서 생각하고 있다. 그들이 지도자로서 훈련을 받았든지 받지 않았든지 그들의 생활 환경이 지도자의 책임을 지지 않을 수 없다. 그들이 체험과 훈련을 쌓았다면 잘 해낼 것이다. 그렇지 못했다면 아마 독재를 할지도 모른다. 이것은 그들의 사역에 해를 준다. 지도자의 훈련이란 무엇을 말하는가? 우리는 강의실 안에서는 제한된 것만을 말할 수 있다. 말하자면 몇 가지 기본 원리를 설명하고 그것을 적용하는 것을 말할 수 있다. 학생들은 지도자의 모범을 관찰함으로써 훨씬 더 많은 것을 배울 수 있다. 그러나 이보다 훨씬 중요한 것은 지도의 경험이다.

　지도자가 되려는 사람은 지도력을 발휘하는 기회를 되도록 많이 가져야 한다. 몇 가지 기본적인 사실을 들어 보자. 지도자는 확고한 목적을 가져야 된다. 그는 어디로 가고 있는지를 알아야 한다. 그는 단순히 다른 사람의 결정에 따르는 것이 아니라 스스로 결정을 내릴 준비가 되어 있어야 한다. 그가 내린 결정에 대해서 일이 잘 안되더라도 다른 사람을 비난하지 않고 책임을 질 준비가 되어야 한다. 우유부단하며 실수할까 보아서 망설이는 사람은 여러 가지 경우에 있어서 결정을 내려보는 것이 좋을 것이다. 때로는 실수할 것이다. 실수하지 않는 사람이 어디 있는가? 실수를 함으로써 다음에 더 나은 결정을 할 수 있을 것이다. 책임지기를 싫어하는 사람은 선교사로서 적합하지 않다. 기독교의 지도자가 될 사람은 우리가 하나님의 양무리를 보살펴야 한다는 베드로의 교훈을 배워야 한다. 즉, '하나님의 권위로서'만이 아니라 양 무리에게 모범을 보임으로써 해야 된다. 우리는 다른 사람으로 하여금 우리가 생각한 바를 그들이 원하여 하는 것으로 생각하고 하게 할 수 있을 때 참된 지도력을 나타내는 것이다.

　선교사는 철저히 섬기는 자이다. 그리고 그들 가운데 지도자는 '섬기는 자들을 섬기는 자들'이다. 그러므로 선교사를 종이라고 한다면 그 지도자는 종들을 섬기는 종이다. 그런데 만일 지도자를 지배하는 사람으로 착각을 한 선교사가 감독의 위치에 서게 되면 어떻게 되겠는가? 섬김을 받는 자가 지도자란 생각에 배인 선교사가 지도자의 위치에 서게 되면 어떻게 되겠는가? 선교사는 아무도 존경해 주지 않고 대접해 주지 않으며, 인정해 주지 않는 분위기와 환경에서 기뻐하는 일과, 섬김을 받지 않고 섬기는 일에 익숙해져야 한다. 선교사는 지도력이 있어야 한다. 그는 섬기는 자이어야 한다. 그리고 참된 지도력이란 봉사하는 능력이다. 상대방을 이해하고 관용하는 정신이다. '이해한다'는 말에는 '남의 밑에 선다'(under-stand)라는 겸손과 자기 희생이 요구된다. 그리고 자기 부정에 있다.

여기서 지도력에 필요한 다섯 가지 본질적인 요소를 살펴보자.[1]

(1) 비젼

비젼이 없는 사람은 멸망하게 된다. 사도행전 2：17에 "너희의 젊은이들은 환상을 보고 너희의 늙은이들은 꿈을 꾸리라"고 했다. 꿈을 좇는 사람은 비젼이 있다. 그것은 통찰력과 선견을 가지고 상상력을 통해서 사물들을 인지하는 것이다. 현재 있는 상태에서 시작하여 다른 대안을 모색하여 발전한다.

모세는 애굽에서 잔혹하게 압박당하던 동료 히브리인들의 현실에 자극받아 아브라함과 이삭, 그리고 야곱에 행해진 하나님의 언약을 기억하고 그의 전인생을 '약속의 땅'에 대한 비젼에 바쳤다. 선지자 느헤미야는 페르시아 망명 중에 성스러운 성전이 훼파되고 성민이 큰 재난에 빠졌다는 말을 들었다. 그 소식은 그의 온 생각을 압도하였고, 하나님은 그의 마음 속에 그가 무엇을 할 수 있고 해야 하는지를 알게 해주었다. 그래서 그는 성민들에게 "자 예루살렘 성을 중건하자"고 말했고, 성민들은 "일어나 건축하자"고 응답했다(느 2：12, 17, 18).

신약 시대로 들어 오면서부터 초대교회의 그리스도인들은 로마의 힘과 유대인의 적대감을 잘 알고 있었다. 그러나 예수님은 그들에게 "땅끝까지" 그의 증인이 되라고 말씀하셨다. 예수님이 부여한 비젼은 그들을 다른 사람으로 바꾸었다. 바울도 이방 세계로 복음을 전하라는 분부를 받고 그는 '천상의 비젼을 온전히 따랐다.' 바울은 하나의 새롭고 화해된 인간성의 비젼에 매료되어 자신의 온 힘을 다해 노력하고 고난을 받았다.

선교사는 그리스도를 위해 투쟁이 아닌 복음 선교로써 세계를 획

---

1) John R. W. Stott(박영호 역), 『현대 사회문제와 기독교적 답변』(서울：기독교문서선교회, 1985), pp.420~436.

득할 수 있고, 사회를 위한 행동으로써 그리스도를 기쁘게 해 드릴 수 있다. 선교사의 가슴은 이러한 목적을 위해 불타오르는 비젼을 가져야 한다.

(2) 근면

비젼과 함께 근면은 역사상 가장 위대했던 지도자들의 상징이었다. 젖과 꿀이 흐르는 땅은 모세가 꿈만 꾼다고 충분한 것이 아니었다. 그는 약속의 땅을 소유하기 이전에 광야의 위험과 고난을 지나야 했다. 선지자 느헤미야도 거룩한 성을 재건하겠다는 꿈에 부풀어 있었으나 그 역시 우선 성을 쌓기 위한 재료와 그것을 방어할 무기를 모아야 했다. 비젼과 근면의 동일한 조화는 선교사의 보다 일상적인 개인적인 삶에서 더욱 필요하다. 선교사들에게는 불굴의 근면과 결합된 창조적인 상상력이 필요하다. 꿈과 현실, 열정과 실제성은 언제나 병존해야 한다. 선교사의 비젼없는 활동은 방향감각과 반응을 상실케 한다. 또한 열정적인 노력과 실제적인 계획이 없는 꿈은 옅은 공기 속으로 사라지기 마련이다.

(3) 인내

인내는 확실히 지도력에 있어서 필수불가결한 것이다. 꿈을 가진다거나 비젼을 갖는 것과, 그 꿈을 행동으로 변화시키는 것은 별개의 것이다. 그리고 선교 사역이 반발 세력에 부딪혔을 때 그것을 가지고 인내할 줄 아는 것은 또 다른 제3의 문제이다. 반발은 항상 일어나기 마련이다.

구약의 모세는 이스라엘 사람들이 열 두 번씩이나 "중얼거리며 불평"했을 때에 그는 그 책임을 자기 자신에게 돌렸다. 바로의 군대가 그들을 위협했을 때나, 물이 메마르고 남은 물조차 너무 써서 못 마시게 되었을 때, 먹을 고기가 없었을 때, 척후병들이 가나안 땅의 요새가 너무 강하다는 좋지 못한 소식을 가져 왔을 때, 마음이 좁은 사람들이 그의 위치에 대해 시기하게 되었을 때 등이 바로 사람들이 모세의 지도력과 권위에 불만을 품고 도전했던 사건들이었다. 그런데 이때 지도력이 탁월하지 못했다면 그는 사람들의 마음의 편협함으로 인하여 참지 못하고 그들을 포기하거나 버렸을 것이다. 그러나 모세는 그렇게 하지 않았다. 그는 이 사람들이 하나님의 사람들이고, 하나님의 언약에 의해 그 땅을 소유하게 될 사람들이라는 사실을 끝까지 망각하지 않았다.

바울도 자신의 인생 끝까지 끈기있게 스스로의 이상을 더럽히지 않고 행동의 기준을 지켰다. 그는 주위의 극심하고 격렬한 반발에 부딪혔다. 그는 매를 맞고, 또한 돌에 맞고 투옥되는 지독한 육체적 고통을 겪어야 했다. 그의 발걸음이 계속 고집스럽게 한 길로 진행됨으로 인해 거짓 선교자들로부터 그의 이름이 모욕당했고, 그의 가르침이 반박당하는 정신적인 수모를 숱하게 겪어야 했다. 그리고 극심한 고독도 감내했다. 그래서 그는 그의 생의 마지막에 "아시아에 있는 모든 사람이 나를 버린 이 일을 네가 아노니… 내가 처음 변명할 때에 나와 함께 한 자가 하나도 없고…"(딤후 1:15 ; 4:16)라고 술회하고 있다. 그러나 바울은 끝까지 하나님의 새롭고 구원받은 선교지에 대한 비젼을 버리지 않았으며, 그것을 주위에 선포하는 일도 결코 포기하지 않았다. 그리고 "내가 선한 싸움을 싸우고 나의 달려 갈 길을 마치고 믿음을 지켰으니"(딤후 4:7)라고 고백했다. 선교사는 하나님이 자신에게 원하는 것에 대한 기본적인 신념에 관해서 결코 요동하지 않는다. 그는 어떠한 반발이나 희생을 감수하면서도 인내하는 것이다.

(4) 봉사

선교사의 사명은 주인이 아니라 섬기는 자이며, 남을 부리는 자가 아니라 충실한 종이 되는 것이다. 물론 확실한 권위는 모든 지도자에게 붙어 다닌다. 그리고 사실상 그것이 없이는 지도력이 가능하지도 않다. 사도들도 예수님에게 권위를 부여받고 교회에서 가르치고 훈련시키는 데 사용하였다. 예수님이 강조하신 것은 지배자적인 지도자의 권위가 아니라 섬기는 자로서의 지도자의 겸손이었다. 선교사가 이끄는 지도력은 권위의 힘이 아니라 사랑이어야 하며, 우격다짐이 아니라 모범이요, 억압이 아니라 타당한 설득이어야 한다. 분명히 지도자는 힘을 가지고 있다. 그리고 겸손하게 자기를 낮추고 남을 섬기는 지도자들의 손 안에서 그 힘은 안전할 수가 있다. 선교사들은 자신의 이익을 섬기지 않고 다른 사람의 이익을 섬긴다(빌 2:4). 남을 섬기는 자는 그 집단 속에서 가장 섬김을 받는다. 선교사 막스 워렌(Max Warren)은 "그리스도인의 지도력은 나를 주장하는 어떤 것도 없고 다만 그들을 주장하기 위해 다른 사람들을 격려하는 일만 있다"고[2] 했다.

예수님은 모든 것의 왕이었음에도 불구하고 모든 사람의 종이 되셨다. 그는 자신의 제자들 발 앞에 종의 앞치마를 두르고 무릎을 꿇었다. 그리고 주님은 선교사들에게 그가 했던 대로 행동하라고 말씀하신다. 겸손히 자신을 낮추고 다른 사람을 섬기기 위해 노력하라고 하신다. 어떠한 선교사도 낮은 자로서 기쁘게 섬기지 않는 한 결코 그리스도와 같아질 수 없다.

(5) 훈련

선교사가 소지해야 할 마지막 지도력은 훈련이다. 그것은 단순히 평범한 자기 훈련(자신의 감정과 시간과 정력을 다스리는)만을 의미하는 것이 아니다. 그가 하나님을 모시는 특별한 훈련도 포함한다. 지도자는 자신이 약하다는 것을 알고 있다. 또 선교사는 자신의 사역이 얼마나 중대한 것인지를 파악하고 있다. 그리고 무엇보다 하나

---

2) Max A.C. Warren, *Crowded Canvas*(London : Hodder & Stoughton, 1974), p.44.

님이 허락하시는 무한한 은총의 힘도 알고 있다.

모세는 하나님을 찾으면, '하나님께서 그때에 인간이 인간과 이야기하듯이 모세와 얼굴을 마주보며 대화하곤 했었고,' 다윗은 하나님을 그의 보호자로, 빛으로, 구원으로, 그의 반석으로 모셨으며, 어김없이 그의 하나님, 그의 주 안에서 힘을 얻었다. "육체의 가시"라고 표현한 육체와 정신이 괴로웠던 바울은 예수님이 그에게 "내 은혜가 네게 족하다"라고 말하는 것을 듣고 어려울 때마다 강해질 수 있음을 배웠다.

선교사는 하나님의 얼굴을 뵈려고 자신을 부단히 훈련하고 자신의 비젼을 항상 환하게 지켜야 한다. 자기 자신의 힘만으로도 강하다고 자만하는 선교사들은 모든 이에게 약한 애처로운 존재이다. 오직 자신이 약하다는 사실을 아는 지도자만이 그리스도의 능력 안에서 강해질 수 있다. 그러므로 선교사는 투철한 훈련이 있어야 한다.

3. 말씀의 준비

세번째로 필수불가결한 것은 선교사가 전하는 하나님의 말씀을 통달하는 것과 관련된 것이다. 기술이나 특수 훈련을 받은 사람들이 "선교 분야에 우리가 쓰일 때가 있읍니까?"라고 묻는 경우가 많다. 이런 사람들은 보통 간호원, 교사, 건축가, 미술가, 기술자 등이 필요한 선교 사역을 생각하고 있는 것이다. 그러나 그것은 전혀 잘못된 것이다. 우리는 선교사가 필요하다. 우리는 하나님의 말씀을 가진 젊은 남녀 선교사를 필요로 한다. 그들은 교육 선교사, 산업 선교사, 의료 선교사가 될 수가 있다. 그러나 무엇보다도 우선 복음 선교사가 되어야 한다. "계시의 영(정신)"을(엡 1 : 17) 받은 선교사가 되어야 한다. 콩고에서 의사가 다음과 같은 편지를 썼다. "내가 여기서 하는 일이 사람의 육신만을 치료하는 것이라고 생각한다면 차라리 집에 있겠다." 선교사가 종사하는 여러 가지 형태의 모든 사업들이 선교의 한 가지 위대한 목적에 공헌할 때만이 올바르고 유용한 것이 될 것이다. 그 사업들은 사람들에게 그리스도를 전하고 심어주는 데 관련된 것이어야 한다. 모든 선교사는 하나님의 말씀을 가져야 하며 그것을 잘 알고 있어야 한다. 믿음에 대해 의심에 빠진 사람은 선교 사역에 적합치 못하다. 그의 메시지에 대해서 확신을 가지지 못하는 사람도 마찬가지다. 그는 신학자가 될 필요는 없다. 또 예언서의 말씀을 전문적으로 연구할 필요도 없다. 그러나 신앙의 본질적 요소와 진리를 충분히 파악하고 있어야 한다. 복음과 율법과의 관계 그리고 신구약의 통일성의 문제를 정확히 설명할 수 있어야 한다. 초대교회의 사도들이 전했던 것과 동일한, 곧 예수 그리스도와 그가 십자가에 못 박히신(고전 2:2) 것을 전해야 한다. 그리고 그는 사람들에게 성경에 대한 생동하는 지식이 있음을 보여 주어야 한다. 또 메시지가 그들의 생활에 어떻게 역사하는지를 보여 주어야 한다. 선교지의 주민들이 무식하지 않다는 것을 이해하기 바란다. 그들은 문맹인일지 모른다. 그러나 그것은 별개의 문제이다. 문맹인 중에도 심오한 정신을 가진 사람들이 얼마든지 있다. 그들은 특히 선교사들을 평가하는 데 놀랄 만하다. 그들은 더듬거리는 말투와 얼른 보기에 앞뒤가 안맞는 논리와 그의 사업에 직접 관련이 없는 일에 대해 무식한 것을 간과할지 모른다. 그러나 두 가지 단점은 변명할 수 없을 것이다. 그것은 선교사의 메시지에 대한 무지와 그가 믿지 않는 사실을 가르친 불성실함이다. 그래서 성경연구는 선교 사역에 어떤 것이든지 필수적인 것이다. 성경의 전체 숲을 볼 줄 알고 그 숲 속 계곡에서 생수처럼 흐르는 물줄기를 계속 공급할 수 있는 포화성(saturation)이 선교사에게는 필요한 것이다.

4. 경험적 준비

선교사에게 필수불가결한 요소는 메시지를 전해 본 경험이다. 주일학교, 학생회, 청년회 그리고 장년부에서 기독교 교육과 설교를 해본 경험이 있어야 한다. 우리는 이미 체험을 통해서 얻을 수 있는 영적 생활의 성숙에 대해서 이야기하였다. 또 다른 사람을 지도하는 문제에 대한 체험을 이야기했다. 성경은 그것을 전하는 사람이 그의 생활 속에서 그의 능력을 체험할 때에 다른 사람에게 살아 있는 메시지가 되는 것이다. 선교 준비의 이러한 요소들이 서로 교묘히 연관된 것을 보면 놀랍다. 그것들을 따로따로 생각할 수는 있지만 생활에서는 서로 섞여진다.

(1) 봉사의 경험

복음을 전해 본 체험에 대한 문제는 대단히 중요하다. 무디는 그 중요성을 알고 무디 성경학교에서 그것을 강조했다. 그는 여러 훈련 과정의 종합을 통해 실질적인 기독교 사역을 했다. 그것은 무디에게 있어서나 다른 성경학교에 있어서도 마찬가지로 중요하다. 학창 시절의 이런 체험에도 불구하고 졸업을 앞둔 학생들이 찾아와서 다음과 같이 말하는 것을 듣는다. "저는 선교사로 나갈 준비가 되어 있지 않다고 생각해요. 내가 선교 분야에서 지도자가 되려면 사람을 다루는 경험을 더 쌓아야 하고 실제 생활에 있어서의 영적 문제를 다루는 경험을 더 쌓아야 합니다." 이들 중 몇몇은 본국에서의 전도 사역에서 이런 체험을 얻는다. 이런 젊은이들은 선교사가 무엇을 의미하는지 그 참된 개념을 보여 준다. 선교 분야에서는 여러분은 공부를 가르치는 것이 아니다. 사람들은 학교에서 배운 것을 묻지도 않으며 신학, 교회사, 혹은 다른 과목에서 어떻게 최고의 영예를 얻었는가 등을 묻지도 않을 것이다. 사실 선교사를 가장 방해하는 것은 그가 하는 말에 듣기는 들으면서도 철저하게 무관심을 보이는 것이다. 당신은 선교사이다. 그래서 어쨌다는 것이냐? 그들에게는 당신이 호기심의 대상 외에는 아무것도 아니다. 당신은 그들을 대화에 끌어들여 대화를 영적인 문제로 이끌어 갈 수 있는가? 여러 분야에 있어서 그것은 별로 어려운 문제가 아니다. 때로 그들은 본국에 있는 사람보다 종교 문제에 더 관심을 보인다. 그러나 한번 토의를 시작하면 당신이 계속 대화를 이끌어 그리스도를 그 뜻대로 증거할 수 있는가? 사소한 문제를 뒤로 하고 그 사람의 심금에 닿을 수 있도록 문제의 핵심을 다룰 수 있는가? 연습이 필요할 것이다. 훈련이 필요할 것이다.

(2) 구두 표현

선교 지도자들은 자신을 표현할 줄 아는 선교사를 필요로 한다고 주장한다. 그것은 바로 경험이 요구되는 대목이다. 책을 읽거나 예, 아니오의 OX 문제에 대답하는 것으로 자신을 표현하는 것을 배울 수 없다. 연습이 필요하다. 그들은 "글을 써 봄으로써 글쓰기를 배우라"고 말한다. 자신을 표현하는 것도 다른 사람에게 자기의 생각을 말로써 자꾸 표현해 봄으로써 배울 수 있다. 선교의 목적이 단순히 복음을 전하는 것만은 아니다. 복음을 사람이 듣고 이해하며 감동하여 순종하도록 전해야 한다. 이런 경우에 언어가 다른 것은 별로 문제가 안된다. 모국어로 자신을 표현하는 것을 배울 수 있다면 다른 언어로 표현하는 것도 배울 수 있다. 그러나 선교사의 사상이 뚜렷하지 못하고 무질서하면 확실히 표현이 안될 것이다. 외국어를 배운다고 해서 선교사의 정신을 바로잡는 마술이 생기는 것도 아니다. 선교지로 가기 전에 이 준비를 해야 한다. 선교사는 구두 표현으로 이런 경험을 쌓아야 한다.

(3) 상담 경험

마지막으로 우리는 선교사가 모든 종류의 상담을 할 필요가 있음을 언급해야 한다. 무엇보다 상담은 경험이 필요하다. 선교사는 그들과 접촉함으로 사람들을 알아야 한다. 선교사는 숨어 지내서는 안된다. 선교사는 사람을 움직이는 힘과 그들이 당면하고 있는 문제들을 파악해야 한다. 그리고 거기에서 문제를 판별하고, 속단에 의한

함정에서 벗어나려면 경험이 필요하다. '값싼 충고'라고 하지만 이 것은 정말 값싼 충고들이 항간에 많이 있기 때문이다. 체험해 본 배경도 없이 충고를 내뱉는다. 번민하는 새 신자나 선교지의 목사 등이 중대한 문제를 안고 선교사를 찾아오는 것은 값싼 충고를 바라는 것이 아니다. 그들은 하나님의 사자 앞에 하나님의 메시지를 들으러 온 것이다. 그러므로 선교사는 얼마나 겸손해야 하고 하나님만 의지해야 하겠는가?

이런 것들은 선교사 후보자의 준비에 있어서 필수적이다. 다른 훈련도 유용하지만 이것은 근본적인 것이다. 그들 중 어떤 것은 학교의 교과과정을 통해 얻어진다. 이런 것들 중 어떤 것은 혼자서 할 수 있다. 교회가 그런 기회에 민감하다면 어떤 것은 교회에서 배울 수가 있다. 그것들 중 상당수 전체 문제의 핵심이 바로 개인에게 달려있다. 후보자는 선교 준비를 하는 데 다른 사람을 의지해서는 안된다. 그들은 할 수 있는 일을 하지만 제한된 것이다. 하나님과 가까이 동행하며 그를 잘 섬기는 것은 후보자 자신에게 달린 문제이다. 성령님, 즉 선생되시는 주님께서 그 자신의 선교 사역을 위해 필수적인 준비 작업을 하실 것이다.

II. 일반적 준비요소

모든 선교 봉사를 위하여 준비하는 데에는 한 가지 과정만 있는 것은 아니다. 선교사가 하는 일은 다양하다. 그들의 선교지와 사업의 요건들이 매우 다양하다. 예를 들면, 중앙 아메리카에 파견된 선교사 두 명이 똑같은 선교 준비과정을 밟았다. 그 과정에는 초보 의학과 치과 의학이 포함되어 있었다. 둘 중 하나라도 그 훈련을 필요로 한다면 모두 필요한 것이었다. 그러나 그렇게 되지는 않았다. 그들이 얘기한 것을 들어 보자. 한 사람은 그 나라 수도 근처에서 일했다. 그의 두번째 임기 끝에 그는 말했다. "난 내가 배운 의료기술을 하루도 써 보지 못했다." 다른 사람은 카리브 해안의 저지대 인디언들 가운데서 봉사했다. 얼마 동안의 기간이 지난 후 그는 말했다. "나는 나의 보잘 것 없는 치과 기술로도 이미 천 개 이상의 이를 뽑았다." 어떻게 해야 할까? 내가 어떤 훈련을 받아야 할지를 어떻게 알 수 있는가? 모든 경우에 해당되는 일반적인 해답이 있을까? 있다. 세 가지 대답이다. 첫째, 필요불가결한 준비가 있고 이것에 대해서는 이미 이야기하였다. 둘째, 누구나 익혀야 할 일반적인 것이 있다. 잠깐 여기에 대해서 얘기해 보자. 끝으로, 선교지나 당신의 재능이나 관심에 따른 특별한 훈련이 있다. 이것이 복잡하고 다양하기 때문에 설명하기가 어렵다. 경우에 따라 다르다. 각 선교사는 그가 가는 곳마다 다른 환경에 부딪히며 또 그의 능력과 한계성에 대해서도 한계를 지을 수가 없다. 보다 일반적으로 필요한 유형의 선교사 훈련에 대해 생각해 보자.

1. 언어 훈련

한국 선교사에게 영어 훈련은 매우 중요하다. 영어로 의사표현을 할 줄 아는 것은 필수적이다. 선교 교육과 문화 훈련, 현지어 교육, 선교 전략 개발 등을 위해 영어는 제대로 갖추어야 할 필수 장비이다. 여러 선교부 선교사들과의 대화는 주로 영어로 이루어지고 있다. 그러므로 영어 훈련이 안되어 있으면 많은 어려움이 있다.

그리고 선교지의 현지어로 의사표시를 하는 것은 당연한 것이다. 영어를 학교에서 가르치는 나이지리아(Nigeria) 같은 나라에서도 현지어가 대단히 중요하다. 대부분 교육받은 사람들이 영어를 어느 정도 읽고 쓸 줄 아는 것이 사실이다. 그러나 영어로 전달되는 메시지는 그들의 언어로 전달되는 것보다 못하다. 교육받은 필리핀인이 필리핀 국민에 대해서 이렇게 말한 적이 있다. "영어는 우리의 머리에 와 닿고 필리핀어는 우리 마음에 와 닿는다." 그 말은 옳다. 어떤 사람은 반발할 것이다. 난 당신이 선교지의 언어를 배움으로써 훌륭하게 일할 수 있다고 생각한다. 그러나 본국에서 그 언어를 어떻게 하겠다는 것인가? 우리가 선교에서 필요한 언어를 가르치지 않는 학교가 많다. 더구나 어떻게 후보자들이 다른 훈련도 하면서 그 언어에 적응할 것인가?

  언어의 유용성에 대한 반대에도 일리가 있다. 사실 선교사가 선교지에서 필요한 언어를 본국에서 배우는 경우는 거의 없다. 그렇다고 해서 선교 준비과정에서 언어 수련과정을 없앨 수도 없는 것이다. 어떤 선교회에서는 실제로 선교사가 떠나기 전 약간의 언어 훈련을 받도록 요구하는 것을 알게 될 것이다. 그들이 알고 싶어하는 것 중에 하나는 선교사가 다른 언어를 익히는데 어려움이 없을까 하는 것이다. 외국어를 배워 봄으로써 그것을 사용할 수 있을지 없을지 언어가 다르다는 것이 단순히 단어가 다른 것만은 아닌 것을 알 것이다. 사고방식과 표현하는 방식이 다른 것이다. 한 가지 외국어를 배우고 나면 그런데 익숙해져서 다른 언어도 배우기 쉬워질 것이다. 사실 선교사의 준비과정 중 외국어 훈련에 적응하기는 어렵지 않다. 거의 모든 한국의 고등학교가 한 두 개의 외국어를 가르치고 있다. 외국어가 대학에 들어가기 위한 조건이 된 경우도 있다. 많은 대학이 졸업하기 전 적어도 2년 간의 외국어 수료를 요구한다. 어쩌다 여러분이 그 기회를 놓쳤다면 신학교에서 배울 수 있을 것이다. 선교사들은 보통 현대 언어를 사용하는 것이 좋다. 오늘날 가장 많이 쓰이기 때문이다. 그것은 소위 '죽은' 언어와는 다른 방법으로 가르쳐진다. 그러나 소위 그 '죽은' 언어가 더 유용한 경우도 있다. 예를 들면 성경번역 사역을 한다면 가능한 한 헬라어나 히브리어를 선택하는 것이 좋을 것이다.

  특수 언어는 때로 선교지에서 사용할 언어를 본국에서 공부할 수 있다. 그때는 본국에서 공부하라. 예를 들면 영어와 같은 것은 한국의 대부분의 대학, 고등학교에서 가르치고 있다. 영어는 세계 각 지역에서 대부분 사용하는 언어이다. 불란서어도 우리 대학과 고등학교 대부분이 가르치고 있다. 한때 프랑스와 벨기에의 지배를 받았던 아프리카의 대부분 지역에서 불란서어가 필요할 것이다. 포르투갈어는 많지는 않으나 상당수의 학교에서 가르친다. 브라질에서는 말할 것도 없고 포르투갈이 지배했던 아프리카의 많은 지역에서 마찬가지다. 사실 어디서 선교사가 언어를 배우든지 앙골라나 모잠비크로 가기 전에 선교사는 포르투갈어를 배워야 한다. 불어를 사용하는 아프리카 지방과 경우는 같지 않지만 불어를 알아 두어야 하고 그곳 부족의 언어를 익혀야 한다. 그래서 보통 불어를 사용하는 아프리카 지역에 파견하기 전에 언어 훈련을 위해 프랑스나 스위스로 먼저 보내는 선교회가 많다. 일반적으로 생소한 일어, 중국어, 아랍어 등의 언어를 배워야 할 필요가 있을 때에는 본국에서는 배우기가 힘들 것이다. 이런 언어들을 가르치는 학교가 있으나 아마 선교사에게는 적합치 않을 것이다. 왜 본국에서 공부하는가? 한때 선교사들이 선교지의 언어를 본국에서 배우지 말도록 했었다. 지금도 그런 사람들이 있다. 그들은 보통 두 가지 이유를 든다. 우선은 발음에 있어서 올바로 배울 수 없다는 것이다. 즉, 올바른 발음을 배울 수 있는 사람들과 함께 살아야 한다는 것이다. 그리고 선교사가 그들의 생각이나 어떻게 말하는 것이 현명한 것인지를 알기도 전에 말하기를 배우기 때문이라는 것이다. 여기에도 상당한 일리가 있다. 그러나 약간 과장되어 있는 것 같다. 언어 교육의 방법이 많이 개선되었고 유능한 교사들이 많음에도 불구하고 우리는 그 점을 인정한다. 자신이 가르치는 언어를 잘 말하지 못하는 교사도 있다. 그들은 학교에서만 배웠지 일상 생활에서 쓰지를 못했다. 그들은 대부분 발음과 관용어에 있어서 잘못을 저지른다. 그들은 보통 문법에 대한 훌륭한 지식이 있다. 발음이 나쁜 것도 상당한 단점이다. 이것은 나중에는 정말 고치기 힘든 것으로 처음 습관을 잘 들여야 한다. 그러나 대부분의 학교 과정이 그렇게 충분한 기간이 되지 못한다. 본국에서 언어를 익힌 사람은 그들의 잘못을 비교적 빠른 시간 안에 고칠 수가 있다. 게다가 다른 사람보다 일찍 사역에 착수할 수가 있다. 두번째 이유에 대해서는 새로 온 선교사는 현명치 못한 말을 할 수도 있을 것이다.

사실 새로 온 선교사들은 실수할까봐 말을 많이 하지는 않는다. 그러나 용기를 내어 말을 해야 한다. 때로는 누가 이해도 못하는 말을 걸어 올까봐 길거리에 나가지도 못한다. 선교사들은 때로 말을 잘못 사용하기도 한다. 새로운 선교사들은 그렇지 않다. 대부분 수년 간 선교지에서 일해 왔던 선교사들이 심각한 실수를 한다. 본국에서 언어를 약간 익혔던 사람이 그렇지 않았던 사람보다 더 실수를 하는 것 같기도 하다. 우리는 언어를 본국에서 익히는 데 대한 불리한 점을 과장하는 사람들이 있음을 말했다. 우리는 그 반대 경우의 장점을 지나치게 강조하려 하지 않는다. 그러나 약간의 이로운 점이 있다. 그것들은 실질적으로 이로운 점들이다. 그것들은 선교사가 선교지를 위해 준비하는 동안 언어 수업을 받는 것을 보장해 준다. 그 과정이 집중적인 것이라면 수련을 받는 동안 출발의 연기를 보장해 줄 것이나 그렇다고 일반 언어과정을 거치려고 일찍 떠날 수 있는데도 일 년 이상 출발을 연기해서는 안된다. 선교지에 가서도 잘 할 수 있다. 본국에서 공부를 시작하면 적어도 세 가지 잇점이 있다.

① 언어의 기초적 문법을 확실히 할 수 있다. 그래서 선교지에 갔을 때에도 전혀 생소하거나 당황하지 않을 것이다. 물론 새로이 배울 것으로 가득차서 약간 혼동스러울 것이다.

② 언어 공부는 선교사를 첫번째의 낙심의 단계로 이끌 것이다. 선교사가 그 언어를 도무지 배울 수 없다고 생각하고 어떻게 이런 말을 할 수 있을까 하고 생각할 때가 한 번은 있을 것이다. 이 실망의 단계를 선교지에서보다 본국에서 겪는 것이 낫다.

③ 본국에서 공부를 했으면 언어 학교에 있는 시간이 단축될 것이다. 이것은 선교사가 보다 빨리 사역에 착수할 수 있다는 것을 말한다. 그것은 선교사의 후원자에게 돈을 절약하게 해줄 것이다. 선교사는 불완전하지만 처음부터 그들 자신의 언어로 말해 주는 것을 그들이 얼마나 고맙게 생각하는지 알게 될 것이다.

선교사들이 사용하는 언어 중에 본국에서 배우지 못할 것들이 많다. 한국의 학교나 학원에서 가르치지 않는 언어가 있다. 어떤 것은 글자조차도 아직 만들어져 있지 않은 것이 있다. 그런 언어를 사용하는 지역에 가고자 하는 사람은 할 일이 더 늘어난 셈이다. 그들은 언어학 과정을 택해서 그러한 언어를 배우는데 도움을 받을 수 있다. 예를 들어, 일반 음성학과가 선교적 성격을 띤 것이라면 선교사에게 도움이 될 것이다. 음성학(phonetics)은 인간 언어의 소리를 다루는 학문이다. 그것은 우리 나라 언어에서 발견될 수 있는 것뿐 아니라 기타 남아프리카 지방의 혀차는 소리까지도 다룬다. 언어학에서 언어의 소리를 형성하는 여러 가지 음성기관에 대해서 배운다. 선교사는 보다 많은 언어의 공통된 소리를 연습하고 그것들을 들었을 때 구분하는 법을 배울 것이다. 묘사 체제와 사용된 소리를 구분하는 것도 배울 것이다. 잘 아는 언어에 대해서 음성학은 소리를 더 빨리 배우고 정확히 발음하게 할 것이다. 글자로 쓰여지지 않는 언어를 대할 때 선교사는 거기에 사용된 소리를 구별하지 못할 것이며 발음하지 못할 것이다. 음성학은 단어와 문장을 바르게 쓰는 것과 반복하여 다른 사람에게 바르게 가르칠 수 있게 한다. 선교 준비과정을 곁들여서 음성학을 가르치는 여러 가지 학교가 있다. 선교지의 사람들에게서부터 언어를 배우는 법을 가르치는 일은 매우 드물다. 터론토의 언어학 연구소에서는 한 달 과정으로 음성학과 언어를 함께 배우는 강좌를 매년 여름마다 개설한다. 여기에 후보자들을 보내는 선교회도 있다. 대부분의 선교사는 이 정도면 충분하다. 언어학에 주로 관심을 가져야 할 분야 특히 글을 쓰거나 성경번역에 종사하는 사람은 더욱 필요할 것이다. 선교사 후보자를 위한 이런 종류의 가장 유용한 훈련은 틀림없이 몇몇 대학의 캠퍼스에서 열리는 위클리프 하기 수련회(Camp Wycliffe)일 것이다. 여름 한철 석 달이 조금 못 되는 기간 동안 집중적인 연구로 기초과정을 할 수 있을 것이다. 고급과정은 2년 과정도 개설되어 있다.

2. 의료 연구

일반적으로 필요한 훈련과정의 두번째 것은 의학이다. 말하자면 의사나 간호원이 될 생각이 없는 보통 선교사를 위한 의학 교육이다. 모든 선교사는 해부학, 생리학, 위생학, 응급처치, 환자치료에 대한 기초 지식을 가져야 된다. 한국 선교사가 한방치료나 침술을 배우는 것도 도움이 되고 있다. 전문적인 의료 혜택이 너무 적고 다 도와주기에는 너무 산재해 있는 지역이 아직도 많다. 선교사는 최소한 일반적인 여건 아래서 자신과 가족을 돌볼 수 있어야 한다. 의사가 오기까지 응급처치를 할 수 있어야 한다. 또 한 가지 그곳의 법률이 허락하는 한 비의료 선교사라도 할 수 있는 데까지 질병을 치료할 기회를 가진다. 물론 의사가 아니므로 한계성을 알아야 한다. 그러나 의사가 없을 때는 최선을 다해 할 수 있는 일은 해야 한다. 비의료 선교사가 의료행위를 해야 할 기회는 점점 줄어들고 있다. 의료 선교사나 일반 의사 중에도 정식 수련을 받은 의사들이 옛날보다는 많아지고 있다. 많은 나라들이 자격없는 개업의들의 활동을 규제하고 있다. 그러나 얼마 동안은 아직도 선교사들이 의료 활동을 할 수 있는 곳이 있다. 선교사들은 도대체 얼마 만큼의 수련을 받아야 하는 것일까? 일반적인 의견의 일치는 없으나 선교지에 따라, 정규 규제법에 따라, 선교의 성격에 따라 다를 것이다. 같은 수련을 받았어도 분별없이 의료행위를 하면 위험스러운 것이다. 누구나 위에서 언급한 기초과정은 교육받아야 할 것이다. 즉, 해부학, 심리학, 위생학, 응급처치, 환자간호 등이다. 열대지방에서 일하려면 말라리아 같은 열대병을 다룰 수 있어야 된다.

3. 교사 훈련

의학보다 더 중요한 세번째 훈련은 교사 훈련이다. 교육 선교만을 전문적으로 할 사람을 말하고 있는 것이 아니다. 모든 선교사는 교사이다. 그가 특히 어떤 선교 사역을 하고 있든지 다른 사람을 가르치는 일에 부름을 받은 것이다. 그는 그림, 간호학 혹은 목공 등을 가르칠 수 있을 것이다. 또는 성경이나 신학을 가르칠 수 있을 것이다. 어떤 선교 사역을 하든지 가르치는 일이 포함될 것이다. 그는 단순한 전문직에 종사하는 것이 아니다. 그는 다른 사람을 가르치고 감동시켜 자기가 하는 일을 하도록 해야 한다. 모든 선교사는 교육원리와 방법에 대한 훈련을 받아야 한다. 전문적인 교사같이 완벽한 훈련을 받을 필요는 없다. 그러나 튼튼한 기초교육을 받아야 한다. 거기에다 가르쳐 본 경험이 있어야 한다. 그리고 예수님의 교육 방법론에 대한 깊은 연구가 있어야 한다.

4. 경영 관리

네번째로 필요한 일반적 준비로서 장부 정리와 경영 관리를 들 수 있겠다. 대부분의 선교사에게 이런 것이 필요하다니 약간 의아할 것이다. 선교 지도자들도 여기에 대해 논란이 있었다. 그들은 선교 사역 전체의 일반 회계나 경영 업무에 대해 이야기하고 있는 것이 아니다. 특별 훈련과 체험을 통해 누구나 보통 얻을 수 있는 것이다. 어느 선교 단체든지 회계 사무와 경영 관리 사무가 있다. 건축, 수선, 여러 가지 일에 사람을 고용하는데 경영 관리와 정확한 회계가 필요하다. 학교, 성경학교, 벽지학교라도 이런 것은 필요하다. 이런 것은 병원, 종교서적 판매업에서도 필요하다. 선교회의 회계 선교사가 장부나 회계 보고서를 올바르게 작성하지 못하여 골머리를 앓는 일이 많다. 선교사가 개인적으로 필요한 것은 경영 관리의 모든 지식을 아는 것이 아니다. 그러나 부기의 원리를 알아야 되며 그것을 성경학교나 고등학교에서 익힐 수 있을 것이다. 그러나 실제의 경험도 필요하다. 선교사가 필요한 정도의 간단한 경영학 같은 것은 실제 부기 같은 것을 가르치지 않는다. 과목에 대한 정규과정을 거칠 수 없을 때에는 실무의 경험이 큰 힘이 되는 것을 알 것이다.

5. 전문화 훈련

　전문화가 오늘날 세계적 문화의 추세이다. 사람들은 그들의 지식을 한 분야뿐만 아니라 거기에서도 더 세분하여 전문화한다. 이렇게 분화하여 집중적인 연구를 함으로 의학 방면에 큰 진보가 있었다. 선교 사역은 왜 그렇게 할 수 없는가 하고 생각하는 사람이 많다. 물론 그렇게 할 수 있다. 말하자면 선교회가 재정이 넉넉하여 각 분야의 전문가를 고용할 수 있다면 말이다. 그리고 선교 사역에 지원하는 충분한 전문가들이 있다면 말이다. 그리고 일군들 각자가 개인으로 생각하지 않고 모든 사람을 위해 복음을 전하는 한 몸으로 생각한다면 가능하다. 그러나 이런 조건들이 다 만족되지 않는다. 선교 사역의 완전한 분화는 불가능하다. 사역의 한 국면만을 전담하는 전문가는 항상 있는 것이다. 그들의 숫자도 증가되는 추세이다. 그러나 대부분의 선교사들이 여러 분야의 일을 담당할 생각을 하고 있다. 그들은 만능 박사가 아니지만 그렇다고 한 가지 일만 할 수도 없는 일이다. 할 일이 너무 많고 일군은 적다. 그래서 선교사들은 다음 같이 기도한다. "필요한 일을 무엇이나 기꺼이 하지 않으려는 전문가들에게서 우리를 구하소서." 아직도 전문화는 중요하며 선교 사역에도 전문화 분야가 항상 있다. 어느 선교사나 다른 사람보다 더 잘할 수 있는 일이 있으며 보다 흥미를 느끼는 일이 있게 마련이다. 그가 어느 일을 맡았든지 자기의 전문적인 관심을 발휘할 장소는 있게 마련이다. 이뿐 아니라 특별히 훈련된 일군이 언제나 전담해야 할 분야가 있다. 현재의 조건 아래서도 이런 전문화의 필요는 증가하고 있다.

　선교사가 되려면 다음을 명심해야 한다. 첫째, 대부분의 선교사는 자기가 가장 하고 싶은 한 가지 일보다 더 많은 일을 해야 한다. 예를 들어 의사라도 가끔 건축을 하거나 수선 작업을 해야 한다. 당신이 선교 사역에 유용한 어느 분야에 기술과 재능이 있다면 곧 그것을 발휘할 기회가 올 것이다. 어떤 전문 분야에는 당신이 전담해야 할 일이 너무 많은데 다른 사람은 매우 제한된 것을 볼 수 있다.

(1) 전문화의 필요성

의료 사역은 보다 훈련되고 전담할 의사와 간호원을 필요로 한다. 아직도 비의료 선교사가 의학적 도움을 줄 수 있는 곳이 있으나 앞서 말한 대로 점점 줄어들고 있다. 한편 잘 훈련된 의료 선교사는 항상 부족하다. 간호원도 부족한 상태이다. 그러나 모든 선교지에서 이렇지는 않다. 외국인 의사는 다루지 못하게 되어 있는 분야도 있다. 또 그 지방 의사들이 모든 필요를 충당하는 곳도 있다. 그래서 의료 선교사 후보자는 그 선교지의 선택에 있어서 약간의 제한이 있다. 그는 그가 처음 원하던 곳으로 못 갈지도 모른다. 가르치는 일은 때로 전담하는 남녀 봉사자를 필요로 하는 분야이다. 가르치는 일도 여러 가지이며 모두 한 선교의 분야에서 취급되는 것은 아니다. 성경학교를 제외하면 국민학교에서 가르치고 감독하는 일이 가장 일반적인 것이다. 그러나 선교지의 국가에서 속속 이런 일들을 맡고 있다. 고등학교나 대학에서 가르치는 일은 그 기회가 더 적으나 오랫동안 필요한 분야가 될 것이다. 보통 수요에 공급이 못 미친다. 출판은 선교회가 서로 같이 하기도 하고 따로따로 하기도 한다. 국가의 도움과 일군 등을 관장할 수 있는 전문적인 출판 일군이 필요하다. 여기에는 훈련받은 일군이 필요하고 중요하다. 그러나 요즘은 일반 출판 서점을 이용하는 경향이 많아져 이 분야에서 일할 기회는 교사나 의사보다는 줄어들고 있다. 다른 전문 분야를 살펴보면 일할 기회는 더 적은 것을 알 수 있다. 전문적인 건축가가 필요하나 이것은 큰 선교회의 경우이다. 경영 관리자도 마찬가지다. 실험실의 기술자는 병원이 있는 곳에서만 필요할 것이다. 기술자와 마찬가지로 비행사도 배가(倍加)되어야 할 필요가 있다. 그들은 상업 비행 노선만으로는 부족한 선교지에서 사용될 수 있다. 무선 기술자는 선교 방송이 있는 곳에 필요하며 선교회가 방송국 간에 단파 통신체제를 시설한 곳에도 필요할 것이다. 농경 전문가도 수공 교사와 마찬가지로 어떤 선교지에서는 필요할 것이다. 아직도 언급해야 할 전문 분야가 많다. 이러한 분야에 전문적으로 봉사하는 것도 선교지와 선교회에 따라 제한이 있음을 알 수 있다.

(2) 경험의 필요성

우리가 다루어야 할 또 다른 형태의 전문직이 있다. 그것은 문서 선교를 예를 들어 말하면 잘 설명될 것이다. 다른 언어로 문서 사역을 하기 위해 선교사를 파견하는 예는 극히 드물다. 그들이 이런 사역을 누군가에게 떠맡길 때 능력을 가지고 관심을 보이는 노련한 선교사들이 그 일을 담당하게 된다. 이유는 간단하다. 본국에서 논설이나 기사를 쓰는 수련은 본국의 언어와 문화에 익숙한 본국인들을 위한 것이었다. 어느 정도까지는 유익하며 기본적인 원리를 제시한다. 그러나 사람이 다른 언어를 배워 그것으로 책을 쓰고 출판하려면 수 년이 걸리는 일이다. 게다가 선교사는 언어 이 외의 여러 가지 것들을 배워야 한다. 그는 선교지의 사람들에 관해서 배워야 한다. 그는 무엇을 어떻게 써야 할지를 알아야 한다. 그는 그 사람들의 사고방식, 그들의 신념과 행동에 대한 배경을 알아야 한다. 그는 외국인으로서 가능한 한 그들의 견지에서 어떻게 써야 할 것인지를 알아야 한다. 그렇게 하려면 그곳 사람과 생활한 경험이 필요하다. 성경학교나 신학교에서 가르치는 특수 분야도 있다. 기본적인 원리는 본국에서 배울 수 있으나 그것을 발전시키고 적용시키는 데에는 선교지의 경험이 필요하다.

(3) 최선의 훈련

대부분의 선교 준비과정이 한 가지 중대한 약점 때문에 골머리를 앓게 된다. 그것은 특별한 문제점은 아니다. 학생 중 상당수가 단지 선교사가 되려는 것 외에 별다른 목적이 없다는 것이다. 그들에게 '어떤 선교사가 되겠느냐'고 물으면 명확한 답변을 못할 것이다. 그들은 선교사가 하는 일에 대하여 막연한 생각을 가졌을 뿐이다. 준비를 잘 갖추기 위해서 선교사 후보자는 먼저 주님께서 자기를 어떤 선교 사역에 쓰시고자 하는지 되도록 빨리 알아야 할 것이다. 다소간 관심을 가지는 것도 좋지만 무엇보다도 목적의식을 가져야 한다. 그는 복음전도란 그 자체가 특수한 분야이며 특수한 준비를 요한다는 것을 알아야 한다. 개인적인 전도자가 되는 것을 배우지 못했다면 어떻게 복음적 선교사가 되겠다고 말할 수 있는가? 모국어로 복음을 전하지 못하면서 어떻게 선교사가 되겠는가? 복음의 메시지에 익숙하지도 못하면서 어떻게 선교사가 된다는 것인가? 낯선 사람과 부딪히는 걸 겁내면서 어떻게 선교사가 되겠다는 것인가? 다른 전문적인 선교사처럼 장차 선교 사역이 효과적인 것이 되게 하기 위해서는 가능한 최소의 준비를 해야 한다. 의료 선교사는 우선 본국에서 개업할 수 있는 전문의 자격을 취득해야 한다. 인가받은 학교의 교사라도 본국에서 정교사 자격증을 받아야 한다. 양쪽 모두 선교지 국가에서 요구하는 자격 조건을 갖추어야 한다. 본국에서 전문의 개업을 허가받은 사람도 타국에서 자격을 다시 부여받아야 한다. 아마 수련과정을 더 해야 할지 모른다. 기술적 전문 분야에서도 마찬가지여서 선교사는 최선의 훈련을 받아야 한다. 비행사는 사적인 비행사 면허증 이상의 것이 필요하다. 정상 비행노선의 비행사도 최소한 상업 면허가 필요하다. 우리는 여기서 전문화된 준비과정을 더 깊이 취급할 수는 없다. 우리는 이 전문화된 수련을 받는다고 해서 후보자들이 선교사가 일반적으로 갖추어야 할 것들에서 면제된다는 것이 아님을 기억해야 한다. 그 전문가들도 선교사가 되어야 한다. 그들도 복음을 전하는 선교사와 같은 성령으로 감동받은 동기를 가져야 한다. 그렇지 않으면 사역이 곤란할 것이다. 경험에 의하면, 새로운 일군이 늘어나도 참된 선교사가 아니라면 사역의 영적 효과를 망가

뜨리는 것이다. 우리는 전문가가 필요하다. 그러나 선교의 전문가가 필요하다.

제 8 장

선교사와 선교회

Ⅰ. 선교회의 중요성

1. 선교회의 필요성

사도행전 13:1~5에서 성령은 교회의 선교 활동을 강조한다. 안디옥 교회는 선교사를 최초로 파송하는 교회적인 선교의 시작을 보여 준다. 바나바와 바울이 선교여행에서 돌아왔을 때 안디옥 교회에 보고했다. 그래서 사도행전 13장부터 성령은 교회가 선교사를 보내는 것을 바라신다. 이것을 강조하고자 성령은 선지자를 통하여 특별한 계시를 주셨다. 그 계시는 신약 교회를 위한 규칙이다. 성령은 "선교하라"는 말씀을 직접 말씀하시지도 않고 특정한 사람을 지적하지도 않았다. 여기에 기록된 성령의 사역은 단회적이다. 하지만 그 결과는 계속적인 것이다. 선교가 영혼의 구원에 초점을 맞추는 것으로써 방법적인 문제를 중요시하지 않는 것은 잘못이다. 성령은 선교는 교회(church)에서부터 시작해야 한다고 가르친다. 교회가 선교사를 파송해야 한다. 선교회가 선교사의 준비하는 방식과 필요한 훈련과 현지에 들어갈 정보를 다 알고 있으므로 선교 단체(para-church)[1]를

---

1) para는 헬라어로 '와 더불어'(with, together)라고 번역할 수 있다. 교회와 더불어

통해서 선교사를 보내는데 이것은 성령을 신뢰하지 않는 태도이다. 성령은 특별한 선교 단체(para-church)를 창설하지 않고 선교 활동을 오로지 교회에 맡기셨다. 신약 시대에 성령은 교회를 통한 선교 활동을 요구했다. 그러므로 선교사 파송의 주체는 교회라는 것이다.

찰스 핫지(Charles Hodge)도 선교는 교회에 속한다고 다음과 같이 주장했다.

> 우리는 세계 복음화의 과업이 장로회 대회, 총회에 속한다고 본다. 넓은 의미에서 하나님의 백성은 세계를 복음화하기 위한 모든 일을 하도록 되어 있다. 이 목적을 위하여 가장 중요한 것은 이방인들에게 전도자를 해외에 파송하는 것이다. 이 일을 함에 있어서 교회만이 조직체로서 책임져야 할 부분이 있고 선교회나 교회가 임명하고 통제해야 할 세속적 분야가 있다.[2]

핫지는 선교에 있어서 선교사의 안수, 임명, 지도 감독은 교회에, 수단 제공, 행정 등은 선교회에 속하는 것으로 분류했다. 바빙크도 교회 안의 한 집단이 선교사를 파송하는 것은 비성경적이라고 보았다. 선교는 총회나 노회보다 지역 교회의 선교가 이론적으로 건전할 뿐만 아니라 실제적이어서 더 타당하다고 했다.[3] 미국의 기독교 개혁파 선교 학자 해리 보어(Harry Boer)도 바빙크와 동일한 입장이다.

> 개신교는 처음부터 신약에 나타난 선교 사상에서 떠났다. 교회는 그들의 잘못으로 선교회가 생기도록 허용하고 말았다. 성령의 음성은 결코 침묵하지 않는다. 성령의 역사는 계속된다. 교회 기구와 조

존재하는 기관이다. 기독교 단체나 초교파 선교회를 의미한다. Ralph D. Winter는 '모달리티'(modality : Church)와 '소달리티'(sodality : parachurch)로 표현한다.

2) Charles Hodge, "A plea for voluntary society and a defence of the decisions of the general assembly of 1836 against the study of the princeton reviewers and others," The Biblical Repertory and Princeton Reviews Ⅳ(1837), p.102.

3) J. H. Bavinck, op.cit., pp.7~79.

직이 선교를 외면했기 때문에 성령은 교회의 어떤 부분을 통하여 역사하기 시작하였다. 교회가 선교의 대사명을 깨닫지 못한고로 선교의 열의를 가진 '선교의 친구들'과 '선교에 열심인 자들'이 선교회를 조직하였다… 성경적으로 말하면 선교회는 비정상적이다. 그러나 선교회는 축복된 비정상이다.[4]

이상에서 보면 선교는 교회에 속하며, 선교회는 교회에 속하여 교회의 지도와 통제를 받아야 한다.

신약성경이 그리스도인들이 어떻게 살고 행할 것인지에 대하여 구체적이며 완전한 모형을 제시해 주었다는 사실을 당연하게 받아들인다. 여기에는 선교 사역을 펴 나가야 할 방법도 포함되어 있는 것이다. 우리는 신약성경의 페이지 속에서 발견할 수 없는 다른 어떤 조직체를 만들 수 없는 것이다. 물론 성경에서 선교회(para-church)를 찾아볼 수가 없다. 이러한 견해를 가진 사람들의 진지한 열심과 신실한 믿음에 대하여 존경을 표시한다. 그들 중 일부는 선교 사역을 훌륭하게 완수하였다. 그렇지만 그들은 모든 진실한 그리스도인들 중에 오직 소수의 의견을 대변하고 있을 뿐이다. 우리들 대부분은 성경에서 조직체나 기관의 문제에 대하여 결정적인 주장을 하는 것을 찾지 못한다. 성경 교리에서도 또한 그렇다. 신약성경은 예수 그리스도를 하나님의 최종적이며 완성된 계시로 묘사한다. 성경은 성경이 묘사한 복음 외에 다른 것을 전하는 자에게 대한 저주를 선언하고 있다. 그러나 이러한 교리적인 일정한 선언을 조직체의 문제로까지 확장시키는 것은 잘못이라고 생각한다. 실제에 있어서 신약성경 자체에서도 절차나 조직체의 문제에 대해서는 통일된 가르침을 주지 않고 있다. 성경에서 깨닫는 것은 성령의 인도하심에 따라서 필요에 따라 조직체와 기관을 세우고 발전시킬 수 있다라는 것이다. 그리스도의 열 한 사도에게 단지 조직체의 핵심(기초)만을 남겨 주

---

4) Harry R. Boer, *Pentecost and Missions*(Grand Rapids : Eerdmans, Pub. Co., 1961), p.214.

었을 뿐이다. 그의 승천 후에 그들은 본래의 숫자 12를 채우기 위하여 맛디아를 뽑았던 것이다. 예루살렘의 교회가 급격히 성장하므로 그들은 곧 필요한 회원들을 보살피기 위하여 집사의 직분을 세워야 했었다. 예루살렘의 장로들이 처음으로 언제 선출되었으며 왜 선출되었는지 알 수가 없다. 그러나 믿는 사람들이 친숙해 있던 유대인의 회당에서 유사점들을 찾아볼 수가 있다. 우리는 사도들 자신들이 죽고 또 다른 분야로 떠날 때에 이런 직분자들을 세워야 할 필요가 있었음을 볼 수 있다. 바울과 바나바가 소아시아에서 첫 교회들을 시작하였을 때 그들은 절차를 바꾸기도 했던 것이다. 그들은 사도들이 교회에 항상 함께 머물고 있지 못하므로 우선 장로들을 지명할 필요가 있었다. 집사들은 나중에 필요에 따라서 생겨나게 된 것 같다. 현대적 의미에 있어서의 선교회는 성경에서 찾아볼 수 없다. 사실상 이 선교회 제도를 근 200년 동안 운영해 왔다. 그러나 그것이 기초하고 있는 기본 원리들은 신약성경의 가르침과 모순되지 않는다. 앞에서 언급한 대로 그리스도께서는 각 개인들뿐만 아니라 교회의 전체에게도 그의 지상명령을 수행할 책임을 부여하셨다. 분명히 신약성경의 교회는 어느 정도 그러한 책임을 자각했었다. 비록 어디까지 갈지는 알지 못했지만, 그래서 빌립이 사마리아에서 사역을 시작했을 때 예루살렘의 교회는 그의 사역을 돕기 위하여 공식적인 대표자를 파송했던 것이다. 베드로가 고넬료에게 설교했을 때 그의 행위는 교회에 의하여 공식적으로 인지되었던 것이다. 그러한 경우에 있어서의 결정은 몇 년 후에 그들이 바울과 바나바의 사역에 동의를 표시하는 결정적 요인이 되었다.

  안디옥에서 교회가 시작되었을 때 예루살렘 교회는 그들의 믿음을 확신시키기 위하여 그곳의 성도들에게 바나바를 파송시켰던 것이다. 그리고 바나바와 바울이 그들의 첫번째 선교여행을 시작했을 때, 그들을 성령의 지시에 의하여 파송했던 교회는 안디옥 교회였다. 그들은 돌아와서 그 교회에 보고하였다. 그 교회는 그 선교사들 중의 어느 누구의 재정적 책임도 지지 않았었다. 그것은 아주 현대적인 발전이다. 그들은 선교사들이 어디로 가야 하며 어떻게 그들의 임무를 수행해야 하는지를 가르쳐야 하는 것도 아니었다. 이 사람들은 선구자들이었으며 그들을 가르칠 자격이 있는 사람은 없었다. 그러나 후에 바울 자신이 보다 젊은 선교사들에게 아주 확실한 약간의 가르침들을 주었던 것이다. 즉, 그들은 디도와 디모데였다. 또한 안디옥 교회가 그들이 보낸 선교사들의 재정적 필요를 제공하지는 않았지만 다른 교리들이 여러 가지 경우에 있어서 그들을 도와 지원을 보냈던 것이다. 그리고 물론 오늘날에도 때로 보는 것처럼 그들이 섬기는 사람들이 그들의 음식과 숙소의 문제를 돌보기도 한다. 선교회가 시대에 뒤떨어졌다고 주장하는 사람들도 그들의 반대에 대한 약간의 근거를 가지고 있다. 오늘날 선교회가 어떤 의미에 있어서 '조직적 사업'이 되었다는 것은 사실이다. 우리의 사회는 서구적 상업사회 구조의 구조적 모형을 따라가는 경향이 있다. 때로 거기에는 성령의 인도하심이 있을 여지가 거의 없는 것처럼 느껴지기도 한다. 효율이 증대한다고 해서 반드시 영적인 효과도 크다고 할 수는 없다. 그러나 반대자들은 우리에게 새롭고 보다 효과적인 기구를 제시해야 할 것이다. 지난 한 세기 반 동안에 놀랄 만한 기독교의 신장은 선교 조직체들을 통하여 가능했던 것이다. 어떤 새로운 제안이 다른 목표들을 겨냥하든지 아니면 오늘날 그것이 더 효과적인 것이 될 수 있도록 하지 않으면 안된다.

랄프 윈터(Ralph Winter) 교수는 선교회(para-church) 구조의 시작을 신약성경에서 발견하고 교회와 선교 기관을 두 개의 기구로 보며 하나님의 인류 구속사역을 위한 2대 기구라고 부르고 있다. 그는 타문화권 선교의 장애와 그 복잡성을 지적하면서 이런 어려운 과제를 수행할 수 있는 수단은 무엇이겠느냐?고 질문한 후, 기독교 2천 년의 역사는 우리에게 회답은 하나뿐이라고 말해 주고 있다고 한다.

선교회 구조가 그 회답이다. 여기에는 강력한 증거가 있다. 바울 사도가 안디옥에서 활동을 시작했으나 그것으로 끝난 것이 아니다. 그는 바리새인들의 개종 활동에서 선교단(Missionary Band) 또는 사도

단(Apostolic Team) 구조를 차용했으며, 또한 그가 새로 세운 교회들도 유대교의 회당 구조를 본받은 것이었다. 그때부터 오늘에 이르기까지 우리는 교회와 선교회를 두 개의 서로 다른 기구로 보고 있다.[5]

2. 선교회의 중요성

(1) 선교회에 참여하는 교회

현대의 선교회는 교회가 그 선교적 사명을 완수하도록 생겨난 것이다. 그것은 교회 안에서 조직되고 교회의 시중을 드는 것이다. 그것의 조직과 실무는 그것이 대표하는 교회를 나타내야 한다. 여러 가지 다른 교단들이 있기 때문에 선교회는 서로 다른 실질적인 임무를 갖게 된다. 어떤 선교회가 사용할 자금은 교회 성도들의 헌금인 것이다. 그러므로 선교회는 그 돈을 사용하는 데 있어서 교회에 대한 책임을 져야 한다. 물론 어떤 교단에도 속하지 않은 초교파적인 선교회도 있다. 그렇지만 그들도 여전히 대표자의 성격을 띤다. 그들은 여러 가지 교단 내의 개인들과 많은 단체들 이 외에도 점증하고 있는 독립 교회들을 대변하고 있는 것이다. 이 사람들은 이러한 이유 혹은 저러한 이유 때문에 그들의 사역을 지원하기로 결정한 사람들이다. 이러한 선교회들은 교회에 대하여 즉각적으로 책임을 지지 않는 것처럼 보일지도 모른다. 그러나 그들이 사역을 계속하는 것은 교회가 지원과 관심을 계속적으로 유지해 주는 데 달린 것이다. 이런 지원이 교단의 지원보다 정규적이지 못하고 자발적이지 못한 것 같지만 이러한 선교회들은 지원하는 교회들의 태도에 대해 더욱 더 민감하게 된다.

---

5) 장중열, *op.cit.*, p.185 재인용.

(2) 사역의 효율성

우리는 예루살렘 교회가 궁핍한 성도들을 돕기 위하여 체계적인 물질 구제 또 공정한 분배를 위하여 집사들을 필요로 했던 것처럼, 효과적이고 체계적인 복음전파를 위하여 선교회가 필요하다. 그것은 각각 개인에게 일임할 일이 아니다. 그것은 교회의 사역이며 그것은 곧 협력을 의미한다. 그러나 대규모에 걸친 협력은 일종의 조직체를 필요로 하는 것이다. 예를 들어 해외에서 봉사하는 선교사들을 위한 교회의 기부금 관리를 생각해 보자. 여러 가지 분야에서 일하는 큰 선교회에서는 이것은 큰 일이다. 그것은 단지 기금을 받고 각 선교사에게 일정한 생활비를 보내 주는 정도의 문제가 아니다. 가족의 수에 따라서 생활비를 다르게 한다면 차라리 간단할 것이다. 그러나 생각해야 할 또 다른 문제들이 있다. 각 선교지마다 생활비가 다르며 인플레이션이 있다면 거기에 따른 잦은 변화가 있게 된다. 환율은 계속적으로 변한다. 어느 국가에서 현 시세로 한국 돈 5천원의 가치가 다른 국가에서는 불과 육십 센트의 값어치가 될지도 모른다. 다음 달에는 더 가치가 떨어질지도 모른다. 선교회는 이 모든 사실들을 고려해야 한다. 또 건축 경비, 병원과 학교 운영비, 출판비, 여행비, 그리고 선교 사역을 수행하는데 포함되는 여러 가지 잡비 등이 있다. 이 외에도 교회가 항상 정규적으로 돈을 주는 것은 아니다. 헌금은 연말 직전에 가장 많이 들어온다. 그것은 한편 크리스마스 때문이며 결산 마감기일 때문이다. 그러나 반면에 여름 몇 달 동안은 헌금이 별로 안들어온다. 경기가 침체되고 교인수가 줄어들고 많은 사람들이 돈을 선교비 대신에 여름 휴가에 쓰기 때문이다. 그러나 선교사는 여름에도 겨울과 마찬가지로 똑같은 지원이 필요하다. 선교 위원회는 이러한 문제들을 잘 고려하여 기금을 안배시킨다. 한편, 선교 계획은 어떠한가? 선교 전략에 대해서는 많은 의견들이 있다.

그러나 전략은 필연적으로 계획을 포함하는 것이다. 또 그것은 노력의 조화를 포함하는 것이다. 이것은 결코 개인적인 규모로는 이루어질 수가 없다. 일종의 조직체가 필요한 것이다. 그래서 근래에 와서 선교회 혹은 선교 이사회 등이 생겨나게 된 것이다. 사업에 기본적인 원리들을 세우고 인력과 기금의 분배에 있어서 우선순위를 정하는 것도 위원회에서 하게 된다. 비록 잘못하는 일도 있지만 전반적으로 교회의 선교 임무를 수행하는데 있어서 아주 효과적인 기구가 되고 있다. 독립된 선교회 이사회를 설립하는 것은 선교 사역이 어딘가 교회의 다른 사역과는 구별된다는 것을 의미한다. 즉, 선교가 전체 선교 혹은 교회 선교의 단지 일부분이 되어야 한다고 믿는 많은 사람들이 있으나 선교는 그 자체로서 독립되어야 한다는 의미이다. 그러나 어떤 경우에라도 교회는 "교회의 해외 선교"를 관장할 기관이나 위임 위원회를 세워야 할 필요성을 알아야 한다.

(3) 본국 교회와의 관계

본국에 있는 교회에게 사역을 대표하기 위해서도 선교회가 필요하다. 선교가 교회의 할 일이라면 또 영적으로, 재정적으로 그 사역을 지원해야 하는 것이라면, 그 사역이 어떻게 진행되어 가는지에 대하여 정기적인 보고를 받아야 한다. 선교 현지 소식을 계속 들어야 관심이 유지된다. 오늘날에 와서는 선교사 개인이 휴가기간 동안 교회를 방문하거나 개인적인 편지를 교환함으로써 어느 정도의 관심을 계속 유지하는 것이 충분히 가능하다. 이것은 좋은 방법이지만 충분한 것은 아니다. 대부분의 교회들이 선교사와의 관계를 가지고 있다면 겨우 한 두 명에 불과하다. 그리고 또 대부분의 선교사 자신이 그들의 주재지 밖에서의 사역에 익숙하지 못한 실정이다. 그들이 선교지에서 보낸 편지나 휴가 때에 와서 하는 얘기들은 주로 대부분이 그들 자신의 체험에 관한 것들이다. 또 한편 선교회는 선교지를 전체로서 감독해야 하는 입장이다. 그것은 필요와 진척에 대한 균형잡힌 청사진을 제공해야 한다. 선교회는 이러한 일을 보통 선교 출판물이나 직원이나 다른 사람들을 교회들에게 파견함으로써 수행하려고 한다. 때로는 영화 상영, 해설이 붙은 기록영화 상영을 지원해 줌으로써 교회로 하여금 선교 사역에 대해서 알 수 있도록 한다. 또는 선교회는 교회 안에서 필요한 계획과 서적들을 공급함으로써 선교사 교육을 촉진시킨다. 또 선교사 회의를 계획하고 주관하며 기독교 학교를 운영한다. 개인적인 많은 기부자들에 대해서는 선교회가 또한 선교 사역을 위하여 면세기부를 할 수 있는 합법적인 비영리 단체의 통로가 되기도 한다.

(4) 개인 훈련

선교회가 선교사 후보생들을 상담하고 훈련하고 확인하는 것은 그들이 해야 할 두드러진 사역이다. 지방의 지역 교회는 이런 일을 할 위치가 못 된다. 교회는 후보생들을 잘 알며 선교 사역에 대한 그들의 영적인 적성을 알 것이다. 그러나 선교지와 그에 따른 독특한 필요에 대해서는 알지 못한다. 또한 선교지로 출발하기 전에 접수된 후보자들에게 그들이 가야 할 선교 사역의 올바른 방향을 제시할 수도 없다. 새로 임명받은 선교사가 임지를 향하여 떠나려고 할 때 그는 선교 장비 구입 문제, 선적, 필요한 문서구비, 수송 등의 문제에 대하여 도움과 상담을 필요로 한다. 이와같이 또 다른 여러 가지 방법으로 선교회는 그 실질적인 가치를 스스로 증명하고 있다.

3. 선교회 비판

우리는 선교회의 존재가 보통 당연한 것으로 받아들여진다고 앞에서 이야기하였다. 그러나 그것들을 정당한 이유가 없이 비판하는 사람들이 많이 있다. 어떤 사람들은 그들이 하는 사역에 비해서 너무나 경비를 많이 쓴다고 생각한다. 몇년 전에 어떤 작가가 한 교단이 그 선교비 수입의 87%를 초과 비용에 사용한다고 주장하는 기사를 썼다. 그는 이 주장을 그 당시의 각 선교사들이 1년에 1000달러 정도의 보수를 받았다고 하는 사실에 근거해서 정당화시켰다. 그래서 그가 선교사의 수에다 그 액수를 곱해 보니 그것은 전체 비용의 13%에 불과했던 것이다. 그는 그 나머지는 모두 초과 비용이라고 결론 내렸다. 이것은 사실과는 너무나 동떨어진 것이다. 각 선교사의 봉급은 실제로 1000달러였다. 그러나 거기에는 집세, 의료 보험비, 단체 보험비, 연금지불, 그리고 인플레가 심한 지역에 있어서의 초과 수당을 포함하지 않은 것이다. 그것은 자녀들을 위한 수당도 포함하지 않은 것이다. 각 선교사에 대한 그 해의 실질적인 지원은 2000달러를 상회하는 것이었다. 그러나 그것뿐만이 아니다. 선교사들은 선교회의 비용으로 각 선교 지역 사이를 이동해야 하기도 한다. 그들은 그들의 사역을 수행하기 위하여 선교지를 두루 여행해야 하기도 한다. 그들은 또한 그들의 사역을 하기 위한 장비를 갖추어야 한다. 그들은 서적을 공급받아야 한다. 병원이나 보건소들을 위한 보급품과 장비들은 비싸다. 신학교, 성경학교, 그리고 다른 형태의 교육기관들은 돈을 필요로 한다. 사실에 있어서 그 해의 선교회의 보고에서는 수입의 9% 이하가 봉급에서 소비되었음을 보여 주며 91% 이상이 선교지에서 쓰여졌음을 보여 주고 있다. 물론 어떤 선교회는 다른 선교회들보다 경제적이지 못할 수도 있다. 그러나 제아무리 사치스러운 선교 위원회라도 그와같이 낮은 비율의 초과 비용으로서는 해외에서의 사역에 관해서는 아마 생각할 수도 없을 것이다. 또 하나의 매우 성행하고 있는 비판은 선교 위원회들이 선교사들의 개인적인 차이를 인정하지 않고 매사를 "책에 의해서만" 해결하려고 하는 경향이 있다는 것이다. 어떤 젊은이들은 선교 위원회들이 혁신을 방해한다고 하는 생각을 가지고 있다. 그들은 새로운 아이디어를 받아들이지 않으며 임무에 대한 참신한 접근을 시도하지 않는다고 생각한다. 그것은 선례만 따르고 현상유지만 하려는 사람들이 있는 '조직화된 인간'들의 조직체에 있어서는 사실이며 그들은 아마 그들의 상사들과는 사이가 좋을 것이다. 일정한 양식에 적응하지 않는 '괴짜'의 일군을 좋아할 감독관은 없다. 이것은 선교회에서만 적용되는 것이 아니라 다른 기관에서도 마찬가지로 적용되는 것이다. 그러나 선교회 안에서 실질적으로 얼마나 많은 체험들이 얻어지고 있다는 것을 안다면 아마 많은 사람들을 놀라게 할 것이다. 어떤 선교회는 다른 선교회들보다도 그것을 더욱 더 강조한다. 그 결과로 그들은 그 사역의 귀중한 공헌을 하고 있는 것이다. 그러나 그들 중에 누구도 그 자신의 방식만을 따르도록 초보 선교사에게 허용하는 예는 없다. 이것은 마치 어린 소년이 그의 새로운 화학 장난감을 가지고 노는 것과 매우 흡사한 것이다. 그는 약간의 지도가 필요한 것이다.

II. 선교회 형태

1. 교단 선교회

대부분의 선교회들은 아마도 두 가지의 일반적인 형태로 나누어 볼 수가 있다. 먼저 교단의 선교부에 대해서 이야기하겠다. 그들은 비교적 초기에 정립되었으며 아직도 개신교의 해외 선교의 많은 부분을 수행하고 있다. 최근에 들어와 그들 중 몇몇이 그들의 체제를 변경시키고 점점 해외 선교사들의 비율 속에서 차츰 감소되어지고 있다. 그러나 일군들의 숫자만이 전부가 아니다. 그리고 사역의 의미와 성공도를 측정하는 시금석이 되는 것도 아니다. 어떤 의미에서는 많은 선교회들이 특히 유럽에 있는 선교회들이 원래는 독립적인 것이었다. 즉, 그들은 특정한 교파의 교회들 가운데서 그들의 사역을 시작했다. 그들은 그 교파에서 선교사를 찾았다. 그러나 그들은 이상과 그 교파 내에 있는 선교사의 정신을 가진 개인들의 소규모 집단의 주도권 문제로 인하여 따로따로 조직되었다. 어떤 경우에는 특히 유럽에 있어서는 한 교단의 성도들로부터 지원받는 여러 개의 선교회가 있다. 그러나 미국에 있어서는 대부분의 이러한 선교회들이 이제는 교단의 전반적인 관리 하에 들어가게 되었다. 그들은 해외 선교가 수행되어지고 있는 교단적 체제 내에서 그 지부가 되어 버린 것이다. 간단히 말해서 그들은 해외에서 일하는 교단인 것이다. 이것은 보통 각 교단마다 하나씩의 이러한 선교회를 갖게 되었다는 것을 의미한다. 그것은 그 교단의 통치체제 아래 있게 되며 정기적인 보고서를 제출해야 한다. 교단 선교부는 물론 그 교단의 교회들에게 선교 사역을 위한 인력과 자금을 공급받는다. 선교사 후보생들은 그 교단 산하 교회의 교인일 것으로 기대된다. 때에 따라서 예외가 있으나 아주 드물다. 보다 큰 교단의 선교부는 여러 가지 다른 선교지에서 일하고 있다. 각 선교지에서 그들이 하나의 기관을 가지고 있지만 본국에 있는 선교부가 모든 것을 감독하고 재정적 문제를 책임진다.

예전에는 선교부가 현지 사정을 잘 이해하지 못함으로써 선교사들이 그들을 비판할 여지를 주었었다. 그러나 오늘날은 그렇지 않다. 오늘날 대부분의 교단 선교부가 선교 부장이나 유능한 선교 신학자들을 책임자로서 지명하는 것이다. 그래서 선교부에서는 그들을 선교지에 정기적으로 자주 파견하여 어떻게 되어가고 있는지 끊임없이 연락을 갖는다. 교단의 각 교회가 선교 사역을 위하여 몫을 배당받았을지라도 헌금은 아직도 자의에 맡기고 있다. 선교부는 모금을 위하여 호소할 수 있을지 모른다. 어느 정도 한계 내에서의 이야기이다. 그 수입은 교인들의 자비심에 달려 있는 것이다. 선교부는 1년 예산을 세우고 그 해에 얼마나 헌금이 들어올 것인가 하는 데에 기초를 두고 계획을 세운다. 그러므로 선교부가 선교사를 파송하면 그는 정기적인 사례를 받게 된다. 이 생활비는 작은 액수가 보통이며 그가 하는 사역의 가치와는 무관하다. 선교사의 월급은 본국에서처럼 경쟁적인 것은 아니다. 아마도 우리는 차라리 그것을 생활 수당이라 불러야 할 것이다. 그 액수는 선교지의 생활비 수준에 따라 달라진다. 실적보다는 필요에 의한 것이므로 어린애가 있는 선교사들은 비교적 많이 받는다. 그것은 오직 선교사와 그의 가족의 필요를 채워주기 위한 것이므로 선교부는 독립된 친척이나 채무가 있는 선교사들을 지명하기를 꺼리는 것이다. 선교부의 재정에 있어서 항상 해결하기 어려운 문제가 한 가지 있다. 사람들이 선교회에 돈을 내기를 좋아하지 않는다는 것이다. 그 이유가 무엇이든 그들 중 대부분이 특별한 사역이나 선교사 개인에게 돈을 주기를 좋아하는 것이다. 그래서 선교회는 여러 가지 '개인 헌금' 제도를 채용하지 않을 수 없는 것이다. 일반적으로 한 개 혹은 그 이상의 교회들이 선교사 한 사람을 맡아서 지원하고 그를 그들의 선교사로 생각하게 하는 방안이 있다. 선교사는 그를 지원하는 교회와 계속적인 유대관계를 가져야 한다. 만약 그 교회가 그의 본국의 교회가 아니라면 휴가 때에는 그가 그 교회를 방문할 것으로 기대되는 것이다. 교회는 그의 생활비의 액수에 대하여 왈가왈부할 것이 없다. 그것은 위원회가 정할 문제다. 그러나 자금을 제공해야 할 책임은 교회가 쥐고 있는 것이다.

2. 독립 선교회

교파나 교회의 간섭을 받지 않는 선교회들이 늘어가고 있다. 우리는 이들을 독립 선교회 혹은 초교파 선교회라 부른다. 대개의 경우에 그들은 자발적 종신 이사회를 갖는다. 즉, 위원회 중의 한 사람이 죽거나 사직하면 나머지 사람들이 그 대신에 또 한 사람을 선출할 권리를 갖게 된다. 대부분의 경우에 있어서 선교사들 자신들은 선교회의 고용인이 아니라 그들의 모든 일에 있어서 발언권을 가지는 회원으로 생각되고 있는 것이다. 때로 선교회의 정한 액수보다 1년 동안에 더 많은 헌금을 하는 교회나 개인들을 연내 모임에서 투표권을 갖는 회원으로서 간주하는 것이다. 전부는 아니지만 독립 선교회의 대부분이 '신앙 선교회'(faith missions)라고 불리고 있다. 그들은 다른 사람들보다 믿음이 많다고 해서가 아니라 재정적인 어떤 원칙 때문에 그런 이름을 얻게 되었다. 일반적으로 그들은 사람들에게 직접 자금을 호소하는 것이 아니고 그의 필요를 채워 주시도록 하나님께 의존하는 것을 원칙으로 삼고 있다. 대부분의 경우에 이것은 필요를 알리는 것을 배제하지는 않는다. 어떤 사람들은 일종의 표어를 채택하기도 한다. '충분히 알리되 간청하지는 말자.' 그들은 하나님이 그에게 진실된 사역을 위하여서 신자들의 마음을 감동시킬 것을 믿고 있다. 물론 이러한 여건 속에서는 선교사에게 일정한 금액의 급료를 확약할 수는 없다. 그들은 각 선교사에게 주님이 그들의 필요한 것을 보내 주시도록 그를 바라보도록 하는 것이다. 그러한 계획은 참으로 환상적인 것처럼 보인다. 그러나 훌륭한 효과가 있다. 실제로 많은 선교회에 있어서 성공적으로 증명되었다. 독립 선교회는 점증하고 있는 독립 교회뿐만 아니라 그 교파 내의 교회나 많은 기도 모임의 개인들에게서 지원을 받고 있는 것이다. 어떤 사람들은 그들 자신 교단의 선교회보다 독립 선교회를 단순히 더 좋아하기도 한다. 어떤 사람들은 독립 선교회가 지급하는 특수 선교에 관심을 가진다. 다른 사람들은 그 교단 내에서 자기들에게 할당된 거액보다도 많은 것을 선교회에 기부할 만큼 관심을 가지기도 한다. 교단에 집착한 사람은 그런 것을 좋아하지 않는다. 그들은 교인들이 교파를 통하여 선교 자금을 모두 조달할 수 있도록 교인들을 설득하는 데 최선을 다한다. 그러나 그들은 보통 이러한 압력에 저항을 표시하는 많은 사람들을 만나게 된다. 독립 선교회의 일부, 특히 침례교에서는 그 성격이 참으로 교파적이다. 그들은 교단의 지배 아래 있지는 않지만 때로 재정에 있어서 믿음의 원칙들을 수행하기도 한다. 그러나 다른 일들에 관해서는 교파적이다. 그들이 침례교라면 선교회의 모든 회원들은 침례교도들이어야 한다. 선교사 후보생들이 지명받기 위해서는 그들은 '편의 때문이 아니라 원칙 때문에' 침례교도들이 되어야 한다고 충고를 받는다. 그리고 선교지에서 그들이 세우는 교회는 명목상으로나 실제에 있어서 침례교회인 것이다. 그러나 독립 선교회들의 대부분이 초교파적인 신앙적 선교회들이다. 즉, 그들의 요원들이나 지원이 많은 여러 가지의 모범적 교단에서 뿐만 아니라 독립 교회들로부터 나오는 것이다. 그들은 모두 신학에 있어서 보수적이다. 그들은 신앙의 기초적 문제들을 망라하고 있는 교리의 신조들을 가지고 있으나 보통 논쟁이 되어 교파를 나누는 부분은 삭제하고 있다. 이러한 원칙 아래서 그들은 장로교, 감리교, 침례교, 회중 교회, 그리고 많은 교파들을 받아들인다. 이러한 초교파적 선교회들이 있다.

(1) 해외 선교회 (OMF)

지금은 해외 선교회(Overseas Missionary Fellowship)로 알려져 있지만 처음에는 중국 내륙 선교회(China Inland Mission)였다. 해외 선교회는 1865년에 J. 허드슨 테일러 박사에 의하여 영국에서 창설되었다. 테일러는 선교사로서 중국에서 수 년을 보낸 후에 건강을 해쳐서 귀국하였었다. 그러나 그는 중국 사람들의 회개에 대하여 끝없는 열정을 가지고 있었다. 상세한 이야기를 할 필요도 없이 이러한 것들 때문에 선교회가 시작된 것이다. 테일러는 중국 내륙의 넓은 지역에 대한 짐을 맡았던 것이다. 그러나 그 당시에는 참으로 본격적인 것이 아니었다. 더구나 중국에 이미 있었던 선교회들은 그들이 이미 맡은 책임 이상의 것을 해낼 수 있으리라고 믿지 않았다. 내지에 도달하기 위해서는 새로운 선교회가 필요했다. 그러나 그것을 구원해 줄 교단이 없었다. 그래서 테일러는 그의 체험에 의하여 몇 가지 개인적인 결론에 이르게 되었다. 그 중 한 가지는 '하나님의 방법으로 이루어지는 하나님의 사업에는 결코 하나님의 공급이 부족하지 않을 것이다'라는 것이다. 이것이 사실이라면 빚을 진다는 것은 잘못된 것이다. 우리가 하나님이 보실 때 보류하려는 사업을 위하여 불신자에게서 돈을 빌어야 할 이유가 어디 있겠는가? 테일러는 또한 중국 내륙에서 가장 절실히 필요한 것은 복음전도라고 확신하였다. 그러한 목적을 위해서는 선교사들에게 일반적으로 요구되는 모든 교육적 자격을 요구해야 할 필요는 없는 것이다. 그는 선교회가 아주 유용하게 쓸 수 있었던 많은 선교사들을 놓쳤다고 믿고 있었다. 그러나 테일러가 그 자신의 필요를 위하여 인간에게 호소하지 않고 하나님을 의지하는 것을 배웠다 해도 그러한 토대 위에서 하나의 선교회를 조직하는 것은 무관한 일이다. 그가 중국으로 갈 청년들을 얻으면 어떻게 할 것인가? 그리고 자금이 막힌다면 어떻게 할 것인가? 그가 그러한 책임을 감당할 수 있을까? 그의 저항감은 하나님께서 그에게 선교회를 시작하도록 감동시키셨다면 그것은 하나님이 책임지실 일이지 그가 책임질 일이 아니라는 것을 깨달을 때 비로소 없어졌다. 그는 거기에서 자신을 얻고 계속해 나갔다. 중국 내륙 선교회의 모범을 따르는 선교회들에서는 다음과 같은 원칙들이 일반적으로 준수되고 있다.

1. 선교사가 자금을 간청하는 것은 허용되지 않는다.
2. 빚을 져서는 안된다.
3. 보장된 급료는 없다.
4. 어떠한 복음적 교파에서 지원하는 선교사 후보들이라도 받아들인다.
5. 복음적인 사업을 우선한다.

(2) 세계 복음선교회(WEC)

WEC은 1913년에 조직되었으며, 창시자는 스투드(C.T. Studd)이다. 그는 1885년에 캠브릿지의 일곱 용사(Cambridge Seven to China)로서 스탠리 스미스(Stanley Smith)와 중국 내지 선교부(CIM)에 속해서 선교사로 일했다. 그리고 1895년에는 미국에서 학생 자원봉사단(Student Volunteers)을 창설했고, 1910년에는 나일과 레이크 챠드(Nile and Lake Chad)의 복음화 운동을 했다.[6] 그는 '아프리카의 심장'(In the

---

6) Norman Grubb, *C.T.Studd*(Pennsylvania : CLC, 1972), p.5.

heart of Africa)으로서 WEC을 시작했다. WEC이란 International Worldwide Evangelization for Christ의 약자(略字)이다. 1988년 현재 1,311명의 선교사들이 있다. 그들은 35개국으로부터 왔으며 라틴아메리카와 아시아에서 왔다. WEC은 초교파적인 선교 단체이다. 여러 교파로부터 선교사들이 와서 사역한다. 그러나 선교를 가슴에 품은 교회를 세운다. 개척자 정신을 갖고 사역한다. 복음이 전파되지 않는 곳에 많은 교회를 세우려고 한다.

WEC의 행정적인 원리는 중앙 집권적인 명령 체제가 아니다. 선교지의 협의기구가 최고의 기관이며 지도자를 선출한다. 국제적인 차원에서는 국제적인 지도자를 선출한다. WEC의 전가족에는 80명의 지도자가 있다. 그 80명의 지도자들이 모여 국제 총무를 선출한다. 그리고 어떤 결정을 할 때는 개인이 하는 것이 아니라 협의체를 통하여 결정한다. 재정 운영방식은 국제 공동모금 및 배분제도가 아니다. 돈을 모금하여 분배하는 제도가 아니다. 어떤 조직체라기 보다는 채널(통로)로 생각하여 일군들에게 필요한 돈이 흘러가게 한다. 어떤 선교사는 고향 교회나 선교 단체에서 보조를 받고 어떤 선교사는 친구의 협조를 받는다. 또는 기도 후원자의 협조를 받는다. 그래서 선교사들마다 선교비 액수가 모두 다르다.

WEC의 선교사 훈련과정으로 MOC(Missionary Orientation Center)가 있다. 여기에는 다섯 가지 과정이 있다. '선교 인류학'(Missionary Anthropology), '가난한 사람들을 위한 복된 소식'(Good news for the poor), '교회 설립'(Church planting), '이슬람과 복음'(Islam and the Gospel), 그리고 원시적 종교(Primal religious)이다.

(3) 독립 선교회와 재정

선교사들이 재정 문제에 있어서 신앙 선교(Faith Mission) 원리들을 고수하고 있다고 할지라도 선교회가 모두 똑같은 방식으로 그것을 이해하고 있는 것은 아니다. 그러므로 선교사들이 재정 문제에 있어서 여러 가지 다른 정책을 따른다고 해서 놀라서는 안된다. 선교사들은 그들의 재정적 입장보다도 초교파적인 성격에 역점을 두고자 하는 경향이 있다. 이러한 선교회들을 오늘날 실제적으로 살펴보면 그들의 제도가 규모나 요원의 문제에 있어서 허드슨 테일러 시대보다는 많이 변화된 것을 볼 수가 있다. 선교회는 그들의 교회 밖에서 사업을 지원하는 특수한 부담을 지고 있다고 느낄지도 모르는 고립된 개인들로는 더 이상 구성되지 않는다. 그러나 물론 아직도 많은 이러한 것들이 있다. 또한 교회의 실질적 체제가 성장하였으며 선교회를 통하여 그들의 선교적 관심을 나타내었던 성도들의 여러 가지 집단들이 성장하였다. 심지어 몇몇 군소 교단에서는 독립된 교단적 협의회를 창설하는 것보다는 이러한 독립적 복음 선교회들을 자신들의 선교회로 채택하는 경우가 많다. 이러한 많은 교회들이 특수한 재정적인 필요들에 대하여 알고 싶어한다. 그들은 또한 특별한 지원의 액수에 대한 매년 예산을 선교사나 선교회에 제출하기를 원한다. 그것은 아직도 그들 자신의 임의로 할 수 있으며 어느 때든지 거부할 수 있다. 그러나 이러한 단체들로부터의 정기적인 기부금이 복음 선교회의 수입의 대부분을 차지하고 있다. 선교회들이 그들 자신의 계획을 이러한 상황에 잘 적응시켜 오고 있다. 예를 들자면 선교사에 대한 지원은 그가 선교지로 떠나기 전에 교회나 개인에 의해서 보증되어야 한다고 주장하는 사람들이 많다. 그들은 이것이 믿음의 부족함을 나타내는 것이라고 생각하지 않는다. 왜냐하면 지원의 약속이 꼭 실천된다는 확실한 보장이 없기 때문이다. 그러나 그것은 초기의 과정으로부터 벗어났다는 의미이다. 선교사들은 어떻게 지원을 받는가? 여기서 우리는 그들이 여러 가지 어려움을 받게 되는 것이라 할지라도 다음의 두 가지 기본적인 방법을 말하지 않을 수 없다.

1) 모금 방법

첫번째 방식은 모금 방법(Pooling Plan)이다. 이러한 방식 아래서는 선교회가 선교 후원을 위한 모든 기부금을 하나의 자금이나 공동기금으로 모은다. 그리고 보통 1개월에 한 번 각 선교사들이 그들의 필요에 충분한 만큼의 몫을 받는 정규적인 분배가 이루어진다. 같은 선교지에서 일하는 독신 선교사들은 모두 똑같은 액수를 받는다. 가정을 가지고 있는 선교사들은 그들의 자녀들 수에 따라 더 많은 액수의 생활비를 받는다. 그밖의 여러 가지 세부 사항들이 있지만 모두에게 골고루 분배하도록 하는 원칙에는 변함이 없어야 한다. 선교회는 각 선교지에 따라서 그들이 선교사들의 필요를 채워 주기에 충분하다고 생각하는 모종의 일정 액수를 책정하는 것이 보통이다. 이러한 방식과 일정한 봉급제의 다른 점은 기금이 모금되지 않으면 책정한 액수대로 지급된다는 보장이 없다는 점이다. 보다 규모가 큰 선교회들은 보통 상당한 정확성을 가지고 수입을 예상할 수 있으므로 거기에 근거하여 예산을 세운다. 모금 방식은 몇 가지 잇점들을 가지고 있다. 모두가 똑같이 나누므로 선교사들 사이에 누구는 많이 받고 누구는 적게 받는 일이 없어진다. 선교 사역에 관한 흥미있는 보고 자료를 가지고 있는 선교사나, 그렇지는 못하지만 평범한 사역을 하면서도 똑같이 귀한 일을 하고 있는 선교사가 다 같은 대우를 받게 된다. 설혹 본국에 있는 사람들이 모금에 참여하지 않고 직접 특정 선교사에게 기부하려 한다 해도 소용이 없게 된다. 선교사는 자기가 받은 헌금들을 항상 보고해야 하며 그것들은 공동기금에 계산이 되고 선교회로부터 오는 다음 번 송금에서 그만큼 공제받게 된다. 그러나 대부분의 선교회들이 생일 같은 때의 정성어린 선물이라든지 크리스마스 때라든지 새로 아기가 태어났을 때에는 이러한 것들을 공제하지 않고 허용해 주고 있다. 사실상 선교회 자체에서는 기부자를 위하여 이러한 선물들을 기꺼이 보내 주려고 할 것이다. 선교회는 기부자가 개인적으로 보내는 것보다는 훨씬 더 안전하게 보낼 수 있다. 선교회는 기부자에게 그 액수에 대한 특별한 영수증을 발행한다. 동시에 기부자는 이러한 개인적인 선물들이 소득세 공제 혜택을 받지 못할지도 모른다는 사실을 알고 있어야 한다. 모금

방식은 또한 선교사로 하여금 자신뿐만이 아니라 선교회 전체의 필요를 채워 주시기를 위하여 기도하게 하는 것이다. 한 사람의 선교사에게 유익한 것이면 곧 모두에게 유익한 것이다. 그래서 한 사람이 부족한 송금을 받았을 때 그들 모두가 부족함을 느끼는 것이다. 또 그의 교회에서 지원을 끊더라도 전혀 지원을 받지 못하는 사람이 한 사람도 없게 된다. 이것은 선교회의 단결을 크게 강조하는 경향을 말해 주고 있으며 선교사 개인보다 선교회를 중요시하는 것이다. 그러나 이 방식도 몇 가지 약점들을 지니고 있다. 기금을 운영하는 사람들의 신임에 너무 많이 의존해 있다는 점이다. 이 방식을 시행하던 어느 선교회가 지혜롭지 못하게 지원할 수 있는 숫자보다 많은 선교사를 선교지에 파송한 일이 있었다. 그래서 모든 선교사들이 어려움을 겪었다(선교사들의 신임을 위해서 그들이 불평하지 않았다고 말하는 것이 좋을 것이다). 그러나 가장 큰 약점은 헌금자들의 자세에서 볼 수 있다. 많은 헌금자들이 그들의 기부금이 오로지 자신들이 지원하는 특정 선교사에게만 가야 한다고 주장한다. 그들은 자신들의 기부금이 기금으로 모아지는 것을 원치 않는다. 어떠한 설명으로도 이러한 기부자들의 비위를 맞출 수는 없다. 그들의 선교사가 보냄을 받은 그 일을 수행하지 못하면 그들은 돈을 보내지 않을 것이다.

2) 개별적 후원 방법

두번째 방식은 개별적 후원 방법이다. 즉, 개별적 지원 방식이다. 이 방식은 선교사 개인이 그의 친구나 지원자들이 그와 그의 사역을 위해서 기부한 것은 무엇이든지 그대로 받게 하는 것이다. 때로는 풍족하기도 하고 때로는 부족하기도 할 것이다. 그러나 그것들은 그를 위하여 지정된 것이다. 선교회는 기부자에게 그 선교사가 필요한 액수를 알려줄 것이다. 그러나 그 선교사가 그것을 받았는지를 확인하는 책임까지 지지는 않는다. 그리고 특정인에게 지정되지 않은 모든 기부금을 일반기금으로 하는 방법이 있다. 이 기금은 선교사 개인을 지원하는 것 이외에 선교 사역의 경비로 충당될 것이다. 선교사가 그에게 필요한 만큼의 개별적 후원을 받지 못하는 경우 그렇게 할 충분한 돈이 선교회에 있다면 선교회는 일반기금에서 그 차액을 보충하는 것이다. 개별적 지원 방식은 또한 몇 가지의 장점을 지니고 있다. 많은 기부자들이 개별적인 선교사의 사역에 송금하기를 원하므로 그러한 심리를 충분히 북돋아 줄 수 있을 것이다. 개별적 지원 방식은 기부자들과 그들이 후원하는 선교사 사이에 긴밀한 유대를 갖게 한다. 개별적 지원 방식은 선교사로 하여금 그를 후원하는 사람들과 계속적인 서신 연락을 갖도록 격려한다. 그는 다른 사람들이 한 것을 따라 그럭저럭 하려고 하지 않는다. 그러나 개별 지원 방식에도 약점들이 있다. 일반 기금에 기부하는 것은 부적당하다는 생각들이 퍼져 있다. 아주 많은 사람들이 선교회의 전반적인 사역보다도 자기들이 알고 있는 개별적인 선교 사역에 기부하는 것을 좋아한다. 그래서 어떤 선교사들은 똑같이 귀중한 사역을 하는 다른 선교사들보다 더 나은 지원을 받기도 한다. 그들이 친구를 더 많이 갖고 있거나 서신이나 이야기를 통하여 관심을 불러 일으키는데 능숙하기 때문이다. 그래서 선교사들 사이에도 빈부의 차가 생기게 된다. 그리고 사역자가 사역 자체보다 더욱 드러나게 되어 선교회의 유대 감각이 약화된다.

이 두 가지 모금 방식에 대해서 살펴본 형편은 완벽하다기에는 너무 거리가 멀다. 우리는 그것을 너무 단순화했다. 오늘날 대부분의 선교회들이 서로 상이한 기본 방식들을 상호 보완 절충하여 시행하고 있다. 이것은 특히 개별적 지원 방식을 사용하는 사람들에게 사실로 되고 있다. 관세법 때문에 헌납된 기부금을 효과적으로 관리해야만 하는 것이다. 동시에 그들은 선교사 개인의 봉급이나 그의 사역에 기부된 것을 받도록 허락된다. 그래서 그들의 공식적인 영수증을 보면 그들이 어떤 선교사의 책임 아래 있는 사역을 지원하고 있는지를 알 수 있게 된다. 신실한 선교회들이 그들의 선교사가 인적 지원과 봉사 지원을 받게 되기를 기대하는 것은 당연한 일이다. 즉,

각 선교사가 받으리라고 기대되는 액수 중에 얼마 정도는 봉사 지원으로 책정되어지는 것이다. 이 돈은 선교사가 개인적으로 자기를 위하여 사용하며 선교회가 제공한 봉사를 위하여 지불하지 않은 비용으로 쓰여지는 것이다. 그것은 다음과 같은 일들을 포함할 것이다. 선교사에게 송금한 비용, 집세, 기타 거주 비용, 사무비, 기타 그의 사역을 위하여 지출한 비용 등이다. 이것은 항상 고갈되기 쉬운 일반 기금을 채워줄 것이다. 각 선교회는 그들의 독특한 재정 운영방안을 어떤 기부자나 후원자들이 요청할 때 기꺼이 설명해 줄 것이다.

III. 선교회 선택 방법

선교사는 그리스도인의 한 사람으로서 하나님께서 세운 선교지의 선교회의 일원이 될 경우 그 선교회의 정관, 내규, 정책에 따라야 하며 그 선교회가 지닌 성격에 따라 영향을 받게 되고 또 그에 따라 선교 사역이 결정된다. 그러므로 어떤 선교회에 연결되어 회원으로 가입하기 전에 상세한 내용을 알아보고 가입해야 한다.

한국 선교사들은 주로 자기가 소속해 있는 교단의 선교회와 함께 일하고 있어 여러 가지 잇점이 있다. 한 사람의 선교사로서 선교사를 파송한 지교회를 대표할 뿐 아니라 교단 전체를 대표한다는 느낌을 갖고 있다. 선교사가 소속한 교회 외에 다른 교회들도 아마 선교사의 사역에 관심을 가질 것이다. 뿐만 아니라 선교사가 소속한 교회와 같은 교회 출신들의 다른 선교사들과 함께 선교지에서 일하는 것이다. 그들의 교리적 견해도 대체적으로 일치한다. 그들이 시작하는 교회는 자신이 익숙해져 있는 기관을 사용하며 다른 여러 가지 면에서 본국에 있는 것 같은 안정감을 느낄 것이다. 선교사는 그 선교회 안에서 종종 독립적인 선교회들에게는 항상 결여되어 있는 조직적이며 재정적인 안정감을 얻을 것이다. 그러나 어떤 선교사들에게는 그 교단 내에 있으면서도 모든 문제가 그렇게 간단한 것만은 아니다. 일부 선교사들이 그들 교단의 선교회로부터 지명받는 것을 요청하기를 주저하는 이유가 있다. 선교부나 그리고 목사들까지도 그런 이유들을 항상 파악하고 있지는 못하지만 선교사 지원자에게는 매우 실제적인 문제인 것이다. 그 중요한 이유 중의 하나가 신학적 자유주의이다. 물론 신앙의 공식적인 진술에서 그렇다는 것이 아니다. 물론 이러한 방향의 추세가 있기는 하지만 아마 명백히 자유주의적인 신조를 공식적으로 채택하는 교단은 별로 없을 것이다. 그것은 혼란을 일으키는 이러한 신앙진술에 대한 맹위를 떨치는 해석들과 다소간 분명히 소홀히 되고 있는 것들이 있기 때문이다. 그래서 지역 교회 지도자들에게 상당히 의존하게 된다. 보다 더 자유주의적인 교단 내에서도 자유주의적 추세를 따르지 않는 개교회들이 있다. 또한 자유주의적인 교회 안에서도 자유주의에 의견을 같이 하지 않으나 아직 떠나버리지 못하고 있는 교인들도 많이 있다. 여러 교파들 내에서도 여건들이 모두 같지는 않다. 또 그들이 모두 같은 교파의 같은 선교지에서 일하는 것도 아니다. 일반적으로 선교지에 있는 교회들이 본국의 교회들보다 더 보수적인 경향이 있다. 젊은 선교사들이 다음과같이 말하는 것을 흔히 들을 수 있다. "나는 나의 교단 선교부 아래서 봉사하기를 원하지 않는다. 그것은 너무 자유주의적이다." 우리는 선교부가 이러한 관점을 항상 파악하고 있지는 못하다는 사실을 언급하였다. 때로 선교부는 선교사 후보생이 원한다면 그 자신의 보다 보수적인 신앙을 고수하는 데 아무런 반대도 하지 않는다고 주장한다. 선교부는 그가 왜 다른 사람의 믿음도 똑같이 용납하려 하지 않는지를 이해하지 못하는 것이다. 그러나 그것은 개인적인 견해 이상의 문제이다. 그것은 근본적인 원리의 문제이다. 우리는 그 차이점들이 우리에게 중대한 문제가 아니라면 다른 사람의 신앙을 용납할 수가 있다. 그러나 그것들이 근본적인 문제들이라고 우리가 믿는다면 용납할 수 없는 것이다. 그러한 경우에는 선교사 후보자들이 망서리는 것은 지극히 당연한 것으로 보인다. 선교사들이 그들의 메시지에 동의하지 않는다면 그들의 선교가 어찌 성공할 수 있겠는가? 그리고 선교사가 자신의 선교회 내의 다른 회원들과 영적인 교제를 나눌 수 없다면 어떻게 선교 생활의 긴장을 견디어 내면서 훌륭한 봉사를 할 수 있겠는가? 어떤 사람들은 해보려다가 포기하기도 한다. 또 그들의 선교부가 하고 있는 형태의 사역과는 다른 것을 원하거나 또 다른 선교지로 가도록 소명받았다고 믿기 때문에 그들 교단의 선교부와 더불어 일하기를 원하지 않는 사람들도 있다. 선교부의 사역이 거의 대부분 전적으로 교육적인 것이며 복음적인 것이 못될 때 이러한 일이 자주 생긴다. 일부 대교단의 선교 사역에 있어서 복음주의가 아주 보잘 것 없는 위치를 차지하고 있는 경우가 있는 것이 사실이다. 또 그들의 교단 선교회와 함께 일하기를 원하지만 특히 교육에 있어서 자격 미달로 일하지 못하는 사람들도 있다. 또 그들 교회들의 편협한 교단주의를 싫어하여 보다 폭넓은 교제 안에서 봉사하기를 원하는 젊은이들도 실제로 상당히 많다.

여기에다 많은 독립 교회들의 교인들과, 너무 규모가 작아서 확장되는 그들 자신의 선교 사역을 지원할 수 없는 교파의 교인들을 합하면 선교부를 어떻게 선택해야 할지를 알아야 할 선교사 후보자들의 큰 무리가 있는 셈이다. 많은 독립 선교회들이 오직 하나의 선교지에서 일하기 때문에 그들의 선택은 더욱 어려워진다. 이와같이 선교회의 선택은 또한 선교지의 선택이기도 하다.

1. 선교지 청원의 방법

선교사 지원자가 자기의 선교지를 확신하고 있을 경우에는 다음같은 제안들이 도움이 될 것이다.

1. 그 선교지에 어떤 선교부가 있는지 찾아보라.
2. 그곳의 선교회와 그들이 하고 있는 일에 대하여 선교사가 할 수 있는 한 모든 정보를 수집하라.
3. 함께 봉사하고자 하는 사람들에게 편지를 쓰라. 그들에게 자신

의 관심사를 말해 주고 선교회와 그 기관, 원리들, 자격, 요건 등에 대한 보다 많은 정보를 요청하라. 동시에 그들에게 나이, 준비 상태, 현재 상황, 지명받기를 바라는 동기 등 자신에 관해서 무엇인가 말해 주는 이력서를 빠뜨리지 말라. 그들은 지원자가 그들과 교제함으로 그 일을 추구함에 있어서 지원자를 격려해야 할지 어떨지를 알아야 할 필요가 있는 것이다.

4. 가능하다면 선교회의 대표자들과 선교사 개인들과 개인적인 면담도 가지라.

5. 무엇보다도 모든 과정들 속에서 반드시 주님을 바라며 그의 인도하심을 기다리라.

선교사 지원자는 아마 어떠한 일에 하나님의 특별하신 소명을 체험했을지도 모른다. 그러나 그러한 체험이 있든지 없든지를 막론하고 자기가 최종적으로 선택한 선교회가 주님이 원하시는 곳이라는 전적인 확신에 이르러야 한다. 장래성있는 선교사가 그의 선교지를 확신하지 못한다면 그는 두 가지 중에 한 가지를 할 수 있다. 우선 주님께서 그에게 선교지를 보여 주실 때까지 기다릴 수 있다. 아니면 기도하는 가운데 신중하게 선교회를 선택할 수도 있다. 그가 가장 효과적으로 협력하여 일할 수 있는 부류의 선교회라고 믿으면 그곳을 선택하는 것이다. 이 후자의 과정이 일반적으로 더 낫다. 이미 선교 소명이 반드시 특정한 봉사 분야와 관련되어 있을 필요는 없다는 것을 살펴보았다. 젊고 열심있는 선교사 지원자들은 보통 그들이 봉사하고자 하는 구체적인 선교지를 확신하지 못하고 있는 경우가 많다. 그들이 선교회에 접근하기 전에 선교지를 확신할 때까지 기다린다면 많은 사람들이 선교지에도 가보지도 못하고 말 것이다. 구체적인 선교지를 안다는 것이 비교적 중요하지 않다는 사실이 오늘날 많은 선교사들이 본래 그들이 마음에 두었던 곳이 아닌 다른 선교지에서도 봉사하고 또 성공적으로 하고 있다는 사실에서 잘 나타나고 있다. 사실 수백 명의 선교사들이 이 선교지에서 저 선교지로 이동하면서도 그 효율성을 잃지 않고 있다는 사실을 말해 주는 하나의 예로써 그 선교지가 폐쇄된 후에 많은 중국 선교사들이 어떻게 되었는지를 볼 수 있다. 본국으로 돌아가거나 다른 선교지로 가거나, 아니면 일본 등지에서 다시 중국으로 가려고 기다리고 있다. 그보다 훨씬 중요한 것은 선교 위원회이다. 진정한 선교사는 그가 선교지에 도달한 후에 그곳에서 좀처럼 실망하지 않는다. 그러나 그들이 일하고 있는 선교회에 대해서는 실망하는 경우가 너무나도 많다. 많은 사람들이 이 문제에 별로 주의를 기울이지 않는 것은 놀라운 일이다. 이것은 마치 주님의 봉사와 더불어 일하는 사람들은 항상 같이 어울려 지내기 쉬운 사람들처럼 생각하는 것 같다. 아니면 기독교 지도자들은 항상 현명하고 사려깊은 때문일까?

2. 선교회에 대한 평가

선교회에 대하여 모든 선교사 후보자들이 가능한 한 알아내야 할 특별한 일들이 여러 가지 있다. 그것들을 질문의 형태로 나열해 보자. 꼭 중요도의 순서에 따라 배열해야 할 필요는 없을 것이다.

(1) 신학적 입장

선교회와 그 선교사들의 신학적 입장은 어떠한 것인가? 이 문제에 대한 대답은 쉽게 얻을 수 있다. 선교회는 보통 공식적인 교리 진술을 가지며 때에 따라 선교회의 정관에 명시되어 있다. 그렇지 못하다면 선교회가 선교사 지원자에게 기꺼이 안내서와 정관 등을 보내 줄 것이다. 선교사는 그 교리적 진술들에 온전히 동의하는가? 조금이라도 주저감이 든다면 서서히 떠나라. 그 정관의 진술들이 의미하는 것들과 완전히 공감하지 않는다면 선교회는 아마 지원자의 신청서를 받아들이지 않을 것이다. 복음주의 선교회들은 "본질적인 것에는 연합, 비본질적인 것에는 자유, 모든 것에는 사랑"이라는 표어를 삼는다.

(2) 재정 정책

그 선교회는 정기적으로 회계감사를 받고 있는가? 누구든지 검토할 수 있도록 결산서를 내고 있는가? 연감이 출판되는가? 대부분의 사람들에게 그것은 지루한 기사이겠지만 이러한 보고서를 발행하지 않는 선교회는 의심스럽게 생각해 볼 여지가 있을 것이다. 어떻게 재정을 모으는가? 기금을 위해 호소하는가? 오직 주님만 바라보는가? 개별적인 헌금을 격려하는가? 선교사 개인구좌를 갖고 있는가? 선교사가 모두 다같이 나누어 쓰는가? 그 선교회는 어떠한 선교사 지원 방식을 채택하고 있는가? 그것은 기금제인가? 개별적 지원 방식인가? 혹은 절충식인가? 지원자는 선입감을 가져서는 안되지만 실제적으로 어떤 방식이 사용되어야 하는지를 알아야 한다. 선교사들을 잘 돌보고 있는가? 이 점은 알아내기가 항상 쉽지는 않다. 그것은 특히 기금을 모아 운영하는 선교회라면 지원자의 결정에 영향을 줄 것이다. 왜냐하면 선교비 전달이 잘 안되어 어려움을 겪는 선교사들이 많다. 이러한 문제로 동남아시아에 가 있던 한국 선교사들이 고민하던 모습을 보았다.

(3) 시작과 목적

그 선교회가 왜 어떻게 시작되었는가? 다른 단체에서 분리된 것이라면 왜 그렇게 되었는가? 그 이유가 타당하고 정당한 것이라면 그 선교회 자체가 그것을 주저하지 않고 말해 줄 것이다. 말하기를 주저한다면 주의하라. 그 선교부 회의는 실질적으로 필요한 것인가? 그렇다면 그것은 절실히 필요하고 다른 단체가 하고 있지 않으며 할 수 없는 일을 수행하고 있는가? 아니면 다른 훌륭한 선교회가 일하고 있는 같은 선교지에서 그들과 경쟁하면서 하는 것인가? 이런 일이 본국에 있는 사람들이 알고 있는 것보다는 훨씬 자주 일어난다. 이런 정보를 그 선교부 자체 밖에 있는 출처에서 수집하는 것이 가장 좋다.

(4) 조직과 방식

젊은 선교사 후보자들이 선교회의 방식과 조직의 문제에 있어서 항상 가장 훌륭한 판단을 내리는 것은 아니다. 그들은 경험이 충분하지 못하다. 그들이 우리들에게 어떤 선교회에 대하여 정보를 알려 달라고 다음 같은 편지를 보내 온 목사처럼 그렇게 의식적으로 맹목적이 되어서는 안된다. 그 목사님은 이렇게 썼다. "그 선교회의 교리적 입장과 재정적 신임도를 말해 주십시오. 나는 그들의 방식에는 관심이 없읍니다." 한 두 사람의 손에서 좌우될 수가 있겠는가? 일부 아주 작은 선교회에서는 그럴 수 있을지도 모르지만 개인 중심적이고 가족들이 독재하는 운영 방식은 결코 통하지 않는다. 선교 단체 설립이 이러한 풍토에서는 아무런 의미가 없다. 그것은 대부분 재정적 책임 문제와 관련하여 생기는 문제이다. 또 한편 선교사 개인이 너무 독립해 있는 것도 마찬가지로 위험한 일이다. 우리가 인식하고 복종해야 할 권위가 필요한 것이다. 선교회 지도부에는 누가 있는가? 누가 그 사업을 후원하는가? 소위 '자문 위원회'라는 것에 의해서 오도되지 말라. 이것들은 단지 그 선교회를 추천하기 위해 그들의 이름을 사용하도록 동의한 사람들의 명단일 뿐이다. 그들이 그 일에 대하여 무엇인가 알고 있을지도 모르지만 종종 단지 그 선교회가 하는 일과 그 지도력에 좋은 인상을 갖고 있다는 것 정도 밖에는 모르는 경우가 많다. 그들은 단지 이름만 내걸고 있는 장식에 불과하며 실질적인 지도자들이 아니다. 그들은 선교회 자체 내에서 아무런 권리도 없다.

(5) 교제와 화합

제 8 장 선교사와 선교회 **287**

선교지의 다른 선교사들과 밀접한 관계를 가지고 실질적인 교제를 위한 튼튼한 바탕을 갖추는 것이 중요하다. 한 사람에게 매우 즐거운 교제가 다른 사람에게는 전혀 그렇지 않을 수도 있다. 이러한 이유 때문에 실제로 선교회에 신청서를 내기 전에 몇몇의 선교사들과 알고 지내는 기회를 갖는 것이 좋다. 젊은 사람들이 그 선교 사역의 지도자들을 만난 후에 종종 이러한 질문을 스스로 해볼 수도 있다. 이런 사람들이 내가 즐거이 따르고자 하는 부류의 지도자들인가? 그들이 내가 주님의 일에 최선을 다하도록 격려할 수 있는 사람들인가? 또 다른 실제적인 질문이 있는데 그것은 지원자와 같은 국적과 같은 문화의 다른 선교사들이 있는가 하는 것이다. 이국 땅에서 외국인이 되는 것이 쉬운 일이 아니듯이 동시에 지원자 자신의 선교부 안에서 외국인 같은 느낌이 드는 것도 견디기 어려운 일이다. 우리 중에는 국가적으로 또는 문화적으로 다른 배경을 가진 사람들과 잘 어울려서 일할 수 있는 사람들도 있다. 그러나 적응한다는 것이 많은 사람들이 생각하듯이 그렇게 용이한 일이 아님을 조만간에 발견하게 될 것이다. 동료 그리스도인 일군들처럼 우리도 그렇게 할 수 있어야 하겠지만 우리 모두가 그렇지 못할 때가 많은 것이다.

(6) 주위의 평가

선교회가 다른 선교회들로부터 좋은 평을 얻고 있는가? 선교지에 있는 다른 선교회들이 사역의 가치를 본국에 있는 사람들보다 잘 판단할 수 있는 위치에 있음을 기억하라. 대부분의 경우 그들은 판단에 있어서 사랑이 많고 관대한 경향이 있다. 한 두 사람 쯤은 아마 시기심 때문에 다른 선교회에 대한 악평을 할지도 모르겠다. 그러나 그러한 보고서에 몇 사람이 의견을 같이 한다면 주의하는 것이 좋을 것이다. 다른 선교회들로부터 좋은 평판을 듣는 선교회가 진실한 선교부일 가능성이 높다. 또 초교파적이어야 할 뿐 아니라 또한 그들의 신학에 있어서 복음주의적이어야 하고 선교 기구의 신앙 원리들을 따라야 하고 매년 그들의 결산 보고서를 발행해야 한다.

(7) 선교사 교대

선교사들이 일반적으로 선교부와 함께 지내는가? 병이나 기타 정당한 사유로 인하여 선교 사역에서 떠나야 할 사람들을 보내 주는가? 그러나 일정 기간 동안 선교회를 떠나는 사람들의 수가 터무니 없이 많은가 살펴보라. 그들이 둘째, 세째 봉사기간 또는 다른 봉사기간에 돌아오고 있는가? 선교사들이 어떠한 공식적인 연유로 떠나든지를 막론하고 비정상적인 빈번한 교대는 무엇인가 잘못되어 있음을 말해 준다. 우리가 지금껏 말해 왔던 제안들이 유용한 것이지만 그것들이 선교사들의 문제를 해결해 주는 것은 아니다. 결정은 선교사 후보자가 해야 한다. 그 문제와 더불어 살아야 할 사람은 바로 선교사 자신이다. 그뿐만 아니라 결정을 하는 데는 선교사와 하나님만이 아시는 요소들이 있다. 하나님께 모든 것을 솔직히 털어 놓고 최선의 길로 인도하시도록 하나님을 의지하라.

Ⅳ. 독립 선교사들

1. 독립 선교사들이란?

선교 운동의 주변에는 여러 종류의 선교회와 선교사가 있다. 또 수많은 독립 선교사들이 있다. 그들은 어떤 조직된 선교회 기관과 관련을 갖고 있지 않으므로 독립 선교사들이라고 불린다. 각자가 그 선교지에서 다른 사람의 도움을 받지 않고 독립하여 사역을 수행한다. 그리고 본국의 지도 기관에서도 독립되어 있는 것이 보통이다. 이러한 독립 선교사들이 존재하는 몇 가지 이유가 있다. 그들 중에 많은 사람들이 원래 조직된 단체에 소속하여 선교지로 갔었다. 그러나 이런 저런 이유와 마찰로 그 선교 단체에서 나와서 동일한 지역에서 계속 사역을 하기로 결심한다. 그들 중에 일부는 다른 사람들과 함께 어울려서 일하는 데 어려움을 발견한 사람들이며 또 어떤 권위에 복종하기 싫어하는 선교사들인 것이다. 다른 경우들에 있어서는 그들의 선교회 자체가 적어도 부분적으로 잘못되어 있을지도 모른다. 어떤 경우라도 독립 선교사라고 하는 것은 다른 단체에 가입하지는 않으나 혼자서 사역을 계속하는 선교사들이다. 또 자신들을 받아주는 선교회를 찾지 못하여 독립적으로 선교지에 나가는 사람들도 있다. 또 건강이나 나이 기타 자격 미달 등의 문제가 있을 수 있다. 아무튼 정규 선교회가 이런 저런 사유로 그들을 거부한 것이다. 그럼에도 불구하고 그들은 그들 스스로 나가서 일할 수 있는 재정적 지원을 받을 수 있는 길을 발견한 것이다. 세번째 그룹은 그들이 특정한 선교지에 대한 소명을 받았다고 확신하지만 그 선교지에 대하여 만족스러운 선교회를 발견할 수 없는 사람들이다. 그들 중에는 일부 상대하기 어려운 극단주의자들도 있으며 실제로 그들의 위에 있는 권위에 의해서 제한받기를 싫어하는 것이다. 그러나 때로 그들의 주장이 아주 타당할 때도 있다. 단지 그들에게 그 특정한 선교지에 알맞는 선교회가 없는 것이다. 우리가 따로 취급하고자 하는 세번째 그룹은 일반적으로 소위 '비전문적' 선교사들이라고 불리는 사람들이다. 그들 중에 일부는 고용 등의 환경 때문에 다른 나라로 가서 거기에서 그들이 하는 일을 선교적 방법으로 할 수 있는 그리스도인들이다. 또 다른 사람들은 선교 사역을 할 수 있도록 하기 위하여 고의적으로 외국으로 나가 직업을 갖거나 상업을 벌이는 방법을 선택한 진지한 신자들이다. 그들은 자신들이 벌어서 자비량(自備糧)하여 계속적인 그리스도인 생활을 하려고 하며 남은 시간에는 그리스도를 증거하는 일에 헌신하는 것이다.

2. 고려해야 할 문제

우리가 아주 주의깊게 살펴보려고 하는 두 개의 그룹은 두번째 그룹과 세번째 그룹이다. 그들은 고의적으로 어떤 선교회에도 속하지 않은 선교지로 가기로 선택한 사람들이며 그들의 전시간을 선교 사역에 바치고 있다. 그들은 계속적으로 선교 상담원들과 접촉하며 그들이 하고자 하는 일을 설명하면서 다음과 같이 묻는다. "독립적으로 선교사로 나가도록 충고해 주시겠읍니까?" 해롤드 쿡(Harold Cook)은 경험있는 선교사가 이러한 질문에 "예"라고 대답하는 것을 아직껏 들어보지 못했다고 했다. 그는 일반적으로 이러한 방법이 아주 현명한 것이 되지 못하는 몇 가지 이유를 말할 것이다. 그러나 때로 너무 정중하여 피상담자가 적나라하게 직면해야 할 두 가지의 기본적인 질문을 제기하지 못한다. 첫번째 질문은 다음과 같은 것이다. "정규 선교회가 지원자를 거절했다면 지원자가 정말 선교 사역에 적합한 사람일까요?" 선교회도 때로는 실수를 범한다. 그들은 종종 훌륭한 선교사가 될 후보자를 거절하기도 한다. 또 때로 받아들이지 않아야 할 사람을 받아들이기도 한다. 그러나 그들은 개인보다는 실수할 가능성이 훨씬 적은 것이다. 계획을 밀고 나가기 전에 정말 잘못 생각한 것은 선교회가 아니라 지원자라는 사실을 재삼 확인해 보라. 선교회에서 제공하는 그 모든 지원에도 불구하고 지원자가 선교에 성공할 것 같지 않다는 판단을 받았다면 독립적으로 선교할 때에는 성공의 가능성은 더 희박한 것이다. 두번째 질문은 그들이 선택한 선교지에서 만족할 만한 선교회를 찾을 수 없는 사람들에게 던지는 것이다. "지원자들은 도대체 왜 다른 곳은 안되고 그 선교지에 가야만 한다고 확신하는 것인가?" 때로 굉장한 확신을 가지고 소명을 받았다고 말하는 후보자도 있다. 물론 그것이 하나님께서 주신 소명이라면 아무도 방해하기를 원하지 않는다. 그러나 하나님의 소명에 대한 인간적 모조품들이 너무 많다. 많은 젊은 지원자들이 선교지의 실제 상황과 무엇이 필요한지에 대해서는 한 가지도 알지 못하면서 어떤 선교지에 대하여 매력을 느끼는 것이다. 그들에게 매력을 주는 것은 도움이 필요한 사람들이 아니라 지도상의 이름에 지나지 않는 선교지인 것이다. 그러므로 선교사가 받은 소명이 단지 자신의 소망의 메아리가 아니고 하나님의 부르심이라는 것을 확신해야 한다.

3. 불리한 점

선교사로 하여금 독립적인 사역을 할 수 있도록 하는 능력에 충분한 명분이나 명백한 부르심이 있을지도 모른다. 그러나 그가 그 일에 착수하기로 결정하기 전에 그리고 어떤 지역 교회나 개인이 그 일을 지원하기로 결정하기 전에 그들 모두가 그 선교사가 부딪히게 될 약간의 불리한 점들을 알아야 한다.

(1) 입국

무엇보다도 오늘날 선교사가 공인된 선교 단체의 대표로서 오지 않으면 선교사를 입국하지 못하도록 하는 일부 국가들이 있다. 이것은 그 정부가 기독교의 한 가지 형태를 다른 형태와 차별하기 때문이 아니라 단지 개개인을 일일이 상대하는 것보다 책임있는 기관과 상대하는 것이 훨씬 낫기 때문이다.

(2) 장소의 선택

둘째로 선교사가 어디로 가려고 하며 그곳에서 필요한 사역은 무엇인가? 잘 조직된 선교 단체가 새로운 선교지를 개척하기로 결정할 때 곧바로 그곳으로 뛰어들지 않는다. 무엇보다도 먼저 그곳에서 필요한 사역이 무엇인지를 알아내기 위해 신중하게 조사한다. 그들이 하고 있는 일과 중복되지 않기 위해 그 선교지에 있는 다른 선교회들과 협의한다. 이러한 조사들을 토대로 하여 선교회는 그 지역에서 할 일에 대한 계획을 세운다. 그러나 독립 선교사는 이러한 일을 거의 하지 못한다. 그가 지역을 선정하는 것은 대부분 주먹구구식이 될 수밖에 없다. 그가 아주 잘 알려진 장소로서 다른 선교회와 경쟁을 하게 될 곳을 택하게 될 가능성도 많다. 물론, 이런 사실은 그가 본국으로 보내는 편지 속에서는 거의 말하지 않을 것이다. 그 근처의 모든 곳에서 해야 할 일이 너무 많다는 것도 사실이다. 그래서 독립 선교사가 다른 사람들의 일을 보완해 주면서 그들과 협력하면서 일한다면 그가 실제로 공헌할 수 있는 곳에서 자신의 적소(適所)를 발견할 수 있을 것이다. 그리고 나중에는 그가 기성 선교회 내의 중요 위치에 발탁될지도 모르는 것이다. 사실 그런 일이 많이 있었다. 그러나 대부분의 독립 선교사들은 이런 부류의 사람들이 아니다. 그들은 아무리 규모가 작고 안정성이 부족해도 그들 자신의 힘으로만 일을 시작하려고 한다.

(3) 경험많은 자문

세째로 독립 선교사들은 처음부터 심각하고도 실질적인 어려움에 부딪히게 된다. 그에게는 경험있는 사전 계획성이 부족하기 때문이다. 그는 어떤 종류의 장비를 얼마 정도 가지고 가야 할지를 모른다. 평소 때에는 비행장이나 주요 항구를 통하여 수송하는 데 별로 어려움을 체험하지 못했을 것이다. 그러나 새로운 입국자가 많은 여행자들이 왕래하는 통로에서 멀리 벗어나 단독으로 내륙에 들어가려 할 때 곧 자신이 영어를 더듬거리는 뻔뻔스러운 사기꾼들의 위험에 노출되고 있다는 사실을 깨닫게 된다. 물론 그는 아직 그 나라의 언어를 잘 알지 못하며 그곳의 통화나 법정 물가에 대해서도 익숙하지 못하다. 숙소를 어디서 찾아야 할지도 모르니까 보통 다른 선교사의 친절에 신세를 지기도 한다. 독립 선교사들을 위해 주요 도시의 선교사들의 오래 참고 관용하며 돕는 태도에 경탄하고 감사할 일이 많다. 또 그들이 괴로움을 당하고 이용당한 경우가 얼마나 많았던가? 독립 선교사는 경험부족으로 인하여 다른 사람에게 조언을 구함으로써 피할 수도 있는 불필요한 실수를 번번히 저지른다.

(4) 사업의 규모

그가 어떤 사업을 하려고 하는가? 그가 어느 정도 언어를 익히고 적절한 주택을 짓거나 마련하고 그 나라에서 지내는데 익숙해졌다고 가정하자. 그의 사역은 어떤 것이 될 것인가? 본국에 있었다면 이미 설립된 교회의 목사직에 부름받았을 것이다. 그러나 선교지에서는 아마 필요한 일을 다 할 수 없을 것이다. 예를 들자면 서적들을 말할 수 있다. 누군가 그 지역 사람들의 언어로 성경을 이미 번역했다 하더라도 다른 기독교 서적들은 어디에서 구할 것인가? 즉, 본국에서 목사들에게 큰 도움을 주고 있는 주일학교 공과, 신앙 명상집, 기독교 잡지 등은 어떻게 구할 것인가? 그는 다른 사람들에게 의존해야 하는 것이다. 그리고 누가 그의 교사들을 가르칠 것인가? 봉사할 젊은이들을 누가 훈련시킬 것인가? 그가 이 모든 일을 혼자서는 할 수 없다. 선교 사역은 어느 한 사람이 하기에는 너무나 큰 일이다. 반드시 협력이 필요한 것이다. 그 사역이 너무 큰 것이어서 독립 선교사가 혼자 할 수가 없는 것과 마찬가지로 그가 선교하여 탄생시킨 독립 교회는 만족스러운 그리스도인의 교제와 봉사를 나누기에는 너무 적은 것이다. 우리는 종종 젊은이들 가운데 이러한 일들이 발생하는 것을 본다. 결혼할 시기가 이르면 그들은 교회 안에서 결혼해야 한다는 말을 듣는다. 그러나 그들 자신의 교회가 교제를 나누고 있는 범위가 너무 제한되어 있으므로 선택의 여지가 거의 없다. 그 결과로 많은 젊은이들이 교회 밖에서 결혼하게 되고 또 세상으로 빠지게 된다. 그리고 선교지의 교회들의 연합회의에 참석해 보고 그들이 서로 모여서 신자들의 기쁨을 목격할 때에 환희의 전율을 느끼지 않겠는가? 그들의 작은 회중이 그보다 훨씬 큰 회중들과의 교제의 일부라는 것을 깨달을 때 얼마나 가슴이 벅차겠는가?

(5) 선교지 철수

독립 선교사가 선교지에서 떠나게 될 때 그의 일은 비로소 결정적인 시험대에 오르게 된다. 휴가로 잠시 떠날 수도 있고 아주 떠나는 경우도 있을 것이다. 휴가가 항상 문제가 된다. 휴가 동안 다른 선교사가 대신 일할 때도 문제이다. 그러나 조직된 선교회에서는 그 문제들은 극소화된다. 보통 선교회는 공석이 된 선교사를 위하여 임시로 누군가를 배치한다. 아니면 선교회는 그 사역을 돌보기 위해 다른 대책을 수립할 것이다. 선교회가 그 사업을 포기하지는 않는 법이다. 그러나 독립 선교사는 선택의 여지가 거의 없다. 대부분의 경우 그는 휴가를 포기하거나 아니면 그 휴가 동안 그 사역을 포기해야만 한다. 우선 그는 과로로 인하여 그의 건강을 위협하게 되거나 아니면 본국에 있는 그의 후원자들과의 중요한 연락이 끊기는 희생을 감수해야 한다. 다음으로는 그가 없는 동안 그 사역이 와해될 위험이 있다. 그가 무엇을 하든지 그 일에 어려움을 겪게 된다. 때로 젊은이들은 다음과 같이 말한다. "그 선교사가 그의 휴가 중에 그를 대신할 수 있는 준비를 갖춘 일군들을 선교지에서 확보해야 한다." 이것은 경험 부족과 선교 사역에 대한 이해가 부족한 데서 나오는 말이다. 그가 다른 사람이 다져 놓은 기초 위에 세우지 않는다면 그 선교사는 단지 한 기간 동안에도 모든 일을 책임지고 맡아 해줄 수 있는 준비된 일군을 거의 찾을 수 없을 것이다. 만약 그가 그렇게 할 수 있다면 휴가가 끝난 뒤에 돌아오는 명분은 무엇이겠는가? 그러나 일이 그렇게 되지는 않는다. 물론 독립 선교사가 죽을 때도 있고 또 불가피하게 선교지를 영구히 떠나야 할 때도 있다. 그러면 상황은 보다 더 위험하게 되기 쉽다. 가장 좋은 방법은 어떤 선교회가 그 사역을 인수하여 계속하는 것이다. 이런 일이 종종 있다. 그러나 아마 그 사역이 그대로 포기되고마는 경우가 더 많을 것이다.

4. 비전문적인 선교사들

우리는 이미 비전문적인 선교사가 어떤 것인지를 설명했다. 어떤 의미에서 그들은 독립적이다. 선교 단체와 일정한 관련을 맺고 있지 않고 또 봉급을 받지 않고 활동을 한다. 그러한 의미에서는 그들은 독립적으로 활동할 수 있기 때문에 제한을 받지 않는다. 왜냐하면 그들은 대부분 전문적 선교사가 하는 것과는 전혀 무관하게 완전한 선교 사역을 수행하려고 하지 않기 때문에 제한을 받지 않는다. 우리는 그들을 오히려 보조 선교사 혹은 평신도 선교사들이라고 부를 수 있을 것이다.

(1) 효율성과 잇점

비전문적인 선교사들은 다른 평범한 선교사들과는 관련이 없는 모임에 접근할 수 있다. 이러한 비전문적 선교사들의 봉사가 정말 실제적인 중요성이 있다. 그 중에 한 가지는 미국의 어느 그리스도인 실업가의 간증에서 찾아볼 수 있는 것과 같은 것이다. 그것은 사람들로 하여금 기독교가 단지 전도자들을 위한 것만이 아니며 매일의 생활에 있어서 살아 있는 신앙임을 깨닫도록 하는데 도움이 될 것이다. 잘못 되었든지 옳든지간에 전문적인 선교사에게 있어서 기독교는 생계라는 생각을 갖고 있는 사람들이 있다. 단순한 돈벌이로 받아들이는 사람도 있다. 그러나 그리스도인 실업가들에게 있어서 기독교는 신념인 것이다. 이밖에도 실업가는 종종 선교사와 가까이 있는 개인들과 단체들을 접촉할 수가 있다. 그가 다른 실업가들과 접촉하고 정부 관리들과 관계를 갖는 동안 적절한 기회에 구세주에 대하여 말할 수 있을 것이다. 그는 또 그들과 함께 기독교 신앙에 대하여 장시간의 토론에 들어가기도 할 것이다. 사람들은 이런 일이 다른 나라에서는 적합하지 않다고 생각하지 않는다. 때로 그들은 우리 본국 사람들보다 종교 문제를 일상적인 화제에 올리기를 서슴치 않는다. 비전문적인 선교사의 중요성은 그가 전문적 선교사들에게는 문호가 폐쇄되어 있는 나라에도 종종 입국할 수 있다는 점이다. 즉, 그는 선교사로서가 아니라 실업가, 기술자, 교수, 또는 그밖의 다른 직책으로 갈 수가 있다. 그가 지혜롭고 재치있게 접근한다면 아마 후일에 복음을 완전히 전파할 수 있는 실마리를 마련할 수 있을 것이다. 어찌하든지 그는 그의 신앙의 진지한 표현과 그리스도인의 삶과 언행을 보여 주는 방법을 통해 복음을 전파할 수 있는 기회를 갖게 될 것이다.

일본에 첫 개신교 선교사들이 들어와 그 후 성경번역을 착수했을 때까지도 기독교 금지령이 포고되었다. 그런데 매사츄세츠 농과대학의 윌리엄 클라크(William Clarke) 박사는 매우 훌륭한 비전문적 선교사였다. 그는 홋가이도(北海島)의 농과대학 설립에 조력하도록 임명을 받고 왔다. 금지된 성경이었지만 학생들에게 나누어 주기 위해 많은 양을 구입하기도 하고, 기독교를 가르치지 말도록 지시받자, "그렇다면 그밖에는 아무것도 가르칠 것이 없다"라고 대답하였다. 그는 용기와 강인한 성격으로 이 난관을 극복하였다. 여섯 달 후 클라크가 떠나자 이 농과대학에서 첫 해에 강의를 받았던 학생들이 '예수 안에서 신앙인의 서약'에 모두 서명했고, 클라크는 떠났지만 이 첫 해의 제자들을 통해 이듬 해에도 그리스도에게 돌아오는 자가 있었다. 그 중에는 우찌무라 간조(內村鑑三) 같은 훌륭한 지도자가 있었다. 클라크가 떠나면서 학생들에게 남긴 "청년들이여, 예수 그리스도를 위한 야망을 가져라"(Boys be ambitious for Jesus Christ)는 말은 지금도 일본인에게 기억되고 있다. 우리 나라에도 1884년 의사였던 호레이스 알렌(Horace Allen) 박사가 미국 공사와 서울 주재 외교관 담당 의사의 신분으로 입국했었다. 알렌 박사는 미국 장로교회의 선교사였지만 의사 자격이 아니고는 입국이 불가능했다.

마지막으로 건강이나 가정 문제로 고향에 돌아온 선교사들은 보통 만족할 만한 직장을 얻기가 어렵다. 반면에 비전문적인 선교사들은 경제적인 기반이 확고하다는 점이 상당히 유리하여 자신이 영위할 수 있는 생활 수준과 봉급에서 뿐 아니라 보다 넓은 해외에서의 경험을 토대로 사업을 확충시킬 수 있다. 정치 상황의 급변이나 건강상의 이유로 해외 활동을 중지해야 한다면 언제든지 집으로 돌아와 계속 직장 생활을 할 수 있다.[7]

(2) 어려움과 불리한 점

비전문적 선교사는 여러 어려움과 불리한 점과 또 직면하게 될 난관이 많다. 비전문적 선교사는 한꺼번에 두 가지 일을 해야 하는 어려움을 들 수 있다. 보통 능력의 사람이라면 본업과 또 선교 사역을 둘 다 잘 해내기는 어렵다. 그러므로 비전문적 선교 사역이 보다 쉽고 효과적으로 수행하는 방법이라는 잘못된 인상을 떨어버릴 수 있을 것이다. 얼마나 많은 사람들이 이러한 잘못된 생각을 가지고 있는지 놀랄 정도이다. 우리는 그것이 귀중한 봉사임을 주장하며 보다 많은 그리스도인들이 참여하게 되기를 바라고 있다. 그러나 그것이 쉬운 일이 아니며 그 효율성은 전문적인 선교사들의 그것과는 비교가 되지 않는다. 여기에 그 이유를 세 가지만 들어보자.

1. 전업적(Full time) 직업인은 시간을 제한받는다. 먼저 세속적인 직업에 고용된 사람은 그 일에 전시간을 바쳐 봉사하는 것이 기대된다. 그는 선교사로서 돈을 받는 것이 아니라 하나의 교수, 지질학자, 기술자, 의사, 또는 그의 직업이 무엇이든지 그 직업인으로서 돈을 받는 것이다. 그는 단지 여가에만 선교 사역에 헌신할 수 있는 것이다. 그것은 그의 직장 생활 가운데 일상적인 대화는 별도로 취급하고 하는 말이다. 그뿐만 아니라 온종일 고된 일에 시달린 후에 일종의 선교사의 책임을 맡아야 하는 것은 진정한 헌신이 요구되는

---

7) Michael Griffith(권행자 역), 『선교 사역에의 헌신』(서울 : 새순출판사, 1986), p.128.

일이다. 물론 그의 선교 봉사는 불가불 그의 직장 주변에 국한될 수밖에 없다. 그는 휴가 때 외에는 선교사처럼 자유스럽게 순회할 수가 없다.

  2. 외국 회사의 고용인인 경우에는 불편한 점이 많다. 그는 그의 직업의 성격상 보통 두번째의 장애에 부딪히게 된다. 이런 사람들의 대부분이 외국 회사에 고용되어 있다. 그래서 아주 당연히 사람들은 그들을 우선적으로 그 회사의 고용인들로 생각한다. 아마도 그들은 그 회사와 이해 관계를 같이 할 것이다. 종종 그렇듯이 사람들이 그 회사가 그들을 그 회사 자체의 유익을 위하여 이용한다고 생각한다면 그 회사의 외국 고용인은 단지 그 계획의 일부가 될 수밖에 없는 것이다. 그들 가운데 누군가가 복음을 전하면 그 사람들은 그 회사의 더욱 고분고분한 도구가 되어야 하는 것이다. 전문적인 선교사들까지도 때로 그들 자신의 정부의 대리자로서 돈을 받는다는 비난을 받고 있다. 하물며 보다 큰 외국인 기업체에 고용된 사람들이야 더 말할 나위가 있겠는가?

  3. 동료 관계가 원만하게 이루어지지 않는다. 세번째로 비전문적인 선교사가 되려는 사람은 그가 함께 일하는 사람들로부터 심각한 방해를 받는 입장에 놓이게 된다. 그 회사 자체는 그의 선교적 목적에 별로 관심이 없을 것이다. 사실, 강력한 반대에 부딪힐지도 모른다. 기독교 자체를 반대한다는 것이 아니라 그 고용인들이 회사의 인상을 나쁘게 하거나 그 돈벌이를 위태롭게 할지도 모르는 활동에 참여하는 것을 원치 않는 것이다. 일부 국가에서는 이것이 크게 문제가 되지 않는 곳도 있다. 그러나 강경한 회교국가들 같은 곳에서는 그것은 아주 심각한 문제가 될 것이다. 이러한 곳의 일부 회사들은 그들의 고용인들이 어떤 형태로든지 그들의 종교에 간섭하지 말도록 동의하는 문서에 서명할 것을 강요한다. 이런 것뿐만 아니라 고용인은 그가 비기독교 국가에서의 생활 방식에 있어서도 그리스도인이 아닌 다른 외국인들과 함께 일하게 될지도 모른다는 사실을 알아야 한다. 즉, 사업상의 용무로 해외에 나가는 많은 사람들이 본국

에서의 기독교 교회의 교인일지도 모르지만 그들이 본국에서의 교인의 직분과 함께 그리스도인의 원리들을 떠나버리는 것처럼 보일 때가 너무도 많다. 단 크라포드(Dan Crawford)는 중앙 아프리카에 대하여 다음과 같이 쓴 적이 있다. "이러한 풍토 속에서는 구라파의 고기가 부패하고 구라파의 개들이 헐떡이며 구라파의 도덕은 타락된다." 그 고용인이 운이 좋아서 그의 일에 있어서 약간의 그리스도인의 친교를 나눌 수 있을는지 모른다. 다른 나라에서는 훌륭한 그리스도인 실업가들이 상당히 있다. 그러나 대부분의 경우에 있어서 상황은 그와 반대이다. 그리스도인은 필요하다면 혼자 남을 수 있는 준비를 해야 한다. 그리고 그를 다른 사람들의 수준으로 끌어 내리려는 끊임없는 유혹에 저항해야 한다. 그가 외롭게 혼자만 있으므로 그 유혹은 한층 더 강하게 다가온다. 그렇다. 그것은 결코 쉬운 봉사가 아니며 눈에 보이는 결과로는 번번히 실망할 수밖에 없다. 그러나 그것은 선교 봉사에 전무할 수 없는 사람을 위해서는 대체적으로 귀한 봉사이다.

이 한 가지는 마음에 새겨야 한다. 즉, 외국에서 무역을 하려는 기업가나 개업하려는 의사들에게는 도전적인 기회가 된다는 사실이다. 거기에서 그들이 그리스도를 증거하면 그곳 사람들을 그리스도께로 인도하는데 도움을 줄지도 모르기 때문이다. 해외에 나가는 기독교 실업인들이 아프리카에 있는 회교도 무역가만큼이나 신앙에 열심이 있다면 그들의 증거가 얼마나 놀라운 효과를 가져 오겠는가? 하지만 보통 바울은 천막 만드는 사람보다도 사도로 불리우고 있다. 이 둘 가운데 어느 쪽이 영원한가는 의심의 여지가 없다.

제 9 장

선교사와 선교 활동

I. 선교 사역의 준비 활동

선교사가 하는 사역에 대해서 누가 그 다양한 활동을 설명할 수 있겠는가? 누가 라틴 아메리카에 있는 선교사들의 활동을 정확히 묘사할 수 있으며 똑같은 활동이 뉴기니아에서도 먹혀 들어갈 수 있으리라고 생각하는가? 그럼에도 불구하고 선교사의 사역에 대한 모종의 묘사를 시도해 보는 것이 현명할 것 같다. 왜냐하면 본국에 있는 교회나 후원자들이 선교사의 생활에 대하여 이러한 허구적인 상상을 하지 않고 그 생각을 바로잡기 위해서라도 좋은 시도이다. 그뿐 아니라 선교사로 봉사하기를 자원하는 젊은이들이 그 일이 어떤 것인가에 대하여 분명히 알고 있어야 한다. 사실, 선교 활동의 한없는 다양성에도 불구하고 모든 나라의 대부분의 선교사들에게 공통적인 것들이 몇 가지 있다. 또 우리가 그것들을 적용하는 방법이 여건에 따라 다르기는 하지만 어느 곳에서나 타당한 몇 가지 원칙들이 있다. 우리가 완벽한 도표를 그리려는 것은 아니다. 이렇게 대충 훑어 보는 것이 비교적 정확하고 생략해도 좋을 세부적인 많은 것들을 보여 줄 것을 믿으면서 단지 몇 가지 특징들에 집중해 보려 한다. 선교사들에게 묻는 질문으로 판단하건대 대부분의 사람들은 선교사를 일종의 순회 복음전도자와 잡역부를 합쳐 놓은 것으로 생각하는 듯 싶다. 또 보통 선교사들이 아주 고달픈 생활을 하는 것으로 생각하는 경향이 있다. 반면에 어떤 사람들은 그것은 과장된 것이며 선교사들은 수월하게 지내고 있다고 주장한다. 선교사들이 가난에 찌든 원주민들 가운데서 일종의 릴라이(Riley, 미국 시인의 이름으로 화려하고 사치스러운 생활의 대명사가 되었다)의 생활을 하고 있을 것이라고 생각한다. 선교사의 생활에는 무엇인가 매력적이고 신나는 일들이 있을 것이라고 모든 사람들이 생각한다. 멀리 떨어진 나라와 낯선 이국 사람들은 이와같이 모두 먼 곳에서 보면 매력있게 보이는 것이다. 그들은 선교사의 일이 대부분 설교하고 사람들을 교회 안으로 모아 들이는 일뿐인 것으로 생각한다. 물론 선교사는 여행도 해야 하고 위험도 겪어야 한다는 것을 알고 있다. 리빙스턴(David Livingstone)을 보라! 선교사는 경우에 따라 약사가 되기도 하고 건축가가 되기도 해야 한다. 그러나 무엇보다도 그는 대부분 무지하고 미개한 본토인들에게 복음을 전해야 하는 것이다. 우리가 "이것은 매우 왜곡된 양상"이라고 말하는 것은 온당한 일이 못된다. 또 그것은 선교사가 선교하러 간 사람들에 대한 모욕이라고 말해서도 안된다. 세상이 많이 변하였으며 우리가 오늘날 리빙스턴의 시대에 살고 있지 않다는 것은 사실이다. 우리는 보다 사실에 가까운 모습을 보여 주어야 한다. 우리는 선교사가 당면하는 상황의 다양성에 대하여 생각을 돌려 볼 필요가 있는 것이다.[1] 많은 젊은 선교사들이 청운의 꿈을 품고 선교지에 나오지만 몇 년 못 가서 선교 일선에서 도중 하차를 한다. 불타는 소명감을 갖고 도전하는 초년생 선교사들에게 시험이나 하듯이 허다한 '막다른 골목'들이 선교 도상에 기다리고 있다.

---

1) Harold R. Cook, op.cit., pp.187~188.

1. 언어 연구

　새로운 선교사의 우선적 과제는 언어 학교에 가는 일이다. 이상한 말 같은가? 아마도 선교사가 본국에서 수년 간 준비했으니까 이제는 사역을 할 수 있는 만반의 준비가 되었으리라고 생각할지 모른다. 그러나 그렇지 않다. 대부분의 경우에 있어서 그는 아직도 그가 섬기고자 하는 사람들의 언어를 배워야 할 일이 남아 있다. 그것은 쉬운 일이 아니다. 사실 그 일이 그렇게 쉬운 일이 아니기 때문에 언어 연수를 단기간에 끝내려고 하거나 아니면 그것을 송두리채 무시해 버리려고 하는 사람들이 있다. 선교지에서 언어 장벽을 무너뜨리지 못해 고민을 하거나 어려움을 겪고 선교지를 떠나는 경우도 있다.[2] 많은 선교사들이 통역을 통해서 선교 사역을 하려고 한다. 2차 세계대전 직후에 수 명의 미국 선교사들이 한국에 와서 통역의 도움을 받아 설교를 했다. 그들은 자신들의 노력의 성공적인 성과들에 대한 경이적인 보고서를 본국으로 보냈다. 누구든지 그 성과가 사실보다는 약간 과장된 것이 아니냐고 물으면 그들은 화를 내곤 했다. 청년 전도단의 일원인 어느 학생은 그들이 놀라운 결과를 얻었다고 열광적으로 주장했으며 자신이 손수 그것을 목격했다고 말했다. 한국 사람들이 말하는 것을 그가 전혀 알아들을 수가 없는데 어떻게 해서 그 사람들의 마음과 정신 속에서 일어나고 있는 일을 알 수가 있겠는가? 통역은 그 나름대로의 가치가 있다. 그 사람들이 이야기하는 사람에게서 어떠한 메시지를 얻을까 하여 흥미를 가질 때 통역이 유용한 것이다. 이것은 종종 낯설은 외국인이 나타났을 때 일어나는 일이다. 호기심 때문에 사람들이 모이는 것이다. 그들에게 흥미를 끄는 것은 메시지 자체보다도 설교자인 것이다. 그들은 말하는 사람이 무슨 말을 하는지 이해를 못해도 듣고자 한다. 통역은 또한

---

　2) 김순일, 『밀림에 세운 십자가』(서울 : 메시야, 1982), p.217.

사람들이 메시지의 중요성을 알며 다른 방법으로는 그 메시지에 접할 수 없을 경우에 유용한 것이다. 불교의 스님이 미국에 들어와 미국인들을 그의 신앙으로 변화시키려 할 때 그가 영어를 할 줄 모른다고 가정해 보라. 그가 동양의 나라에서 왔으므로 한 두 번은 그를 보고 그의 말을 듣는 데 호기심을 느낄지 모른다. 물론 그의 메시지를 듣기 위해서는 통역을 통해서 듣게 되므로 보통 때의 두 배의 시간 동안 앉아 있어야 한다. 왜냐하면 그가 먼저 자기 나라 말로 말한 다음 통역자가 영어로 그 의미를 말해 주기 때문이다. 통역자가 아주 잘 한다면 당신은 자연히 그가 그 자신의 생각을 얼마나 가미시키는지 궁금해 할 것이다. 또 통역자가 독실한 불교 신자이며 그래서 통역을 유창하게 한다면 왜 그 자신이 설교하지 않는지 궁금하게 생각할 것이다. 물론 이것은 설교자가 외국인이기 때문에 호기심을 끈다는 사실은 제외하고 하는 말이다. 그리고 통역자가 정확하게 하려고 애를 쓴 결과 훨씬 어색하게 말하게 된다면 본래 설교자가 열정을 가지고 훌륭한 논리로써 유창하게 말한 것이 무슨 소용이 있겠는가? 이러한 것들은 순간에 통역될 수 있는 것이 아니다. 즉석 통역으로는 메시지의 사상을 충분히 전달할 수 없는 것이다. 복음전도에서 통역이 효과적인 것이 못된다면 가르치며 새로 세운 교회를 육성하고 인도하는 데는 말할 것도 없다. 그러나 이것들은 건전한 선교 사역에 있어서 중요한 활동들이다. 정말 선교지 국가의 언어를 배우는 것에 대치될 것은 아무것도 없다. 지름길로 가려는 것은 단지 주먹구구식이 될 뿐이다. 선교사들이 언어를 배우는 방법은 여러 가지가 있겠지만 그 중에서도 가장 좋은 것은 보통 언어 학교에서 배우는 것이다. 영국의 런던 Abbey School에서는 선교사들을 위한 영어 전문교육을 하고 있다. 해외 선교회(OMF) 같은 큰 선교회는 그 자체에서 언어 학교를 운영한다. 인도 같은 데에서는 한때 언어 학교는 일종의 연합기관이 되었으며 모든 선교회의 선교사들이 참석했다. 언어 학교는 몇 가지 장점이 있다. 거기에서는 잘 짜여진 과정으로 전문적이고 경험많은 교사들이 있으며 선교사들이 언어를 익히는 것 외에 한눈을 팔지 못하도록 한다. 라틴 아메리카에 있는 한 두 군데의 서반아어 언어 학교 같은 데서는 많은 학생들이 그들이 봉사하려는 나라에 가지도 않는다. 언어 학교에서 1년 쯤 어학 훈련 후 각자의 선교지로 간다. 아프리카의 불어와 포르투갈어를 하는 지역에서는 선교사는 적어도 두 가지 언어를 배워야 한다. 그들은 정부의 공식 언어와 그들이 일하는 부족의 언어를 알아야 한다. 이것은 아프리카로 가기 전 유럽에서 일년 이상의 언어 연수를 받아야 함을 의미한다. 선교사들이 자기들의 주둔지에서 배워야 할 그밖의 일들이 많다. 한 해에 단지 한 두 명의 선교사들이 들어와 그 언어 지역에서 일할 지 모른다. 그러므로 그들만을 위한 언어학교를 운영하는 것은 불가능하다. 선배 선교사들이 후배 선교사들에게 언어를 가르치는 일을 맡거나 선교지 현지인을 고용하여 가르치는 일을 맡겨야 한다. 현지인이 양쪽의 언어를 가르치는 일에 적합하지 않다면 선교사가 문법을 가르치고 한편으로 현지인은 발음, 회화, 읽기, 쓰기를 가르치는 것이 최선의 방법이 될 것이다. 선교사는 종종 아직 문자화되지 않고 문법도 없는 언어에 부딪히기도 한다. 여기에서 선교사는 오늘날 본국에서 받을 수 있는 특수 언어 훈련을 필요로 하게 된다. 또 선교사는 문법이 이미 형성되어 있고 사전이 있고 훈련받은 교사들이 있는 다른 언어를 익히는 것보다는 시간이 더 걸릴 각오를 해야 한다. 언어 학습에 필요한 기간은 각자가 다르다. 한국어를 말하는 사람에게 특별히 터 배우기 어려운 일부 언어들이 있다. 언어 학교의 집중된 과정은 선배 선교사가 하루 한 시간에 배워 줄 수 있는 것보다 많은 것을 짧은 시간에 배워 줄 수 있도록 짜여져 있다. 언어 학교에서 전과정을 밟는 것은 더할 나위없이 좋을 것이다. 그 과정을 끝내도 학생은 언어의 완전한 정복에는 아직도 요원하다. 그러나 그는 선교 사역에 전면적으로 착수할 수 있을 것이다. 그의 선교회는 그가 주둔지에 온 후에도 더 공부하고 독서하기를 원할는지 모른다. 외국어를 배워 보지 않은 사람은 왜 시간이 그렇게 걸리는지 궁금할 것이다. 그들은 좀더 쉬운 방법이 있을 것이라고 생각한다. 그들은 어린 아이가 짧은 시간 동안에 언어를 습득하는 사실을 지적한다. 왜 나이먹은 사람은 그렇게 안되는가? 몇 가지 이유가 있다. 어린애들이 종종 부모를 부끄럽게 할 정도의 정확한 발음을 유창하게 습득한다. 그러나 그 어린애들은 발음의 습관이 굳어지지 않아서 다른 언어의 발음에 쉽게 적응할 수 있다는 것을 알아야 한다. 그들은 또한 당황하는 것을 개의치 않는다. 그들은 자기가 들은 단어와 표현을 흉내내고 반복하고 엉터리일망정 기회있을 때마다 써먹는다. 실수하면 어떤가? 사람들이 웃으면 어떤가? 어린이들은 따라서 같이 웃을 것이며 실수를 통해서 배운다. 이밖에도 어린이들은 대화에 있어서 범위가 아주 제한되어 있다. 선교사가 어린이가 재잘거리는 정도의 말만 배우려면 그렇게 오래 공부할 것이 없다. 그러나 심오한 복음의 진리를 전달하는 데 올바른 언어를 사용하려면 이보다 훨씬 더 알아야 된다. 하나님의 말씀의 전도자로서 합당하게 되려면 결국 얼마나 선교지의 언어를 배워야 할까? 우리가 세 살이 채 되기 전에 말을 하기 시작했음에도 불구하고 우리 대부분이 새로운 언어를 배운다는 것은 단순히 모국어에 대치하는 새로운 단어의 조합을 배운다는 것 이상의 것임을 모르고 있다. 언어란 사상 표현의 방식이다. 그리고 다른 사람의 생각은 우리의 생각과 항상 같지는 않다. 또 비슷한 생각을 표현하는 데도 같은 말을 사용하지 않는다. 예를 들어, 우리가 자주 쓰는 '부족하다'라는 말이 있다. 벤틀리(Holman Bently)는 콩고의 어느 부족에게는 그러한 의미를 가진 말이 없다고 말한다. "한 번도 가져 본 일이 없는 것이 부족할 때" 사용하는 부족하다(to lack)라는 말과 한 번 가진 적이 있었던 것이 부족했을 때 사용하는 말이 다르다. 서반아어를 공부하는 미국인들이 서반아어를 사용하는 사람은 결코 'like'(좋아하다)라는 표현을 사용하지 않고 그 대신 주어와 목적어가 뒤바뀐 'is pleasing to him' (…의 맘에 들다)라는 표현을 쓰기 때문에 혼동하게 된다. 그래서 새로운 선교사들은 이런 문제에 부딪힌다. 그는 발음이 전혀 다른 완전히 새로운 단어군을 암기해야 할 뿐이다. 또한 사고의 새로운 방식과 사상 표현의 방식을 배워야 한다. 그가 선교지 사람들의 생활 속에 뛰어드는 일은 언어를 통하여 시작되는 것이다. 선교사는 그들의 말을 이해해야 하고 그들은 선교사의 말을 이해해야 한다. 그렇지 않으면 그의 선교는 헛되게 된다. 우리는 새로운 선교사의 우선적인 이러한 문제에 폭넓게 대처해야 한다. 이것은 본국에서는 잘 이해하지 못하거나 실감하지 못하고 있기 때문이다. 그러나 이것은 선교 사역에 아주 중요한 것이다. 선교 사역 운영에 있어서 전체적으로 볼 때 가장 두드러진 약점은 틀림없이 많은 선교사들이 선교지의 언어를 훌륭하게 구사하는 데 실패하고 있다는 사실일 것이다.

2. 선교 대상의 파악

새로운 선교사가 해야 할 관련된 다른 중요한 일이 있다. 그것은 선교 대상이 되는 사람들을 파악해야 한다는 것이다. 언어를 배우노라면 동시에 그 사람들에 관해서도 무엇인가 배우게 될 것이다. 그러나 그는 더 많이 알아야 할 필요가 있다. 수년 간의 경험을 가진 사람들은 다음과 같이 말할 것이다. "나는 우리가 그 사람들이 생각하는 방식처럼 생각할 수는 없으리라고 생각합니다. 아마도 그것이 우리가 좀더 효과적으로 되지 못하는 이유일 것입니다." 선교사가 그 사람들의 사고방식과 똑같이 생각하게 되든지 못 되든지 최선을 다해 그들을 이해하려고 하는 것이다. 이것은 그의 사역의 중요한 부분이다. 이렇게 함으로 그는 선교의 대장이신 그리스도를 따르려고 하는 것이다. 그리스도는 그가 보냄을 받은 사람들과 가능한한 일치되려고 하셨다. 선교사가 모든 면에서 성공하지는 못한다 해도 그는 적어도 다른 사람들보다는 그 사람들의 마음과 더 가까워졌다는 것을 아는 것이다. 휴가 중에 있는 선교사들이 종종 '나의 사람,' '나의 족속'이라고 그들을 부르는 것은 당연한 것이다. 선교지의 사람들도 선교사들이 자기들 중의 하나인 것처럼 얘기하는 일이 많을 것이다. 산동성((山東省)의 한 장로교 선교사가 실지 어느 중국인 가정에 양녀가 되는 일이 있었다. 일본에서는 선교사가 학교 수업에 일본 어린이들과 함께 출석하여 환영을 받았고 그들의 언어를 더 잘 배우게 된 일도 있었다. 선교사는 그가 그 사람들에 대해서 배우는 것을 직업으로 배운다고 생각하지 않는다. 그것은 그가 교실에서는 썩 잘하지 못하는 과목이었다. 그러나 그것은 그의 시간과 주의력을 요하는 것이었다. 그는 그들과의 개인적인 접촉을 통해서만 사람들을 배울 수 있음을 알게 된다. 그는 그들을 집으로 방문해야 할 것이다. 같이 음식을 나누며 같은 음식 그릇에 손가락을 넣기도 한다. 그는 기독교의 원리들에 어긋나지 않는 한 그들과 운동도 함께 해야 하며 슬픔도 함께 해야 한다. 선교사는 종종 교회 예배에서 보다는 철야 예배에서 사람들에 대하여 더 많은 것을 배울 수가 있을 것이다. 그는 또 사람들을 자기 집으로 초대하여 특별한 얘기는 아닐지라도 얘기를 나누어야 한다. 이러한 일은 시간을 요한다. 그래서 참을성없는 선교사들은 보다 생산적인 일에 시간을 보냈으면 한다. 그러나 이것은 참으로 많은 열매를 거둘 수 있는 밑거름이 되는 것이다. 선교사의 메시지를 믿게 하려면 우선 그들에게 신임을 얻어야 된다. 특히 선교사가 외국인이기 때문에 하룻밤 사이에 신임을 얻을 수는 없다.

3. 올바른 생활

선교사가 본국인들이 이해를 못 할까봐 본국 사람들에게 얘기하기 싫어하는 것이 한 가지 있다. 이것은 그가 단지 생활하면서 보내는 시간의 양의 문제이다. 사실, 그는 종종 스스로 초조해 하는 자신을 발견하고 무엇인가 더 하고자 한다. 그럼에도 불구하고 그는 상당한 자신의 시간을 계속 가져야만 한다는 것과 상당한 시간과 정력을 일상 생활하는 데 소비하고 있는 자신을 발견한다. 우리가 말하고자 하는 것은 본국에서는 선교사 생활의 편리를 위한 여러 가지 도움들 속에서 살아 왔다는 사실이다. 전기 접시닦이, 쓰레기 처리장, 에어콘 등을 말하는 것이 아니다. 여기서 말하는 것은 많은 사람들이 당연하게 받아들이고 있는 일상적인 기구이다. 오늘날 많은 젊은이들은 석유램프를 손질하고 청소하는 것이 어떤 것인지 모른다. 그들은 불을 켜고 싶으면 스위치만 누르면 되는 것이다. 목이 마르면 물이 깨끗한가에 대해서는 신경쓸 필요도 없이 수도꼭지로 가면 된다. 그들은 한 군데의 상점에서 위생처리하여 포장된 캔에 든 음식, 통조림 등의 모든 식품을 구할 수 있다. 손수 빵을 굽거나 통조림을 만드는 것은 돈을 절약하려는 경우이거나 취미로 하는 것이지 꼭 손수해야 되기 때문에 하는 것은 아니다. 그들은 이미 잘 잘라진 빵과 이미 요리된 음식까지도 구할 수 있는 것이다. 이것은 일상적인 일들 중에 몇 가지 사례에 불과하다. 사실 그것들은 너무 일상적인 것들이다. 그것들이 없는 생활은 상상할 수도 없다. 새로운 문명의 이기들이 생활의 편리를 위해서 날마다 생겨나고 있다. 대부분은 돈이 없어서 사지 못하는 것뿐이다. 멀리 떨어진 지역에서도 배달을 통해 주문이 가능하다. 그런데 선교사는 어떤가? 그도 이런 혜택을 누릴 수 있는가? 어떤 곳에서는 혜택을 누릴 수 있는 곳도 있다. 다른 나라들도 되도록 빨리 그러한 이기(利器)들을 들여오고 있다. 그러나 그렇게 쉽게 구할 수 없는 경우가 많다. 많은 선교사 주둔지에 있어서 전기를 들여보내는 유일한 길은 직접 발전소를 세워야 하는 형편이다. 말은 쉽지만 하루를 가도 기술자를 구할 수 없는 상황에서 전등용 발전소를 오랜 기간 운영해 본 일이 있는가? 선교사가 기술자라면 거기에 상당한 시간을 빼앗길 것이다. 또 식수 문제가 있다. 물을 끓여 먹는 것은 많은 선교사 가정의 일과가 되고 있다. 때로 물을 여과한 다음 또 끓여야 한다. 그러자면 시간이 걸린다. 이런 일은 외진 벽지의 경우라고 생각해서는 안된다. 세계의 주요 도시 가운데서도 안전한 식수가 없는 곳이 있다. 음식의 요리도 문제가 될 수 있다. 전기 스토브는 전기가 없으므로 쓸 수 없는 것이 보통이다. 가스통을 사용하는 가스 스토브는 곳에 따라 사용이 가능하다. 석유 스토브와 가솔린 스토브가 더 많이 사용되지만 상당한 주의가 필요하다. 때로는 발전기에 먼지가 끼어 청소가 필요하고 심지가 말썽을 부리기도 한다. 그래서 많은 선교사들이 나무, 석탄, 톱밥으로 요리도 하고 난방도 한다. 다음은 음식 문제이다. 많은 선교사들이 본국의 수퍼마킷이나 골목의 식료품점을 얼마나 그리워하는지 모른다. 매일 개점하는 공동 시장이 있다면 필요한 것을 구하러 사람을 보낼 수 있다. 하지만 주부가 사전에 어떤 메뉴의 식사를 준비할 수 있을지 계획을 세울 수가 없을 것이다. 조리된 음식은 많지 않을 것이다. 음식 조리는 집에 와서 해야 할 것이다. 시장보는 문제만 하더라도 사람을 고용하는 편이 시간을 절약할 수 있다. 때로 대규모 할인판매가 있기 때문이다. 그러나 돈이 절약되지는 않는다. 도로가 있는 조건이라면 대부분의 선교지에서 자동차는 선교 사역에 매우 유용하다. 그러나 자동차는 때로 수리를 해주어야 할 필요가 있으며 수리를 하자면 시간이 걸리는 것이다. 그래서 옛날에는 대부분의 선교사들이 좋은 말이나 노새가 있으면 그것들을 타고 여행할 수 있음을 다행으로 생각했다. 그러나 이러한 동물들을 먹이고 돌보는 데는 많은 시간이 필요하다. 지금까지 선교사의 많은 시간을 앗아가는 '잡다한 일들'에 대하여 강조하려고 했을 따름이다. 그러나 단지 주변적인 일들만 다루었을 뿐이며 선교지에 따라 상황이 다르다는 사실을 잘 알고 있다. 어느 선교사에게 물어도 그는 외국 땅에서 생활하기 때문에 해야만 하는 잡다한 일에 자기가 원하는 것보다 더 많은 시간을 소비해야 했었다고 대답할 것이다.

II. 선교사의 주요 사역

편지 쓰기, 보고서 작성, 정부 관리와 접촉하는 일, 비자 연장 등등의 선교사의 사소한 일과는 제쳐 두고 선교사의 주요 활동 다섯 가지만 간단히 살펴보자. 이것들은 전도 활동, 상담 활동, 교회 설립, 지도자 훈련, 그리고 문서선교 사역 등이다.

1. 전도 활동

  복음전도에 대해서 이야기할 때 모두들 즉각적으로 "예수 그리스도와 그의 십자가에 못 박히신 것과 부활"에 대한 설교를 생각한다. 선교지에 교회가 있는 곳에서도 물론 선교사가 설교를 한다. 그들은 언제 어디서나 할 수 있으면 설교한다. 교회당 안에서나 옥외에서도 할 수 있다. 또 사람들이 끊임없이 오가는 도시거리에서도 노방전도를 할 수 있다. 사람들이 메시지를 들으러 모이는 마을 회관에서도 할 수 있다. 또 큰 회합이나 어떤 집에서 모이는 이웃들의 모임 중에서도 할 수 있다. 선교사는 본국의 목사보다 더 자주 설교해야 한다. 어느 선교회 대표가 해롤드 쿡 선교사에게 그 선교회에 지원한 이야기를 하면서 기뻐하던 것을 말하였다. 그 젊은 청년은 그가 자기의 경험과 능력을 가지고 선교회에 강한 인상을 심어 줄 수 있으리라고 피상적으로 생각했다. 그는 "저는 그 일을 잘 할 수 있으리라고 생각합니다"라고 썼다. 또 "저는 설교에 익숙합니다. 저는 매 주일 적어도 두 번 설교하고 수요일에 한 번하며 그 외에 다른 때에도 경우에 따라 합니다"라고 썼다. 그 대표는 웃으면서 말했다. "나는 그에게 '우리 선교사들 중에 설교를 그렇게 적게 하는 사람은 없읍니다'라고 말해 주었읍니다." 아! 교훈적으로 설교하는 것이 항상 가장 좋은 설교는 아니다. 때로 형식에 얽매이지 않아야 한다. 대부분의 사람들이 잠깐 멈추었다가 지나가 버리는 장터에서 어떻게 첫째는, 둘째는, 세째는 하는 식으로 주제를 전개시키겠는가? 그것은 본국에서 야외설교를 하는 것과 같다. 설교를 10~15분 정도로 간단히 해치워 넘길 수는 없다. 사람들은 하나님의 메시지를 들으려고 거기 있는 것이며 다음 기회를 얻기까지는 오래 기다려야 하는 것이다. 그들은 '하나님의 전체적인 경륜'을 바라며 적어도 그들이 얻을 수 있는 최대한의 것을 원한다. 그들 중에는 단순히 메시지를 듣기 위해 몇 마일을 걸어온 사람도 있다. 그러므로 설교자는 계속해서 그들에

제 9 장 선교사와 선교 활동 **311**

게 좋은 것으로 공급해 주어야 한다. 해롤드 쿡은 어느 토요일 늦게 자기 집에 먼지 투성이의 나그네가 도착해서 영접하였다. 그는 신자가 없는 다른 마을의 신자였다. 선교사의 집에 도착하기까지 그는 2~3일을 터벅터벅 걸었다. 그는 주일 날을 선교사와 함께 머물렀다. 그리고 월요일 아침 일찍 출발하여 2~3일의 여행길을 돌아갔다. 그는 왜 선교사의 집에 왔는가? 그는 쿡 선교사에게 말했다. "나는 매번 그리스도인의 교제가 그리워서 주일 날 여기에 내려와 한 두번 설교를 들었읍니다. 이제 배부르게 말씀을 먹고 돌아갑니다." 초청의 형식은 부흥 사경회의 의례적인 부분이다. 설교 끝에 보통 회중이 찬송을 부르는 동안 사람들은 예수 그리스도를 구주로 영접하도록 격려를 받으며 손을 들어 그들의 결심을 표하도록 하는 것이다. 대부분의 선교지에서는 이런 일은 통하지 않는다. 한 아프리카 선교사의 편지를 읽어 보았다. "우리가 여기에서 그런 식으로 한다면 모두 손을 들 것입니다만 그것은 아무런 의미도 없읍니다." 다른 선교사들은 주장한다. "사람들이 정말로 개심했다면 일어서서 그렇게 말할 수 있어야 한다." 그리고 사실이 그렇다. 쿡 선교사가 베네주엘라의 푸에르토 라 크루쯔(Puerto La Cruz)를 방문했을 때 그곳의 교회에서 설교해 달라는 초청을 받았다. 그러나 쿡 선교사의 설교는 중간에서 중단되고 말았다. 한 여자가 회중 가운데서 일어나 크게 외치기를 "나는 그리스도를 나의 유일하시고 온전한 구주로 모시기를 원합니다"라고 말했다. 그리고나서 앉았다. 아무도 놀란 사람은 없었다. 아무도 이상스럽게 생각하지도 않았다. 잠시 동안의 중단 후에 설교는 계속되었다.[3]

   물론 개인 복음화가 모든 복음사역의 토대가 되는 것이다. 일단 시작만 하면 사람들이 스스로 그 대부분을 한다. 조금만 가르쳐도 선교사보다 그 일을 잘 할 수 있다. 그러나 실제로 선교사는 끊임없이 개인적인 복음전도자가 되는 것이다. 어떤 사람들은 이러한 사역

---

3) Halrold R. Cook, *op.cit.*, pp.197~199.

에 많은 시간을 바치고 있다. 여러 단체들과 이야기를 하는 중에도 선교사는 때로 사적인 대화에서처럼 복음에 대하여 이야기한다. 어떤 선교사는 복음전도를 목적으로 하는 여행을 하는 데 많은 시간을 보낸다. 그 일을 잘 하려면 선교여행도 해야 한다. 알다시피 선교사는 하나의 회중을 상대하는 고정된 목사라고 생각해서는 안된다. 그의 일은 그보다 훨씬 광범위하다. 그의 목적은 되도록 넓은 지역에 불을 붙이는 데 있다. 여행은 여행에 관한 책을 읽기를 좋아하는 사람에게 매력있게 들린다. 그들은 때로는 여름 휴가 중에 더 많이 일하기 위하여 실컷 돌아다닌다. 그러나 그들은 모든 사람들이 쉽게 여행할 수 있는 본국처럼 생각하고 있는 것이다. 선교지에서는 그렇지 못한 경우가 허다하다. 사실 최근에 여행 사정이 많이 좋아졌다. 예를 들어, 아프리카의 '사파리'(Safari)란 말은 한때 선교사 자신이나 선교사의 장비를 통로로 끌어 내리던 짐군들의 길다란 줄을 이제 더 이상 의미하지 않는다. 이제 선교사들은 모든 것을 역 짐차나 트럭에 싣고 여행할 때 한 두 사람의 조수를 데리고 가면 된다. 어떤 곳에서는, 즉 동부 에쿠아도르(Ecuador)의 정글지대 같은 오지에서도 선교사는 비행기를 호출할 수 있다. 그렇다고 해서 그 여행이 쉽다는 말은 아니다. 또 시간이 많이 걸리지 않는다는 얘기도 아니다. 인도의 선교사를 예로 들어 보자. 그가 그의 담당지역의 마을들을 돌아보기를 원한다고 생각해 보자. 인도에 비행기가 있지만 이러한 지방의 여행에는 별로 소용이 없을 것이다. 또 철도도 있다. 그러나 철도도 이 여러 마을을 둘러보는 데는 별로 도움이 못 된다. 그래서 선교사들은 트럭을 타고 고속도로를 최대한 이용한다. 그는 주의깊게 여행 계획을 세워야 하며 우리가 필요하리라 생각했던 것보다는 많은 장비를 가져가야 한다. 우선 편리한 호텔이나 여관을 쉽게 찾지 못한다. 그래서 천막이 있어야 한다. 그러자면 자고, 씻고, 먹는데 필요한 모든 장비를 가지고 다녀야 한다는 결론이다. 왜냐하면 식사 시간에 식당에 잠간 들를 수도 없기 때문이다. 음식을 내놓고 파는 시장이 있음에도 불구하고 그는 그의 감독 하에 요리된 식사를 하는

제 9 장 선교사와 선교 활동 **313**

것이 현명한 일임을 알게 된다. 또한 그의 일에 필요한 도구들이 있다. 그는 휴대용 풍금이나 다른 악기들이 필요할지도 모른다. 그는 전도지들이 필요하고, 또한 성경과 다른 책들이 필요하다. 궤도와 플란넬 그라프(flannel graphs), 다른 보조재료 등은 나이 든 사람과 어린이들 모두를 가르치는 데 도움이 된다. 그가 환등기나 영화, 투시 환등기 등을 가지고 다닐 수 있으며 그의 트럭에서 전기를 발전하여 사용할 수 있다. 그러나 인도로 간 선교사는 남아메리카 인디언 저지대들 가운데 있는 일부 선교사들과 비교해 보면 편안한 여행을 할 수가 있다. 때때로 이러한 선교사들은 주재지들간에 항공선교를 통한 비행기 수송이 주는 잇점의 혜택을 입는다. 이것은 사람, 환자와 공급물자를 수송해 줌으로 접근하기 어려운 지역에서 일하고 있는 선교사들을 위해서 굉장한 도움이 된다. 그러나 거기에는 우리들이 항상 생각치 못한 일들이 따르게 된다. 비행기는 착륙할 수 있는 넓고 평평하고 깨끗하며 그루터기, 덤불, 나무 등이 없는 공간이 필요하다. 값싼 노동력이 많다고 하더라도 이런 시설을 마련한다는 것은 큰 문제이다. 또 그것을 깨끗하게 유지하는 것도 큰 문제이다. 왜냐하면 습기가 많은 열대지방에서는 하룻밤 사이에 식물들이 부쩍부쩍 자라나기 때문이다. 또 선교사는 그가 필요할 때는 언제든지 비행기와 연락할 수 있는 방법이 있어야 할 것이다. 이것은 단파 무선통신을 의미하는 것이다. 이것은 고장나지만 않는다면 참으로 편리한 기구이다. 물론 아무도 언제 어떻게 그것이 고장날지 알 수 없는 것이다. 보통 선교여행에는 비행기가 항상 유용한 것은 아니다.[4] 그것은 단지 장거리에 유용한 것이지 단거리 여행에는 그렇지 못하다. 지상의 비교적 단거리에서 선교사는 종종 자동차나 트럭, 지프차 등을 사용한다. 이것은 그 나라 정부에서 도로 건설에는 거의 투자를 하지 않는 경우라 할지라도 가능하다. 볼리비아에 있는 선교사

---

4) Mission Aviation Fellowship 선교회는 24개국에서 160명의 선교사들이 120대의 비행기를 운영하는 항공 선교를 하고 있다.

들의 한 선교 단체는 그 자신들의 도로를 건설하여 트럭이 선교사 주둔지까지 들어올 수 있도록 했다. 도로 건설 조건이 본국보다는 불리했으므로 거기에는 어려운 일이 있을 것이다. 트럭이 진탕 속에 빠졌을 경우에 들어 올릴 수 있는 강력한 장치가 있다면 유용할 것이다. 건기 동안에 다른 지역들에서는 물이 없는 강바닥이 도로의 역할을 할 것이다. 그러나 도로의 그러한 상태가 끝나는 곳에서도 아직도 더 여행을 계속해야 하는 것이다. 도보로 걸어야 할 때나 노새를 타야 하거나 카누를 타야 할 때도 있을 것이다. 도보로 여행하는 일은 옛날보다는 훨씬 흔하지 않게 되었다. 그러나 내지의 수로들은 아직도 일부 지역에서 아주 중요한 수송수단이 되고 있다. 그러므로 조만간 여행자들이 뒷길(flowing road)을 택해야 할 때가 있을 것이다. 우리 현대인들은 심방의 훌륭한 기교를 상실하고 있다. 즉, 우리는 방문의 골자가 되는 유쾌하고 때로는 격려가 되는 대화들을 급속히 상실해 가고 있다. 요즈음은 심방자가 남을 방문했을 때 종종 주인이 자기가 빨리 떠나 주었으면 하는 불쾌한 느낌을 받는 경우가 있다. 그것은 아마도 방문자가 와 있기 때문에 주인이 자신이 좋아하는 TV 프로그램을 볼 수가 없기 때문일 것이다. 아니면 그들이 서로 중요하게 생각하고 공통적으로 관심을 갖는 화제를 찾을 수 없기 때문일 것이다. 우리는 모든 일에 너무 바쁘게 지내다보니 한가하게 대화하는 것은 시간을 낭비하는 것이라고 생각한다. 목회자의 심방까지도 드물어지고 있다. 목사들은 보다 더 그들을 압박한다고 느끼는 여러 가지 다른 활동들에 너무 바빠 있는 것 같다. 그러나 종종 그들은 꼭 필요한 영적인 과제들을 단지 회피하는 것이 아닌가 하고 생각한다. 어떤 경우에는 교회가 "심방 전담자"(대부분의 경우 여자이지만)를 두어서 심방을 담당하도록 하고 있다. 그렇게 하면 목회자와 교인들 사이의 간격을 좁히는데 도움은 되겠지만 목회자가 친히 심방하는 것을 대신할 수는 없는 것이다. 대부분의 경우에 있어서 심방이 실시되고 있지 않다. 그러나 대부분의 선교지들에서 심방은 아직도 예전의 중요한 위치를 지키고 있다. 심방자는 보통 환영을 받는다. 심방자는 그 주인이 그의 견해와 일치하지 않는 경우에도 환영을 받고 있다. 결국 다시 말하면 그와 이야기를 나누지 않고서야 어찌 다른 사람의 견해를 이해할 수 있겠는가? 당신이 공개적으로 개인 전도를 하기 원한다면 그렇게 해야 한다. 수년 전에 해롤드 쿡은 베네주엘라의 파리아(Paria) 만으로 답사여행을 했었다. 크리스토발 콜론(Christobal Colon)의 작은 항구에서 쿡은 고향으로 가게 되기를 기다리면서 일주일 동안 발이 묶였다. 그곳에서 사람을 방문하면서 상당한 기간을 보내는 동안 쿡이 보기에는 긍정적인 결과를 얻지 못했다. 쿡 일행이 2~3년 후 휴가에서 돌아왔을 때 그때 그 지역을 담당하고 있던 선교사가 쿡의 집을 심방했다. 그는 다음같이 말했다. "해안지방에서 들은 보고서에 흥미를 느끼실 것입니다. 당신이 크리스토발 콜론에 가셨을 때 복음에 대해서 굉장한 관심을 보였던 한 여인을 기억하십니까?" 쿡 선교사는 그런 사람을 기억하지 못하겠노라고 대답했다. 그러나 그때 쿡은 그 도시에서 많은 심방을 했었다. 그는 계속해서 말했다. "어쨌든 이 여인이 말하기를 당신이 어느 날 그 여자와 다른 사람들에게 복음을 설명하면서 오랜 시간을 보냈다고 말했읍니다. 그 여자는 그때 그 복음을 받아들일려고 하지는 않았었읍니다. 그러나 나중에 복음을 받아들인 것입니다. 이제 소식을 들으니 그 여자가 주님을 믿는 가운데 죽었다고 하니 당신의 심방에 대해서 감사드립니다." 그러나 여전히 쿡이 기억할 수 있는 것은 고작 어느 날 가게 주인 하나가 쿡 선교사에게 정중하게 가게 밖에 있는 의자를 권하던 기억밖에는 없었다. 그의 부인과 그밖의 여러 사람이 주위에 있었다. 그때 그들은 한가롭게 대화를 이어 나갔다. 한 시간이나 되었을까? 아니면 두 시간? 정말 얼마나 오래 이야기했었는지 모른다. 그러나 그 여자가 그 무리들 중에 있었던 것이다.

2. 상담 활동

심방은 때로 상담 활동과 밀접한 연관을 맺고 있다. 본국에서나 선교지에서나 우리의 상담을 필요로 하는 사람들이 항상 우리에게 찾아와서 도움을 청하는 것은 아니다. 우리가 그들을 찾아가서 발견해야 할 때가 많다. 상담은 가장 절실하게 필요한 일이다. 상담은 '문제를 가지고 있는 사람을 도우고 또한 원하는 목적을 달성하기 위하여 돕는 과정'이다.[5] 지도자의 입장에 서 보지 못한 젊은이들은 그것이 얼마나 필요한 일인지 이해하지 못한다. 그들은 그것을 단순히 충고 한 마디하는 것쯤으로 생각한다. "충고는 값싼 것이다"라는 말도 있다. 그러나 충고가 값싼 것이라는 데 대한 그 속담도 아마 항간에 많은 값싼 충고가 돌아다니기 때문에 생기게 되었을 것이다. 충고가 값싼 것이라는 것은 돈을 지불할 필요가 없을 뿐만 아니라 충고를 하는 사람도 몇 분 동안의 심각한 생각없이도 할 수 있기 때문이다. 의견을 말하거나 피상적인 충고를 하는 것은 쉬운 일이다. 그러나 선교사의 판단에 한 생명이 달려 있다면 어떻겠는가? 선교사의 충고를 따르다가 고민과 후회의 결과를 가져올 가능성이 있다면 어떻게 하겠는가? 그리고 선교사의 충고에 영혼의 영원한 운명이 걸려 있는 것이라면 어떻게 하겠는가? 모든 선교사는 상담을 하도록 부름받은 것이다. "내가 어찌 할꼬"(What shall I do) 하는 자에게 해답을 주어야 한다. 비단 본국에 있는 기독교 일군들과 목사에게 당면하는 일반적인 영적인 문제점들 뿐만 아니다. 선교사의 상담을 필요로 하는 다양한 문제들은 놀라울 정도로 많다. 어떻게 보면 그는 해 아래 있는 거의 모든 문제들에 대해 권위를 가져야 하는 것으로 생각된다. 그러나 선교사는 자신이 그렇지 못하다는 것을 안다. 그는 어떻게 해야 할까? 일부 사람들에게 그는 영적인 아버지가 된다. 아버지의 위치란 곧 돌보는 것을 의미한다. 어린이들이 단지 그들의 아버지가 그들에게 가장 좋은 충고를 줄 수 있는 종류의

---

5) Clifford E. Erickson, *A Practical Handbook for School Counselors*(N.Y. : The Ronald Press Co., 1949), pp. 49~50.

문제들을 이해하지 못했다고 해서 그들을 나무라야 할 것인가? 단지 알 것이라고 생각하는 것뿐이지 않는가? 그들이 어떻게 영적인 문제들과 사회적인 문제들, 경제적인 문제 등의 차이를 설명할 수 있겠는가? 도대체 다른 점은 무엇인가? 상담에는 많은 시간이 필요하다. 아마 선교사가 하는 일 중에 상담만큼 많은 시간을 필요로 하는 일은 없을 것이다. 누군가 선교사에게 상담을 하러 왔을 때 그는 문제의 핵심을 말하기까지 오랫 동안 변죽만 울리고 있을지 모른다. 그때에는 그 마음에 참으로 문제점이 무엇인지를 찾아내기 위해 상당한 고충이 필요할 것이다. 그러나 상담자는 성경적인 원리와 실천대로 권면적 상담(nouthetic counseling)을 해야 한다.[6]

어느 학생처장에게든지 물어 보라. 상담만큼 이해심이 필요한 일은 없다. 이러한 이유 때문에 선교회에서는 그 생각과 행동에 있어서 성숙한 젊은 선교사들을 원하는 것이다. 체험을 통하여 얻어지는 성숙이 상담에서보다 더 잘 나타나는 곳은 달리 없을 것이다. 의료 봉사에서와 마찬가지로 상담에서도 가장 첫째로 해야 할 일은 그 경우를 진찰해야 하는 것이다. 그러기 위해서는 경청하는 자세(Listening Attitude)를 갖는 것이 중요하다. 사람으로 하여금 무엇이 탈이 났는지를 털어 놓게 하려면 적극적인 관심과 인내심이 필요하며 신뢰감을 북돋아 주는 애정적이고 동정적인 자세가 필요하다. 무슨 문제가 관련되어 있는지를 알아내고 그래서 그 피상담자가 자신을 돌아볼 수 있도록 각각의 경우들을 다시 말해 주는 일은 분별력이 요구되는 것이다. "당신이 해야 할 일은 바로 이것입니다"라고 말하는 대신에 "당신이 결심만 한다면 여차여차한 결과가 올 것입니다. 그러나 그 결정은 당신에게 달려 있읍니다"라고 말하는 데는 자제심과 기교가 필요한 것이다. 선교사는 상담자로서 '강하게 하고,' '고치고,' '싸매어 주고,' '돌아오게 하고,' '찾아주는' 일을 해야 한다. 선교사가 그의 영적 지도력을 최고도로 발휘할 수 있는 곳이 바로

---

6) Jay E. Adams(정정숙 역), 『목회 상담학』(서울 : 총신대학출판부, 1976), p.202.

이 상담 분야이다. 상담은 처음에도 중요하지만 점점 성장하는 것도 중요하다. 선교지의 현지 목사들이나 전도자들이 설교를 할 때가 올 것이며 선교지의 목사들이 선교사들을 대신하고 지도자의 일을 떠맡을 때가 올 것이다. 그러나 그때에도 여전히 상담자가 필요할 것이다. 왜냐하면 사람들이 선교사를 신뢰하여 그들이 계속적으로 당면하는 문제들을 해결하는 데 도움받기 위하여 찾아갈 사람이 필요하기 때문이다.

3. 교회 설립

보에티우스(Voetius)는 선교사의 목적이 이방인을 개종시켜 양육하며 교회를 설립(plantatio ecclesiae)하고 하나님의 말씀을 선포하는 것이라고 말했다. 이것은 복음화의 자연적인 결과가 되어야 한다. 사실 복음화가 영속적인 효력을 지닌 것이라면 신자들 사이의 열심 있는 교제는 그 결과를 보여야 하는 것이다. 그러므로 선교사의 가장 중요한 과제 중의 하나는 교회가 개척되는 것을 도와 주고 초기에 그것을 지도하는 일이다. 그것은 또한 많은 기술과 영적 지도력이 필요한 일이다. 복음화에 항상 역점을 두는 복음선교는 처음 몇 년 간은 교회에 비교적 관심을 두지 않는 경향이 있다. 물론 처음에는 그들이 복음화에 역점을 두는 일이 필요하다. 그러나 종종 그들은 신자들이 처음으로 모이고 난 후에 그 일이 생각처럼 발전하지 않는다는 것을 발견한다. 매년 보다 튼튼해지고 활기차게 되어가지 않고 오히려 약해지는 징후를 종종 보이는 것이다. 그것은 계속적으로 외국 선교사의 존재를 너무 많이 의존했던 것이다. 그들이 적어도 부분적으로라도 깨닫게 되어 복음화에 대한 열심이 식어지는 일 없이 교회를 설립하는 일에 더 많은 강조점을 둘 필요가 있는 것이다. 되돌아 볼 때에 그들이 좀더 잘 알았더라면 하는 생각이 든다. 사도 바울도 그의 전선교 사역에서 교회에 중점을 두지 않았던가? 바로 그것이 바울이 선교에서 성공한 비결의 일부가 아니었을까?

그럼에도 불구하고 복음 선교회나 교파 선교회 양쪽 모두에서 이 교훈들을 배우지 못하고 있는 사람들이 많다. 그들은 1세기에 적용되었던 원리들이 오늘날에도 적용될 수 있다는 사실을 믿지 않는 것이다. 그들은 이제는 여건들이 다르다고 느끼는 것이다. 그러나 전체적으로 볼 때 오늘날의 선교는 과거 그 어느 때 보다도 교회를 크게 강조하고 있다. 특히 제2차 세계대전 이후와 중국 선교의 길이 막힌 이래, 우리는 독립해 있는 선교지의 교회들을 튼튼히 발전시키는 일에 대한 중요성을 깨닫게 되었다. 이 문제에 대하여 선교사는 아주 많은 주의를 기울여야 한다. 선교사는 모국 교회나 서구 세계의 교회들에 익숙해져 있다. 우리들의 교회들이 그 조직이나 절차에 있어서는 서로 어느 정도의 다른 점들이 있을지라도 아직은 그들 사이에 많은 유사점들이 있다. 근본적으로 그것들은 해야 할 일들을 결정하는 데 있어서 회원들이 발언권을 많이 가지는 자발적인 연합체들이다. 목사가 감독에 의해서 임명되거나 또는 회중들의 투표에 의해서 뽑혀지거나를 막론하고 목사의 권리는 교인들의 뜻에 의해서 제한을 받게 된다. 민주적인 절차를 일반적인 규칙으로 삼고 있으며 그 절차들은 우리들이 일찍이 국민학교 시절부터 익숙해진 것들이다. 예배의 일상적인 순서들 사이에 유사점이 아주 많아서 그가 사전에 모르고 있었다면 방문자가 자기가 속해 있는 교회의 교파를 구별하기가 어려울 정도이다. 우리들 대부분은 이런 일들에 대하여 어릴 때부터 익숙해져 있다. 그러나 그렇지 않은 선교지들이 있다. 그 사람의 예전의 생활방식은 전혀 다른 것이었다. 사회가 전혀 다른 토대 위에 조직되어 있다. 민주주의가 무엇인지에 대하여 막연하게 조차도 모르는 사람들이 많고 민주주의가 어떠한 구실을 하는지도 모르는 사람들이 많다. 그들 중에 대부분이 우두머리, 즉 일종의 지배자 체제에 익숙해져 있다. 그래서 그러한 체제가 그들의 교회 생활에도 들어오는 것이 자연적인 것이라고 생각한다. 예를 들자면 남아메리카 국가의 한 젊은 성경학교 졸업생이 한 교회의 목사가 되기를 원했다. 그의 나라는 보통 중무장(重武裝)을 한 지배자들에 의하여 다스려지고 있는 나라들 중의 하나였다. 그는 성경학교 시절에 의회에서 제정되는 법들에 대하여 배웠으며 교회정치에 대해서도 배웠다. 그러나 몇 년 동안 형식적으로 배운 것으로써 일생에 걸친 체험을 압도할 수는 거의 없었다. 얼마 동안 그는 교회의 직분자들과 오랜 교회의 교인들과 말썽을 일으켰다. 이 모든 문제는 정책상의 견해 차이 때문이었다. 그는 초조해진 나머지 귀찮게 구태여 의회에서 제정된 민주적 절차를 따르지 않고 그와 의견을 같이 하지 않는 자들을 모두 즉시 출교시켜 버렸다. 그는 "지배자 만세!" 주의였다. 그러나 다행히도 그 교회에서 오래 계속하지 못했다. 많은 사람들에게 있어서 교회 생활은 전적으로 새로운 어떤 것이다. 그들의 종교 생활은 지금까지는 전혀 다른 바탕에 기초되어 왔다. 우리들에게 있어서처럼 종교는 단순히 매일 우리 생활의 일부분 이상의 것이며 매주 규칙적인 예배를 드리는 것만으로는 부족하다. 물론 마법사는 설교하지는 않는다. 뿐만 아니라 종교는 그들에게 있어서 종종 공동체적인 관심사가 된다. 온 마을이나 온 부족이 단 한 가지의 종교를 가짐으로 어떠한 반대자도 용납되지 못한다. 그러므로 '불러냄을 받은 무리' 또는 에클레시아(ekklesia)라고 하는 교회에 들어오는 것은 아주 획기적인 일이 된다. 그 사회에서 교회가 어떻게 행동해야 할까? 우리는 이 문제에 대하여 세부적으로 다룰 수는 없다. 그러나 우리는 이미 그 문제가 선교사가 오랫 동안 기도하면서 신중한 주의를 기울여야 할 문제라는 점을 충분히 언급하였다고 믿는다. 어떻게 해서 사람들이 교회의 영적인 이상을 이해할 수 있도록 할 수 있을까? 선교국의 교회의 조직을 어느 정도 소개해야 할 것인가? 원주민들의 생활방식에서 어느 정도까지를 교회의 목표와 일치시킬 수 있겠는가? 어느 때에 그들의 후견인으로 남아 있어야 하며 또 그들이 일을 해나가도록 할 것인가? 어느 때에 그들을 고립시키는 대신에 그들 스스로 실수를 저지르도록 방치해 둘 것인가? 어떻게 선교지 사람들의 지도력을 발전시키는 일을 격려해 줄 수 있을까? 이런 것들을 말하자면 끝이 없다. 한 가지 분명한 사실이 있다. 교회는 보통 현재 선교사들의 생활에서 보다는 선교지 사람들의 생활 속에서 훨씬 더 중요한 역할을 맡게 되리라는 것이다. 우리는 이미 국가나 세속의 기관들에게 교육, 자선 사업, 사회 문제, 구제 등의 많은 일들을 넘겨 주었다. 그래서 교회는 전혀 영적인 것이라고 불리우는 일들보다는 조금 더 하고 있을 따름이다. 장례 예배에서 조차도 목사보다는 오히려 장의사가 일을 맡는다. 일부 개교회들 가운데는 정치, 사회적인 일들에서 보다 능동적이고 적극적인 역할을 회복해 보려는 참된 노력이 보인다. 그러나 그렇게 하는 가운데 그들은 종종 그들의 교구에서 소외감을 느끼게 된다. 그러나 선교지의 나라에서는 상황이 다르다. 사실 상황이 전혀 달라서 많은 서구 선교사들이 그 현상을 이해하는 데 어려움을 발견하고 거기에 적응하는데 느리다. 우리가 알다시피 비기독교 사회에서 교회로 들어오는 데 있어서는 사람들은 많은 그들의 옛 관계들을 청산해야 한다. 그것은 단순히 다른 유형의 종교적 예배의식에 참여하는 문제에 그치는 것이 아니다. 그들은 다른 생활양식을 형성해야 한다. 때로는 생계를 유지하는 다른 방법을 찾아야 하는 것이다. 우상을 만들던 사람은 그 일을 계속할 수 없다. 그는 다른 직업을 갖기 위해 도움이 필요할 것이다. 그들의 사회 생활이 변화되는 것이 보통이다. 때로는 이 사실이 단지 친구들이 바뀌는 것을 의미하기도 한다. 일부 게임들이나 다른 사회적 일들에서처럼 그 행위 자체는 나쁘지 않을 수도 있다. 그러나 술 잔치, 도박, 추잡한 춤 등과 같은 예전의 사회적인 활동들에서 떠나야 할 경우도 있다. 그밖에 건전한 것들이라 하더라도 특별히 기독교적인 것이 되지 못한다면 바꾸어야 한다. 결국, 사람은 사회적 존재이다. 사람들이 영적인 생명을 발견하게 되는 곳은 교회이다. 교회 안에서 그들은 새롭고 기쁜 친교를 발견하게 된다. 그러므로 그들이 새로운 생활의 여러 가지 필요를 채우기 위해 교회를 바라보는 것은 지극히 당연하다. 한국 전쟁(6·25 전쟁) 직전에 서울에서 영락교회가 시작되었다. 영락교회는 많은 피난민 교회들 중의 하나였다. 한경직 목사는 북한의 폭력에서 겨우 벗어나 수도 서울에 와서 북한에서 온 그리스도인들이었던 많은 다른 피난민들을 발견했다. 피난민들이 함께 모여 예배를 드리는 가운데 숫자가 증가했다. 얼마 안되어 그들의 예배장소로 충분한 큰 예배처가 필요했다. 그러나 그들은 또한 다른 일도 했다. 그들 모두는 모든 소유를 버리고 그 나라의 낯설은 지방으로 피해 온 것이 어떤 일인지를 알고 있었다. 여기에서 그들은 직업도 없었고 가정도 없었으며 그리스도인 동료들 외에는 친구도 없었다. 그들은 서로 도와야만 했다. 그래서 교회를 통해서 그들은 먼저 온 사람들이 나중에 온 사람들을 지원해 주기 시작했다. 그들이 할 수만 있다면 그들에게 음식을 제공하였다. 또 다른 사람들을 위해서는 옷을 제공했다. 교회는 일종의 취업 안내소를 세우고 많은 사람들이 직업을 갖도록 도와 주었다. 그리고 각자가 스스로 자립하게 되면 그들은 또 다른 사람을 돕는 일에 참여했다. 그들은 이것이 교회가 할 일인지에 대해서는 문제 삼지를 않았다. 그리스도 안에 있는 형제들로부터 도움을 받지 못한다면 성도들이 어디서 도움을 받을 것인가?

4. 지도자 훈련

지도자들이 없이는 교회를 이룰 수가 없다. 그 지도자들은 어떤 명칭이 없을지라도 여전히 지도자들인 것이다. 문제는 교회가 어떤 유형의 지도자들을 가져야 하며 어떻게 그들이 자기들의 임무를 위하여 잘 준비할 것인가 하는 것이다. 물론 일부 지역에서는 선교사 자신이 지도자의 위치를 맡는 것이 전적으로 가능하다. 그 선교사에게는 그것이 가장 쉬운 방법처럼 보일 것이다. 그리고 그에게는 훈련을 받아야 하는 문제가 없다. 또 그 일이 그가 계획한 그대로 계속 추진될 것인지에 대해서도 의심스럽게 생각할 필요가 없다. 그러나 가난한 선교사는 곧 자신이 수 없는 책임을 맡는 짐을 지고 있다는 사실을 발견할 것이다. 그리고 그의 모든 노력에도 불구하고 어떤 이유 때문에 그 교회가 발전할 것 같지 않아 보이는 것이다. 때로 그렇듯이 그가 만약 선교지를 떠나야 한다면 그 일은 산산히 부서지고 말 것이다. 선교사가 선택할 수 있는 다른 방법은 지도자의 자질을 보이는 새로운 그 신자들을 조사하여 그들에게 적어도 그 책임의 일부를 맡기는 것이다. 그것은 효과를 나타낼 것이다. 즉, 임명받은 사람이 다른 사람보다 좀더 겸손하고 재치가 있고 인내심이 있고 신령한 원리들을 지각하고 있고 그밖의 재능을 가졌다면 효과를 나타낼 것이다. 그러나 약점이 있다. 사도 바울은 그가 서신서에서 초신자에게 지도자의 위치를 맡기지 말라고 했을 때 이 점을 알고 있었던 것이다. 그는 교만의 위험성, 즉 이런 사람이 원수들의 올무에 빠질 수 있는 위험을 잘 알고 있었다. 그런 일은 여러 번 있었다. 교회의 지도자들에게는 자연적인 능력보다도 더 많은 것이 필요하다. 만족할 만한 유일한 방법은 지도자들을 훈련시키는 것이다. 그러나 그것은 듣기 보다는 간단한 일이 아니다. 당신이 그저 장래가 촉망되는 젊은이들을 선발하여 수 년 동안 학교에 보낸 다음 다시 돌아와 지도자의 일을 감당할 수 있게 할 수는 없다.

(1) 지도자의 선택

우선 첫째로 선교사가 지도자를 선택한 것이 항상 최선의 선택은 아니라는 점이다. 이것은 선교사의 판단을 평가절하(評價切下) 하자는 말은 아니다. 그러나 선교사가 선발하여 지원하여 공부를 하게 한 젊은이들이 결국 나중에 그 자신의 나라 사람들에 의해서 지도자들로 받아들여지지 않는다는 사실이 발견된 일이 여러 번 있었다. 종종 선교사가 그를 선택했다는 바로 그 사실이 그에게 치명적으로 불리한 점이 되기도 한다. 사람들은 그가 선교사의 꼭둑각시이지 자신들 중에서 나온 지도자라고 느끼지 않는 것이다. 그는 우리가 소위 교사에게 총애를 받는 학생(teacherspot)이라고 불리는 입장이 되어 그들을 화나게 하는 것이다. 지도자를 선택하는 데 있어서 주님의 뜻을 발견하는 일이 항상 쉬운 것은 아니다. 그는 마치 다윗처럼 미움을 사기 쉬운 사람이 된 것이다. 사무엘은 말한다. "사람은 외모를 보지만 하나님은 중심을 보신다."

그러므로 선교사는 신중하여 서둘지 말고 가장 촉망되는 후보자를 세워야 한다. 선교사는 우선 그들을 오랜 시간을 두고 시험해 보아야 한다. 그리고나서 그는 바울이 디모데를 빌립보에 보내면서 그를 추천한 것같이 그를 추천할 수 있을 것이다. "내가 디모데를 속히 너희에게 보내기를 주 안에서 바람은 너의 사정을 앎으로 안위를 받으려 함이니 이는 뜻을 같이 하여 너희 사정을 진실히 생각할 자가 이 밖에 내게 없음이라 저희가 다 자기 일을 구하고 그리스도 예수의 일을 구하지 아니하되 …"(빌 2 : 19~21).

(2) 학교 교육 이상의 것

지도자 훈련은 단지 젊은이들을 몇 년 동안 학교에 보내는 문제가 아니다. 사실은 지도자 훈련에 적합하고 훌륭한 학교는 별로 많지 않다. 학교의 모범생들이란 어떤 유형에 가장 재빠르게 적응하는 경우가 많다. 그들은 하라는 대로 성실하게 그리고 충실히 이행하지만 때로 창의성, 지도자가 가져야 할 진취성 등이 부족하다. 지도자가 선교사들과 회중들에게 골치거리가 되는 수가 있다. 때로 선교사가 생각하지 못했던 방향으로 이끌어 가기도 하며 그의 소관 밖의 문제들을 일으키기도 한다. 그는 매사를 자기 중심적으로 생각한다. 지도자 훈련을 위한 가장 첫번째 장소는 분명히 가정, 즉 가정 교회의 회중들 가운데서이다. 거기에 목사가 있다면 여기에서는 목사의 창의력과 비젼에 의해서 많이 좌우된다. 그렇지 않으면 선교사에 의해서 좌우될 것이다. 무슨 일에나 회중들이 적극적으로 참여하도록 격려해야 하는 사람도 있어야 하고 일을 실천하는 데 있어서 상담을 해주는 사람도 있어야 할 것이다. 또 어떤 이들은 성경의 진수를 그들에게 소개하고 일상 생활에 그것을 어떻게 적용하는가를 보여 준다. 어떤 이들은 다른 사람들을 영적으로 섬기는 일에 있어서 그리스도를 위한 사랑의 봉사를 촉구해야 할 것이다.

(3) 성경 연구

성경을 연구하지 않고서는 기독교 지도자가 될 수 없다. 그러나 성경 연구는 지도자들만 하는 것은 아니다. 현명한 목사나 선교사는 이 점을 깨닫고 모든 사람들을 위한 정기적 성경 연구에 대한 계획을 세운다. 이런 점에 있어서는 한국 교회에서 성경을 가르치는 방식은 모범이 되고 있다. 지도자들은 잘 교육받았는데 피교육자들이 무지한 상태에 놓여 있다면 무슨 소용이 있겠는가? 얼마 안가서 지도자들의 수준이 사람들의 영향을 받아 저하될 것이다. 우리는 성경을 이해하는 교회의 전반적인 수준을 향상시켜야 한다. 이것은 거창한 과제이지만 축복된 일이다. 물론 지도자가 피지도자들보다 앞서 있지 않으면 지도력을 발휘할 수가 없다. 이것은 일부 사람들을 위한 특수한 훈련을 의미하는 것이다. 그 사실은 어느날, 부인 성경반의 어느 부인이 나를 만나러 왔을 때 내게 강렬한 인상을 주었다. 그녀는 다음과 같이 설명했다. "우리는 우리의 선교사를 사랑합니다. 우리는 그녀의 신앙 생활과 사랑의 정신을 흠모합니다. 그러나 그녀에게 도움이 되는 일을 해주시겠읍니까? 그녀는 우리보다 더 아는 것이 조금도 없읍니다." 이것은 선교사 생활의 문제점들 중의 하나인데, 즉 가장 열렬히 봉사하고자 하는 사람이 반드시 가장 역량있는 사람은 아니라는 사실이다. 지적으로 가장 능력있게 보이는 사람들이 종종 헌신에 있어서 보다 평범한 자기 희생의 열심이 부족한 것을 발견한다. 세상이 그토록 많은 물질적인 편리들을 제공하는 가운데 재능있는 젊은이들을 어떻게 해서 그들의 삶을 주님을 섬기는 일에 드리도록 감화시킬 수 있을까? 예를 들어, 아프리카에 있는 선교사들이, 어떻게 목사가 궁핍한 가운데 생활하는데 정부를 위해서 봉사하면 안락한 생활을 누릴 수 있는 것을 보고 있는 가운데서 재능있는 젊은이들을 사역하는 데로 이끌 수 있을까? 어떻게 한 가지 재능을 갖고 있으나 많은 헌신을 한 겸손한 젊은이들을 도와서 그 한 가지 재능을 갈고 닦아서 그것을 그들이 그리스도의 교회의 참된 지도자가 되는데 사용하도록 할 수가 있을까? 어떻게 그렇게 할 수가 있을까? 선교사는 그 방법을 알고 싶어할 것이다. 그가 일하는 데 있어서도 그 방법을 알아야 할 필요가 있다. 그것도 그가 해야 할 일 중의 하나이다.

(4) 학교와 신학교의 문제점들

성경 학교와 신학교에 대해서 한마디 하고 넘어가자. 선교회는 거의 모든 선교지에서 성경 학교와 신학교를 개설한다. 그것들은 매우 중요한 역할을 하고 있다. 그러나 그것들은 본국에 있는 사람들이 알지 못하는 매우 많은 문제점들을 가지고 있다. 선교지 그 나라 출신의 설교자들을 훈련시키자는 말은 근사하게 들린다. 그들이 선교사보다 얼마나 더 훌륭하게 그 일을 해낼 수 있을지를 생각해 보라. 선교사가 그의 시간을 이렇게 가르치는 사역에 바친다면 선교사 자신의 사역도 얼마나 더 효과적인 것이 되겠는가? 이것은 사실이다. 문제는 모든 선교사가 이러한 일을 할 자격을 갖추고 있지는 못하다는 것이다. 사실 그것은 잘 해내려면 가장 어려운 일 중의 하나이다. 더구나 그것은 듣는 바와같이 낭만적인 것이 아니다. 한 가지 예를 들어 보자면 방금 새로 들어온 선교사에게는 적합치 않은 일이었다. 본국의 젊은 선교사 후보생이 종종 선교부에 와서 자기는 성경 학교에서 가르치라는 소명을 받아 왔다고 말한다. 그는 그러한 일에 대한 체험이 전혀 없었다. 그러나 그는 그 일이 가장 중요하고 재미있는 것으로 생각한다. 이러한 한 젊은이가 선교지로 가서 그 언어를 공부하고 와서 실지로 그곳에서 성경 학교를 세웠다. 그는 거기에서 단지 1년을 지냈을 뿐이다. 그리고나서 그 지도자에게 와서 말했다. "내가 잘못 생각했었읍니다. 이 일은 내가 할 일이 아니군요. 나는 정상적으로 주재해서 일하고 싶습니다." 그래서 그는 그렇게 했다.

제 9 장 선교사와 선교 활동

단지 어떤 사람들은 교사들이고 다른 사람들은 교사가 아니라는 것이 문제가 아니다. 사람이 가르치는 일을 잘 할 수 있으려면 그 언어에 꼭 통달해야 한다는 것도 올바른 말이 아니다. 가르치는 일은 경험있는 일군들을 필요로 한다. 왜냐하면 그들은 그 가르칠 사람들을 파악하고 있는 사람들로서 그들의 배경에 대한 것들과 그들에게서 무엇을 기대할 수 있는지를 알고 있기 때문이다. 선교지에서 하는 일을 통하여 그들은 졸업생들이 학교를 나가면 부딪히게 될 상황에 대해서 서로 알고 있다. 그들은 그 과정들을 적절하게 계획할 수 있다. 알다시피 훌륭한 교사들은 단지 그가 가르쳐야 할 과목뿐 아니라 그 이상의 것을 알아야 한다. 사실, 선교사가 보통 염려하지 않아도 될 문제점들이 많이 있다. 예를 들면, 선교지에서 성경 학교에 다니는 많은 사람들이 사전 교육을 거의 받지 못한 사람들이다. 공부하는 것을 배워 본 적이 없는 사람들에게서 어떻게 많은 연구를 기대할 수 있겠는가? 각 반에서 한 두 시간의 예습을 시켜야 할 것인가? 그 중 많은 사람들이 그들 생애에 한 번에 한 시간 동안도 계속적으로 공부해 본 적이 없는 사람들이다. 그 결과로 그들은 공부하는 시간보다는 학급에서 수업받는 데 시간을 더 많이 보내야 할지도 모른다. 또한 교과서없이 어떻게 효과적으로 가르칠 수 있겠는가? 강의 형식을 통해서? 토론 방법을 통해서? 학생들은 이러한 형식 아래서 방향을 잃고 갈팡질팡하였다. 필기에 장애가 있는 사람은 강의 교실에서 완전히 허탕치게 된다. 그리고 때때로 선교지의 대부분의 지역에서 교과서들을 구하기가 힘들다. 교과서들이 부족한 것은 그 사람들의 언어로 된 교과서를 준비할 사람이 없기 때문이다. 아니면 그것을 출판하는 비용을 보장해 줄 정도의 보급이 안되기 때문일 것이다. 아니면 그 목적에 충당할 만큼의 돈이 없기 때문일 것이다. 선교사가 많은 교회들도 교회가 없는 그 곳에 성경 학교 또는 신학교를 세우면 그 졸업생들은 어떻게 되겠는가? 그들이 이 특수한 훈련을 받는 데 몇 년을 소비한 다음에 그리고 옛 집으로 돌아가 그전 직업을 가지면서 교회에 자발적인 시간제 봉사를 기꺼이 하려고 할까? 교회들은 충분히 있는가? 그 교회들은 졸업생들을 모두 재정적으로 지원해 줄 수 있는 능력이 있는가? 선교사가 그들을 그리스도인의 봉사를 하도록 훈련시켰으므로 그들이 그러한 봉사에서 적절한 일터를 찾도록 책임지고 보살펴야 한다고 그 젊은이들이 생각할 것인가? 이러한 문제들은 가정적인 이야기들이 아니다. 그것들은 선교사들이 많은 선교지에서 실제로 당면하는 문제들이다.

5. 문서선교 사역

선교 사역에서 또 하나 생각할 수 있는 상황으로써 성경 학교와 신학교를 위한 교과서가 부족하다는 것을 이야기하였다. 그러나 이것은 선교지에 있어서 기독교 문서가 대량으로 필요하다는 데에 대한 한 국면에 불과하다. 오늘날 선교 사역에 있어서 가장 큰 두 가지의 도전은 선교지의 지도자 훈련부족과 기독교 문서의 부족 현상이다. 선교회 지도자들은 모두 이 모든 것들이 필요하다는 것을 자각하고 있지만 그 필요를 아직 채우지 못하고 있다. 그 주요 원인 중에 하나는 지도자 훈련에서와 마찬가지로 기독교 문서운동을 잘 하려면 고도의 자질이 요구된다는 사실이다. 문서는 또한 그가 본국에서 얼마나 잘 훈련을 받았는지 새로 온 사람이 할 일은 아니다. 바로 선교지에 와서 직접 배워야 할 일이 너무 많다. 그러나 그가 어떤 재능을 가지고 있다면 이 가장 중요한 사역을 준비하고 배우는 동안 익힐 수 있을 것이다.

(1) 언어 공부

물론 무엇보다도 우선 선교사는 현지 언어를 배워야 한다. 그러나 그는 그 언어를 단지 말로만 사용하는 것보다도 더욱 통달해야 한다. 당신이 말을 할 때에는 얼굴의 표정을 사용할 수가 있고 의미를 나타내는 데 도움을 주는 몸짓을 해 보일 수 있다. 당신은 사람들을 살펴보면서 그들이 당신이 하는 말을 이해하는지 못 하는지를 알아 낼 수 있을 것이다. 만약 못 알아듣는다면 이해를 함으로 그들의 얼굴이 밝아질 때까지 다른 방법으로 말해 볼 수 있을 것이다. 당신이 설혹 말의 순서를 틀리게 사용할지라도 바른 자리에 강조를 하면 그들을 이해시킬 수 있을 것이다. 그러나 글을 쓰는 일에 있어서는 그렇게 안된다. 강조를 포함하는 의미의 모든 단위들이 하얀 종이 위에 그 작고 검은 흔적들로 옮겨져야 한다. 당신이 저지르는 어떠한 실수나 모호한 점 등은 인쇄로 되어 영구적으로 고정되어 버린다.

(2) 대상자 파악

그리고 선교사는 사람들을 알게 되어야 한다. 이것은 몇 가지 이유 때문이다. 그는 어떤 것이 가장 가치가 있고 그 사람들을 위해 출판되어져야 하는가를 알아야 할 필요가 있다. 그러나 그보다도 그것이 어떻게 쓰여져야 할 것인지를 알아야 한다. 우리가 영어에서 종종 사용하는 무뚝뚝하고 직선적인 표현법은 많은 사람들에게 거슬리게 될 것이다. 보기를 드는 문제를 생각해 보자면 우리가 본국에서 사용하던 것들의 상당 부분이 다른 곳에서는 의미를 잃게 된다. 어느 한 선교사가 철도 기관사의 보기를 들어 설교하기 시작하였다. 그가 말하기 시작한 후에 갑자기 그의 청중 중에 어느 하나도 기차를 본 사람이 없다는 사실을 깨달았다. 그가 기관사를 설명하기 위하여 기차를 설명하려고 했으나 그들을 혼란하게 함으로써 사태를 더 나쁘게 만들어 버렸다. 선교사는 그 사람들의 생활을 알아서 그들에게 의미가 있는 용어를 쓰도록 해야 한다. 이 모든 것은 그가 출판이나 저술 사역을 준비하기 전에 선교지에서 체험을 쌓아야 한다는 사실을 의미한다. 그러나 저자는 그 이외의 것들이 더 필요하다. 경험이 많은 선교사들이 모두 저술을 할 수 있는 것은 아니다. 적어도 그는 저술을 할 수 있는 약간의 재능이 있어야 하고 약간 배운 후에 많은 연습을 거쳐야 한다. 그가 저술에 관한 교육을 영어로 받았다고 할지라도 그것은 그리 큰 문제가 되지 않는다. 그가 영어로 명확하고 힘찬 글을 쓰는 것을 배웠다면 다른 언어로도 보통 잘 할 수 있게 될 것이다. 문서 선교에 참여하는 사람들은 그들의 일에 대한 참된 헌신이 필요하다. 당신의 생각을 지면 위에 타자로 활자화하기 위하여 타자기 앞에 앉는 것만으로는 그렇게 고무적인 일이 못 된다. 자신의 생각들을 살아 있는 반응을 보이는 청중들 앞에서 말하는 것이 훨씬 더 감격적인 일이다. 그러나 저자의 독자들이 또한 연사의 청중들이 되는 일이 많다. 그가 쓴 말들이 모두 이해가 될 때까지 여러 번 읽혀질 수가 있다. 말하는 사람은 그의 말이 결국은 사라져 버리는 것임을 알고 있기 때문이다. 그래서 가능하다면 그것들이 말해지는 순간에 이해해 두어야 한다.

(3) 번역 작업

우리는 우선적으로 원저작자에 대해서 이야기해 왔다. 일부 사람들은 기독교 도서를 필요로 하는데 대한 해결책으로써 영문 책자들을 번역하는 방안을 말한다. 그들은 말하기를, "우리는 영어로 된 좋은 자료들을 많이 가지고 있읍니다. 왜 그것들을 단지 다른 언어로 번역을 해서 무언가 새로 저술하는 수고를 아끼지 않습니까?" 선교사들도 역시 이러한 생각을 한다. 문서 사역에 있어서 선교사들이 처음으로 시도하는 일 중에 하나가 번역이다. 번역하는 것이 저술하는 것보다는 쉬울 것처럼 보인다. 그러나 번역이란 결코 쉬운 일이 아니다. 적어도 그 일을 정확하게 해내기란 대단히 어려운 것이다. 원문의 감각이 사실대로 드러나도록 다른 언어로 번역하려면 아무리 잘 해도 어려운 일이다. 종종 그것이 사실상 불가능한 경우도 있다. 우리가 알다시피 다른 언어란 단순히 단어들의 또 다른 하나의 조합이 아니라는 사실을 깨닫지 못하는 사람이 많다. 그것은 전혀 다른 방식으로 표현되어 있는 생각들의 또 다른 조합을 의미한다. 그 생각들 중에 어떤 것은 우리의 것과 부분적으로는 같은 것도 있지만 전혀 다른 것들도 있다. 표현의 양식이 확실히 전혀 다르다. 단어 하나하나를 짝을 맞추듯이 번역하려는 사람은 종종 우스꽝스럽게 되거나 또는 중대한 잘못을 범하게 된다. 예를 들어 선교사가 '진리의 샘'(spring of truth)이란 표현을 서반아어로 번역하려 한다고 하자. 그는 그의 사전을 펴서 'resorte'라는 단어가 'spring'을 의미한다는 것을 발견하고 그것을 사용했다. 그가 깨닫지 못한 것은 'resorte'란 자동차 부속품인 스프링을 의미한다는 사실이다. 또 번역을 특히 어렵게 만드는 것은 번역에는 항상 해석이 따른다는 사실이다. 해석하지 않고서는 번역할 수가 없는 것이다. 즉, 말하자면 당신의 마음 속에 저자가 말하려고 하는 것에 대한 분명한 생각을 갖고 있지 않으면 당신은 번역할 수 없다. 그 이유는 당신이 저자가 사용한 것과는 전혀 다른 문구와 단어들과 배경들을 통해서 독자들에게 그와 동일한 사상을 전달하려고 하기 때문이다. 홀만 벤틀리(Holman Bentley)는 성경을 콩고의 언어로 번역하면서 그 사람들에게는 일반적인 의미로서의 형제들(brothers)이라는 의미를 가진 단어가 없다는 것을 발견하였다. 그들은 아버지 쪽의 형제들과 어머니 쪽의 형제들 또는 양쪽 부모에게서 태어난 완전한 형제들에 대하여 각각 다른 단어를 사용하고 있었다. 그리스도 안의 형제들을 말하는 문구에 이르러서 그는 문제점에 직면하였다. 그들은 소위 완전한 형제들(full brothers)이 될 수는 없다. 왜냐하면 그렇게 되면 요셉을 그리스도의 아버지로 만드는 결과가 되기 때문이다. 그에게는 선택할 수 있는 다른 두 가지의 방법이 있었다. 그가 그들을 어머니 쪽에서 형제들이라고 부르면 그들이 마리아와 요셉이 나중에 낳은 자녀들이라는 뜻이 되고 그가 아버지 쪽에서 형제들이라고 부르면 그들은 이전의 결혼 생활에서 요셉이 낳은 자녀들이라는 의미가 된다. 옳았는지 틀렸는지는 잘 모르겠지만 그는 후자를 선택했다. 그는 번역하기 위해서 해석해야 했었다. 어릴 때부터 프랑스어와 독일어를 다 알았던 슈바이처는 그의 저서들 중의 한 책을 프랑스어에서 독일어로 옮기기를 거부하였다. 그는 언어라는 것은 서로 다르기 때문에 저자 자신이 한다 해도 올바로 옮겨질 수 없다는 사실을 인정한 것이다. 그래서 그는 그 책 전체를 다시 독일어로 썼다.

(4) 언어 개발

책자에 관련된 문제점들은 선교지마다 다르다. 일부 선교사들은 언어가 아직 문자화되지 않은 선교지에 가기도 한다. 거기에서 선교사는 글자를 그리는 일부터 시작한다. 그는 그 사람들로부터 말해지고 있는 언어를 인내심을 가지고 발굴하고 그가 배운 모든 것을 조심스럽게 녹음해야 한다. 그는 그가 듣는 소리를 베끼는 일에 있어서 음운학의 일부 체계를 사용할 수 있다. 그가 일정한 분량의 자료들을 모은 후에 그는 그 자료들을 그 언어를 위한 알파벳을 만들려고 하는데 사용할 수가 있다. 의미를 가지는 각 소리에 해당하는 글자를 만들고 하나의 소리에 대해서 하나 이상의 글자가 되지 않도록 한다. 그가 조금씩 이해할 수 있게 되자마자 그는 사람들이 사용하는 말의 구조, 즉 단어들의 구성, 단어들을 사용하여 문장을 형성하는 방법들, 즉 문법을 이해하기 시작하는 것이다. 그가 문법을 이해할 수 있자마자 그는 몇 가지 간단한 것들을 그들의 언어로 기록하려고 시도해 본다. 물론 그 사람들이 그것들을 아직 읽을 수는 없지만 선교사가 크게 소리내어 읽어 줌으로 그들이 이해하는지를 살펴보는 것이다. 이 모든 일들에는 엄청난 시간이 걸린다. 현대의 개선된 언어 연구방식으로 연구해도 거기에는 수 년 동안의 헌신적이고 꾸준한 적용이 필요한 것이다.

(5) 읽고 쓰기 운동

그 언어로 기록한다는 것은 단지 시작에 불과하다. 그것이 유용한 것이 되려면 그 사람들이 그것을 읽는 방법을 배워야 한다. 그래서 선교사는 읽고 쓰기 운동을 벌이기 시작하여 그 사람들에게 그들 자신의 언어로 읽고 쓰기를 가르치는 것이다. 그러면 선교사가 번역하려고 한 하나님의 말씀을 그들이 스스로 읽을 수 있게 될 것이다. 읽고 쓰기 운동은 단지 기록될 수 있는 언어를 처음으로 가진 단계에 있는 사람들만을 위한 것이 아니다. 많은 선교지들에서 선교사들은 문맹의 문제와 부딪히게 된다. 많은 선교지들이 문자화된 언어를 가지고 있을 뿐 아니라 그들의 언어로 기록된 많은 양의 책들도 가지고 있다. 그 사람들이 자기들의 언어로 기록된 성경을 가지고 있으면서도 대부분의 그리스도인들이 그것을 읽을 수 없다면 선교사는 곧 부끄러움을 느낄 것이다. 이러한 조건에서 어떻게 교회가 영적으로 성장하겠는가?

(6) 무엇을 인쇄할 것인가?

읽고 쓰는 것은 단지 문을 여는 일에 불과하다. 읽기를 배운 사람들은 그 문을 통과할 수 있다. 그러나 그 다음은 어떻게 할 것인가? 그들이 무엇을 읽을 것인가? 확실히 가장 중요한 단권의 책은 성경이다. 그러나 성경 전체를 그 사람들의 언어로 기록한다는 것은 엄청난 작업이다. 그것을 한 사람의 선교사가 이루어내기는 거의 불가능한 일이다. 많은 사람들이 여러 해에 걸쳐서 그 일에 참여해 왔으며 이제는 성경의 각 책들이 1,300여 개의 다른 언어로 나왔다. 그러나 절대 다수의 사람들이 그들의 언어로 된 전체 성경을 소유하지 못하고 있다. 다른 읽을 자료들을 제공하기 전에 성경 전체를 우리가 기다리는 것은 아니다. 대부분 그 사람들은 처음부터 찬송가가 필요하다. 기독교는 찬송하는 종교이기 때문이다. 시인이면서 음악가인 선교사들은 아주 드물다. 그러므로 그들은 일반적인 찬송가 만드는 요령을 거꾸로 해나가야 한다. 그들은 서양의 찬송가 가락을 택하여 거기에다가 가사를 붙인다. 그 결과는 훌륭한 시가 되지 못할망정 그 가사에는 메시지가 담겨져 있으며 거기에 맞추어 노래할 수 있는 것이다. 이제 막 글을 읽기 시작한 사람들에게 곧 시작할 수 있는 또 다른 출판물은 정기 간행물이다. 그것은 단지 4페이지에 불과한 것이거나 또는 삽화가 포함된 16페이지 정도의 문서가 될지도 모른다. 그것은 일정한 시간적 간격을 두고 발행되지만 본국에서의 그와 비슷한 문서보다는 그 사역에 있어서 훨씬 중요하다. 그러나 정기 출판물을 간행하자면 계속적인 원고의 공급이 필요하게 된다. 또한 그것들은 보통 선교지에서 인쇄되어야 한다. 그것은 커다란 과업이다. 전도지들은 본국에서보다 선교지의 나라에서 종종 더 널리 읽혀진다. 주일학교용 책자들은 보통 희귀하고 매우 비싸다. 미약하나마 체신 봉사체제가 있는 곳이라면 어디에서든지 통신 과정도 그 나름대로의 가치를 가진다는 것이 증명되고 있다. 기독교 서적들은 항상 요청이 쇄도하고 있다. 즉, 성경연구 교재들, 신앙 명상집, 기독교 교리에 관한 서적, 가정과 가족에 관한 서적, 기독교 역사와 인물 전기에 관한 서적, 어린이를 위한 서적, 기타 참고 서적 등이다. 해외 선교지에서 영어를 사용하지 않는 목사의 처량할 만큼 조그마한 서재를 본 사람도 보다 많은 서적을 필요로 하는 사람들이 날로 계속 증가하는 추세에 깊은 감명을 받아 낙담하지 않을 수 있다.

(7) 서적 보급

원고를 쓰고 편집하고 서적을 인쇄하는 것은 그 사람들을 위해서 중요한 일이다. 그러나 그와 꼭같이 중요한 것은 이미 구입할 수 있는 것들을 보급하는 일이다. 성경을 보급하는 사람의 모습은 선교지에서 자주 볼 수 있다. 여러 곳에서 특히 라틴 아메리카 같은 곳에서 성경 보급원들은 보다 안정된 사역을 위한 길을 열어 놓은 선구자가 되어 왔다. 그의 씨를 뿌리는 일의 중요성은 아무리 강조해도 모자란다. 종교서적 행상은 성경뿐만 아니라 다른 기독교서적들을 보급하는 일에 있어서도 최선의 방법 중의 하나가 되고 있다. 물론 다른 방법들도 있다. 완전한 규모를 갖춘 복음 서적상은 선교회에 의해서 문서 선교를 하도록 따로 독립해 있지 않는 한 일반적인 선교사에게 있어서는 너무 큰 일이다. 그들이 스스로 시작하여 작은 서점을 경영하면서 기회있을 때마다 그 사람들에게 파는 선교사들이 수 없이 많다. 이것은 많은 임시직의 선교사들이 하는 방식이다. 그 유익한 점은 눈에 보이는 물질적인 것이 아니라 영적인 유익이다. 그 자신의 사적인 이동 도서관을 갖고 있는 선교사들도 많다. 책을 사볼 여유가 없는 사람들에게 그는 단기간 동안 한 권씩 대출해 줄 것이다. 물론 대출한 책들을 점검하는 일도 힘든 일이며 또 도서관은 계속적으로 재보급 받아야만 할 것이다. 그러나 그것은 시간과 돈을 보람있게 사용하는 것이 된다. 책들은 읽기 위해서 만든 것이다. 그리고 좋은 책들이 읽힌다면 거기에는 반드시 어떠한 결과가 나오게 되어 있다.

선교사는 어떤 일을 하는가? 그는 우리가 여기에서 언급한 모든 일을 다 하지 못할지 모른다. 그는 대부분 아마 우리가 다루지 않았던 많은 다른 일을 할 것이다. 전형적인 선교사도 없으며 전형적인 선교 사역도 없다. 선교사들은 '일부를 구원하기 위한 모든 수단이 되려고 모든 사람을 향하여 모든 것'이 되어야 한다. 그들이 어떤 일을 하는가 하는 것은 그들이 놓인 여건과 선교지, 그들 자신의 역량과 준비 그리고 주님의 인도하심에 달려 있다. 우리는 다음 같이 말할 수 있다. 선교사가 하는 일 가운데는 본국에 있는 사람들에게 호소력있는 부분들이 있다. 선교사는 이러한 것들을 그의 선교 이야기 가운데서 말하는 것을 배운다. 그러나 건전한 호소력을 갖기 어려운 부분의 일들도 있다. 그것들은 선교사들이 평범하고 지루하며 단조로운 일들만 하고 있는 것처럼 들릴지도 모른다. 후자의 일도 전자의 일과 마찬가지로 선교사 생활의 일부분이다. 아마도 더 귀중할지 모른다. 후자에 속한 일들이 아마 더욱 선교사의 시간과 정력을 앗아가는 일일 것이다. 많은 경우들에 있어서 그 일들이 참으로 열매를 맺는 것이다.

Ⅲ. 선교사와 문화

　일제 시대에 천황을 현인신(現人神)이라고 해서 신사참배를 강요했다. 그러나 많은 목사님들이 일본 천황이 살고 있는 곳을 향하여 절하는 '궁성요배' 문제에 대하여 반대하였다. 신사참배를 반대했던 주기철, 최봉석, 박관중 등 50여 명이 순교하였다.[7]
　네팔의 수도 카트만두 시에는 생여신(Living goddess)이 사는 고궁이 있다. 이 생여신은 6~7세의 어린애들 가운데서 뽑고 뽑아서 약 20명의 후보자들로 그 수가 축소되면, 양을 3천두 죽이는 제사를 목격하여 그 가운데서 피를 보고서도 경악하지 않는, 곧 마음이 담대한 어린애를 하나 선택하여 여신으로 모신다. 이 여신은 사람들의 숭배의 대상이 되고, 매년 1회 국왕을 축복한다. 하지만 약 14세가 되어 사춘기가 되면 이 생여신은 신으로서의 자격을 상실하고 본가로 돌아간다. 그리고 일생을 독신으로 마친다.[8]
　선교사는 타문화권에서 식인습관(cannibalism)이나 혼인적 거래 또는 과부의 생매장, 일부다처주의에 직면하게 된다. 선교사가 일부일처주의를 강조하게 되면 기독교는 가정을 파괴하는 종교로 인정될 뿐만 아니라 이혼당한 여자들은 생활의 방편으로 매춘행위를 하기까지 전락해 버릴 수도 있다. 또 이혼과 함께 자녀들의 문제도 심각하게 되고 일부다처제도 죄이지만 이혼도 죄이므로 이혼을 가져오게 하는 일부일처주의의 강조도 문제이다.
　어느 부족에는 장가를 못간 남자가 이성이 그리울 때는 결혼한 아무 여자나 따라가서 그 여자의 집 앞에 창만 꽂아 놓고 들어가면 그 여자도 환영하고 또 설령 남편이 와도 그 남편은 부인의 집 앞에 낮

---

　7) 채기은, 『한국 교회사』(서울 : 기독교문서선교회, 1977), p.101.
　8) 이원설, 『사조의 격량 속에서』(서울 : 성광문화사, 1978), pp.474~475.

선 창이 꽂혀 있는 것을 보고는 다른 부인에게 가서 자고 간다.[9]

아프리카 케냐에서 어느 노인이 선교사에게 "당신은 아내를 얻는데 얼마나 많은 돈을 지불했소?"라고 물었다. 신부값이란 선교사에게 생소하게 들렸다. 원주민은 어떻게 아내를 사는가? 아프리카에서는 남성과 여성이 결혼할 때 서로 상대방의 가족에게 선물을 한다. 직계 가족원이 선물을 주게 되면 그 결혼은 이루어지게 된다.

한국적 사고로는 이해하기 힘든 기습(奇習)이 아프리카와 아시아에 많다. 아프리카의 기니는 왼손을 부정한 손으로 간주, 왼손으로 물건을 건네주는 일 등을 삼가해야 하며, 모리셔스는 처음 만난 사람이 반가와도 손을 잡거나 쓰다듬는 일은 없어야 한다. 마다가스카르에서는 사람(영혼)을 죽지 않는다고 믿고 있어 고인의 옷과 바꿔 입는 풍습이 있다. 선교사가 적도 기니와 나이지리아에서는 사진을 찍을 때 반드시 상대방의 동의를 얻어야 하며 부부 간에 식사가 금지되어 있는 리비아에서는 남녀 간에 금기사항이 많다. 아시아의 라오스에서는 상대방의 머리를 만지거나 쓰다듬는 것은 "나는 너를 저주한다"는 뜻이므로 삼가해야 한다. 브루나이에서는 사람이나 물건을 가리킬 손가락 대신 오른손 주먹을 쥐고 엄지 손가락을 위쪽으로 해서 가리킨다. 중남미의 과테말라에서는 여자를 배에 태우지 않는다.

1. 문화 충격

선교사가 자기 문화권을 떠나서 타문화권에 들어가서 선교 활동을 하게 될 때 흔히 문화 충격(culture shock)을 받게 된다. 선교사는 문화적 충격을 극복하는 법을 아는 것이 절대 필수적이다. 문화 충격은 문화의 경계를 넘어서 타문화권에 들어갔을 때 일어난다. 이때 타문화권에 들어간 사람이 그 문화의 사물을 보는 관점(point of view)을 파악하지 못하면 그 문화권에 사는 사람들의 습관을 이해하지 못

---

9) 한경철, *op.cit.*, p.289.

한다. 이해할 수 없는 행동에 충격을 느끼는 것은 자기 문화의 행동 기준에서만 그들의 행동을 보고, 그들의 입장에서 보지 못하기 때문이다. 환언하면 문화인류학(Cultural Anthropology)적[10] 지식과 훈련의 결핍에서 오는 것이다. 선교사가 자기 문화를 유일한 기준으로 삼고, 선교지 사람들의 문화행위에 대해서 "당신들이 왜 그렇게 생각하고 왜 그렇게 행동하는지 나는 도무지 이해할 수 없오"하게 될 때, 그 선교사는 그 자신이 선교사로서의 기본적 훈련이 결여된 무자격자라는 것을 자인할 뿐 아니라 커뮤니케이션(communication)의 문을 닫아 버리며 선교 활동에 실패하고 말 것이다. 그 선교사는 선교지 문화권 속에 있으면서도 그의 마음은 자기 문화권에 있는 것이다. 미국 선교사들을 '추한 아메리칸'(ugly American) 부류라고 하지 않는가? 선교사는 자기 문화의 비판의 기준을 타문화권에 적용할 수 없다는 것을 알고 그 문화는 그 문화 자체의 기준에서 평가되어야 한다는 것을 배워야 한다. 즉, 선교사는 선교지 문화의 가치관에서 그들의 사고방식과 행동방식을 보는 훈련이 필요하다. 선교지의 문화 연구를 통한 문화 이해는 선교 활동에 종사하는 선교사가 갖추어야 할 기본적인 조건이다.[11]

(1) 문화 충격의 요소들

문화 충격은 선교지 생활의 외형과 본질을 형성하는 신체적, 사회적, 경제적 및 기타 요소들의 결합된 결과이다.[12]

---

10) 문화인류학(Cultural Anthropology)은 인간의 언어, 문화, 고고학, 역사 등을 연구하며, 특히 그 핵심인 인간과 그 문화와 행동연구에 집중한다. 문화인류학은 복음전파에 있어서 저항과 거부현상을 최소 한도로 줄이고 메시지에 대한 이해와 수용도를 높이는 효율적인 커뮤니케이션의 방법을 제시한다.
11) 장중열, op.cit., p.118.
12) J. Herbert Kane, op.cit., pp.122~124.

1) 기후

선교지가 어디에 위치해 있는가에 따라 많이 좌우된다. 아프리카의 적도 근처에 있는 나라는 열과 더불어 습기가 있다. 그리고 열과 습기가 합해지면 대단히 더워진다. 많은 나라들이 우기와 건기의 두 계절만 있다. 건기 동안에는 서너 달 동안 비가 오지 않아서 모든 것을 두꺼운 먼지층으로 뒤덮는 먼지 태풍을 몰고 오기도 한다. 우기 동안에는 몇 주간 씩이나 무섭게 비가 내려 그 기간에는 옷을 말리기가 불가능하다. 거의 하룻밤 사이에 책들과 가죽제품 그리고 음식들에 곰팡이가 생겨난다. 그 와중에 자녀들은 땀띠가 난다. 어른들은 한 손에 부채, 다른 한 손에는 수건을 갖고 잠자리에 든다. 그러한 조건 하에서는 일과 잠이 다 문제가 된다. 전기기구나 에어콘이 없다면 기후가 변할 때까지는 이를 벗어날 길이 없다. 그때 쯤이면 선교사와 그 가족은 정신적, 신체적으로 기진맥진해 버린다.

2) 가난

비벌리 니콜라스(Beverly Nicholas)는 『인도에 대한 판결』(Verdict on India)이라고 하는 그의 책에서 말하기를 "인도인들은 너무나 가난해서 기름수건의 냄새를 맡고 살 수밖에 없다"고 한다. 빈민가들은 겨우 생존의 단계에서 사는 가난에 찌들린 수십 만의 가정들이 엄청난 고생을 하고 있는 지역이다. 거지들이 많고, 도둑질과 좀도둑질은 생존을 위한 생활방식이다. 선교사는 해결할 수 없는 상황에서 좌절을 한다. 선교사는 드디어 '짐승만도 못한 사람'이란 말을 이해한다. 그리고 위장에 탈이 난다. 까마귀가 괴성을 지르며 시체를 뜯어 먹는다.

가난이 찌들면 배고픔과 기아가 발생한다. 방글라데시와 같은 나라들은 "밑빠진 독에 물 붓기"라고 한다. 장기적인 기아를 모면할 수가 없다. 또 고름으로 가득찬 눈과 종기로 뒤덮인 머리와 부풀어 오른 배와 손상된 몸으로 선교관 앞에 줄줄이 누워 있는 사람들을 보는 것이 일상 생활이다. 뇌와 몸에 영구적인 손상을 가져오는 영양실조는 만성적이다. 할아버지부터 손자까지 열 명 이상이 일렬로 긴 줄을 붙잡고 동냥하는 모습을 보는 것이 보통이다. 선교사가 이러한 환경 가운데서 충격적인 영향을 받지 않을 수 없다.

3) 관습

쇠고기나 돼지고기를 먹으면 야만인으로 취급하는 종교, 몸짓으로 하는 말(sign language)의 차이, 딸의 고용살이 월급을 받아 사는 부모 등등의 관습에 심한 문화 충격을 받는다. 부부가 팔짱을 끼고 걷는 것, 애정의 표시, 시간 개념, 입맛의 문제가 심각하다. 선교사가 본국에 있을 때에는 "주가 인도하시는 어느 곳이든지 나는 따르리" (Where He leads me I will follow)라는 노래를 불렀다. 그러나 선교지에서는 "그들이 무엇을 먹이든지 나는 삼키리"(What They feed me I will swallow)라는 노래를 배워야 한다. 처음에는 구역질을 하거나 혹은 토할 것이다. 그러나 주님의 도움을 입어서 해낼 수가 있다는 각오인 것이다.

2. 토착화 방법

(1) 순응설(accomodation)

선교에서 선교지의 모든 문화와 풍속에 거부반응을 가지지 아니하고 자연스럽게 순응한다는 것이다. 천주교 선교 학자 루즈비탁(Louis J. Luzbetak)은 순응설을 정의하기를 "교회가 토착화 문제를 존중하며 신중한 태도를 취하되 과학적으로, 또 신학적으로 건전하게 순응하는 것"이라고 했다.[13] 그러나 실제로 이 원리는 토착 문화를 복음에

---

13) Louis J. Luzbetak, *The Church and Cultures*(Pasadena : William Carey Library, 1970), p.341.

적용시키거나 개혁한다는 의미보다 복음을 토착 문화에 순응하려는 점에서 과도한 토착화 내지 이교적이다. 한국에서 천주교가 제사를 허용하는 것은 이 원리에 근거한다. 제사를 종교가 아닌 의식으로 간주한다. 천주교의 이러한 순응설의 문화관은 일제 36년 간 신사참배 문제에도 이의없이 순응함으로 시련을 겪지 않았다. 순응설은 이방의 풍속, 습관, 종교의식을 가치있는 것으로 본다.[14]

(2) 소유설(possession)

소유설의 주창자는 바빙크(Bavinck)와 바이엘하우스(Peter Beyerhaus)이다. 소유설은 문화를 하나의 통일된 구조로 보며, 그 이면에는 악의 요소가 개입되었다고 보고 이를 장악하여 하나님께 바쳐야 한다는 사상이다. 바빙크의 사상은 "신자의 생활을 이방인의 생활 양태에 적응시키고 토착화시키는 것이 아니라, 이방인의 생활을 소유하여 그것을 새롭게 만드는 것이다."[15] '소유설'이란 이방의 문화와 풍속을 신자들이 장악하여 완전히 다른 방향으로 전환하는 것을 의미한다. 바빙크는 선교지의 문화에서 각종 풍속과 습관을 다루는데 고도의 지혜가 필요함을 열거한다. 결혼, 일부다처 제도, 성인식, 우상 제물, 장례식 등은 순수한 중립이 아니라 종교적 의미가 내포되었기 때문에 그들을 소유하되 새로운 의미와 방향을 제시해야 한다는 것이다.

바이엘하우스는 소유설을 더 구체적으로 정의한다. 그는 고린도후서 10:5의 "모든 이론을 파하며 하나님 아는 것을 대적하여 높아진 것을 다 파하고 모든 생각을 사로잡아 그리스도에게 복종케 하니"에서 근거하여 소유설 이론을 발전시켰다. 이 사상은 곧 마귀에게 빼앗겼던 하나님의 것을 다시 차지한다는 의미이다. 그는 성경도 선별

---

14) 전호진, *op.cit.*, pp.146~147.
15) Bavinck, 『선교학 개론』, p.186.

(selection) — 거절(rejection) — 재해석(reinterpretation)의 과정으로 토착화하였다. 선별이란 예를 들면, 주, 구세주, 로고스 등 많은 헬라 용어를 택하여 사용하는 것이며, 거절은 이 가운데 성경과 배치되는 이교적 요소를 제거하는 것이다. 재해석은 여기에 새 의미를 부여하는 것을 의미한다.[16] 그는 이런 식으로 토착화할 것을 제안한다.

(3) 변형설(transformation)

변형설은 전통 문화를 크게 붕괴시키지 않으면서도 새로운 가치관에 입각하여 풍속과 습관 등 문화를 변형하는 것이다. 개혁주의 신학자들이 이 사상에 동의한다. 교회는 혁명이 아닌 점진적인 변혁의 방법으로 잘못된 습관이나 풍속을 개혁해야 한다. 예를 들면, 기독교는 인도에서 조혼, 순장(殉葬 : 남편이 죽으면 부인도 함께 생매장하는 것) 등 여러 악습을 제거하는데 기여했다. 변형설의 기본 사상은 교회가 어떤 문화의 형태는 그대로 이용하되 거기에 새로운 의미를 부여하려고 한다. 예를 들면, 아프리카에서는 춤과 노래가 때로는 전쟁의 승리나 성적인 의미가 내포되었지만 그 의미를 제거하고 다른 의미를 부여하여 춤과 노래를 교리의식에 적용하려고 한다. 티펫트(Allen R. Tippett)는 이것을 '형식적 변형'(formal transformation)이라고 부르며, 나이다(Eugen Nida)는 '기능적 대치'라고 한다.[17]

(4) 적응설(adjustment)

적응설의 대표자는 맥가브란(D.A. McGavran)이다. 그 내용은 복음이 수용자들의 옷을 입으나 기독교의 본질이 파괴되지 않도록 해야

---

16) Peter Beyerhaus, "Possessive and Syncretism in Biblical Perspective," *Christ of Paganism or Indigenous Christianity*, pp.134~141.
17) 전호진, *op.cit.*, p.149.

한다는 사상이다. 맥가브란 교수는 모든 문화의 권위는 하나님께로부터 온 것이기 때문에 각 문화는 동등한 가치가 있으므로 존중되어야 하며, 따라서 기독교는 어디서든지 하나님께서 주신 계시를 바로 유지하면서 상황에 맞추고 또 다른 문화에 적응(adjustment)해야 한다고 했다.[18] 그는 비성경적인 풍속과 습관에는 적응하지 말 것을 강조했다. 문화에 적응할 수 있는 기독교 요소와 적응할 수 없는 것을 구분했다.

3. 성육신의 모델

그리스도의 '성육신'(Incarnation)은 초문화적 존재(supercultural Being)인 하나님이 인간문화 속에 들어와서 문화적 규제 하에 있는 인간과 직접적인 커뮤니케이션을 하신 사건이다(히 1:1~3).

선교사는 성경이 보여 주는 예수님의 성육신 사건을 타문화권 선교의 모델(model)로 할 뿐 아니라 복음 전달의 기본적 패턴(pattern)으로 삼아야 한다. 예수님이 하나님과 동등됨을 취하지 않고 하늘 영광을 떠나 인간이 되어 히브리 문화 속에 히브리인으로 탄생하시고, 히브리 문화 속에서 자라셨고, 그들의 사상을 익혔으며, 그 문화 규범에 따라 생활하면서 하나님의 구원의 말씀을 선포했다. 바울은 "너희 안에 이 마음을 품으라 곧 그리스도 예수의 마음이니 그는 근본 하나님의 본체시나 하나님과 동등됨을 취할 것으로 여기지 아니하시고 오히려 자기를 비어 종의 형체를 가져 사람들과 같이 되었고"(빌 2:5~7)라고 하셨다. 예수님은 완전하신 하나님이시다. 그러나 그는 신성을 벗어 던지고 완전한 인간을 택하셨다. 광대 무변한 문화적 장벽을 뛰어 넘었다. 그는 그가 선교하러 가는 지역의 사

---

18) Donald A. McGavran, *The Church Between Christianity and Cultures* (Pasadena : William Carey Library, 1979), pp. 16~17.

람들과 완전히 하나가 되셨다. 선교사는 자기 문화의 규범에서 선교지 문화를 비판하거나 비난하는 태도를 삼가해야 한다. 선교지 문화의 준거기준(Cultural frame of reference)에서 그들을 배우고 이해하고 그 속에서 같이 행동하고 생활하면서 구원의 복음을 증거해야 한다.

예수님의 성육신은 '영원'이 '시간' 속에 개입한 사건으로서의 커뮤니케이션의 원리를 보여 준다. 예수님의 성육신에 나타난 하나님의 커뮤니케이션과 예수님의 커뮤니케이션의 원리들은 타문화권 선교에 종사하는 선교사에게 선교사 중심의 커뮤니케이션(speaker-oriented communication)이나 메시지 중심의 커뮤니케이션(message-oriented communication)에서 일단 벗어나야 할 것을 가르친다. 메시지가 듣는 사람들에게 올바로 전해지기 위해서는 메시지의 신학적 연구만으로는 완전하지 못하다. 듣는 사람의 문화와 생활, 세계관, 사고구조에 대한 연구를 거쳐서 듣는 사람 중심의 커뮤니케이션(hearer-oriented communication)의 원리 위에 입각해서 복음을 선포해야 한다. 성경은 하나님이 예언자들을 통한 메시지 중심의 획일적(stereotype)인 커뮤니케이션의 방법을 지양하고 인류문화 속에 직접 들어오시고 그들의 문화와 언어로 인류 구원의 복음을 선포하시는 듣는 사람 중심의 커뮤니케이션을 시작했다.[19] 예수님은 모든 시간적, 공간적, 문화적 한계를 극복하셨다. 어떠한 환경에도 지배를 받지 않으시고 기꺼이 갖가지 제약에서 자신을 던져 놓고 극복하면서 선교 사역을 행하셨다.[20] 바울은 "우리 주 예수 그리스도의 은혜를 너희가 알거니와 부요하신 자로서 너희를 위하여 가난하게 되심은 그의 가난함을 인하여 너희로 부요케 하려 하심이니라"(고후 8:9)고 하였다.

---

19) 장중열, op.cit., pp.125~127.
20) Thom Hopler, 『타문화권 선교의 문제해결』(서울 : 보이스사, 1983), p.102.

제 10 장

교회와 선교 활동

I. 교회와 선교 관심

 우리는 앞서 이미 선교에 대한 교회의 책임에 관하여 살펴보았다. 이제 선교의 책임을 수행하기 위해서 몇 가지 실제적 제안들을 다루어 보고자 한다. 우리가 생각하는 것은 교파가 아니다. 지역 교회이다. 사실 우리는 도시의 큰 교회가 아니라 우선적으로 보통 크기의 교회를 생각해 보고자 한다. 이 교회들은 기꺼이 도움을 베풀려고 하는 교회들이다. 그 교회들은 또한 선교회를 돕는 일에 큰 몫을 담당하고 있다.

1. 목사의 위치

 지역 교회에서의 선교 프로그램은 대부분 그 지도자들에게 사활이 달려 있다. 그 프로그램을 시작하고 선도(先導)하기 위해서는 누군가 비젼을 갖고 관심을 기울여야 하며, 아울러 그 계획을 끝까지 관철하려는 고집도 있어야 할 것이다. 일반적으로는 목사가 그 지도자의 역할을 해야 한다. 사람은 보통으로 목사에게서 지도력을 기대하는 것이며 이 문제에 있어서 평신도 보다는 목사가 훨씬 많이 알고 있기를 바라고 기대한다. 그뿐만 아니라 선교회가 교회의 관심사가 되어야 한다면 그것이 교회 안에 있는 작은 단체의 지엽적인 활동에 그치지 않도록 목사는 협력해야 한다. 그런데 항상 이렇게 되지는 않는다. 목사가 항상 지도하는 일에 책임을 갖거나 또 모든 목사가 그러한 능력이 있는 것은 아니다. 그런 경우에는 훨씬 어려움이 많겠지만 회중 가운데서 누군가 그 일을 맡아야 한다. 어떤 경우에도 목사의 지원을 확보하는 일이 중요하다. 목사가 선교회에 대하여 참으로 열중해야 할 필요가 있다. 즉, 목사가 그 문제에 대하여 참으로 열심을 품는 일이 필요하다. 목사의 열심은 교인들에게 영향을 주게 되어 있다. 모든 사람에게 영향을 주는 것은 아니겠지만 많은 사람에게 영향을 미치게 된다. 목사가 충분히 이해를 하고 있다면 그 프로그램은 진전되기 마련이다. 우리는 여기에서 도움이 될 만한 제안들을 내 놓을 수 있다. 그러나 마음에서 우러나오는 목사의 선교에 대한 열정이 없다면 그 제안들이 아무 소용이 없게 된다. 목사가 단지 미지근한 관심만을 보인다면 아무리 훌륭한 프로그램이라 할지라도 반드시 시들어 버리고 만다고 생각해도 좋을 것이다.

 펜티코스트(Pentecost) 박사는 "외국 선교지와 목사"라는 강연에서 "목사에게는 외국 선교 문제를 해결해야 할 의무와 특권이 있다"라고 했다. 목사가 마음과 양심이 외국 선교의 열정으로 불타오를 때까지는 교회 성도들이 아무리 새로운 방법을 고안하거나 교회로부터 돈을 모아 새로운 조직을 강구한다 해도 선교의 수레바퀴는 힘겹게 굴러갈 것이다. 목사는 그리스도로 말미암아 목사가 된 것이며 선교의 일군으로서 전세계를 자기의 활동 분야로 생각해야 한다. 가장 작은 교회의 목사라도 전세계에 영향을 미칠 능력을 갖고 있다. 이 거대한 대사명을 완수하는 데에 같이 보조를 맞추지 않고 열심을 내지 않는다면 목사로서 자격이 없다.[1]

---

1) Andrew Murray(서보섭 역), 『선교 문제를 해결하는 열쇠』(서울 : 한국 로고스연구원, 1987), pp.11~12.

목사는 다음의 세 가지 사실을 알아야 할 것이다.

첫째, 우리가 이미 다루었던 것으로, 성경은 교회를 향해서 복음선교를 필수적인 것으로 제시하고 있으며 단지 부차적인 것으로 말하고 있지 않다는 사실이다.

둘째, 교회 그 자체가 그 일에 적극적으로 참여함으로써 놀라운 축복을 받게 되리라는 사실이다. 이 사실은 많은 교회들의 체험을 통하여 충분히 입증된 것이므로 우리는 잘못된 동기를 가지고 선교에 관여하는 목사들이 더러 있다는 사실에 대하여 두려워하지 않을 수 없는 것이다. 그들은 선교의 가치를 그것의 선전효과에서 찾는다.

세째, 작은 교회의 목사들이 보통 다 깨닫고 있지 못하다는 사실로써 목사와 그 교회가 실로 선교 사역에 있어서 중요한 역할을 맡고 있다는 사실이다. 우리의 훌륭한 선교사 후보자들 중에 많은 사람들이 작은 교회 출신들이다. 그뿐만 아니라 비율로 따져 볼 때도 일부 작은 교회들이 선교를 위하여 바치는 일에 있어서 큰 교회들보다 훨씬 더 풍성하다.

2. 목사의 선교 목표

목사가 그 교회를 위해서 참으로 완전한 선교 프로그램에 대하여 진지한 태도를 갖는다면 그는 몇 가지 목표를 설정하려고 할 것이다. 그 목표들은 아래와 같이 일곱 가지가 있다.

1. 가능한 한 많은 교인들에게 선교에 대한 관심과 열심을 불러일으킨다. 목사가 모든 사람에게 관심을 갖도록 하게 할 수는 없으나 시도해 보아야 할 것이다. 관심을 갖는 사람이 많으면 많을수록 받은 축복도 큰 것이 될 것이다.

2. 선교에 관심과 열심을 갖는 성도들을 정확한 최근의 정보로써 지원해 주는 일이다. 정보란 '관심'이 먹고 자라는 음식이라고 할 수 있다. 그러나 그릇된 정보나 낡은 정보는 곧 식욕을 잃게 할 것이

다. 그 정보가 매일 나오는 신문의 정보처럼 최근의 것일 수는 없다. 모든 것이 그렇게 급격하게 변화하지 않는 나라들도 일부 있다. 그러나 목사가 30년 전에 출판되었던 정보를 현재의 사실로써 진술한다면(이러한 일이 실제로 몇 번 있었다고 들었다) 성도들은 어리둥절할 것이다.

3. 선교를 위한 기도의 후원을 가능한 한 많이 확보하라. 선교 현지에 나가 있는 선교사는 우리가 생각하는 것보다도 더 기도의 충전(prayer battery)이 필요한 것이다. 선교사들의 성공은 도움을 받지 않는 그들 자신의 노력에 달린 문제가 아니라 그들을 통하여 일하시는 하나님의 역사에 달려 있다.

4. 가능한 한 많은 양의 물질적인 지원을 선교회에 바치라. 이것은 그 목표들 중의 하나이지만 그것이 유일한 것이라고는 생각하지 말라. 또 그것이 반드시 주요 목표가 될 필요는 없다.

5. 선교회를 위한 회원을 확보하라. 즉, 선교사들을 길러내라는 말이다. 많은 사람들이 선교 사역에 기꺼이 헌금을 바치려 하지만 그들 자신을 바치려고 하지 않으며, 아들과 딸들을 선교에 헌신하도록 하지 않는 것을 보면 놀라운 일이다.

6. 지역 교회가 그 일을 감당할 수 있는 대로 유망한 선교사들을 훈련시킨다. 이 말은 이상하게 들리지 않는가? 어떻게 지역 교회가 선교사를 훈련시킬 수 있단 말인가? 그렇다면 선교사의 준비에 있어서 꼭 필요한 것들을 돌이켜 생각해 보고 얼마나 많은 것들이 가정에서와 교회를 통해서 이루어지는지를 살펴보라.

7. 특수한 환경 아래서는, 예를 들어 선교사 연합회를 주창하는 등, 거기에서 가능한 방법으로 지원한다. 교회의 목표들을 꼭 그 교인들에게만 제한할 필요는 없다. 또 그 목표들을 위에서 말한 여섯 가지 사항에만 제한시켜서도 안된다. 종종 그보다 많은 것을 할 수 있는 것이다. 그렇게 할 수 있다면 해야 한다.[2] 이 목표들이 교회의

---

2) Harold R. Cook, *op.cit.*, pp. 223~224.

다른 목표들과는 별개의 것들이며 구별된 것들이라고 생각하지 말라. 그것들은 서로가 밀접히 관련되어 있으며 때로는 사실상 겹쳐지기도 한다. 예를 들면 목사가 훌륭한 그리스도인이면서 선교사가 될지도 모르는 젊은이들을 훈련시키지 않고서는 정말로 선교사가 될 가능성이 있는 젊은이들을 결코 길러낼 수 없는 것이다. 사실상 교회의 전반적인 사역에 유익을 주지 않는 선교 목표들은 있을 수 없다. 선교에 대한 목표들을 세우게 되면 반드시 교회의 모든 일들이 그것들을 통하여 유익을 얻게 된다. 해외에서 할 일과 본국에서 할 일들은 단지 똑같은 과업의 다른 두 측면에 불과한 것이다. 교회는 그리스도인의 친교와 복음전도 양쪽 모두를 위해서 존재한다. 복음화는 그 충분한 의미에 있어서는 전세계를 포함하는 것이다.

3. 목표와 실천

교회의 선교 목표들과 관련된 몇 가지의 실질적인 제안들을 알아보자. 이것들은 우리에게 본 장의 나머지 내용들의 대부분을 알려 줄 것이다. 그것들이 아주 간명한 형태로 기록되었기 때문이다.

(1) 목사의 열심과 관심

많은 젊은 목사들이 선교에 대하여 관심이 거의 없거나 전혀 없는 교회에 초빙을 받거나, 교회를 개척한다. 목사 자신이 선교에 대단한 관심을 갖고 있다면 종종 다음과 같은 질문을 할 것이다. 교인들이 깨닫지를 못하고 있는데 내가 어떻게 나의 교인들로 하여금 선교에 관심을 갖도록 할 수 있겠는가? 지금은 시기상조가 아닌가?

1) 성도들에게 강요하지 말라.
강요하게 되면 틀림없이 무관심에서 반대하는 데로 돌아가 버린다. 선교란 마음에서 우러나는 것이다. 목사가 첫째로 해야 할 일은 교인들이 어떤 입장에 서 있는지를 발견하는 것이다. 그리고 나서 바로 거기에서 시작하여 한 단계씩 성도들을 인도하려고 노력하라. 그들이 일종의 선교 계획을 이미 가지고 있다면 그것을 버리게 하려고 하지 말라. 그것을 보다 나은 계획을 위한 출발점으로 삼으라.

2) 근본적인 문제를 취급하라.

선교가 주요 문제가 아니다. 참으로 중요한 문제는 우리들로 하여금 그리스도의 증인이 되도록 하는 신앙의 생명력있는 약동을 갖도록 하는 일이다. 교회가 다른 사람에게 증거해야 할 의무를 느끼기 시작할 때 자연적으로 선교는 따라오게 되는 것이다.

3) 설교에서 선교사에 대한 예화를 사용하라.

선교의 이야기는 목사의 정기적인 설교에서 말하는 진리의 대부분을 설명해 주는 적절한 예화들로 가득차 있다. 그 예화들을 억지로 끌어다 맞출 필요는 없다. 그것들은 있는 그대로 적합하다. 목사가 믿음에 대한 설교를 한다면 허드슨 테일러(Hudson Taylor)의 체험은 뚜렷한 보기로써 사용될 수 있을 것이다. 목사가 인내의 문제를 취급한다면 자신의 유일한 재능이 인내라고 주장했던 윌리엄 캐리(William Carey)의 생애에서 그 예를 찾아볼 수 있을 것이다. 성도들이 이런 분들에 대한 이야기를 한 두 가지 맛본 후에도 그 선교사들에 대하여 더 알려고 하지 않는다면 그것은 오히려 놀라운 일일 것이다. 물론 되도록 최근의 인물에 대한 예를 들면 더욱 도움이 될 것이다. 자기의 두 아들을 죽인 공산주의자를 중재하여 실지로 그를 아들로 삼아 가족으로 맞이한 우리 나라의 손양원 목사의 이야기를 듣고 감동하지 않을 사람이 있겠는가?

4) 기회가 있을 때마다 선교에 대한 설교를 하라.

이것은 설명적인 설교의 장점들 중의 하나이다. 신약에서 본문을 택하여 점점 확장해 가는 연속적인 메시지를 전할 때 일반적인 과정에서는 선교를 다루지 않을 수가 없을 것이다. 꼭 선교에 대한 설교를 하기 위해서 본문을 찾을 필요는 없다. 그것은 자연적으로 파생되어 다루어지게 될 것이다. 물론 사도행전은 선교에 관하여 두드러진 책이다. 교회의 행사 일정표 달력을 따른다면 오순절 성령강림 주일은 선교에 관한 설교를 하기에 아주 좋은 기회가 될 것이다. 언어가 달랐던 수많은 사람들이 어떻게 그 날에 복음을 들었던가를 기억하라. 또 모든 선교사들 중에 가장 위대한 분이 오신 사실을 축하하는 크리스마스 주일도 선교에 대한 설교를 할 수 있는 기회가 될 것이다.

5) 선교지를 여행하라.

교회가 목사에 대하여 사랑과 존경의 표시로써 무엇인가 특별한 일을 해드리기를 원한다면 선교지로 여행을 보내드리라고 제안한다. 오늘날은 이러한 여행을 아무리 작은 교회에서도 충분히 부담할 수 있게 되었다. 그것은 목사에게 단지 휴가를 위한 여행 이상의 의미를 갖는다. 그것은 교회가 배당금을 나중에 받을 수 있는 하나의 투자가 될 것이다. 목사가 실제로 선교지를 답사하고 선교사의 활동들을 목격하면 선교 사역에 대한 새로운 이해와 열심을 갖고 돌아오게 된다. 목사는 그의 열심을 교회에게 어느 정도 말하지 않을 수 없을 것이다. 여행을 계획하고 개인의 입장으로써 모든 절차를 밟는 일은 대단히 복잡하다. 그러나 일부 선교회에서는 몇 사람이 단체로 동행한다면 모든 세부 절차를 도맡아서 처리해 줄 것이다. 그들은 정기적으로 목사들이나 관심있는 다른 교인들을 위하여 여행을 위한 특별 계획을 마련하고 있다. 그 선교회에서 안내인과 통역을 제공할 것이다. 선교회에서는 교통편의와 숙박 문제, 식사 문제 등을 보살펴 준다. 선교회는 적절한 기간 동안 가장 재미 있는 곳들을 모두 둘러 볼 수 있는 여행 일정표를 작성한다. 보통 전문적인 여행사보다 훨씬 저렴한 경비로 답사하도록 해준다.

(2) 선교 헌신예배와 선교사 초청

두말할 것없이 선교사의 유능한 강사들은 그 누구보다도 선교에 대한 관심을 일으키게 할 수가 있다. 그러나 많은 목사들과 지도자들이 그들을 어떻게 사용해야 할지를 모르고 있다.

1) 목사는 누구를 강사로 초청할 것인가?
① 휴가 중의 선교사들

이 휴가 중의 선교사들은 선교 사역에 있어서 자신들의 체험을 이야기할 수 있기 때문에 보통 가장 인기있는 강사가 되고 있다. 최근에 조사한 바에 의하면 그들은 다른 사람들보다도 두 배 이상의 영향력을 행사한다는 것이 밝혀졌다. 많은 교회들이 '선교지에서 막 돌아온' 선교사들을 확보하려고 하고 있다. 이것이 때로 잘못된 일은 아니다. 그러나 선교지에서 방금 돌아온 선교사는 보통 휴식을 취해야 하고 본국의 환경에 재적응할 시간적 여유가 필요하다. 또 많은 이야기를 하기 전에 설교를 자유스럽게 말할 수 있도록 준비하는 것이 필요하다. 그럼으로써 그는 처음보다 훨씬 설교를 잘 해낼 수 있다. 강사는 이제 사실들을 보다 훌륭한 안목을 가지고 바라볼 수 있고 그것들을 어떻게 가장 잘 나타내야 할지를 아는 것이다. 브라질에서 사역하는 김성준 선교사는 많은 영감과 훈련을 우리에게 주었었다.

② 교단 선교부의 추천자

목사의 소속 교파의 선교부를 대표하는 대표단과 접촉을 갖는 것은 쉬운 일이다. 그는 보통 목사가 있는 지역에서 어떤 선교사들이 언제 시간을 낼 수 있는지를 말해 준다. 그의 추천서를 요청하는 일을 잊지 말라. 일부 선교사들은 소규모의 모임에서 가장 잘 해낸다. 또 일부 선교사들은 젊은이들에게 특히 인기가 있다. 또 말주변이 좋지 못한 선교사들은 아마 간단한 간증정도를 할 수 있을 것이다.

강사들에게 목사가 그들을 사용하기 훨씬 전에 미리 부탁할 것을 잊지 말라. 목회 사역지 지역에서는 강사로 초빙할 만한 선교사가 없다는 것도 짧은 시간에 간단히 확인할 수 있다.

③ 잘 알려진 교단 선교회에서 온 사람들

많은 교단 교회들이나 독립 교회들이 이 선교사들이 주는 영감의 혜택을 누리고 있다. 목사가 마음에 특별히 생각해 둔 선교사가 없고 선교사들이 스스로 시간 약속을 하는 것을 알면 선교 본부에 정보를 요청하는 편지를 쓰라. 가능한 한 미리 사전에 편지를 쓰라. 다시 말하거니와 주저하지 말고 초청에 응할 수 있는 선교사들의 장기(長技)에 대하여 물어 보라. 훌륭한 선교사마다 모두 다 훌륭한 강사가 되는 것은 아니다.

④ 목사가 알고 있는 선교사와 추천을 받은 선교사들

결코 서둘지 말고 신중하라. 잘 알려진 선교회로부터 초청하는 것이 가장 안전하다. 해외 선교회, 지구촌 선교회 또는 동서 선교회 같은 기관들의 선교사라는 사실이 훌륭한 추천서가 되는 것이다. 유능한 연사들 가운데 매우 의심스러운 일들을 말하는 사람들도 있다. 목사가 확실히 알지 못하면 충분히 알아 보라. 목사가 자신이 설 때까지 연사를 초청하지 말라.

바람직하지 못한 강사를 처음부터 제외시키는 것이 교인들에게 목사가 실수를 했다고 변명하는 것보다는 훨씬 쉬울 것이다.

⑤ 선교회 대표단들

선교회마다 대표단(deputation) 혹은 홍보 담당자가 있다. 이런 사람들이 휴가 중에 있는 선교사들보다 더 인기가 있다. 각 신학교나 교회에 다니면서 소속 선교회의 홍보를 전담하는 대표들이기 때문이다. 사실 그들 중에 많은 사람들이 선교회가 이 특별한 사역을 위하여 본국에 주재시키고 있는 경험있는 선교사들이다. 그들은 보통 능력있는 강사들이다. 이 사람들은 선교회의 전반적인 사역에 대한 광범한 이해를 얻고자 한다면 초청해야 할 경험있는 선교사들이다. 휴가 중에 있는 선교사는 원칙적으로 그의 주재지와 그 자신의 체험에 관한 이야기를 할 것이다. 이것은 그의 이야기에 생동감을 더해 준다. 그러나 그가 그의 일이 어떻게 선교회의 전반적인 프로그램에 적용되는지를 항상 알고 있는 것은 아니다. 그러므로 홍보담당 선교사로부터 선교회의 세부적인 운영 및 훈련 과정을 들을 수 있다.

⑥ 합격된 선교사 후보생들

많은 교회들이 자신들이 개별적으로 알지 못하는 선교사 후보 합격생들에게 거의 관심을 기울이지 않는다. 그 후보자들은 아직 선교지에 가본 적이 없다. 그들은 단지 다른 사람들의 이야기를 듣고 선교 사역에 대해서 알 뿐이다. 그렇다면 그들이 어떠한 메시지를 들려줄 수 있단 말인가? 그들은 자신들이 받은 영감을 말해줄 수 있을 뿐이라고 대답할 수 있다. 그들이 자신들을 취급하시는 주님에 대하여 개인적인 간증을 충분히 잘 전달할 수 있다면 그들은 교회에 참으로 넘치는 영감을 부여할 것이다. 그들은 일부 젊은이들로 하여금 자신들도 그 선교지에서 쓰임받을 수 없지 않을까 하고 생각하게 할 것이다. 그들은 또한 자신들의 젊은 시절의 헌신을 본보기로 보여 줌으로써 나이 든 사람들을 감동시켜 보다 깊은 헌신을 하도록 인도하는 것이다. 그들을 위하여 예배 전체를 할애해 줄 필요는 없다. 그러나 그들이 개인적인 이야기를 하도록 몇 분 동안의 시간을 주는 것은 매우 유익할 것이다.

2) 어느 예배에 초대할까?

이것은 대부분이 지도자나 목사의 분별력에 관한 문제이다. 그러나 가장 큰 유익을 얻기 위하여 틀림없이 되도록 많은 사람들이 들을 수 있는 시간에 훌륭한 강사를 초대하기를 원하는 것이다. 다른 예배시간에는 참석하지 않은 사람들을 끌어서 참석자들의 수를 늘리는 미끼로서 그 강사를 이용하지 말라. 강사가 있으면 참석자의 수가 약간 늘어날지 모르지만 거기에 참석지 않은 사람들은 연사의 사역이 가져다 주는 축복을 놓치는 것이다. 사실은 출석하지 않은 자들이 그의 사역을 가장 필요로 하는 자들이다. 또 그 강사들이 주일학교나 청년회에서 사역할 수 있는 가능성을 배제하지 말라. 그리고 그 강사에게 꼭 사전에 어떤 예배시간에 초대할 것인지를 알려 주도록 하라. 아무리 노련한 선교사들이라 할지라도 최선을 다하기 위해서는 사전에 준비가 필요하기 때문이다.

3) 언제 초대할 것인가?

선교사 강사에게 가능한 한 시간적 여유를 충분히 갖도록 사전에 초대장을 보내라. 그들이 목사와 같은 도시에 사는 경우라 하더라도 인기있는 강사들은 몇 달 앞의 계획표를 작성하고 있어서 바쁜 일정 속에 있음을 알게 될 것이다. 그가 만약 먼 곳에서 와야 할 경우라면 그가 가까운 근처를 방문할 계획을 이미 가지고 있을 때 그를 초대함으로 교통비를 줄이도록 해줄 수 있을 것이다. 이것은 강사가 그의 여행 일정을 계획할 동안에 목사의 초대장이 그에게 도달되어야 한다는 사실을 의미하는 것이다. 그 선교사가 어떤 날짜에 목사를 만나겠다고 회신을 보내 오고 그 날짜가 적절할 경우 꼭 그것을 기록하여 확인하라. 그렇게 함으로써 다른 문제점들을 사전에 피할 수 있다.

4) 사례비 예산

이것은 종종 대단히 어려운 일이다. 선교사가 마치 전문적인 직업인처럼 자신의 봉사에 대하여 가격을 매기는 일을 하지 않으려고 할 것이기 때문이다. 그러나 선교사에게 돈은 중요한 것이다. 다음과 같은 제안들이 도움이 될 것이다.

① 선교사가 교회의 예배를 맡았을 경우에는 최소한 담임 교역자에게 정기적으로 드리는 만큼 준다.
② 먼 곳에서 온 경우라면 교통비를 참작한다.
③ 그가 밤을 지내야 한다면 최소한 숙소를 제공해야 한다.
④ 믿음의 선교사들은 보수도 요구하지 않으며 따로 헌금을 거두

는 일이 없도록 할 것을 요구할 것이다. 그러나 이것 때문에 위에서 언급한 일들을 하지 않아서는 안된다. 또 문에서 가까운 곳에 있는 헌금함에 원하는 사람은 누구나 헌금을 할 수가 있는데 목사가 인색한 마음을 가져서는 안된다. 선교사들은 단지 교인들에게 강요하지 않기를 바라는 것뿐이다.
⑤ 다른 경우들에 있어서 교회들은 정규적인 교회 헌금 대신에 혹은 그외에 추가로 선교사를 위하여 자유스러운 헌금을 받기를 좋아한다.

5) 강사에 대한 지침

경험이 많은 선교사라 할지라도 목사가 그에게 정확히 무엇을 말해 주기를 기대하는가를 말해 줄 필요가 있다.
① 강사에게 모임의 정확한 시간, 그가 말할 메시지에 걸리는 시간, 그리고 예배에 걸리는 시간 등을 꼭 말해 주도록 하라. 교인들이 예배시간이 초과되는 것을 좋아하지 않는다면 그 사실을 알려 주도록 하라. 일부 선교사들에게는 이 점을 상기시켜 주어야 한다.
② 교회로 가는 길을 알려 주고 그를 위해 목사가 숙소를 마련했다면 그 사실을 알려 주도록 한다.
③ 목사가 그에게 어떤 사진들을 사용하기를 원한다면 그가 자신의 준비물들을 가지고 있는지를 알아보고 또 교회가 제공할 수 있는 장비는 어떠한 것들이 있는지를 알려 주도록 한다.
④ 설교해 주기를 원한다면 그대로 말해 주도록 하라. 목사가 원하는 것을 말해 주지 않았다면 주일 아침 예배시간에 그가 선교에 대한 이야기를 하지 않았다고 그 선교사를 책하지 말라. 어떤 종류의 메시지가 바람직하다는 것을 분명히 밝혀 두도록 한다.

6) 예배의 인도

① 지루한 광고나 기타 불필요한 순서들로 인하여 선교사에게 주어진 시간이 짧아지지 않도록 주의하라.
　이것은 흔히 저지르는 잘못이다. 그의 메시지를 듣기 원한다면 그것을 전할 수 있는 충분한 시간을 주어야 할 것이다.
② 장황한 인사소개도 불필요한 것이다.
　그 사람들이 선교사가 누구인지를 알며 그의 말을 듣고 싶어하도록 자극을 주는 정도만 이야기하라. 그리고 곧 앉으라. 오래 이야기하면 할수록 그가 메시지를 전할 시간을 빼앗길 것이다.
③ 목사가 그 예배에 참석하지 못한다면 누군가 할 만한 사람이 책임을 맡도록 해야 할 것이다.
　그 강사가 낯선 교회에 와서 메시지를 전할 뿐 아니라 전체 예배순서를 담당해야 한다면 당황하게 될 것이다.

7) 접 대

선교사 강사에게 필요한 경우 숙소를 제공하는 데는 두 가지 방법이 있다. 한 가지는 목사나 교인이 자기 집에 강사를 모셔서 접대하는 것이다. 다른 하나는 교회가 강사를 위하여 근처에 있는 호텔이나 모텔(Motel)을 구하고 개인의 집에서든지 또는 식당에서 그의 음식을 준비하는 것이다. 선교사가 많은 여행을 하고 이야기를 많이 해왔다면 호텔에 방을 준비하는 것이 좋은 방안이 될 것이다. 그것은 그에게 혼자서 조용히 휴식을 취할 수 있는 기회를 주며 그 동안 밀린 편지를 쓸 수도 있기 때문이다. 그러나 그는 또한 그리스도인의 가정에서 교제를 나누는 것이 얼마나 귀한 일인지를 알며, 그것은 그에게 독특한 사역을 할 수 있는 기회가 되는 것을 알고 있다. 이와같이 선교사와 개인적으로나 가정적으로 접촉하는 것은 쌍방에게 모두 큰 유익을 주는 것이다. 많은 가정들이 선교사를 자기 집에 모셨던 축복을 증거하고 있다. 선교사의 방문은 종종 그 집의 자녀들에게 깊은 영향을 준다. 동시에 그 선교사는 자기 일에 대한 그 가정의 관심이 그전보다는 이제 더 깊어지게 되었고 개인적인 기초 위에 놓이게 되었음을 알게 된다. 선교사들을 대접할 사람들을 위하여 한 마디 하겠다. 이상적인 주인은 손님을 대접할 때 그가 부담감이나 빚진 자 같은 어색한 느낌이 들지 않도록 하는 것이다. 손님의 입장에서도 부담을 갖게 하지 말고 그 가정의 정상적인 생활 시간표에 맞추어 주어야 한다.

(3) 시청각 시설의 사용

선교사가 가져 와서 이야기하면서 사용하던 진품(珍品)이 단지 시각 자료들 뿐이던 때가 있었다. 나중에 사진을 보여 줄 수 있었으며 훨씬 후에 흑백 슬라이드 또는 손으로 색깔을 칠한 환등기 등을 보여 주었다. 이러한 시각 교재나 기기 등을 더욱 개선하고 확장시키고 영화 등을 첨가시키고 음질을 개량하는 일은 현 세대들에게 맡겨진 과업이 되었다. 선교사 박물관이나 영구 전시물을 올바로 다룰 수 있는 준비물을 갖춘 교회는 거의 없다. 선교사들은 그들이 본국의 교회에 남겨 놓은 진품(珍品)들이 점점 사라져 가고 있다는 사실을 발견하고 초조해 한다. 선교사들은 또 소홀히 되고 있는 다른 곳에서는 오직 먼지에 쌓인 진품들을 발견할 뿐이다. 그 진품들을 사용하며 생생하게 유지하는 데 선교사가 필요하다. 그러나 선교사가 없는 동안에도 목사가 효과적으로 사용할 수 있는 다른 많은 자료들이 있다. 환등기, 영사 슬라이드, 영화(무성이든지 유성이든지) 등은 아주 중요한 것들이다. 어떤 것들을 사용할 수 있고, 어떠한 여건 아래서 사용할 수 있는지를 알아보려면 선교사나 선교부에 연락하라. 때로 돈을 조금만 주어도 빌릴 수가 있다. 그것들을 보여 줄 때는 헌금을 바치거나 선교회로 송금하도록 규정하는 때도 있다. 환등기나 영사 슬라이드 등은 때로 인쇄된 설명문이 붙어 있어서 사진을 보면서 그것을 읽어 줄 수 있게 되어 있다. 또 화면과 함께 녹음이 되어 있는 것도 있다. 이런 것들은 아주 도움이 된다. 보다 낫고 최근의 필름들, 특히 영화 등은 사전에 충분한 시간을 갖고 예약을 해야 한다는 점을 명심하라. 영화를 상영하기 위해서는 노련한 기술자가 필요하다. 설비가 비싸기 때문이다. 이러한 자료들을 선교사가 없을 때 사용하려면 교회가 가지고 있는 설비가 필요하다. 교회에 그러한 설비가 없을 때에는 빌려야 한다. 그러나 오늘날 대부분의 교회들은 이러한 장비들을 다른 활동들 가운데서 이따금씩 사용하고 있다. 오늘날은 많은 훌륭한 환등기나 영사 슬라이드 투시 환등기 등이 시장에 나와 있다. 많은 가정들이 그것들을 가지고 있다. 또한 선교사들은 보통 자기 것을 가지고 다닌다. 그러나 교회가 영사기를 구입할 때 명심해야 할 서너 가지 사항이 있다.

첫째, 300W 짜리 영사기가 출력이 충분한 것이라면 보다 큰 방에서 사용하기 위해서는 보다 강력한 전등을 설치하는 것이 유익할 것이다. 둘째, 영사기를 스크린에서부터 상당한 거리에다 설치해야 한다면 초점거리를 임의로 조절할 수 있는 '주움 렌즈'(Zoom lens : 대상에 초점을 맞춘 채로 초점거리나 화상의 크기를 연속적으로 바꾸는 렌즈)를 사용하는 것이 바람직하다. 세째, 교회는 환등기나 영사 슬라이드 양쪽 모두 사용할 수 있는 영사기를 구입하는 것이 좋을 것이다. 영사 슬라이드를 제작하는 것은 선교사들이 아니고 선교 단체들이므로 때로 그들의 작품들이 우선권을 갖게 된다. 끝으로 다양한 슬라이드 보관소 또는 필름통 등의 문제가 있다. 슬라이드 꽂이나 필름통에 보관하면 손상되거나 닳아지는 것을 방지할 수 있지만 영사기 하나로 그것들 모두를 취급할 수는 없다. 가장 좋은 해결책은 상영하기 전에 충분한 시간을 갖고 영사기에 맞는 필름통에 바꿔 끼우는 것이다. 영화는 영사 슬라이드나 환등기보다 더 값비싼 장비들을 필요로 할 것이다. 물론 목사가 똑같은 스크린을 사용할 수 있다. 그러나 16mm 짜리의 좋은 유성 영사기가 있어야 할 것이다. 유성 필름을 무성 영사기에서 상영할 수는 없으므로 그런 것을 시도하지 말라. 이러한 자료들을 효과적으로 사용한다. 영화나 사진을 활용하는 데 있어서 흔히 저지르는 잘못은 그것들이 모든 일을 다 해주리라고 기대하는 데 있다. 그렇게 되지는 않는다. 영화를 프로그램에서 핵심이 되게 할 수는 있으나 영화가 충분한 효과를 발휘하도록 프로그램 전체를 신중하게 계획해야 한다. 세째, 그 영화의 내용이 어떤 것인지를 알아야 한다. 그리고나서 청중들이 보고 이해할 수 있도록 소개하는 말을 하도록 한다. 소개하는 말은 목사가 필요하다고 생각하는 만큼 길어도 좋다. 그러나 상영한 후에 평가하는 말은 핵심적인 것만 되도록 간단하게 해야 한다. 평가하는 말에서는 아마 회중들이 영화에서 본 상황에서라면 어떻게 반응할 것인가를 지적해 주는 것으로 충분할 것이다. 그러나 설교하는 식이 되어서는 안된다. 우리가 간단히 언급하고 넘어가야 할 다른 몇 가지의 시청각 자료들이 있다. 선교지에 있는 몇 개의 선교회로부터 플란넬 그라프 이야기들(flannelgraph stories)을 구할 수 있을 것이다. 또한 그것들은 기독교 서점에서도 구할 수 있을 것이다. 그리고 녹음기를 선교시에 가지고 가서 녹음 테이프를 본국에 보내는 선교사들이 점점 늘고 있다. 이런 것들은 원칙적으로 성격상 사적인 보고서에 속한다. 때로 그 질이 최상이 아닐 수도 있다. 그러나 선교사들을 그 사람들이 개인적으로 잘 알고 있는 경우라면 대단히 고맙게 생각할 것이다.

(4) 선교 도서관

교회 도서관에 대해서 진지한 관심을 갖는 교회치고 그 성과들에 대해서 불평을 할 이유가 없다. 그렇게 적은 투자로 그토록 귀한 열매를 맺는 것은 없다. 교회 도서관이 잘 되어가지 않는다면 그 이유는 보통 다음 세 가지 중의 하나일 것이다. 즉, 도서관 관리인의 부족, 혹은 빈약한 장서, 혹은 도서관을 발전시키고 새로운 도서를 구입하지 않으려는 자세 등이다. 교회가 도서관의 일까지 취급하는 교회 사무원들을 두지 않았다면 도서 관리인의 문제가 가장 큰 문제가 될 것이다. 거기에는 누군가 관심을 가지고 그 일에 충성하려고 하는 자가 필요하다. 그는 또 기록들을 정확하게 보존해야 하고 도서들을 대출하고 반납받는 일에 정기적인 근무를 해야 한다. 도서 선택에 있어서 가장 큰 잘못은 성도들이 정말로 읽기 원하는 것들보다는 오히려 목사가 읽어야 한다고 생각하는 도서들을 구입하는 일이다. 몇 권의 참고 도서를 갖추는 것은 잘하는 일이지만 대부분의 도서들은 누구나 관심을 갖는 종류의 것들이어야 한다. 한 사람이 어느 책을 좋아한다면 그는 틀림없이 그 책을 다른 사람에게 추천할 것이다. 그러나 취향이 사람마다 다르다는 사실을 기억하라. 목사는 이 점을 감안해야 할 것이다. 계속적으로 새로운 도서들이 추가되지 않는다면 그 도서관을 계속적으로 이용하지는 않을 것이다. 그 책에 관심을 갖는 친구들로부터 책을 선물받기도 한다. 이런 것들은 종종 오래 전에 나온 것들이다. 교회는 새로운 도서들을 계속적으로 구입해야 한다. 목사가 몸소 그 책들을 읽어 보지 않았다면 어떤 책들을 구입할 것인지를 알기 위해서 기독교 출판사에 문의하도록 하라. 성도들이 그 책들이 도서관에 있다는 것을 알고 읽고 싶어하도록 그 책들을 광고해야 한다. 게시판이 있다면 거기에다 책들에 대한 설명과 함께 표지(카바)를 붙여 놓는다. 선교에 관한 어떤 책들을 도서관에 들여 놓아야 할까? 규모가 적은 도서관이라면 몇 권의 참고 도서와 딱딱한 연구 서적들 정도가 좋을 것이다. 도서관의 규모가 크면 클수록 이 책들을 더 많이 포함시킬 수 있게 된다. 대부분의 서적들이 거의 실화(實話)인 선교사 이야기, 전기 등의 성격을 띠어야 한다. 이런 류의 책들은 어린이와 젊은이, 성인들 모두를 위하여 출판사에서 계속적으로 나오고 있다. 그것들은 또한 지방의 공공 도서관에서는 거의 구할 수 없는 책들이다. 그것들 중에 일부는 단지 초판과 재판이 나왔으며 곧 절판된 것들이다. 다른 것들은 수 년 동안 구할 수 있었던 것들이며 독자들을 꾸준히 확보해 온 것들이다. 목사가 곧 선교 도서관을 시작하려고 한다면 상담을 받아야 할 것이다. 목사 자신의 독서와 친구들의 독서를 통해 몇 가지 책들을 알게 될 것이다. 선교사들이 다른 책들을 추천해 줄 수 있다. 어쨌든 선교사는 이 분야에 있어서 전문가라는 사실을 기억하라. 그가 관심을 갖는 것이 일반 성도들에게도 똑같은 관심을 끌지 못할지도 모른다. 가까운 곳에 있는 기독교 서짐의 주인이 보다 도움이 되는 충고를 줄 수 있을 것이다. 그는 어떤 책들이 잘 팔리고 일반적인 인기를 얻고 있는지를 잘 알 것이다. 물론 모든 베스트 셀러들이 교회의 도서관에 비치하기 원하는 책들만은 아니다. 그러므로 출판사에 관심을 가지라. 일부 출판사에서는 내용이 좋고 판매 전망이 좋은 책들은 거의 출판할 것이다. 경우에 따라 그들이 매우 훌륭한 선교 서적을 출판할 때도 있다. 그러나 이것이 그들의 주요 사업은 아니다. 이러한 책들은 주의깊게 선택해야 한다. 물론 기독교 출판사들도 기독교의 메시지와 일치한다고 생각하는 책들만을 출판한다. 이것은 아직도 상당한 변화의 여지를 남겨 놓는다. 일부 출판사들은 그들의 신학적 입장이 아주 자유주의적이다. 또 다른 출판사들은 매우 보수적이다. 목사의 입장과 일치할 가능성이 가장 높은 출판사의 출판 목록을 구하여 그들이 출판한 선교에 관한 책들은 어떤 것이 있는지 알아보라. 미국의 무디 출판사 같은 일부 출판사들은 선교 서적에 주로 관심을 둔다. 다른 출판사에서는 이 분야에 있어서 내 놓을 것이 거의 없다. 일부 대규모의 선교 단체들에서도 특히 그들의 사업과 일군들에 대한 선교 서적을 출판하고 있다. 그들은 보통 그들의 잡지 속에서 그 서적들을 광고한다. 목사와 교인들이 그 단체의 사업에 관심이 있다면 어떻게 해서든지 도서관에 그 책들을 준비하도록 하라. 그 책들은 그 관심을 더욱 증진시키고 유지시키는 데 도움을 줄 것이다. 도서관을 관리한다는 것은 계속적인 주의가 필요하다. 재정이 있을 때에 구입하고자 하는 '도서목록'(want list)을 만드는 것도 좋다. 목사는 아마 개인들이나 단체들의 관심을 촉구하여 그 목록을 보고 책들을 기증하도록 할 수 있을 것이다. 또 도서가 닳는다는 것을 기억하여 새 것으로 대치해 주어야 한다. 매우 인기가 높은 책은 두 권 이상을 준비해 둘 필요가 있다. 어린이용 서적은 특히 닳는 문제에 신경을 써야 한다. 도서관 이용을 격려하는 것이 중요하다. 이것은 특별히 젊은이나 어린이들에게 적용되는 것으로 주어진 시간에 일정량의 서적을 독파하는 사람에게는 상을 주도록 한다. 이러한 경진대회는 때로 굉장한 흥미를 불러 일으킬 것이다. 가장 많이 읽은 사람에게는 특별상을 줄 수 있을 것이다. 일정량을 읽은 사람은 누구나 무엇인가를 받게 된다. 어떤 교회에서는 최고상으로써 그 교회가 파송하고 있는 선교지로 여행을 보내 줄 것을 제안했다. 이렇게 할 수 있는 교회가 많지는 않다. 적은 비용으로도 용기를 줄 수 있는 상품들이 많이 있다. 경비와 확장된 노력은 교회가 젊은이들을 각성하게 하고 선교에 대한 여러 가지 일을 얼마나 중요하게 생각하는지를 보여 주는 것이다.

외국의 교회는 양서들을 도서실이나 간이 서적판매에서 팔고 있는데 우리 나라 교회도 성도들이 편리하게 구입할 수 있도록 하는 것이 좋을 것이다.

II. 교회와 선교 집회

1. 선교 집회

교회에서 선교적 관심을 불러 일으키는 가장 보편적인 방법 중에 하나는 선교부 주최 집회를 개최하는 것이다. 여기에서 수 일 동안 교회는 그 전체적인 관심을 선교에 집중하게 된다. 이러한 집중적인 노력은 교회의 선교 예산을 증가시키든지 젊은이들을 선교 봉사에 자원하도록 하는 등 보통 열매를 많이 맺는다. 그러나 그 집회의 중요성은 목사가 집회에 대한 계획을 세웠던 이해심과 관심에 달려 있으며 초청 강사들을 선택하는 데 달려 있다. 많은 교단 교회들 안에서처럼 오직 하나의 교단 선교회가 연관되었을 때는 그 계획에 있어서 교회의 역할은 아주 단순한 것이다. 그 선교회는 이러한 일에 경험이 있으므로 목사는 곧 날짜에 동의를 할 수 있으며 그 선교회로 하여금 책임을 맡게 하는 것이다. 물론 세부 사항에 대해서는 협의가 있어야 할 것이다. 그러나 선교회는 전반적인 계획에 대해 추천할 것이며 강사들을 제공할 것이다. 그리고나서 그 계획을 수행하는 것은 교회의 책임이다. 그러나 여러 가지 선교회들이 관여되었다면 전체적인 책임은 교회에 있다. 이러한 집회들은 가장 흔히 있는 일이다. 그 집회들은 많은 교단 교회들에서도 개최되고 있다. 우리는 이런 형태에 대하여 넓게 다루어야 한다. 왜냐하면 그것의 문제점들이 다른 형태의 문제점들을 포함하고 있기 때문이다.

(1) 집회 개최 시기

선교 집회를 계획하는 데 있어서 가장 먼저 해야 할 일은 그 때를 정하는 것이다. 일 년 중에서 다른 어느 때보다 특별히 적절하다고 할 수 있는 때는 없다. 그러나 대부분의 교회들이 여름철은 피한다. 봄·가을과 겨울에 흔히 집회를 연다. 크리스마스 절기에는 다른 많은 활동들이 있으므로 교회들은 크리스마스 절기는 피한다. 그러나 부활절은 좋을 것이다. 교회는 예산안을 염두에 두고 종종 회계 년의 시작 혹은 끝날 때가 가까이 되어서 집회를 계획한다. 집회를 얼마 동안 개최할 것인가? 손쉽게 대답할 수는 없다. 지역적인 조건들에 따라 결정에 많은 영향을 줄 것이다. 보통 3일에서부터 일 주일 정도를 채택한다. 일 주일 이상의 계속적인 모임을 가짐으로 유익을 얻는 교회는 거의 없다. 종종 주일날 집회가 시작되어 수요 기도회 때까지 계속되기도 한다. 아마 수요 기도회 때에 집회를 시작하여 주일날 끝마치는 경우가 더 많을 것이다. 평일 밤에 외출하기 어려운 곳에서의 교회들은 다른 변칙을 쓰기도 한다. 그 교회들은 '선교의 달'(missionary month)을 정하여 그 달의 매주일마다 그리고 주일 저녁 예배 때에 선교사 강사를 초대한다. 이 계획은 다른 계획에 대하여 집중적인 여파를 미치지 못한다. 그러나 보다 많은 사람들에게 미치며 보다 오랫 동안 강조점을 기억하도록 해준다.

(2) 프로그램

얼마나 많은 어떤 예배시간을 목사가 가장 잘 이용할 수 있느냐 하는 것은 지역적인 여건에 의해서 결정된다. 한 교회에서 잘 되었던 계획이 다른 교회에서는 전혀 적합하지 않을지도 모른다. 다음 사항들에 주의하라.

1) 정기 예배시간 활용

이것은 주일날의 정기적인 예배 모임에 가장 많은 교인들이 모인다는 것을 의미한다. 아마도 그 다음으로 많이 모일 때는 주일 저녁 예배와 수요 예배시간일 것이다. 성도들은 이와 같은 예배시간에 교회에 가는 데 익숙해져 있다. 아주 훌륭한 강사라도 다른 시간에는 사람들을 동원하지 못할지도 모른다.

2) 저녁 예배시간 활용

이것은 목사가 어떤 곳에서는 유익한 낮 모임을 가질 수 없다는 것을 의미하는 것은 아니다. 이러한 모임에 자유스럽게 참석할 수 있도록 그들의 일을 조정하고 또 조정할 수 있는 사람들이 있다. 물론 그들이 선교에 대해서 가장 깊은 관심을 가진 사람들일 가능성이 많다. 그러므로 그 모임을 잘 맞추어 계획하라. 어느 경우에도 주일 저녁 예배시간 보다는 참석자들이 적을 것이다.

3) 주일 오후시간 활용

매력을 끄는 다른 일들이 많은 도시들에서는 주일 오후 모임들에서 출석률이 아주 저조하다. 그러나 이것은 아주 예측할 수 없는 일이다. 때로 비상한 관심의 프로그램이 있는 주일 오후 모임들에서는 많은 사람이 모이고 유익한 것이 될 것이다.

4) 특정한 시간 활용

집회의 시간을 지연시켜서 질질 끌지 말라. 개의치 않는 사람들도 있겠지만 그렇지 않은 사람들도 많다. 집회가 너무 시간을 많이 끈다는 생각을 하게 되면 매일 밤 모두 참석하지는 않을 것이다. 성도들에게 너무 시간을 오래 끈다는 느낌을 주는 것보다는 그들을 다시 참석하도록 하는 편이 낫다. 그들은 거기에 대하여 아무 말도 하지 않을 것이다. 단지 다시 참석하지 않을 뿐이다. 수요 모임은 한 시간 정도면 충분하다. 또한 금요일 저녁 모임도 좋다.

5) 모든 기관 활용

목사의 계획 속에 주일학교, 청년회, 부인회, 기타 교회의 다른 기관들을 포함시키라. 부인회는 그 정기적 모임의 시간을 일주일 변경시켜야 할지도 모르지만 기꺼이 응해 줄 것이다. 주일학교에서는 행사의 개막 초두에 선교사가 한 마디 해줄 것을 바랄지도 모른다. 또 주일학교에서는 선교사가 각 학급별로 또는 부서별로 이야기해 주도록 할 수 있다.

6) 효율적인 집회 형태

① 주일 아침 예배는 선교사가 강단에 서는 경우를 제외하고는 정규적인 형식을 따른다. 대부분의 성도들은 선교사의 메시지를 기대할 것이므로 그들을 실망시키지 말라. 선교에는 원래 음악도 필요하다. 주일 저녁 예배 때에는 다양한 변화를 줄 수 있다.

② 종종 한 집회에 한 사람 이상의 선교사들이 초대되기도 한다. 시간이 허락한다면 한 선교사는 영화를 담당하도록 하고 그 동안 다른 선교사는 설명을 하도록 한다. 혹은 반대로 할 수도 있다. 그러나 그 모임이 시간을 넘기지 않도록 하라. 커다란 잘못 가운데 하나는 한 가지 모임에 사람을 너무 많이 동원시키려고 한다는 점이다.

③ 청중들이 강사에게 질문을 할 수 있는 시간에는 질문을 하면서

이야기하는 것도 좋을 것이다. 이러한 것은 보통 보다 적고 비형식적인 모임들에서 가장 효과가 나타난다. 사람들이 질문을 시작하도록 유도하는 일이 어려운 것임을 알게 될 것이다. 그러므로 사전에 사람들에게 질문시간이 있다는 것을 알려 주어서 그들이 준비할 수 있도록 한다. 또 모임을 주재하는 사람도 준비를 해서 자신이 질문을 함으로써 질문이 끊기는 일이 없도록 해야 한다.

④ 여러 명의 선교사가 참석한 경우라면 둥근 탁자나 페널 토의 방식이 아주 유용할 것이다.

그들을 적절하게 다루려면 유능하고 정보에 밝은 지도자가 필요하다. 원형 탁자에서 선교사들은 사람들 가운데서 성도들과 함께 한 가지 또는 그 이상의 문제들을 토론할 수 있을 것이다. 관심을 갖도록 하기 위하여 회중들도 역시 질문에 참여하도록 해야 한다. 이러한 형식의 토론은 약간 논쟁적인 문제를 다룰 때 가장 크게 효과를 나타낸다. 거기에는 많은 사람들이 피하려고만 하는 일, 즉 의견의 차이를 기꺼이 나타내는 일이 필요하다. 공개토론에서는 청중으로부터 질문이 제기되면 단상의 선교사들이 차례로 대답을 주게 된다. 사회자나 혹은 단상에 있는 다른 사람들이 특정한 답변에 만족하지 못한다면 그는 다른 견해를 제시하거나 대답에 추가할 수도 있다. 각 질문에 대하여 단상에 있는 모든 사람들이 대답해 주리라고 기대하지 말라. 계속 토의를 진행하라. 때로 청중 가운데서 적절한 때에 질문을 할 수 있도록 사회자들이 질문들을 준비한다. 이러한 것을 반드시 반대할 것은 없으나 대부분의 사람들이 인위적인 것을 좋아하지 않는다. 사회자들에 의해서 준비된 질문들은 보통 상투적인 것이어서 그 질문들이 질문자들의 생각에서 나온 것들이 아니라는 것을 분명히 나타내 준다. 그 질문들이 자발적인 것들이 되고 그 대답들이 직접적인 것이 된다면 선교에 아주 관심이 있는 젊은이들이 대개 이러한 토의시간을 좋아할 것이다. 그렇지 못하다면 젊은이들은 이러한 토의를 달가와하지 않을 것이다.

⑤ 목사는 어린이들을 위한 특별한 예배를 준비해야 하고 때로는

젊은이들을 위한 예배를 준비해야 한다.

풍습에 대한 이야기, 진품(珍品), 노래 등은 어린이들에게 흥미를 줄 것이다. 어린이들의 흥미에 알맞는 사진들이 있다면 더 좋을 것이다. 젊은이들을 위해서는 소풍이나 잔치와 관련된 특별한 모임을 계획하면 좋을 것이다. 토요일 밤에 청년들을 위한 단합대회가 있다면 그것을 선교 단합대회로 만들 수 있을 것이다.

⑥ 지역 학교나 시민 단체들 가운데서 한 사람이나 그 이상의 선교 강사들의 말을 듣기 원하는 사람이 있을 수 있다는 가능성을 배제하지 말라.

물론 이것은 우리의 공공제도들 안에서 현금의 종교 현상에 대한 일가견을 가지며 훌륭한 판단과 재치를 가진 강사를 필요로 하는 일이다. 이러한 방법들을 통하여 다른 방법으로는 접촉할 길이 없는 교회 밖의 사람들에게까지 축복을 나누어 줄 수 있는 것이다. 그뿐만 아니라 그것은 교회 안의 모임들에 대한 좋은 선전이 되는 것이다.

7) 전시회 활용

집회를 위한 전시회를 계획하는 두 가지 방법이 있다. 한 가지는 전체를 선교사들에게 맡겨서 일임해 버리는 것이다. 그 경우에는 그들에게 사전에 목사가 이러한 전시회를 갖고 싶다는 사실을 잘 설명해 주어야 한다. 그들이 사용하게 될 공간이 얼마나 되는지를 알려 주고 탁상이나 다른 장비들을 사용할 수 있도록 꼭 준비해 놓아야 한다. 특수 조명시설이나 기타 다른 전기도구들을 사용하고자 하는 사람들을 위하여 손이 잘 닿는 곳에 전원을 준비해 두어야 한다. 선교사들은 보통 다른 진열품들과 같은 탁자 위에 함께 진열할 수 있는 책자들을 갖고 있다. 또 다른 방법은 성도들 스스로 전시회를 준비하는 일에 참여하도록 하는 것이다. 그 방법으로는 교회의 각 기관마다 또는 주일학교의 부서마다 각각 다른 전시품들을 할당해 줄 수가 있다. 가장 멋지게 진열한 사람들에게 상품을 제시하는 것도 흥미를 불러 일으킬 것이다.

8) 재정 운영

강사들을 접촉하는 데 필요한 동일한 제안들이 다른 모임들에서와 마찬가지로 선교 집회에도 적용될 수 있다. 물론 보다 오랜 시간 전에 공고를 해야 할 경우는 제외된다. 재정적인 준비는 전혀 다른 문제이다. 재정적인 문제는 교회가 종종 선교 집회에서 선교를 위한 헌금을 모금함으로써 채워질 수 있다. 이러한 경우에는 각 강사마다 일정한 액수를 계획해 두는 것이 때로는 가장 좋은 방법이 된다. 그리고 그 액수를 제외한 모든 헌금은 교회의 선교 재정으로 사용하게 하면 된다. 그러나 다른 계획을 위해서 사용하는 교회도 많다. 우선 그 헌금에서 그 집회를 지도하는 데 사용된 경비를 지불한다. 그리고나서 그 나머지를 선교사들의 맡은 역할에 따라서 또는 그들이 속한 선교회에 따라서 나누게 된다.

III. 교회와 선교자료 확보

1. 정확한 최근의 정보

우리가 관심을 불러 일으키기 위해서 말한 여러 가지 일들은 그 관심을 계속 유지시키는 데에도 필요한 것이다. 그러나 그것들은 다른 몇 가지 것들에 의해 보완되어야 할 필요가 있다.

(1) 게시판(벽보판)

활동적인 선교 사역을 하는 많은 교회들 안에서 여러분은 특수한 선교 벽보판이 있는 것을 발견하게 될 것이다. 그것은 용도가 다양하다. 거기에는 종종 선교지로부터 온 편지나 사진이 붙어 있음을 보게 된다. 때로 거기에서는 선교 집회에 관한 특별한 발표나 소식, 교회의 선교 예산서 등을 알리기도 한다. 그곳은 새로 나온 선교 책자들을 광고하기 적합한 장소가 되기도 한다. 그 벽보판이 얼마나 유용하게 쓰이느냐 하는 것은 대부분 관리자가 얼마나 각성해 있는가에 달려 있다. 이것은 물론 정기적으로 분담한 개인들에 의해서 관리되어져야 한다. 그렇지 않으면 그 벽보판은 소홀히 된다. 그것이 항상 새로운 사실들을 전해 주는 구실을 다하지 못한다면 무가치한 것이 될 뿐이라는 것은 두 말할 여지가 없는 것이다. 그 자체의 선교사들을 가지고 있는 교회는 그 벽보판을 사람들에게 게시해야 할 필요가 있을 것이다. "보이지 않으면 마음도 멀어진다"라는 말이 여기에서도 적용되는 것이다. 선교사는 보통 한 기간에 3~5년 씩 나가 있다. 그 동안에 교회의 교인들은 바뀐다. 아마 새로운 목사가 올지도 모른다. 선교사를 잊지 않고 기억하고 있는 성도들도 그들의 기억이 희미해져 가는 것을 발견할 것이다. 벽보판이나 또는 눈에 잘 띄는 다른 장소에 각 선교사의 사진을 항상 배치하면 좋을 것이다. 거기에는 그의 이름과 주소를 함께 기록하도록 한다.

(2) 지도

지도 읽는 것을 아주 지겹게 생각하는 사람들이 있다. 그러나 그것은 그들이 지도 읽는 법을 배우지 못했거나 그 지도가 나타내 주는 사실들에 대하여 별로 관심이 없기 때문일 것이다. 지도는 사진과 같다. 그것들은 그 지역이 어떻게 생겼는지를 한 눈에 볼 수 있도록 도와 준다. 원시인들은 종종 사진을 보는 데 어려움이 있다. 마찬가지로 지도에 익숙하지 못한 사람들은 그것을 읽는 법을 배워야 하며 그것들이 나타내 주는 것을 이해하도록 해야 한다. 중학교 이상의 학력이면 너무 세밀한 것이 아니라면 누구나 지도를 읽을 수 있다. 사실 우리가 조금이라도 그 선교지에 대해서 관심을 갖는다면 그곳이 어디인지를 대강 알아 보기 위해서 지도를 보려고 할 것이다. 그러기 때문에 신문들도 종종 해외로부터 들어오는 뉴스 기사에 덧붙여 작은 지도를 인쇄하는 것이다. 그것은 그 장소를 찾는 데 도움을 준다. 그리고 우리 모두는 여행할 때 안내용 지도를 사용한다.

 이와같이 교회가 성도들이 그들의 선교사가 어디에 있는지 그 선교지가 어디인지를 알도록 도와 주어야 한다. 거기에는 상세한 지도가 필요없을 것이다. 간단하면 할수록 대부분의 사람들에게는 좋을 것이다. 그러나 교회가 관심을 가지고 있는 선교지 장소가 뚜렷이 표시되어 있는 일반적인 지도가 실제로 도움이 되는 것이다. 성도들이 잘 볼 수 있는 곳에 지도를 붙여 두어라. 일부 교회들에서는 그 지도의 주변에 그들 선교사들의 사진을 붙여 놓기를 좋아한다. 조그만 전등을 포함하여 다양한 장치들이 선교사들이 주재해 있는 장소를 지적해 주기 위해 사용되고 있는 것이다.

(3) 선교사의 편지

 선교지로부터의 가장 최근의 소식은 선교사의 편지를 통해서 오는 것이다. 그것은 조금씩조금씩 오는 것이며 항상 중요한 내용만 있는 것은 아니다. 이것은 선교사들의 대부분이 그들 자신의 체험에 대하여 쓰거나 혹은 그들 자신이 주재하고 있는 특정한 곳이나 사업 등에 관하여 쓰기 때문이다. 그것들은 좀처럼 선교지 전반에 대한 개관을 말해 주는 일이 없다. 그들은 그러한 일은 다른 사람에게 맡긴다. 그러나 우리는 그들의 편지를 통해서 얻을 수 있는 개인적인 접촉이 꼭 필요하다. 우리가 전반적인 형편을 그려볼 수 있는 것은 이러한 소식들의 편지를 통해서인 것이다. 교회가 선교지에 나가 있는 선교사를 후원하고 있다면 교회는 비교적 정기적인 소식을 듣게 되는 것이 보통이다. 그는 보통 교회에서 보내 온 선물들의 수령을 통지해 준다. 그가 선물들의 수령을 통지해 주지 않는다면 그렇게 하도록 누군가 일러 주어야 한다. 여기에서 교회들이 종종 잘못을 범하고 있다. 때로 편지가 주소가 쓰여진 해당된 목사 또는 장로 등만 읽어 보고 난 후 거기에서 그쳐 버리고 다른 사람들에게는 읽혀지지 않는 것이다. 부인 선교회가 어떤 특별한 최근의 소식이라도 있는지를 물어 보지 않는다면 그 밖에 아무도 그 편지를 보지 못할 것이다. 아무도 답장하려고 생각하지 않을 것이다. 돈을 보내고 돈을 받았다는 영수증이 오면 그것으로 끝인가? 그것이 전부가 아닌 것이다. 그 돈은 교회로부터 온 것이다. 그러므로 온 교회가 편지를 보아야 하는 것이다. 적어도 관심을 가진 사람들은 보아야 할 것이다. 바로 여기에서 선교 벽보판이 아주 유용해지는 것이다. 누구든지 원하는 사람은 읽을 수 있는 장소에 편지들을 전시해 두라. 그리고 한 걸음 더 나아가 그 편지에 답장을 쓰라. 그들의 선교사에게 편지를 쓸 시간을 내지 않는 목사들도 있다. 그들은 선교사로부터 소식을 듣고 있다. 사실 그들은 선교사들이 편지를 보내지 않으면 그들을 매우 태만하다고 생각할 것이다. 그러나 그들은 답장을 하기에는 '단지 너무 바쁜' 것이다. 여기서 목사님들을 비판하려는 것은 아니다. 그가 아마 바쁠지도 모른다. 선교사도 역시 마찬가지다. 그러나 그 목사는 사역할 수 있는 기회를 놓치고 있는 것이다. 선교사도 종종 개인적인 관심을 표명하는 일 못지않게 영적인 충고의 말씀이 필요한 것이다. 자신이 답장을 받지 못하므로 선교사는 그가 원하는 대로 자유스럽게 편지를 쓰는 데 어려움을 느끼는 것이다. 일방통행의 대화는 딱딱해지기 쉬운 것이다. 목사 한 사람만이 해당되는 이야기가 아니다. 편지는 장로나 또 답장을 하지 않는 다른 성도들에게도 온다. 답장을 보내는 일을 책임지고 관장할 대표를 세우라. 매번 같은 사람이 할 필요는 없다. 그러나 명백한 책임을 져야 하는 것이다. 교회주보를 통해 교인들이 선교사들에게 답장을 쓰도록 일반적인 요청을 하는 것으로는 너무 막연하다. 답장을 쓰는 성도가 거의 없을 것이다. 특정한 사람에게 임무를 맡겨라. 그에게 그 목적을 위하여 항공우편 양식을 제공하라. 그는 더욱 그 일을 즐겨하게 될 것이며 축복을 받게 될 것이다. 우리는 교회의 주보에 대하여 언급했다. 이 주보에다가 선교사로부터 온 편지를 발췌하여 실으면 좋을 것이다. 대

제10장 교회와 선교 활동 **373**

부분의 교회주보들이 어쩐지 너무 단조롭다. 그것들을 선교지에서 온 약간의 재미있는 토막기사로 꾸며 보라. 사람들은 그것을 읽을 것이다. 그들은 벽보판에 붙어 있는 편지보다는 더 잘 읽을 것이다. 이제까지 단지 선교사로부터 오는 개인적인 편지들에 대해서 이야기 했다. 우리는 형식을 갖춘 편지에 대해서는 언급하지 않았다. 교회가 선교사들이 형식을 갖춘 편지를 과용하는 것이 아닌가 하고 생각할지라도 그것은 현대 선교에 있어 확고부동한 위치를 차지하고 있다. 선교사는 되도록 많은 사람들에게 편지하기를 좋아하고 또 많은 사람들이 그로부터 소식을 듣고 싶어하므로 양식을 갖춘 편지가 유일한 해답이 되는 것처럼 보인다. 모든 목사들이 다른 여러 선교사들로부터 이렇게 양식을 갖춘 편지를 수십 통 받을 것이다. 목사가 원하지 않는다면 그 편지에 답장을 해줄 필요는 없다. 그러나 그것들은 목사가 사용할 수 있는 뉴스를 제공해 준다. 사실 어떤 선교회는 그들 자신의 가치관에 너무 확신을 가지므로 편지를 등사해서 그들의 선교사들에게 보낸다. 그들은 또 여분의 사본을 만들어서 소포로 교회에 부치고 그밖의 다른 관심있는 단체에도 보낸다. 이러한 편지들은 잡지의 기사보다 형식을 갖추지 않고 있다. 그 선교사는 보통 양식을 갖춘 편지들을 요청한 사람에게 또는 자신과 그의 사업에 관심을 보이는 사람들에게 보낸다. 그러나 그의 본국 교회에서 그는 문제에 직면한다. 그가 모든 교인들에게 편지를 보내려고 해야 할 것인가? 그렇다면 많은 경비와 수고가 따르게 된다. 여기에서 종종 교회가 개입하게 된다. 교회는 선교사에게 다음과 같이 말한다. "선교사님의 편지를 우리에게 보내시오. 그러면 우리가 우리 교인 하나하나가 모두 그것을 받도록 해드리겠읍니다." 이것은 선교사에게 도움이 될 뿐만 아니라 교인들의 마음 속에 교회와 더불어 그 선교사와 더욱 밀접하게 맺어 주는 일이 된다. 이러한 일은 꼭 그렇게 해야 할 것이다. 그뿐만 아니라 전교인들이 그 선교사의 소식을 잘 알 수 있게 하는 것이다. 교회가 여러 명의 선교사를 후원하고 있을 때 종종 그들의 편지를 한 번에 묶어서 펴내기도 한다. 계간으로 편찬하는 것이 매우 도움이 될 것이다.

(4) 잡지들

선교회마다 그 자체의 잡지를 출판한다. 월간 또는 격월간 또는 계간 등으로 발행한다. 어떤 것들은 잘 편집되었으나 어떤 것들은 선교사의 편지를 모아 놓은 것보다 조금 나은 정도이다. 어떤 것은 구독료를 명시했으나 다른 것들은 무료로 보내진다. 그러나 모두가 그 잡지를 펴내는 선교회의 일을 우선적으로 다루고 있다. 매경우, 그 선교회는 요청에 따라 견본을 기꺼이 보내 줄 것이다. 우리 나라의 선교회가 개별적으로 발행하는 잡지는 OMF의 "아시아 기도," 한국 해외 선교회 선교 훈련원의 "선교 연구"가 있고, 교단에서 발행되는 것은 합동 측의 "세계 선교" 등이 있다. 이 외에도 우리의 관심을 끄는 외국의 두 가지 형태의 잡지가 있다. 월간 무디(Moody Monthly) 같은 기독교 가정 잡지 등은 선교에 관한 기사가 자주 실린다. 일부는 특집 기사이다. 어떤 것은 성질상 뉴스와 보고이다. 어떤 경우에는 선교에 할당된 잡지의 특정 기사란이 있기도 하다. 이것은 일반 독자들에게 호소하는 것이다. 보다 전문화되었지만 아직도 해외 선교에 관심있는 사람들이 꽤 읽을 만한 것으로는 "복음주의 선교 계간지"(Evangelical Missions Quarterly)가 있다. 이것은 "초교파 해외 선교 연합회"(IFM : A Interdenominational Foreign Missions Association)와 "복음주의 해외 선교 연합회"(EFMA : Evangelical Foreign Missions Association)에서 후원을 받고 있다. 이 잡지는 복음주의적인 선교 사상의 현대적 조류를 알고자 하는 사람은 필독해야 할 것이다. 보다 자유주의적인 관점에 익숙하고자 하는 사람들에게 "국제 선교회보"(International Review of Mission)는 계간 잡지로서 매우 중요한 책이다. 교회가 선교 잡지에 대해서 어떻게 해야 할까? 우리는 세 가지를 추천한다.

첫째, 도서관과 교회 도서관은 정기적인 각 교파의 신문을 받아야 한다. 또 적어도 한 가지 이상의 보다 일반적인 성격을 띠면서도 선교 문제를 약간씩 다루고 있는 기독교 잡지를 받아 보아야 한다. 도서관에서는 교회가 관심을 가지는 각 선교회의 선교 잡지를 정기적으로 구독하며 거기에다가 위에서 언급한 기술적인 잡지를 한 가지 이상 구독해야 한다.

둘째, 보급을 늘리라. 교인들에게 한 가지 혹은 그 이상의 이러한 잡지를 교인들 스스로 사 보도록 하면 교회 자체는 유익이 된다. 정보에 밝은 교회는 능동적인 교회라고 할 수 있다. 이 두 가지는 항상 함께 하는 것이다. 어떤 경우에 출판사에서는 하나의 주소로 일정 부수 이상이 나갈 때는 염가로 제공할지도 모른다. 물론 구독료가 무료일 경우에는 잡지를 보급하는 문제만 해결하면 될 것이다. 가장 경제적인 방법은 회중들이 주일 예배가 끝나고 교회를 떠날 때 출입문 근처에서 잡지를 구할 수 있다고 광고를 하는 것이다. 그러나 그 잡지들을 구할 수 있을 때라도 사람들은 그렇게 하도록 격려받지 않고서는 그것들을 집으려고 하지 않을 것이다.

셋째, 읽도록 격려하는 것이다. 사람들이 읽지 않는다면 책을 나누어 주는 것만으로는 부족하다. 요즈음과 같은 인쇄물의 홍수 시대에 우리는 많은 읽을 거리들을 걸러내고 있다. 잡지 전체를 읽는 사람은 드물다. 그러나 우리가 읽지 않고 지나쳐 버린 것 중에도 친구가 추천했다거나 거기에 흥미를 갖도록 격려를 받았더라면 읽었을 것이다. 그래서 교회 안에서 선교 프로그램을 지도하는 사람들이 관심있는 특정 기사들을 추천해야 할 책임이 있는 것이다. 단지 그 책들이 재미있다고만 말하지 말라. 왜 그것들을 읽는 것이 중요한지를 얘기해 주라. 그뿐만 아니라 사람들이 더 알기를 원하도록 간단한 인용문을 읽어 주라. 이것은 설교자가 강단에서도 할 수 있고 주일학교 교사가 그의 학급에서도 할 수 있는 일이다.

Ⅳ. 교회와 선교사 후원

1. 기도 후원

  선교사에게 우리의 기도의 후원이 얼마나 필요한지에 대해서는 더 이상 말할 필요도 없을 것 같다. 우리들 대부분은 선교사가 기도를 필요로 하며 기도를 아주 중요하게 생각한다는 사실을 알고 있다. 그러나 우리는 기도의 후원을 위하여 많은 실제적인 조치를 취하지 못했다. 즉, 교회의 일원으로서 우리는 그렇게 하지 못한 것이다. 많은 사람들은 그 선교지를 뜻밖에 떠나야 하는 어느 선교사 이야기에 익숙해져 있다. 그 선교사는 그의 고향에 수요일 밤에 도착하여 교회의 기도모임에 참석하기도 했다. 그는 조용히 뒷 좌석에 앉아 귀를 기울였다. 예배 전체를 통하여 선교에 대한 말은 한 마디도 없었으며 선교사를 위한 기도 한 마디도 없었다. 그제서야 그는 자기의 일이 왜 그렇게 잘 풀려 나가지 않았었는가의 이유를 알 수 있었다. 이 짧은 이야기가 기도회 모임에서 선교사를 위한 기도가 필요하다는 것을 잘 말해 주고 있다. 그러나 기도가 필요한 것은 그것보다 훨씬 깊은 이유에서이다. 그것은 교회 전체, 즉 기도할 줄 아는 모든 성도들이 기도해야 할 필요가 있는 것이다. 그것은 교회 사역의 일부이며 모든 성도가 참여할 수 있는 부분이다. 어떻게 그러한 지도자들을 얻을 수가 있을까? 그것은 세심한 계획이 필요한 일이다. 목사가 단순히 모든 사람을 기도하도록 부추긴다고 되는 일이 아니다. "주여! 선교사들을 축복하소서." 우리는 사람들이 참으로 어려움을 당한 것을 알면 그들을 위하여 기도한다. 긴급한 상황일수록 더욱 더 기도하게 된다. 그렇다면 문제는 성도들로 하여금 기도가 필요한 자들을 볼 수 있도록 눈을 뜨게 하는 일이다. 여기에서 선교사들 자신이 때로 실수를 저지른다. 그들은 편지를 써야 할 때에 쓰지 않는다. 그들은 자기들의 필요를 알리는 일을 주저한다. 또는 선교사들이 그것들을 일반적인 형식으로 진술하여 그들이 정확하게 무엇이 왜 필요한지를 알 수 없게 한다. 물질적인 필요뿐만 아니다. 그런 것들은 보통 뚜렷하게 나타난다. 그러나 우리 모두는 우리의 영적 필요를 나타내는 데는 오히려 부끄러워한다. 이것들은 물질적 필요 못지않게 중요한 일이다. 우리는 그것이 우리의 약점을 나타내거나 우리들이 하는 일의 연약성을 나타낼까봐 그것을 이야기하기를 두려워하는 것이다. 물론 순전히 개인적인 문제라서 한 선교사의 일에도 영향을 미치지 못하는 많은 필요들이 있다. 믿는 자들에 대한 종교적인 박해, 홍수 같은 자연재해, 사이비 종교의 침해 등등 이 모두가 기도를 필요로 하고 있다. 더구나 선교사는 그가 염려하는 사람들 중에 다른 사람들을 위하여 기도를 요청하는 것을 보통 주저하지 않는다. 문제는 사람들이 교회에서와 마찬가지로 집에서도 기도할 수 있게 되도록 그의 필요를 나타내는 것이다. 기도회 모임은 이러한 도전을 주기에 자연스러운 장소이지만 적은 무리의 사람들에게 밖에 미치지 못하는 것이다. 주일 아침 예배시간에 또는 교인들을 위한 기도시간이나 광고시간에 말하는 것이 훨씬 효과적이다. 물론 선교 단체가 관심을 가져야 한다. 그러나 주일학교에서 관심을 가져서 안될 것은 없지 않은가? 목사는 종종 다른 곳에서보다 청년회에서 헌신적이고 보다 진지한 기도를 볼 수가 있다. 때로 교회는 선교사의 기도제목들을 발표하기도 한다. 그렇게 한다면 기도해야 할 것들이 분명해지고 정확하게 드러날 것이다. 성도들이 그들이 왜 기도해 주기를 요구하는지를 알도록 충분한 정보를 알려 주라. 그리고 기도가 응답되었을 때에는 사람들에게 보고하라. 기도가 응답받는다는 것을 아는 것만큼 기도에 큰 용기를 주는 것은 없다. 많은 기도의 제목들을 말할 필요는 없다. 몇 가지 기도제목에 집중하는 것이 훨씬 낫다. 목사는 훨씬 더 많은 협력을 얻게 된다. 많은 가정들에서 부엌이나 식당에 선교 벽보판을 갖추는 습관도 좋은 일이다. 그 벽보판에 그들이 특별히 관심을 갖는 선교사의 사진과 함께 기도카드를 붙여 놓는다. 그것들을 쳐다 봄으로써 식사 때나 또 하루 중에 기도할 때 생각이 나는 것이다. 선교사나 그의 가족과 개인적으로는 잘 알고 있는 사람들이 훨씬 자발적으로 그리고 지속적으로 기도하리라는 것은 확실하다. 이 사실은 선교사가 본국에 휴가로 와 있을 때 개인적인 접촉을 해두는 일의 중요성을 잘 요약해 주고 있다.

2. 재정적 지원

우리는 교회가 되도록이면 많이 선교회에 물질적 지원을 해야 한다는 사실을 이미 말했다. 도대체 얼마 정도의 물질 지원을 해야 하느냐고 묻지 말라. 누구도 잘 모른다. 우리가 말할 수 있는 것은 성도들이 할 수 있는 모든 것을 다하는 교회를 보지 못했다는 것이다. 그러나 일부 아주 후한 교회들도 보았다. 해마다 그들의 지원을 증가시키고 있는 교회들의 체험은 항상 개선의 여지가 있다는 사실을 보여주고 있다. 그 교회가 지원하는 분량을 가지고 그 교인의 수를 측정할 수는 없다. 가장 큰 일부 교회들이 가장 인색한 지원을 하고 있다. 우리는 일부 가장 부유한 교회들이 일부 가장 가난한 교회들에 의해서 부끄러움을 당했다는 말을 할 수 있을 뿐이다. 우리 스스로가 다른 사람이 하는 일을 가지고 그들을 측정해서는 안되지만 끊임없이 우리 자신의 위치를 개선시켜 갈 수는 있는 것이다. 이러한 이유들 때문에 우리가 하나의 목표를 설정하는 것도 잘 하는 일이다. 그 목표를 충분히 높게 설정하여 그것에 도달하는 것이 쉽지 않도록 하라. 그것이 하나의 도전이 되어야 한다. 그러나 비실제적일 정도로 목표를 높이 설정하지 말라. 그 목표에 도달하는 것이 분명하게 불가능한 것이라면 사람들은 낙담하게 될 것이다. 사람들은 도달할 수 있는 일정한 목표가 있을 때에 커다란 노력을 하도록 격려받는 것이다. 그리고 사람들에게 그들이 무엇을 위해서 바치는지 알도록 하라. 선교 예산서에 교인들이 보지 않았으면 하는 항목이 있다면 그것을 거기에서 삭제해 버려야 할 것이다. 예산서의 일부를 비밀로 하는 것만큼 바치는 자들을 실망시키는 것은 없다.

(1) 어떤 선교사들을 지원할까?

때로 교회들은 자기 교회 출신들의 선교만을 지원해야 할지 어쩔지 몰라서 당황한다. 그 대답은 누군가 생각하듯이 그렇게 어렵지 않다. 물론 무엇보다도 우선 자기 교회 출신의 선교사들을 지원해야 할 것이다. 그것도 교회가 그들이 하고 있는 일에 확신을 가지고 있을 경우에 그렇다는 말이다. 그들이 선교지에서 다른 사람이 대신해 줄 수 없는 방면에서 교회를 대표하는 것이다. 그들은 교회의 일부인 것이다. 그들은 우선적으로 교회의 책임이다. 교회가 좀더 많은 일을 하고자 하나 그 선교지에 자기 교회 출신의 선교사들이 없다면 다른 사람들을 지원하라. 선교사들을 보다 많이 키워낼 수 있는 교회도 있고 그렇지는 못하지만 보다 많은 물질적 지원을 할 수 있는 교회도 있는 것이다. 참으로 어려운 문제는 하나의 선교사 가정을 도맡아서 지원할 것이냐 아니면 여러 사람을 조금씩 지원할 것이냐 하는 것이다. 양쪽 모두 장점들을 가진다. 그것은 교회가 결정할 일이다. 그러나 '선별주의'(tokenism)는 분명히 배제되어야 한다. 교회는 어떤 특별한 의미에 있어서 선교사들을 '우리의 선교사'(our missionary)라고 느낄 수 있어야 하며 우리가 경우에 따라 조금씩 기부하는 선교사들은 그렇지 않다고 생각해서는 안된다. 한 교회에서 선교사로 나가는 자들의 수가 교회가 지원할 수 있는 숫자보다 많으면 문제는 심각한 것이 될 것이다. 한 사람의 선교사를 충분히 지원하기에도 힘에 벅찬 교회도 있다. 그러면 어떻게 해야 하나? 가능한 해결은 한 가지밖에 없다. 교회가 할 수 있는 것을 하라. 교회의 목록에 이미 올라 있는 사람을 계속 지원하라. 교회가 가능하다면 즉시로 새로운 지원자를 받아들이라. 저 사람을 빠뜨리지 말고 이 사람을 소홀히 하지 말라. 새로운 선교사를 지원할 필요가 있음으로 하여 더욱 열심히 바치도록 하는 도전과 기회를 삼으라. 그러나 어떠한 상황 아래에서도 새로운 선교사를 지원하기 위하여 지금껏 지원해 왔던 선교사를 저버리지 말라.

(2) 재정 지원의 중단

재정 지원을 중단하는 일로 말하자면 종종 독립 교회가 선교사를 괴롭히는 관례들이 있다. 물론 독립 교회가 아닌 교파 교회도 선교사들을 괴롭게 한다. 태국에서 사역하던 한 쌍의 부부 선교사의 체험에서 처음으로 그러한 일을 보았다. 그들의 두번째 봉사 기간 중에 그들을 지원하던 서로 다른 지방에 있던 두 교회가 동시에 지원을 중단하겠다고 발표했다. 그들은 흥미를 느끼는 다른 새로운 선교사를 받아들인 것이다. 선교사들은 거기에 대해서 속수무책이었다. 그들은 참으로 궁핍한 나날을 지내야만 했다. 목사가 바뀌면 이러한 일이 흔히 일어난다. 새로 온 목사는 그 교회의 선교사들을 잘 알지 못한다. 그는 그 나름대로 좋아하는 자신의 선교 정책을 가지고 있다. 그래서 그는 자신의 선교 프로그램을 추진하며 교회로 하여금 지금껏 지원하던 선교사들을 지원하는 일을 중단하도록 한다. 별로 오래되지 않은 일인데 어느 큰 교회에서 새로운 목사를 초빙했다. 그 교회가 지원하던 선교사 중에 그 교회에서 자랐던 젊은 여자 선교사가 있었다. 수 년 동안 그 교회는 그녀의 선교 단체의 적극적인 지원자였다. 그녀가 선교지로 가겠다는 결정을 했을 때 교회는 자연스럽게 그녀를 지원했다. 그러나 이제 새로운 목사가 온 뒤로 사태는 변했다. 얼마 후에 젊은 여자 선교사는 교회가 자신에 대한 지원 액수를 줄이고 있음을 알게 되었다. 그것은 그 여자가 필요한 것 이상의 것을 받고 있었기 때문도 아니요 교회의 선교 헌금이 줄어진 때문도 아니었다. 사실 교회는 더 잘 되어가고 있었던 것이다. 단지 교회가 몇 가지 새로운 계획을 갖고 있기 때문이었던 것이다.

많은 한국 교회들이 선교사를 파송하고 난 후 처음 7~8개월이나 1년 정도는 열심히 기도하고 격려의 편지를 보낸다. 그러나 몇 년이 지나면 모든 편지가 중단되고 열정이 식어진다. 선교의 열정은 계속 되어야 하며 꾸준해야 한다.

(3) 절약 경쟁

교회가 조심해야 할 것들이 앞에서 말한 잘못들 뿐만은 아니다. 또 하나 주의해야 할 것은 선교회에서 장사를 하려고 하는 것이다. 개인적인 면담 중에 한 젊은 장래성있는 선교사가 말하기를 그의 교회는 자기가 소명받았다고 믿고 있는 그 선교지에 가면 자기를 지원해 주지 않을 것이라고 했다. "그 이유는?"이라고 묻자 그는 "그들은 나에게 다른 선교지로 나간다면 경비가 훨씬 덜 들 것이라고 말합니다"라고 했다. 꼭 그렇지 않을지도 모른다. 물론 우리는 '절약 정신'을 갖고 우리의 모든 선교비를 작은 경비로 최대의 효과를 거둘 수 있는 곳에 사용할 것이다. 또 선교가 어려운 이슬람 지역에서 선교사를 철수시켜 보다 쉽게 성과를 거둘 수 있는 곳으로 보내야 할 것이다. 그러나 그렇게 한다면 우리는 모든 선교사 중에 가장 위대한 선교사 예수 그리스도로부터 등을 돌리는 셈이 될 것이다. 주님의 선교가 얼마나 비싼 댓가를 치르었는지를 보라. 그가 우리의 구원을 위해서 베풀어 주신 것을 보라. 우리가 감히 우리 젊은이들의 헌신을 상업적인 계산으로 따질 수 있겠는가? 그들은 자신들의 생명을 바치고 있다. 우리가 사람의 영혼의 가치를 달러나 센트로 따져 환산할 수가 있겠는가? 선교에 있어서 싸구려는 없는 법이다. 희생적인 노력으로 투자하지 않고서는 아무것도 얻을 수 없다. "인색하게 심는 자는 또한 인색하게 거두리라."

(4) 선교사 지원의 등급

한 사람의 선교사를 지원하는 데 경비가 얼마나 들까? 이는 경우에 따라 다를 것이므로 선교회에 물어 보는 것이 좋을 것이다. 우리

한국 선교사들은 교회의 담임 목사보다는 선교지 형편 때문에 더 많이 사례비를 받는 선교사들이 있다. 최근 한국 선교사들이 보통 1000~2000달러의 선교비를 받고 있다. 그러나 선교 활동비가 부족하다고 말한다. 왜 그런가? 교회가 그 이상 내놓지 않기 때문이다. "그러나 다른 나라에서는 생활비가 그토록 많이 들지 않는다"고 하면서 반대 의사를 펴는 장로도 있다. 그것은 잘못된 생각이다. 사실상 여러 곳에서 대부분 동일한 수준의 생활을 유지하려고 하면 더 많은 경비가 든다. 그래서 선교사는 보통 우리가 본국에서 즐기는 많은 일들을 포기하는 것을 배운다. 그 주변에 있는 다른 사람들이 그런 것들 없이 지내고 있다는 사실이 선교사로 하여금 그런 것들 없이도 지내는 일을 보다 쉽게 해주고 있다.

(5) 선교지의 일군들

좀더 경비가 적게 드는 선교를 생각하다 보니 선교지 현지의 일군들을 지원하는 방식이 떠오르게 된다. 그 나라 사람이 자기 민족을 복음화시키는 것이 훨씬 좋은 방법이다. 선교사 자신도 그것을 인정한다. 어떤 경우에는 선교사에게 드는 비용의 일부분만 가지고서도 그들을 지원할 수 있는 것이다. 그렇다면 왜 선교지 현지의 일군들을 지원하는 데 돈을 쓰지 않는가? 선교사 자신들이 이러한 계획을 처음 시작했다. 이제 그들은 그 결과를 직시해야 한다. 아직도 이러한 생각을 보급시키고 있는 사람이 있다. 그러나 점점 그들은 그 주장에서 힘을 잃고 있음을 깨닫고 있다. 그들은 이론적으로 그럴 듯하게 들리는 말들이 실제로 항상 적용되는 것은 아니라는 사실을 여러 차례 경험하곤 한다. 그 주장의 처음 부분은 확실히 건전하게 들린다. 많은 경우에 있어서 선교사보다는 그 나라 사람이 자기 나라 사람을 잘 복음화할 수 있다. 그는 종종 선교사를 지원하는 경비보다 훨씬 적은 경비로도 지원할 수 있다. 그러나 결과가 항상 같은 것은 아니다. 대부분의 선교지에서 현지 교회들이 주장하고 있듯이 아직도 선교사가 필요한 실정이다. 그것을 이런 식으로 표현해 보자. 어떤 공장에서 물건을 생산하기 위하여 200명의 노동자를 고용했다. 이 200명의 노동자 외에도 수 명의 감독관, 고급관리 등이 있다. 어느날 한 선동자가 노동자들 중 몇 명을 포섭하여 말하기를 "왜 그 관리들은 노동자보다 훨씬 많은 돈을 받습니까?"라고 말한다. 선동자는 계속해서 소리높여 외친다. "일을 하는 사람들은 바로 노동자들이오. 이 모든 정신 노동자들이 무슨 쓸 데가 있단 말이오. 물건을 생산하는 것은 바로 노동자들인 당신들이오." 노동자들에게는 그 말이 옳게 들린다. 그러나 그 정신 노동자들을 없애 버리면 무엇이 남는가? 한 마디 말로 표현하자면 그것은 혼돈밖에는 없다. 원료 공급은 줄어 들고 완성된 물품들은 창고에 가득 쌓이게 되고 살 사람은 아무도 없다. 결점 부분이 소비자에게 나타나 사용 도중 고장이 나버리고 청구서는 쌓이고 신용도는 떨어지고 공장은 문을 닫게 된다. 선교사가 항상 필요한 것은 아니다. 그러나 선교지에 있는 그 사람들이 설교하는 일뿐만 아니라 전체 일을 떠맡을 준비를 갖추기까지는 선교사가 필요하다. 우리는 선교지에 있는 일군들이 선교사들보다 자기 나라 사람들을 보다 더 잘 복음화시킬 수 있다고 말했다. 이것은 그들이 보다 더 훌륭한 일군들이기 때문이 아니라, 대부분 외국인은 항상 불리한 조건 아래서 일하기 때문이다. 사람들은 항상 그들 자신들 중의 한 사람의 말을 더 잘 듣기 쉽다. 그들은 지금껏 같이 생활해 왔으며 그들의 언어가 보다 익숙해 있기 때문이었다. 그러나 선교지의 일군들은 먼저 회심해야 할 것이다. 그리고 본국에 있는 그리스도인의 일군처럼 그들은 그리스도인의 체험들 안에서 성숙과 발전이 있어야 한다. 그리고 그들이 그리스도인의 사업에 전시간을 드리고자 한다면 훈련을 쌓아야 할 것이다. 이 모든 것들은 처음에는 선교사들을 위해서 일해야 하는 것을 의미한다. 그러나 그것이 끝은 아니다. 일군들은 항상 선두에서 이끄는 지도가 필요하며 그들의 일을 감독하는 일이 필요하다. 그들은 상담을 받고 때에 따라 질책도 받아야 할 필요가 있으며 해고되기도 한다. 선교사가 안목도 없는 일군을 고용하여 그들이 감독이 없이도 훌륭하게 일을 해 낼 수 있을 것이라는 막연한 기대를 가지고 그들을 정기적으로 지원하겠는가? 사실, 이런 식으로 하고 있는 교회들도 있다. 그러한 일을 촉진시키는 기관들도 있다. 그리고 많은 사람들이 그것을 후회하게 되었다. 그러나 아직도 경험있는 선교 지도자들이 그러한 생각으로부터 벗어나지 못하고 있는 사람이 있다. 그것은 보다 더 깊고 근본적인 어떤 것이다. 선교지의 일군들이 복음전도의 일을 훌륭하게 해낼 수 있다고 할지라도 그렇다고 해서 반드시 그들을 외국 자본(외래 기금)을 들여서 고용해야 할 필요는 없는 것이다. 특별히 오늘날은 더 그렇다. 많은 선교사들이 돈으로 사람을 사려고 한다는 끊임없는 비난을 받고 있다. 그래서 우리가 고용한 선교지 일군들은 즉시로 의심을 받게 된다. 그는 선교사에게 고용된 사람으로 공산주의자들이 표현한 것처럼 자본주의의 주구(走狗)라고 하는 말을 듣게 되는 것이다. 그러나 좀더 깊히 생각해 보자. 선교사가 돈으로 선교지의 일군들을 고용하는 것은 일견 우리 선교 사역을 번창시키는 좋은 방법인 것처럼 보인다. 물론 우리는 임시적 방편으로 그 방법을 생각할 수 있다. 이러한 일군들을 통해서 곧 교회가 세워질 것이며 그러면 선교회는 지원을 중단할 것이며 교회가 맡을 것이다. 그것은 아주 논리적이다. 그러나 일이 그런 식으로 되지 않는다. 3, 4세대 후에도 그 일군들은 선교사에 의해 지원을 받고 있는 것이다. 또 거기에 일군들도 그리 많지 않다. 교회 자체도 알아볼 정도로 약하게 보인다. 무엇이 잘못되었는가? 많은 선교사들이 소위 '토착의 원리들'(indigenous principles)만이 지속되는 사역을 할 수 있는 건전한 원리가 된다는 것을 배웠다. 간단히 말하자면 그 교회는 그 사람들 가운데 뿌리를 박고 자발적으로 자라게 되어야 한다는 것이다. 그 사람들 스스로가 복음을 전하며 새로운 교인들을 인도할 것을 기대해야 한다. 그들이 교회의 모든 경비를 충당하며 교회를 운영해야 하는 것이다. 흔히 사용되는 네비우스 방법이다. 자기 증식(自己增殖), 자족(自足), 자치(自治) 등이다. 우리가 이러한 원리들의 세부 사항까지 살펴볼 필요는 없다. 그러나 우리는 사람들이 그들의 동료를 전도해야 한다는 사실을 강조하고 싶다. 이것이 자연스러운 최선의 방법이다. 동시에 또한 그들이 경비를 충당해야 한다는 점에 유의하라. 이것은 그들의 정상적인 활동을 위해서 파송 교회로부터 아무런 재정적인 지원이 없음을 의미하는 것이다. 그들이 이러한 일을 스스로 하는 것을 배우는 동안 더욱 튼튼하게 자라게 된다. 이것이 선교사들이 선교지의 일군들을 지원하기 위하여 선교사의 돈을 사용하는데 반대하는 강력한 이유 중의 하나이다. 장기적인 안목으로 볼 때 그것은 교회를 방해하는 것이다. 거기에 대해서는 이론의 여지가 없다. 그것은 수 차례에 걸쳐 증명된 바이다. 어느 큰 선교회가 수 년 전에 선교지에 있는 특정한 일군들에게 보내는 선물을 접수하기를 거부하는 정책을 채택했었다. 선교지 사람들을 위한 어떠한 기부금도 선교회의 임의대로 사용해야 했다. 그들이 하려고 한 것은 지원하는 책임을 선교지의 교회 자체에 맡겨 보려는 것이었다. 수년 후에 선교회는 그 교회가 선교 사상 어느 때보다도 빨리 성장하고 있다는 보고를 할 수 있었다. 그뿐만 아니라(그리고 이것은 그들에게 놀랍게 보였다) 그 일에 참여하는 그 선교지 사람들의 수가 그전의 몇 배에 이르렀다. 다시 말하자면 파송 교회의 돈을 사용하기를 그만두었을 때 훨씬 더 많고 좋은 일군들을 얻은 것이다. 물론 이것이 하룻밤 사이에 된 일은 아니다. 시간이 걸린다. 그러나 결과로 보아 그들의 방법이 정당화되는 것이다. 이러한 방식에서는 선교사의 위치가 어떻게 될까? 바로 신약 시대에 사도 바울이 차지했던 바로 그 위치인 것이다. 그는 복음을 소개하고 첫 개종자를 환영하였다. 그는 교회가 시작되는 것을 도와 주고 그들이 말씀을 가르치는 일을 시작해 주었다. 사도 바울은 그들을 지도하고 권고하고 그들을 위하여 계속적으로 기도했다. 바울은 그들에게 방법을 보여 주었으며 교회의 일을 수행하는 책임을 그들이 맡았던 것이다. 선교사는 바울처럼 "이제는 이 지방에 일할 곳이 없고(롬 15 : 23)"라고 말할 수 있는 날이 올 것을 믿었다. 누군가 말했듯이 "선교사의 일은 그 일에서 나와 스스로 일하는 것이다."

(6) 여러 가지 물질적 지원

우리가 교회의 선교에 대한 목표가 선교를 위해 "물질적인 지원을 제공하는 것이다"라고 했을 때 반드시 돈을 의미하는 것은 아니다. 돈은 가장 광범위하게 유용한 헌납이다. 그러나 때로 교회는 다른 방식으로 기부할 수도 있다. 어떤 사람은 즉시 '선교사 주머니'(missionary barrel)를 생각할 것이다. 이것은 전에 사용되었던 것만큼 사용되지는 않는다. 옛날에는 교회들이 유용한 것이든지 아니든지 모든 종류의 물건을 모았다. 그래서 그것들을 주머니에 포장하여 먼 곳에 있는 선교사들에게 선편으로 보낸다. 그 중 일부는 선교사와 그 가족을 위한 것이다. 나머지 것들은 그곳 사람들에게 나누어 줄 것이다. 그 소포주머니가 도착하는 것은 항상 신나는 사건이었다. 아무도 그 안에 무엇이 들어 있는지 알아 맞추는 사람은 없다. 선교사들이 사용할 수 있을지도 모른다는 헛된 희망 속에서 때때로 우스꽝스러운 물건들이 있다는 이야기를 선교사들이 많이 한다. 이러한 주머니는 대부분의 선교지에서 더 이상 환영받지 못한다. 많은 나라들이 관세 장벽을 높였으므로 배가 자기 앞으로 부탁하지 않은 짐을 싣고 온다는 말을 들으면 선교사가 벌벌 떠는 것이다. 그는 자기가 그 짐값의 몇 배에 해당되는 세금을 부담해야 할지도 모른다는 것을 알기 때문이다. 그러므로 교회가 선교사에게 크든지 작든지 짐을 보내는 일을 생각하고 있다면 재고하여 보라. 선교사가 목사와 상의할 때까지는 짐을 보내지 말라. 선교사가 찬성한다면 그의 지도를 따르라. 교회가 이런 식으로 그에게 갑작스러운 짐을 보낼 수는 없으며 선교사가 비싼 부담을 짊어져야 할 물건보다는 아무것도 보내지 않는 것이 좋다. 교회가 그 세금을 미리 지불할 방도는 없다. 그러나 선교사가 본국에 있을 때 교회는 그가 선교지에서 필요한 물건들을 줄 수는 있다. 선교사는 그가 사용할 수 있는 것들을 기꺼이 말해 줄 것이다. 다음을 꼭 명심하라. 교회가 소매가격으로 새로운 물건을 구입하려 한다면 차라리 선교사에게 돈을 주어 그가 사게 하는 것이 훨씬 나을 것이다. 선교사는 종종 그가 필요한 것을 도매가격으로 공급하는 사람을 알고 있는 것이다. 중고품의 경우에는 그것들이 새 것과 다름없는 상태가 아니라면 주지 말라. 이것은 곧 일부 교회들이 시행하는 '선교사 벽장'(missionary closet) 제도를 생각하게 한다. 그것은 선교사들이 휴가로 본국에 왔을 때 필요하게 될지도 모르는 물건들이나 헌 옷가지 등을 넣어 두는 곳이다. 올바로 관리만 된다면 이것은 환영할 만한 것이다. 열대기후에서 왔으므로 선교사는 종종 따뜻한 코트나 털옷 등이 필요하게 된다. 그 벽장 안에 아주 닳은 옷이나 더럽혀진 옷을 넣어 두지 말라. 어떤 옷이든지 그 벽장에 넣기 전에 마른 세탁을 하거나 다리미질을 해야 한다고 말하는 교회도 있다. 어떤 도시에서는 옷가게를 하는 상인이 수 명의 선교사들을 지원하는 교회에 철이 지난 재고품을 기증하였다. 그는 기증품에 대한 시장가격에 해당하는 영수증을 받았으며 그것은 세금 문제에 있어서 상당한 도움을 줄 것이다. 그뿐 아니라 선교사들은 훌륭한 품질의 새로운 상품을 받기도 한다. 돈이나 물건을 기부할 때 항상 피해야 할 한 가지 실수가 있다. 마치 자선을 베푸는 것처럼 하지 말라. 교회의 회중들이 그러한 인상을 받지 않도록 하라. 자기의 일을 잘 감당하고 있는 충성스러운 일군에게 주듯이 하라. 선교사는 주님의 종이다. 주님께 바치듯이 하라.

V. 교회와 선교사 훈련

1. 선교사 후보자

대부분의 교회들이 선교 사역을 그들 자신과는 무관한 별개의 것인 양 생각하는 경향이 있다. 이것은 특히 우리가 선교사 후보생들을 뽑는 일을 이야기할 때도 적용되는 말이다. 선교사들은 어디선가 와야 하는 것으로 생각한다. 그들은 그렇게 알고 있다. 그러나 그들 자신들 중의 일부 젊은이들이 선교사가 될 수 있다는 생각은 못하는 것이다. 그것을 제안하는 사람이 아무도 없기 때문에 그들이 그 생각을 못하는 것이다. 아무도 그들의 젊은이들에게 그들 자신을 헌신하여 생활의 봉사를 드려야 할 필요에 대해서 도전을 주는 사람이 없는 것이다. 교회는 참으로 선교를 위하여 자연스럽게 사람들을 모집할 수 있는 장소이다. 목사가 기독교에 대하여 관심을 갖는 모든 젊은이들을 만나볼 수 있는 유일한 장소는 교회뿐이다. 그들 중에 일부는 교회에서 자란 사람들이다. 일부는 교회에서 회심했다. 그러나 실제로 모두가 그리스도인의 예배와 교제를 위해서 교회에 온 것이다. 그들 모두가 진실한 그리스도인이 아닐지도 모른다. 그저 좋은 일이니까 교회에 나와 있는지도 모른다. 그러나 적어도 그들은 기독교의 가르침에 영향을 받기 쉬우며 그들이 자연스럽게 가르침을 받을 수 있으리라고 기대되는 장소에 나와 있는 것이다. 우리의 교회에서는 젊은이들을 어떻게 다루고 있는가? 젊은이들을 위한 일정한 교육 목표나 프로그램이 있는가? 꼭 선교를 위한 것이 아니라도 말이다.

교회의 영적 프로그램이 생명력있는 것이라면 당연히 그렇게 되어야 한다. 교회가 젊은이들에게 진지한 주의를 기울이고 있는가? 교회에게 청년들이 도달해 주기를 바라는 목표가 있으며 거기에 도달할 수 있도록 그들을 진지하게 도와 주고 있는가? 헌신한 청년들이 없다면 우리는 선교사들을 얻을 수 없다. 그렇다! 그리고 교육받은 그리스도인도 기대할 수가 없다. 일부 그렇게 생각하는 사람들이 있지만 청년들을 즐겁게 해주는 것이 교회의 할 일이 아니다. 단지 그들을 교회와 모종의 단체에 묶어 두는 것만으로는 부족하다. 생명력 있는 프로그램은 영적인 인도를 의미한다. 그것은 청년들을 주님과 그의 말씀과의 살아 있는 관계로 끌어 들이는 것을 의미한다. 그것은 또한 젊은이들로 하여금 그들의 직업이 무엇이 되든지 삶의 행로를 결정하시는 주님의 주권을 받아들이도록 하는 것을 의미한다. 그리고 그것은 쉬운 일이 아니다. 모든 목사들이 그 일을 할 수 있거나 기꺼이 하려고 하는 것은 아니다. 최근 몇 년 사이에 세계 도처의 젊은이들이 반항적이 되었다. 우리나라의 운동권 학생들의 투쟁은 전쟁하는 용사를 방불케 한다. 그것은 우선적으로 그들이 겪고 있는 물질적 불평등에서 비롯되는 반항이 아니다. 그들 중 많은 젊은이들이 이렇게 호강을 받은 세대가 일찍이 없었다는 사실을 인정할 것이다. 그러나 그들을 좌절시키는 것은 그들 주변에서 보고 있듯이 현상적인 삶의 무의미성(허무) 때문이다. 이 모든 만물의 목적은 무엇이란 말인가? 왜 그토록 많은 불공평이 성행하는가? 사회구조에 무엇인가 근본적인 잘못이 있지나 않은가? 그가 보는 것들이 싫은 사람은 어떻게 해야 할 것인가? 그의 생명을 바쳐 드릴 가치가 있는 명분은 어디에 있을까? 교회는 그 해답을 가져야 한다. 교회는 그들에게 도전을 주어야 한다. 그러나 교회가 그렇게 하고 있지 못하는 일이 너무 많다. 오히려 교회 안의 젊은이들에게까지도 교회가 그들이 한탄하고 있는 그 사회구조의 일부인 듯한 인상을 주고 있다. 일부 교회는 보다 많은 관계를 가지려는 열망에서 교회가 존재하는 근본적인 이유와 다소간의 관련을 갖는 활동들에 뛰어 들기도 한다. 이것은 혼란만 가중시킬 뿐이다. 교회는 더 이상 교회가 아니며 그 주변의 세상 일들을 흉내내는 또 다른 인간적인 조직체가 되어 버렸다. 선교 요원을 확보하는 문제는 어떻든지 뚜렷한 그리스도인의 봉사를 위하여 남자나 여자들에게 도전을 주는 문제의 한 국면에 지나지 않는 것이다. 그것은 그리스도인 사역을 위하여 후보자를 얻는 문제와 밀접히 관련되어 있다. 교회가 그 안의 젊은이들과의 관계성을 보여 줄 수 없다면 그들의 복음을 널리 전하는 일에는 더욱 관심을 갖지 못하게 될 것이다. 교회의 사역이 사회적 봉사의 또 다른 형태에 불과하다면 차라리 평화봉사단을 선택하는 것이 낫지 않을까? 최소한 생명을 내 걸어야 할 필요는 없을테니까 말이다. 오늘날 조직된 교회들이 실패한 것을 따지자는 것이 여기에서의 목적이 아니다. 심지어 사도 시대에도 그랬지만 지금껏 교회는 이상적인 교회 또는 최선을 다하는 교회가 되어 보지 못했다. 그러나 때때로 늘 교회의 진정한 사역은 우선적으로 영적인 것이라는 사실을 다시금 깨닫곤 해왔다. 이러한 사역은 자연적으로 사회와 개인의 삶에 있어서 깊은 변화를 불러 일으킨다. 그러나 변화 그 자체가 교회의 본질은 아니다. 그 변화는 그러한 신앙이 있는 곳에서의 참된 믿음의 외부적 표현이다. 교회가 공동체에 있어서 생명력있는 영적인 힘이 되고 있는가? 그것은 진정한 의미에서 영적인 힘인가? 그렇다면 젊은이들이 교회에서 그들의 구세주를 발견할 것이다.

그들이 교회에서 그들의 신앙을 다른 사람에게 표현할 수 있는 길이 있음을 발견할 것이다. 그들은 주님과 그의 말씀에 관한 보다 깊은 지식과 체험으로 인도될 것이다. 그리고 때때로 그들은 자신들의 생활을 보다 온전히 주님께 헌신하게 하는 도전을 만나게 된다. 그리스도인 면려회의 매월 정규적인 '헌신의 모임'에서 건전한 성경적 개념의 기초를 다진다. 도전이 무엇인지에 대한 일반적인 오해로 인하여 오도되지 말라. 일부 사람들은 도전적인 메시지는 많은 행동을 수반하는 것이며 멋들어지고 명쾌한 문구와 감정에 강하게 호소하는 것이라고 생각한다. 그러나 진정한 도전은 그리스도인들 앞에 명백한 두 가지의 행동의 방향을 제시하고 "선택하라"고 말한다. 극적으로든지 혹은 매우 조용한 가운데서든지 그것은 그리스도인으로 하여금 각각의 유익된 점과 치러야 할 댓가를 볼 수 있도록 할 것이다. 그 도전의 메시지는 그 문제를 신중히 견주어 보고나서 "오늘날 선택하라"고 말할 것이다. 젊은이들이 예수 그리스도께서 베푸시는 구원을 받아들였을 때 주님께 온전한 헌신을 하도록 도전을 주어라. 이것이 가장 우선적이고 가장 기본적인 결단이다. 이제 그글은 그리스도인이 된 것이다. 그들로 하여금 이제 그들은 "그 자신의 피로 사신 바 된 자들"임을 명심시키라. 또 "그는 모든 사람을 위하여 죽으셨으니 이제부터는 그들 자신을 위하여 사는 것이 아니요 그들을 위하여 죽으시고 다시 살으신 분을 위하여 사는 것이라"는 사실을 말해 주어라. 그들에게 다른 길은 바로 그들이 그토록 다른 그리스도인들을 명목적인 그리스도인들이라고 정죄하는 그러한 이기적인 종류의 삶이라는 것을 보여 주라. 이러한 온전한 헌신이 반드시 '모든 시간을 바치는 그리스도인 봉사'로 인도하는 것은 아니다. 그러나 온전한 헌신을 함으로 모든 시간을 바치는 전문적인 그리스도인 봉사자로 되기도 한다.

우리는 다만 그의 직업이 무엇이든지를 막론하고 어떤 그리스도인이든지 온전한 헌신이 없이는 충만한 능력을 얻을 수 없으므로 그것을 강조하는 것뿐이다. 우리는 무엇보다도 우선 전심으로 그리스도에게 헌신하지 않은 선교사 후보생은 원하지 않기 때문에 우선 그리스도에게 헌신해야 할 것이며 그리고나서 선교에 헌신해야 한다. 다른 길로 돌아가는 방법은 없다. 그리고나서 그들이 세상에 진실로 필요한 것이 무엇인지를 보며 또 그들 자신의 능력을 보도록 도전을 주라. 이 두 가지는 병행하는 것이다. 당신도 어떻게 해볼 수 없는 필요를 안다는 것은 단지 좌절을 의미한다. 사용할 필요가 없는 은사나 능력 또는 훈련을 받는 것도 좌절과 같은 일이다. 그들은 세상의 필요를 완벽하게 분석하지 못할 것이다. 누가 그렇게 할 수 있겠는가? 그리고 그들은 필요를 채워 줄 수 있는 자기들의 능력을 과소평가 혹은 과대평가할지 모른다. 그러나 이처럼 희미한 비전이라도 생활에 필요한 목적을 준다. 우리 모두는 우리가 하고 있는 일이 정말로 무슨 일인지를 확실하게 알아야 할 필요가 있다. 마지막으로 주님께 청년들의 삶을 일정하게 드리도록 도전을 주고 주님께서 그들을 위하여 무엇을 준비하셨든지 그것을 받아들일 준비를 갖추도록 한다. "그들의 생활을 해외 선교에 바치도록…"이라고 말하지 않은 점에 주의하라. 주님께서 그들을 위해 예비하신 것을 받아들이도록 준비하는 것이 훨씬 더 중요한 일이다. 그 도전은 주님으로 하여금 선택하시도록 맡기는 일이다. 봉사할 장소와 형태를 그들이 선택할 수 있다면 기꺼이 자원하려는 사람들도 있다. 그러나 주님께서 원하시는 자들은 자신들을 주님의 손에 맡기려는 자들로서 "주님이 가장 필요로 하시는 곳에 저를 사용하소서"라고 말하는 자들이다. 그것이 해외 선교일 수도 있다. 그러나 주님이 원하시는 일이 청년이 전혀 생각해 보지 못한 일이라 할지라도 놀라지 말라. 그리스도인 실업가들이 선교사나 목사처럼 주님께 충성된 헌신을 하지 않아도 될 이유는 없는 것이다. 그들에게 준비를 갖출 수 있도록 도전을 주라고 말한 점에 유의하라. 이것은 종종 약점이 된다. 우리는 청년들에게 그리스도인의 봉사를 위하여 그들의 삶을 드리라고 호소한다. 우리는 동시에 그 일을 위하여 철저히 준비하려면 진정한 헌신이 요구된다고 말하지는 않는다. 그 결과로 그들은 계속 전진하는 데 인내심이 없어지고 그들의 준비를 소홀히 하고 주위를 돌아보면서 지름길을 찾게 된다. 우리는 청년들에게 이 위대한 사역을 준비하기 위하여 공부하고 시간을 투자해야 한다고 왜 말하지 않는가? 그들이 낙심할까봐 두려워하기 때문인가? 그들이 올바른 자들이라면 낙심하지 않을 것이다. 오히려 그 일에 대한 존경심이 우러나게 될 것이다. 젊은 청년들이 그들의 삶을 예수 그리스도에게 드리도록 도전을 주는 이 사역은 선교를 위하여 교회가 할 수 있는 가장 큰 봉사 중의 하나이다. 물론 선교를 위해서만은 아니다. 청년들 자신뿐만 아니라 교회 전체가 그것에서 유익을 얻는다. 청년들은 이상주의자들이다. 각성된 중년층에 의하여 '젊은 세대'가 비판을 받고 있지만 이것은 사실이다. 그들은 자신들을 헌신할 명분을 찾기를 원한다. 예수 그리스도가 주시는 것 이외에 그 어떤 명분으로 그들을 모을 수 있겠는가? 선교는 그러한 명분의 두드러진 측면의 하나이다. 그러나 교회가 선교 봉사를 위해 사람을 모으는 일에 있어서 오늘날 아주 일반적이면서도 심각한 몇 가지 실수를 피해야 한다. 그것들 가운데 다섯 가지를 들어 보자.

첫째로, 금방 사라져 버리는 표면적인 감정주의이다. 우리가 감정을 무시하는 것이 아니다. 물론 감동도 있어야 한다. 그리스도를 증거하는 그의 의무를 강하게 느끼지 못하고 있는 선교사 후보생에게 많은 평가를 주지는 못할 것이다. 바울이 "내가 복음을 전하지 않는다면 내게 화가 있으리로다"라고 말했던 것처럼 강한 감동을 느끼는 자들을 원한다. 마음을 흔들게 하는 호소가 계속되는 영향을 미치는 것과 하룻밤 사이에 단순히 감정을 동하게 하는 것과는 다른 것이다. 흥분된 모임의 격앙된 분위기 속에서 결심한 것은 종종 냉정한 새벽의 분위기 속에서 후회를 가져 온다. 그러므로 그것을 지속시키기 위하여 흥분된 군중들을 필요로 하는 인위적인 열심을 조장하지 말라. 영혼의 깊은 곳을 감동시키려고 하라.

둘째로, 선교 사역과 선교 생활을 매혹적인 것처럼 말하지 말라. 어느 선교사든지 선교지에 도착하면 그 화려한 생각이 얼마나 빨리 사라져 버리는지를 말해 줄 것이다. 어떤 사람에게 그것은 생소한 충격이 된다. 왜냐하면 그들이 생생한 실제 상황에 대한 준비가 없었기 때문이다. 물론 많은 사람들이 다른 나라와 외국인들을 모두 매력있게 생각하므로 당신이 그렇게 생각하는 것도 당연하다. 단지 멀리 떨어져 있다는 사실이 그들을 낭만적으로 보이게 하는 것이다. 그러나 그러한 인상을 과장하지 않을 수는 있다. 마땅히 강조해야 할 것, 즉 선교의 동기나 목적 등을 강조하라. 선교 생활의 신기하고 이상한 모습들을 괴이하게 이야기하지 말라. 공포마저도 낭만적인 매력을 줄 수 있다는 사실을 기억하라. 선교사 이야기를 들려 줄 때에 그것을 너무 과장하지 않도록 조심하라.

셋째로, 단지 그들의 긴급한 물질적 필요 때문에 사람들의 동정심에 호소하지 말라. 이러한 호소를 해야 할 장소가 따로 있다. 영적인 선교 사역을 위해 청년들을 모으려는 장소에서 동정심에 호소해서는 안된다. 선교지의 사람들조차도 이런 식의 호소에는 항의를 표시할 것이다. 그것들은 우리들에게도 사악한 범죄와 극빈자, 빈민자들이 있다는 것을 상기시켜 준다. 선교지 사람들은 생색을 내는 듯한 동정의 태도에 화를 낼 것이다. 우리는 선교사들이 그러한 자세를 가지고 선교지에 나가기를 원하지 않는다.

네째로, 해외선교 사역을 가장 고상한 형태의 헌신으로 묘사하는 현명치 못한 경향이 있다는 것이다. 사실은 그렇지 않다. 많은 선교사들이 그렇지 않다는 것을 확인해 줄 것이다. 선교사들이 종종 예기치 않았고, 바라지도 않은 영웅대접을 받고서 당황해 하는 수가 있다. 많은 선교지에서 영웅 숭배주의가 많이 나타나고 있다. 그리고 일부 청년들이 그러한 마음에서 벗어나는 데는 영웅적인 결단이 요구될 것이다. 그러나 많은 젊은이들에게는 본국에서의 멋없는 직업과 씨름하는 결정이 훨씬 어려울 것이다. 사실상 어떤 사람들에게 해외 선교사는 본국에서의 좌절을 피하는 방법처럼 보일 것이다. 사실상 헌신의 최고의 형태는 자기를 부인하고 자기 십자가를 지고 주가 인도하는 곳은 어디든지 그리스도를 따르는 것이다.

다섯째, 선교사 후보생 젊은이들을 모으는 데 있어서 우리가 저지르기 쉬운 잘못은 거의 언급할 가치조차 없는 것이다. 그럼에도 불구하고 그것은 흔히 일어나는 일이다. 그것은 청년들에게 그들 자신의 교회와 교파 또는 선교회에서의 선교를 확장하는데 도와 달라고 호소하는 일이다. 이것은 기독교 선교를 가장한 이기적인 야망 외에 아무것도 아니다. 우리는 모든 교파들을 반대하는 사람들은 아니다. 기독교가 진실로 생명력이 있는 한 그것은 언제 어디서나 새로운 길을 열어 놓을 것이다. 통제는 정체를 의미한다. 그러나 어떤 기독교 단체가 그 자체의 영속화나 확장만을 주로 생각한다면 그것은 기독교적 바탕에서 거리가 멀어진 것이다. 일부 선교지에서의 낯 뜨거운 경쟁과 겹치는 사역 등은 대부분 여러 교파들 때문에 야기되는 것이 아니다. 그런 일은 오히려 그리스도의 영광과 그들 자신들의 단체의 영광을 혼동하는 자들에 의해서 야기되는 것이다. 청년들을 충동하여 이렇게 헛된 영광을 구하는 자세로 선교지에 나가게 하여 양심에 가책되는 일을 하지 말라. 자신들을 선전하는 것이 아니라 오직 그리스도를 전파하도록 그들에게 도전을 주어라. 그리스도의 존귀를 위하는 일에 그들이 주요 관심을 두고 그리스도의 생명을 체험하도록 힘쓰라. 그러나 한 마디 더 한다면 도전을 주는 것에만 그치지 말라. 어떤 종류의 선교사들을 필요로 하는지를 말해 주어라. 물론 그러자면 목사 자신이 무엇보다도 잘 알고 있어야 한다. 또 때로 선교사나 선교 비서가 이 문제를 다루도록 하는 일이 많겠지만 목사가 직접 선교회와 계속 연락을 가져야 할 만큼 관심을 두어야 한다는 것을 의미한다. 그러나 확실하게 하라. 특별한 능력이 없는 사람들을 억지로 격려하지 말라. "당신도 아마 어디에선가 쓰일 것입니다"라고 말하지 말라. 그들을 본국에서 사용할 수는 없는가? 이혼한 사람이나 나이가 많은 사람, 이상한 사람들을 충동질하지 말라. 또 준비를 위하여 열심히 공부하려 하지 않는 사람을 충동하지 말라. 사람을 선별하는 일을 선교회나 당회에 전적으로 맡기지 말라. 그들보다도 목사가 청년들을 더 잘 아는 것이다. 그들 중에 일부 필요한 사람들을 개별적으로 격려하기를 주저하지 말라. 그들은 아마 조금은 격려를 해주어야 할 것이다. 그러나 강요하지 말라. 주님께서 권고하시도록 하라. 선교사들이나 선교사 후보생들을 젊은이들이 개인적으로 만날 수 있는 기회를 제공해 주어라. 예배 후에 사람들을 초대하여 선교사와 이야기하도록 하는 것만으로는 충분하지 않다. 용기있는 불과 몇 사람만이 이야기를 하려고 할 것이다. 집단 토론이나 그와 비슷한 기회를 마련하라. 소수의 사람들을 집으로 모이게 할 수도 있다. 이와 같은 개인적인 접촉이 매우 가치가 있다. 다른 무엇보다도 그들은, 선교사들도 단지 그들의 구세주에 대하여 특별한 헌신을 한 보통 사람에 불과하다는 사실을 젊은이들이 절감하도록 해줄 것이다. 다시 한번 말하거니와 지역 교회는 선교를 위하여 사람들을 모으는 자연스러운 장소이다. 현재 우리의 대부분의 선교사들이 교회에서 그들의 비젼을 갖게 된다. 당신의 교회는 이러한 기회의 잇점들을 잘 이용하고 있는가? 필요한 일군들이 충족되고 있는가?

2. 선교사 훈련

선교사 후보생들의 훈련에 대하여 생각할 때 즉시 성경학교나 신학교 또는 선교 훈련원을 살펴보게 된다. 그러나 그 학교들이 단지 그 일의 일부분만을 담당할 수 있을 뿐이라는 사실을 우리가 깨닫지 못하고 있는 것 같다. 지역 교회 또한 중요한 역할을 하는 것이다. 앞서 우리는 선교사로서의 준비의 가장 중요한 부분은 교실 밖에서 하는 것이라고 말했다. 사실 지역 교회에서는 선교사 준비에 있어서 불가결한 네 가지의 모두를 어느 정도 제공할 수 있다. 그러나 지역 교회는 따로 선교사 훈련 프로그램을 수행할 필요는 없다. 유망한 선교사가 되려는 준비 과정은 그 교회가 자신의 모든 청년들을 위해 해야 하는 전체 훈련 속에 포함된 일부일 뿐이다. 그 교회는 해외 봉사를 위해서 필요한 특수한 교육을 시킬 수는 없다. 그것은 전문학교에서 할 일이다. 그러나 교회가 할 수 있고 또 해야 할 일은 교회의 청년들을 그들이 어디에 있든지 그리스도에 대한 훌륭한 증인이 되도록 훈련시키는 것이다. 이것이 근본적인 문제이다. 그들이 외국에서 봉사하기 위한 특별 훈련을 다른 곳에서도 받을 수 있다. 우리는 교회가 자신들의 젊은이들이 성장하는 일에 진지하고 성실한 관심을 갖는 것을 당연하게 생각한다. 교회는 그들이 언제까지나 교회에 충성하기만을 원하지 않는다. 교회는 그 젊은이들의 영성과 지도력이 성장하는 것을 도와 주기를 원한다. 교회는 그들이 교회의 일에 그리스도의 이름을 위하여 유용한 어떤 공헌을 하는 것을 보게 되기를 바란다. 그러므로 교회는 기꺼이 자기들의 청년들을 훈련시키는 일에 특별한 관심을 가져야 한다. 그러면 교회가 선교사 훈련을 위해 어떤 중요한 일을 할 수 있을까? 다섯 가지를 이야기해 보자.

첫째, 개인적인 헌신과 영적 생활에 관한 문제이다. 모든 목사들이 이것이 그의 전반적인 책임의 일부라는 사실을 알고 있다. 젊은 그리스도인들 가운데는 그 교회에서 줄곧 자라온 사람들도 있을 것이다. 또 전도를 통해서 비기독교적 환경에서 교회에 나온 사람들도 있을 것이다. 그것이 그렇게 중요한 것은 아니다. 어떤 경우라도 그들은 개인적인 헌신의 자리에까지 이르러야 하는 것이다. 기독교적 환경에서 자라난 사람들이 종종 그들의 이러한 헌신의 필요성을 깨닫게 되는 데 가장 어려움을 겪는 일이 있다. 그러나 그들이 헌신을 하기 전까지는 충만한 그리스도인의 생활을 알 수 없는 것이다. 단순한 헌신의 행위 하나만으로는 충분하지 않다. 그것만으로는 단순히 교회의 일원이 되는 행위나 다를 바가 없다. 그것이 우리의 생의 방향을 설정해 주는 것이어야 한다. 그러나 우리가 이리저리로 방향을 벗어나서 결국 탈선하는 일이 얼마나 많은가? 우리는 신령한 생활에서 훈련이 필요한 것이다. 즉, 우리는 원리들을 알아야 할 뿐만 아니라 그 가르침을 매일의 생활 속에서 적용시켜야 하는 것이다. 이렇게 하는 데에도 연습이 필요하다. 그리스도인의 삶 속에서 "하나님의 나라와 그의 의"를 가장 우선으로 여기는 것을 배워야 할 필요가 있다.

둘째, 체계적인 성경 공부의 문제이다. 종종 그것은 잘 되어 가기도 한다. 젊은이가 원하는 마음만 있다면 종종 그의 가정이나 교회에서 성경을 가르치는 데 좋은 토대를 마련할 수가 있을 것이다. 그러나 그렇게 되지 못하는 경우가 더 많다. 특히 대부분의 성경 공부가 주일학교에게 맡겨져 경험이 없는 교사들에게 아무렇게나 배우게 되는 일이 종종 있다. 이것이 설명적인 설교의 가장 큰 중요성 중의 하나이다. 그것은 강대상에서 성경을 가르치는 것이다. 그럼으로써 교회의 예배시간의 설교밖에는 참석해 보지 못한 많은 사람들에게 그것은 교회 안에서 성경 공부의 전체적인 수준을 높이는 데 도움을 주는 시간이 될 것이다. 그러나 설명적 설교를 들을 때나 교회의 수요 예배시간에 있는 성경 공부시간에 청년들은 수동적이다. 그들은 자기들이 원한다면 듣고 받아들일 수 있을 것이다. 그러나 질문을 통해서 그들이 이해한 것들을 분명하게 해둘 기회를 갖지 못한다. 또 배운 것들을 그들의 마음에 보다 굳게 새기도록 그것들을 표현할 기회가 없었다. 이것이 청년회가 이루어야 할 목표이다. 청년회에서는 교회의 청년들이 그들의 배운 것을 나타낼 수 있는 기회를 준다. 그들이 자신의 마음에 배운 것을 새기는 데는 다른 사람에게 그것들을 가르치려고 해보는 것보다 더 확실한 방법은 없다. 그것은 그들 스스로 성경을 상고하도록 하며 비슷한 연령과 체험을 가지는 사람들 가운데서 성경의 가르침에 대하여 토론해 보도록 격려한다. 훌륭한 지도 교사가 있다면 청년회는 성경 학교의 아주 귀한 역할을 할 수 있다. 이러한 지도 교사들이 없이는 그것은 단지 김빠진 사교 모임이 되어 버릴 것이다. 아니면 청년들이 앉아서 들어야 하는 또 하나의 예배 설교로 되어 버릴 것이다. 이런 것들 뿐만 아니라 아직도 체계적이고 계속적인 성경 공부가 더욱 필요하다. 그것은 주일학교의 일부가 될 수 있을 것이다. 평일 저녁에 성경 공부의 모임을 가질 수 있을 것이다. 시간표를 어떻게 짜든지 성경을 여기저기 조금씩 다루는 대신에 전체를 완전히 공부하려는 진지한 목표를 세우도록 해야 한다. 이러한 성경 공부반은 무디 성경학교(Moody Bible Institute)에서 하고 있는 것처럼 종종 통신강좌를 이용하기도 한다. 종종 시험을 치르는 때도 있고 치르지 않는 때도 있다. 교인들 중에 소수의 집단만이 참석할 뿐이지만 이 관심있는 소수의 집단에서 선교사 후보자와 교회의 지도자들이 배출될 것이다. 그들이 이 훈련 학교에 들어오면 가정 교회에서 이렇게 성경을 가르친 진가가 곧 나타날 것이다.

    세째, 지역 교회에서 훈련시킬 수 있는 분야는 개인적인 복음화 사업이다. 그것은 아마 가르치는 것보다도 격려와 영감의 문제일 것이다. 개인 전도반들도 있어야 하겠지만 실천이 없으면 별로 소용이 없다. 직접 남자들이나 여자들을 만나서 그리스도 안에서 우리가 갖는 신앙을 실제로 이야기하는 것을 대신할 것은 아무것도 없다. 이제 막 발견한 신앙에 대한 열심에서 많은 사람들이 자발적으로 그렇게 하고 있다. 그러나 오늘날 성도들의 절대 다수가 신앙 안에서 자라 왔지만 그렇게 하지를 못하고 있다. 대부분의 청년들을 그렇게 하도록 격려하는 것이 필요하며 그들이 그 방법을 배우는 것이 필요하다. 개인 전도의 문제는 우리가 여기에서 광범하게 다루기에는 너무 큰 문제이다. 어떤 경우라도 한 사람은 다른 사람을 격려하고 그리하여 그들의 공통적인 체험을 통하여 서로 배우는 것이다. 또한 이처럼 개인적으로 그리스도를 증거하는 일에 계속적인 관심을 가지려면 다른 사람들에게 그것을 이야기하고 체험을 나눌 수 있는 기회가 있어야 한다. 우리는 오늘날 교회에서의 간증 모임에 빠짐으로써 우리가 알고 있는 이상의 것을 잃고 있다. 어떤 체험 속에서 갖는 즐거움은 다른 사람에게 그것을 이야기함으로써 크게 배가되는 것이다. 우리의 개인적인 종교적 체험에서도 이것이 사실이라면 다른 사람에게 증거하는 일에 있어서는 말할 필요도 없는 일이다.

넷째, 지역 교회가 제공할 수 있는 그리스도인의 봉사와 지도력에 대해서 배울 수 있는 기회들이 있다. 이것은 선교사 준비에 있어서 대단히 중요하다. 얼마나 많은 청년들이 그리스도인이 하는 일에 대한 어떠한 사전 경험도 없이 선교 훈련학교에 들어가는 것을 보면 놀라운 일이다. 최근에 개심하고 기독교에 들어 왔다면 물론 이해해 줄 수 있다. 그들에게는 이러한 체험을 할 수 있는 시간이 없었을 것이기 때문이다. 또 학교에 들어오기 바로 전까지도 그들의 기독교 신앙이 대부분 형식적이고 피상적이었던 사람들도 이해해 줄 수 있을 것이다. 그러나 이러한 봉사를 해낼 수 있는 다른 사람들도 많이 있다. 그들은 솔선수범하는 능력이 부족한 것이 아니다. 단지 필요한 기회를 얻지 못했으며 지도를 받지 못했다. 원리적으로 말하자면 지도가 필요하다. 선교사가 솔선하는 것을 배워야 한다는 것은 사실이다. 항상 무엇을 하라고 지시를 받아야만 하는 사람들은 훌륭한 선교사가 되지 못할 것이다. 그러나 한편으로는 교회의 지도자들이 항상 젊은이들의 솔선수범을 환영하는 것은 아니다. 많은 젊은이들 가운데서 항상 지도자적 역량을 발견할 수 있는 것은 아니다. 우리가 앞에서 말했던 대로 지도력은 단지 타고난 재능의 문제만은 아니다. 재능이 있다 해도 그 위에 격려와 지도가 필요하다. 현명한 교회는 그 청년들에게 고의적으로 책임을 맡긴다. 단순히 청년회를 운영해 가는 책임만을 의미하는 것이 아니다. 그들이 할 수 있는 그리스도인 봉사의 하나하나가 그들의 훈련에 도움을 줄 것이다. 이것은 다른 사람의 지도력이 필요한 일에 있어서는 특별히 적용되는 사실이다. 교회마다 청년들이 참여할 수 있는 많은 봉사 활동들이 있다. 그들은 가르치기 위해서는 자신들이 더 배워야 하고 지도를 받아야 할 필요가 있지만 종종 주일학교에서 가르치기도 한다. 고등학교 남학생들은 감독만 잘하면 훌륭한 안내인이 될 수가 있다. 주일학교 야외예배에서 놀이를 할 때나 다른 프로그램의 일부를 청년들에게 맡길 수가 있다. 청년들도 보다 젊은 사람들의 모임을 후원하는 데 있어서 어른들보다 그들을 잘 이해해 주면서 보다 성공적으로 해낼 수 있다. 일부 교회에서는 청년들에게 때때로 헌신예배를 맡겨서 그들이 계획을 세우고 설교를 제외한 모든 것을 이끌어 나가도록 하는 것이 가치있는 일이라고 생각한다. 다른 교회들에서는 '선교단'을 조직하도록 격려하고 또 소외된 지역, 즉 감옥이나 선교회 또는 다른 교회 등지에서 증거할 수 있도록 이러한 단체를 만들도록 한다. 그 젊은이들이 학교 방학 중에 가정 전도를 나갈 수 있도록 격려하는 교회도 있다. 이러한 예를 들자면 한이 없다. 두 가지 원리를 마음 속에 계속적으로 새기는 것이 중요한다. 하나는 그 일이 유익되는 것이어야 한다는 것이다. 그것이 단지 청년들만 유쾌하게 하는 것이어서는 안된다. 다른 하나는 청년들에게는 능력있는 지도자가 있어야 한다는 것이다. 그래야만 그들이 올바른 훈련을 받을 수 있다.

다섯째, 학교와 관련된 제안이다. 젊은 자원자가 그들의 생활을 선교 봉사를 위해 바치려면 특별한 훈련이 필요함을 알고 있다. 그러나 젊고 열심이 지나쳐서 그가 꼭 받아야 할 훈련만을 받고나서 다른 일에 마구 덤벼든다. 바로 여기에서 그 목사가 진정한 선교 봉사를 제공할 수 있다. 젊은이가 목사를 신임한다면 목사는 그를 그 학교로 인도하여 그에게 필요한 훈련을 받게 할 수 있을 것이다. 청년들이 그 준비 과정을 빨리 끝내 버리려고 하지 않도록 목사가 살펴보아야 한다. 목사는 그에게 목사 자신은 해줄 수 없을지도 모르는 구체적인 충고를 어디서 얻을 수 있는지를 말해 줄 수 있다. 목사는 그에게 어려움을 이기고 앞으로 나가도록 격려해 줄 수 있다. 장래성있는 많은 후보생들이 훈련받는 중에 직면하는 어려움은 주로 재정적인 것이다. 등록금, 수업료, 도서구입 등 비용이 많이 필요하게 된다. 교회가 그를 도와야 할 것인가? 그가 선교사가 되려고 하는 것이므로 도와주는 교회도 있다. 일부 교회들은 신학생들이 그리스도인의 봉사를 위하여 훈련을 받는 일을 돕는 데 쓸 일정한 금액을 예산에 포함시킨다. 그들은 그렇게 하는 것이 주님의 돈을 건전하게 쓰는 것이라고 믿는 것이다. 그것은 사실이 그렇다. 그러나 문제점이 있다. 신학 훈련을 시작은 하지만 그것을 끝내지를 못하는 사람들이 항상 있는 것이다. 또 훈련은 마쳤지만 그들이 의도했던 선교 봉사를 하지 않는 사람들도 있다. 이러한 청년들에 대하여 교회가 어떻게 생각해야 할까? 도움을 받고도 그 의무를 수행하지 않는다고 교회가 그들을 나무라야 할 것인가? 그러면 그들이 빚을 진 것처럼 느끼게 될까? 그 청년들이 선택하는 선교회가 본 교회가 추천하는 것과 다른 경우도 있다. 교회가 그들이 훈련을 받는 데 약간의 재정적 도움을 주었기 때문에 그들이 본 교회나 목사의 선택을 받아들일 의무가 있다고 느낄 수도 있다. 그렇지 않다 하더라도 그들이 자기들의 교회나 교인들에게 반대하기를 두려워할 것이다.

 젊은이들이 재정적인 문제에 얽매어 다른 사람들이 선택해 준 대로 따라야 할 것인가? 이러한 문제는 해결될 수 있다. 그러나 그 문제들을 해결하기 위하여 그것들과 솔직하게 대면해야 한다. 이렇게 하면 좋을 것이다. 우리 젊은이들이 주님의 인도하심을 따르도록 촉구하자. 그리고 우리가 주님을 신뢰하는 것을 보여 주고 아무런 조건없이 그들에게 도움을 줌으로 그들을 신뢰한다는 것을 보여 주자. 우리가 주님 앞에서 책임을 느끼는 것처럼 그들이 우리들 앞에서가 아니라 주님 앞에서 스스로 책임을 지도록 하라. 우리 자신들의 유익이 주요 관심사가 아니라 주의 이름의 영광이 우리의 관심사가 되도록 하자. 그렇게 함으로써만이 우리의 선교 의무를 완수할 수 있을 것이다.

VI. 교회와 선교회 조직

우리는 지금까지 교회 선교 프로그램의 목표들에 대하여 광범위하게 이야기했다. 또한 그러한 목표들을 실행하기 위한 여러 가지 실제적인 제안들을 생각해 보았다. 그 프로그램 속에서 목사 자신의 역할에 대해서도 약간 세부적으로 다루었다. 그러나 이러한 프로그램을 실행하기 위하여 교회는 일반적으로 어떠한 조직을 갖추어야 할까? 어떠한 프로그램도 그 자체만으로는 수행되어질 수 없다. 또 목사 혼자서 필요한 모든 것을 할 수 있는 것도 아니다. 회중 가운데 다양한 개인들을 배경으로 갖고 있기 때문에 목사는 그 프로그램을 효과있게 만드는 데 어려움이 많을 것이다. 우리는 선교회들에게 교회의 조직체계의 기관 안에 있는 분명한 위치를 부여해야 한다. 선출하든지 임명하든지 선교 프로그램을 주로 책임질 사람들이 있어야 한다. 이 사람들은 교회의 개교인으로서가 아니라 대표로서 활동할 수 있는 권리를 가져야 한다.

1. 선교 위원회

오늘날 선교에 대해서 진지한 관심을 가지고 있는 교회들은 대부분 선교 위원회를 가진다. 그것은 교회의 정상적인 직무를 수행하는 다른 위원들이 뽑힌 것과 똑같은 방법으로 뽑힌 것이다. 그것은 부인 선교회처럼 독립된 모임이 아니다. 그것은 교회에 의하여 선택되었으며 선교에 관한 일들에 있어서 교회 전체를 대표한다. 그것은 전체로서의 회중에 대하여 궁극적인 책임을 지는 것이다. 이러한 위원회가 해야 할 일들은 어떤 것인지 철저히 밝혀 둘 필요가 있다. 그것들은 교회에 따라 다를지도 모른다. 그러나 항상 그들의 임무의 일부가 되고 있는 몇 가지 주요 항목들이 있다. 예를 들어 선교 위원회는 교회의 승인 아래 매년 선교 예산안을 작성한다. 그 위원회는 또한 교회의 선교 기금의 지출을 관장한다. 위원회는 선교 집회를 개최하는 계획과 다른 특별한 선교 행사도 맡아야 한다. 유망한 선교사들이 교회의 지원과 승인을 구할 때 그들은 우선 선교 위원회로 접근하는 것이다. 어떤 위원회들은 실제로 그것을 받아들여 선교사 후보생들이 봉사할 준비가 되어 있는지를 심사한다. 다른 위원회들은 그들이 임명을 받고 훈련을 다 끝마친 후에라야 자격을 부여하기도 한다. 위원회에서 어떠한 일을 이루어 낼 수 있는가 하는 것은 그 임원들에 의해서 좌우된다. 그러므로 모든 회원들이 선교회의 따뜻한 지원자가 되는 것이 중요하다. 그뿐만 아니라 그들은 선교지에 대해서 알아야 하고 그 선교 위원회의 목표들을 실행하려는 노력과 거기에 기꺼이 시간을 바치려고 해야 한다. 지속적인 프로그램을 위해서 선교 위원회에서 최소한의 교대가 필요하다. 그러난 선교 부장은 적어도 3년은 연임해야 한다.

2. 정책 지침서

훌륭한 선교회라 할지라도 역시 지도를 받아야 한다. 때로는 교회가 그들에게 결정권을 행사하기도 한다. 그러나 선교 위원회에서 그 자체의 운영을 위한 일련의 지침들을 세우는 일이 더 많다. 그 어느 경우에라도 선교 위원회는 그 지침들을 문서화시켜서 누구든지 그것들을 참고할 수 있도록 해야 한다. 가령 그 선교 위원회가 까다로운 사항을 결정해야 할 때 이러한 지도 방침들의 진가가 나타나는 것이다. 예를 들면, 그 교회의 영향력있는 교인이 지원이 필요한 그의 친구의 이름을 제출했다고 하자. 그러나 그 친구는 어떠한 선교회에서도 독립하여 독자적으로 선교지에 가려고 한다. 선교 위원회는 그 교회 교인의 비위를 거슬리기를 원치 않는다. 그러나 그렇다고 해서 그들이 개인적으로 잘 알지도 못하는 후보를 받아들여야 하는지는 의문이다. 어떻게 해야 할 것인가? 이런 문제에 대한 정책 지침서가 있다면 쉽게 해결을 얻을 것이다. 선교 위원회는 이렇게 말할 수 있을 것이다. "유감스럽게 생각합니다만 우리 선교 위원회의 정책 지침서를 읽어 보신다면 오직 인준받은 선교 단체 아래서 나가는 사람들만을 우리가 승인할 수 있다는 것을 알게 될 것입니다." 그러면 그 성도도 어떤 사사로운 일이 개입되었다고 생각할 수 있는 근거가 없을 것이다. 정책 지침서에는 어떤 것들을 포함시켜야 하는가? 어느 한 가지 양식이 모든 교회에 다 맞지는 않는다. 그들이 당면하게 될 문제들은 천태만상이다. 예를 들어 선교사 훈련학교 근처에 있는 교회와 큰 교회는 특수한 문제에 부딪친다. 많은 젊은이들이 훈련학교에서 공부하는 동안 그 교회에 출석한다. 일부 젊은이들은 자기들이 선교지에 나갈 때 후원해 주기를 바라는 마음에서 그 교회의 교인이 되기도 한다. 그러나 그 교회가 그들 모두를 후원할 수 없음은 분명한 사실이다. 그러므로 교회의 성도일 경우에만 한정해서 지원하겠다고 규정하는 것으로도 완벽하지 못한 것이다. 후보자는 상당한 기간 동안 성도이어야 하고 교회의 일에서 능동적인 역할을 맡아 참여한 사람이어야 한다는 규정을 정해 두는 것이 현명할 경우가 있다. 성도들 가운데서 그들이 충분히 지원할 수 있는 숫자보다 많이 선교 봉사로 나가는 교회들도 있다. 그 때에는 선교 위원회가 각자에게 할당될 지원 액수를 결정하는 세부안을 명시해야 할 필요가 있다. 또 자기 교회 출신 선교사들을 지원하고도 여력이 남은 교회들도 많다. 선교 위원회들은 어떤 기준에 의해서 추가로 지원할 사람을 선택해야 할지를 결정해야 한다. 예를 들면, 경상도의 어떤 교회는 후보자들은 경상도인이어야 한다는 것을 명시한다. 일부 교파에 속한 교회들에서는 종종 그 교단의 선교회와 함께 일하는 사람들만 지원하기도 한다. 독립적인 교회들은 때로 초교파 선교회 선교사들만을 받아들이기도 한다. 정책 지침서에는 정규 휴가동안의 선교사에 대한 후원, 일정 연령까지의 자녀들에 대한 수당 또 교육수당, 장비와 수송에 대한 특별 보조금, 선교 지원이 끊어졌을 경우와 은퇴했을 때를 위한 준비 같은 일들을 취급해야 하는 것이다. 일부 교회들에서는 그들의 선교사들이 휴가 때에 본국에서 짧은 시간 동안이지만 교회를 섬기도록 하고 특히 방문 시에도 본국의 교회를 섬기도록 요구하는 정책을 쓰기도 한다. 이것은 두 가지 목적을 위한 것이다. 물론 교회도 그 사역에 있어서 도움을 받는다. 그러나 동시에 그것은 선교사와 교회의 교인들에게 축복이 되는 것이다. 그것은 서로의 얼굴들을 익힐 수 있는 기회가 될 뿐만 아니라 또 다시 기억하게 해주는 예외적인 기회가 되는 것이다. 그것은 서로를 더욱 가깝게 해준다. 선교 위원회 자체를 교회 선교의 전체 프로그램과 연관시키는 것은 건전한 정책이다.

아무튼 선교 위원회가 주일학교 또는 청년회 같은 기관들의 독특한 역할에 방해가 될 필요는 없는 것이다. 그러나 교회의 전반적인 계획과 협력하여 노력할 수 있는 방도를 찾아야 한다. 선교사 개인은 그가 속해 있던 성경 공부반에서 그의 지원을 담당했을 때와 똑같은 지원을 교회로부터 받는 것이다. 또한 교회의 주요 부서에서 선교사 자녀들을 지원하기 위한 그들의 선물을 세분하는 즐거움을 누리지 못할 이유는 없을 것이다. 그것은 확실히 더욱 큰 관심을 자아내게 할 것이다. 교회 안의 다른 기관들은 신체의 다른 부분처럼 한 가지 일을 이루기 위하여 서로 맡은 특수한 부분을 담당하면서 함께 협력해야 하는 것이다. 이것은 성경적이다.

3. 재정 계획

교회들 가운데 최근 들어 점점 사용하고 있는 선교 사역을 위한 재정 계획이 있는데 그것은 작정헌금, 즉 '믿음 약속'(Faith Promise)이라고 불린다. 그 계획은 일부 교회들 가운데서 놀라운 결과를 나타냈으므로 여기에서 간략하게 다루어 보는 것도 좋을 것이다. 근본적으로 그것은 헌금하는 데 있어서 성도들에게 뚜렷한 목적과 마찬가지로 일정한 자극이 필요하다는 발상에서 나온 것이다. 감정을 격앙시키는 선교사의 말을 듣고 우리가 순간적인 영감에 의존하게 된다면 그 때에만 일시적으로 충분한 헌금이 나오게 된다. 또 매달 선교 헌금을 통해 주기적으로 사람들의 기억을 상기시킨다면 그때 기부자들의 호주머니에 가지고 있었던 것만을 받게 된다. 그러나 선교회를 효과적으로 꾸준히 운영하기 위해서는 헌신적인 기부자로부터의 계속적인 헌금이 필요한 것이다. 교회들이 종종 약속의 형식을 사용하지만 결과는 그리 만족스럽지 못하다. 어떤 사람들은 약속의 법정적 성격 때문에 그것을 반대한다. 또 다른 사람들은 그들이 약속을 지킬 수 없을지도 모른다는 두려움 때문에 약속하기를 주저한다. 그러나 '믿음 약속' 계획은 다르다. 믿음 약속은 서원으로 간주되지 않는다. 그것은 단지 의향을 진술하는 것뿐이다. 선교에 대한 관심이 최고로 높아지는 연례 선교 회의 때에 사람들은 다음 해 동안에 무엇을 하려고 할 것인지를 결정하도록 격려받게 된다. 또 그 결정한 것을 실행할 수 있는 방법을 제공해 주실 주님을 신뢰하면서 그들이 선교 사역을 위해 바칠 정규적 금액의 목표 액수를 발표하는 것이다. 이것은 일차적으로 주님과 기부자 사이의 일이다. 그의 약속이 그의 능력을 넘어섰다 하더라도 그 외에 어느 누구도 그를 억제할 수는 없다. 그러나 교회는 다음 해의 수입액을 대략 산출할 수 있는 약간의 근거를 가져야 하므로 기부자들에게 '믿음 약속'의 금액을 접어진 카드에 기록하라고 요청한다. 약속한 사람들의 이름을 밝히지는 않았지만 카드가 모아지면 총액이 계산된다. 그 회의의 마지막 예배시간에 합계 총액이 발표된다. 그것이 그 해의 목표액에 도달했다면 물론 큰 기쁨이 넘치게 된다. 물론 이것들이 모두 약속들에 불과하여 일부는 모금되지 않을지도 모른다. 그러나 종종 헌금 액수가 약정액을 초과하기도 한다. 이러한 방식을 사용하는 교회들은 선교사 지원을 확대하고 있다. 이것은 한 순간의 충동에 의존하지 않는 계획적인 방식이다. 거기에는 항상 도움을 주는 일정한 목표가 있어야 한다. 그 방식은 주님으로부터 오는 기대되는 축복과 연관되어 있다. 그것은 사도 바울이 고린도 교회에 가르친 교훈처럼 신령한 축복이 보장되어 있는 것이다. "매주일 첫 날에 너희 각 사람이 이를 얻은 대로 저축하여 두어서 내가 갈 때에 연보를 하지 않게 하라"(고전 16：2).

4. 교회 안의 기관들

교회마다 그 자체의 전반적인 조직 안에 두 가지 이상의 기관이 있다. 그 중에 가장 일반적인 것은 주일학교(종종 개별적인 학급이 조직되어 있다), 청년회, 부인회, 남전도회 등이다. 보다 큰 교회들에서는 부인회는 그 산하에 수 개의 단체들을 거느리고 있기도 한다. 교회 안에 있는 이러한 모든 기관들은 다 그 시작에 있어서 역사적인 연유를 가지고 있다. 주일학교 같은 기관은 오늘날 그것들이 현대적 필요와는 상관이 없다고 생각하는 자들에 의해서 비난의 화살을 받고 있다. 그러나 우리들 대부분은 주일학교가 교회 안에서 유용한 역할을 수행한다는 점에 의견을 같이 할 것이다. 이러한 기관들이 교회의 선교 프로그램과 어떻게 관련이 될 것인가? 대답은 두 가지이다. 첫째, 선교가 교회 전체의 과업이라면 그 기관들도 분명하게 어떤 방식으로든지 그 프로그램과 관련을 맺어야 한다. 둘째, 프로그램에서 그들이 맡고 있는 역할은 그들 자신의 독특한 목표들과 성격에 의해서 결정되어야 한다. 그 기관들을 선교회를 위하여 기금을 조성하는 다른 많은 통로들 중의 하나로 생각해 버리는 것은 잘못된 일이다.

(1) 주일학교

주일학교는 우선적으로 가르치는 기관으로 세워진 것이다. 전체 선교 프로그램 안에서 주일학교의 역할은 가르치는 사명에 관한 것이어야 한다. 그러나 많은 주일학교들이, 오래 전에 선교회와 관련을 가졌던 사람들이 선교에 대해서 가르치던 것 외에는 그렇게 하지 못하고 있다. 어느 주일학교에서는 선교 사역에 대해 가르치는 일과 주일학교 출석률 증진을 위한 놀라운 계획들을 들고 나왔다. 그 교회에는 명부에 등록된 여섯 개의 선교사 가정이 있었다. 그래서 주일학교 학급을 여섯 반으로 분반하기로 결정하고 선교사 가정 하나에 각 학급을 짝지어 주었다. 그리고 주일학교에서는 신입생과 출석에 대한 6주 간의 컨테스트를 발표했다. 컨테스트의 매주마다 선교사의 한 가정 씩을 선정하여 다루었다. 어떤 사람은 선교사가 보내온 환등기 사진을 보여 주면서 선교사의 하는 일에 대하여 간단한 이야기를 한다. 그 날 출석한 모든 학생들은 그 선교사가 봉사하고 있는 나라에서 온 우표를 한장 씩 받는다. 그것은 그의 특별 출석카드에 붙여진다. 100%의 출석률을 보인 학급은 매주 상을 받는다. 그들의 선교사 가정으로 편지를 보낸다. 그 컨테스트의 마지막에는 그 동안 주일학교에 80% 이상의 출석률을 보인 학생들에게 특등상이 추가로 주어진다. 이러한 소식이 선교사에게 보내진다. 또 각 단체마다 특별상이 주어지고 그것은 개별적으로 가장 많은 인도를 한 학생들에게 주어지는 것이다. 이 상(賞)은 선교사가 바친 트로피나 골동품이 되는 것이다. 물론 각 학생들은 그가 출석한 주일마다 받은 외국우표와 출석카드를 가질 수가 있다.

이러한 행사는 오래 전부터 사전의 신중한 계획이 필요하다. 선교사들이 환등기 사진과 우표 그리고 상품으로 사용할 골동품 등을 보내는 데는 시간이 걸린다. 교회는 예산이 얼마나 들더라도 교회가 부담할 것을 선교사들에게 확실하게 해주어야 한다. 이렇게 해서 선교사들은 적은 시간과 노력을 들이면서도 반면에 그들의 하는 일에 보다 많은 관심을 갖게 하며 재정적으로 유익을 얻는 것이다.

(2) 청년회

청년회는 교회 안에 있는 젊은이들이 신앙적인 것들을 표현하도록 해주는 통로가 된다. 이들은 이미 전에 각자의 경력들이 있는 사람들이다. 여기에서는 확실히 모든 곳이 선교 토론을 위한 개방된 기회가 될 것이며 이러한 사역이 포함하는 모든 일들을 토론할 수 있는 좋은 기회가 될 것이다. 그 젊은 사람들 가운데 선교사가 되는 사람은 몇 안된다. 그러나 그들 모두가 선교사의 일이 무엇인지에 대해서 모든 것을 알 수 있는 기회를 틀림없이 갖게 되는 것이다. 교회 안의 선교 활동의 장래는 여기에 달려 있다. 그래서 정기적으로 또는 자격을 갖춘 사람이 나올 때마다 선교 토론회를 계획할 수도 있을 것이다. 물론 젊은이들을 담당한 지도자들이 주선해야 한다. 물론 거기에서는 그들을 귀찮게 할 정도로 선교회에 대하여 어떠한 질문이든지 할 수 있는 온전한 자유가 주어져야 한다. 그러나 젊은이들은 이야기만 하는 것으로는 만족하지 못한다. 그들은 또 능동적으로 참여하려고 할 것이다. 여기에서 선교 위원회가 그들을 도와줄 수 있다. 선교 위원회는 선교회를 지원하는 여러 가지 형태의 활동을 통한 기회를 제공해 줄 수 있다. 말하자면 복음성가의 레코드를 포장하는 일이라든지 의료지원 계획을 위해서 약품을 포장하는 일 등은 젊은이들에게는 새로운 체험이 될 수 있다. 또한 방학 중에라도 그들의 도움을 잘 이용할 수 있는 다른 가정 선교회나 도시 선교회가 있다.

(3) 여선교회와 남선교회

교회마다 그들의 독특한 여선교회가 있다. 또 교회에 남선교회가 있다. 이러한 단체가 존재하는 기본적인 이유는 여자들에 관한 독특한 교회 활동의 국면이 있고, 반면에 특히 남자들에 관한 일들을 취급하는 면이 있기 때문이다. 그러나 많은 교회들 안에서 여선교회가 여자 선교 단체가 되어 가는 반면에 남선교회는 이러한 변화를 겪지 않고 있는 것이다. 남자 선교 단체는 아주 드물다. 불행하게도 이러한 현상은 선교가 우선적으로 여자들의 일인 듯한 인상을 주는 경향이 있다. 이 문제를 해결하는 두 가지 방법이 있다. 하나는 선교회가 남선교회의 프로그램에서 중요한 역할을 할 수 있는 계획을 작성하는 일이다. 확실히 그렇게 해야 한다. 오늘날 많은 선교회들이 가장 긴급하게 필요로 하는 것은 남자들의 일이다. 선교회의 하는 일이 많아짐에 따라 단기간 동안 일할 일군들을 모을 때에도 그들이 가장 중요시하는 것은 기술자들, 의사들, 건축가들 등과 같이 남자들이다. 그러나 다른 방법도 있다. 왜 교회는 그 전체 프로그램 속에서 선교회의 역할을 보다 중심적인 것이 되도록 하지 못하는가? 무엇보다도 우리는 이것이 주님이 그 교회에게 위임하신 큰 과제 중의 하나라는 사실을 아는 것이다. 선교 위원회의 주관 아래 매달 선교 헌신을 위한 주일 저녁예배를 드리도록 할 수는 없을까? 나는 그것이 주일 저녁예배를 다시 한번 활기를 띠게 하리라고 확신하는 것이다. 우리는 종종 이 모임을 기도회 또는 교회의 여러 가지 일들을 위해 이용한다. 여기에서 왜 교회의 선교 업무를 취급하지는 못하는가? 선교 사역의 확장을 위하여 집중적으로 기도하는 모임으로 가질 수는 없는가?

5. 결론

우리가 교회의 선교 프로그램을 모두 다루어 오는 가운데 믿음을 키우는 것이 교회의 가장 우선적인 관심사라는 것을 생각했다. 여기에 동의하지 않는 사람들도 있다. 그들은 교회의 사명이란 세상에서 그리스도인의 존재가 느껴지도록 하는 데 있다고 믿는 것이다. 이러한 신념을 가지고 있는 사람들은 성경을 별로 중요시하지 않는 견해를 가지고 있다. 즉, 그들은 성경을 곧 하나님의 말씀으로 믿지 않으며 예수 그리스도에게 속하였다고 고백하는 모든 사람들에게 성경이 권위를 가진다는 사실을 믿지 않는 것이다. 성경을 믿는 사람들인 우리들에게는 성경의 권위와 그것이 하나님의 말씀의 기록이라는 사실에 전혀 의심이 있을 수 없는 것이다. 즉, 성경을 전혀 의심이 없는 사실로 받아들이는 것이다. 하나님의 아들이시고 우리의 구세주가 되시는 예수 그리스도에 대한 믿음을 전파하는 것이 세상에 있는 교회의 가장 중요한 핵심적인 일이다.

제 11 장

선교사와 복지제도

I. 선교사와 안식년

　선교사들의 육체적, 정신적 건강의 도움과 연장 교육을 위하여 안식년 제도는 매우 중요하다. 안식년은 단지 건강과 기력을 회복하는 시간만이 아니다. 다음 임기를 준비하며 파송 및 후원 선교부와 교회와의 관계를 활발하게 하는 기간이다. 또 선교사를 위해 기도하는 후원자들에게도 선교사의 활동보고는 필요하다. 그리고 선교사가 개인적인 발전을 위해 자기 연구 분야에서 필요한 연구 자료를 구할 수 있는 중요한 시기이다. 그러므로 안식년을 제도화하여 선교사가 안식년 중에 지적, 영적으로만 아니라 육체적, 사회적으로 크게 발전해야 한다. 안식년은 밧데리를 재충전하는 기간이다. 선교부가 미리 교육과정을 준비할 필요가 있다. 한국 선교사의 대부분이 70년 말에서 80년 초에 파송되었다는 사실을 감안할 때 지금쯤은 안식년을 위해 귀국하는 선교사들의 숫자가 상당수 될 것으로 추측된다. 그럼에도 불구하고 우리는 안식년으로 들어온 선교사들을 쉽게 찾아보기 어렵다. 이는 선교사들이 안식년으로 귀국하는 것을 기피하거나 아니면 한국 아닌 다른 나라로 안식년을 가기 때문일 것이다. 그

들이 이렇게 하는 데에는 여러 가지 이유가 있겠지만 이 중에 중요한 몇 가지를 예로 들 수 있다.[1]

1. 안식년의 부재 이유

첫째로, 선교 정책의 부재를 들 수가 있다. 선교 정책이라 하면 한 선교 기관의 교리, 현지 교회를 포함한 타기관들과의 관계, 재정에 관한 사항, 지도력, 의결 과정, 인사 관계 등에 대한 태도를 문서로 밝힌 것을 의미한다. 이런 선교 정책이 있어야 선교사가 얼마 동안 본국에 돌아와서 안식년을 가지면서 본부 사역을 해야 하는가를 선교사들과 선교 행정책임자가 알 수 있게 된다. 그런데 선교 정책이 없는 경우 주먹구구식의 행정을 함에 따라 선교사가 안식년으로 돌아와 본국 사역을 제대로 하지 못하는 경우가 생긴다.

둘째로, 선교 정책 내에 안식년에 대한 규정이 포함되어 있다 해도 국내 선교 본부나 선교 현지에서 이를 강조하여 시행하도록 주선하는 선교 지도자가 없을 경우 선교사가 안식년으로 돌아올 수 없는 가능성이 있다. 선교 본부나 선교지에서 지도자는 선교 정책을 기준으로 하여 선교 전략을 수립하여 이를 실현시키기 위한 적절한 행정 체제를 갖추는 것이 필요하다. 이처럼 행정체제가 갖추어진 선교 현장에는 한 선교사가 언제 안식년으로 가야 되는가에 대한 계획과 그가 없을 경우 누가 어떻게 그 일을 대행하는가에 대한 대책이 세워진다. 따라서 선교사가 안식년을 가게 되어도 그가 그때까지 해온 사역이 수포로 돌아가지 않고 계속 존속될 수 있다. 하지만 이런 선교 지도자가 없을 경우 선교사가 안식년을 포기해도 이를 막을 길이 없다.

셋째로, 선교 정책과 선교 지도체계가 잘 갖추어져 있어도 선교사 자신이 안식년을 거부하는 경우가 있다. 물론 이런 현상은 이미 오

---

1) 이태웅, "지역 교회와 선교사의 안식년"(서울 : 선교 연구 6호, 1987), pp.1~2.

랜 전통을 갖고 있는 서양 선교 기관에서는 용납되기가 어렵다. 안식년이 7년에 한 번씩 주어져 왔으나 지금은 보통 4년에 1년 씩 주어진다. 그러나 일부 선교 기관 중 아직 선교 행정체제나 선교 정책이 없는 경우 선교사가 자기 의사대로 하고 있는 실정이다. 엄격히 따져 볼 때에 선교사는 선교 기관의 지시를 받기는 받되 고용인의 입장은 아니다. 선교사는 자신의 모교회의 지원을 받아 하나님의 소명을 따라 선교 기관에 들어와서 자발적으로 선교 기관의 일원이 되었음은 사실이다. 하지만 그는 하나님의 뜻과 선교 기관의 정책과 모교회의 의사와 자신에 대한 하나님의 인도함 속에서 늘 살아야 되는 것이 현실이다. 따라서 아무리 선교 기관에서 강력하게 명령해도 선교사는 그대로만 완전히 좇을 수 없고, 하나님의 뜻과 모교회의 뜻과 자신에 대한 하나님의 인도함을 따라서 행동할 자율성의 폭이 어느 정도 부여된다. 그렇다 해서 안식년을 자기 마음대로 무작정 미룬다든가 아니면 이유없이 포기한다는 것은 장기적인 안목으로 볼 때에 현명하지 못하다.

마지막으로 선교사가 안식년을 가지지 못하게 될 불가피한 경우가 있을 수 있다. 가령 자신이 맡은 프로젝트 때문에 도저히 현지를 떠날 수 없을 때가 있다. 비록 이런 경우라 해도 선교 지도자는 일 년에 몇 달씩 나누어서 여러 번 현지를 떠나서 충분히 재충전하고 돌아올 수 있는 방법 등으로 안식년을 가질 수 있도록 조치를 취하는 것이 필요할 것이다.

한국 선교사들이 안식년을 피하는 이유가 본인이 없어서는 사역이 안될 경우 외에도 또 있다. 선교사가 한국에 돌아왔을 경우 받을 충격이 두려워서 선교사들이 안식년을 회피하는 경우도 있다. 이는 한국 교회가 선교에 대한 지식과 선교사 관리에 대한 경험이 부족하기 때문에 선교사의 입장은 생각하지 않고 지역 교회의 입장만 생각하여 무리한 요구들을 선교사에게 했을 경우에도 발생할 수 있다. 현지의 선교사들과 대화를 나누어 보면 적지 않은 선교사들이 이런 경험을 갖고 있고 따라서 본국에서 안식년을 갖는 것을 기피하려는 것을 볼 수 있다.

2. 안식년 부재의 결과

이상 어떤 이유에서든지 선교사가 안식년을 계속 기피했을 경우 선교사는 최소한도 세 가지 면에서 타격을 받게 된다.

(1) 신체적 타격

사철이 분명한 곳에서 살던 한국 선교사들이 연중 계속 섭씨 38도를 오르내리는 열대 지방에서 장기간 안식년없이 살 때에 풍토병으로 체력이 소모될 가능성이 있다. 현지에 완전히 적응이 되어서 신체적으로 별 지장을 받지 않는 사람도 없는 것은 아니다. 또 20여 년 그 지역에 살았을 경우 체질적으로 그 나라 사람처럼 되어서 아무런 영향을 받지 않는 경우도 있을 수 있다. 그러나 30대에 이런 곳에 온 선교사 가족이 4~8년을 이런 열대 지역에서 보내게 되면 말할 수 없는 소모가 있게 된다. 여기에다가 타문화와 타음식과 타언어 등이 가져다 주는 압력과 이질감을 더하게 되면 선교사들이 받는 스트레스를 우리는 가히 짐작할 수 있다. 그런데 선교사들에게 어찌 그런 압력만 있겠는가? 선교사에게는 사역에 대한 압력과, 모교회와의 관계로부터 느끼는 압력도 있음을 감안할 때 안식년을 통해 정규적으로 환경을 바꾸어 주는 것은 필수적이라 생각이 된다. 그렇지 않을 때 신체적으로 소모가 너무 많아서 회복이 어려운 단계까지 갈 우려가 있다.

(2) 정신적 타격

이는 신체적인 면과 밀접한 관계가 있다. 신체적으로 계속 소모를 했을 경우 정신적으로 소모가 오지 않을 수가 없다. 아무리 사명감이 투철했던 선교사라도 신체적으로 압력을 계속 받을 때 정신적으로 연약함을 느끼지 않을 사람이 드물다는 것이다. 더 나아가서는 선교사들의 지적 소모도 적지 않다. 이들의 선교지에서 계속 지적으로 충전을 받지 못할 가능성이 많은데, 그럴 경우 사역능력까지 저하되게 된다.

(3) 영적 타격

선교지에서는 영적으로 선교사들을 충만케 해줄 교회나 기관이 없을 경우가 많다. 게다가 항상 주어야 하는 입장에 있기 때문에 일정 기간이 지나면 영적으로 냉랭해질 가능성이 크다. 이런 중에서도 홀로 하나님께 나아가서 공급을 받는 방법을 습득한 사람들은 계속 영적 건강을 유지할 것이다. 그러나 어느 시점에 가면 신체적, 정신적인 타격이 영적인 영역에까지 영향을 주게 될 가능성이 있다. 따라서 영적으로 재충전이 없이 계속한다는 것은 선교사에게 있어서 가장 큰 장애가 될 수 있다.

3. 안식년으로 온 선교사가 해야 할 일

엄격히 말해서 선교사의 경우 안식년은 맞지 않은 말일 수도 있다. 그래서 요즈음 어떤 선교 기관에서는 '안식년' 대신 '본국 사역' (Home assignment)으로 그 이름을 수정해서 부르는 경우가 있다. 안식년의 선교사는 결코 쉬는 것만이 아니기 때문이다. 그럼에도 불구하고 쉬는 것이 큰 요소가 되지 않으면 안된다. 최소한 귀국 후 한 달 정도는 방해받지 않고 쉴 수 있어야 하며, 떠나기 전 한 달 정도도 그렇게 할 수 있어야 다시 임지에 돌아가서 일할 수 있는 상태가 될 것이다. 그밖에도 선교사는 다음 사역을 안식년에 하지 않으면 안된다.

첫째, 모교회와 지원 교회 방문 및 보고이다. 그 목적은 사역 보고, 새 선교사 모집, 기도후원 요청 그리고 재정지원 보고 등이다. 이것은 어떤 한 기관이 총괄해서 선교사의 일정표를 짜주는 것이 선교사를 위해서나 교회를 위해서 유익하다.

둘째, 선교 지원금 모금이다. 약속했던 선교 헌금이 도중에 취소 되었거나 선교비가 더 필요한 상황 등을 고려하여 모금을 하는 것이 필요하다.

셋째, 재교육이 필요하다. 다음 사역을 위하여 일정 기간은 각종 세미나 등 필요한 교육을 받는 것이 필요하다. 미국의 복음적 신학교에서는 선교학 석사 과정이 있으며 트리니티(Trinity)와 풀러(Fuller)는 박사 과정을 두고 있다. 선교사들이 안식년 중에 강의를 듣고 논문이나 학위 논문은 선교지에 돌아가 쓸 수 있도록 특별한 배려를 하고 있다. 신학교 등에 가서 전문적으로 공부하는 것은 한 학기 정도는 좋으나 전기간을 공부로 보내는 것은 바람직하지 못하다는 것이 현지에 있는 일부 한국 선교 지도자들의 의견이다.

4. 안식년으로 온 선교사를 위하여 해야 할 일

첫째, 선교 지도자나 전문가가 선교사와 장시간 함께 보내며 선교지에서 있었던 일에 대하여 들어 주고 갖고 있는 상처나 갈등 및 의혹 등을 풀어 주는 것이 필요하다.

둘째, 국내에 있었던 일들을 소상하게 알려 줌으로써 국내에서 받는 쇼크를 줄인다.

셋째, 자녀들의 교육에 대한 배려가 필요하다. 자녀의 경우 입국해서 문화 충격을 받고 다시 선교지에 가서 또 한번 충격을 받을 가능성이 있는데 이를 최소한 줄여 줄 필요가 있다.

넷째, 철저한 신체검사가 필요하다. 아픈 곳은 치료받고 떠나기 전에 다시 한번 병원에서 건강에 대한 검사를 받는 것이 필요하다.

다섯째, 선교사가 머물 수 있는 거처를 준비하여 빠른 시일 내에 안정된 생활권에 들어갈 수 있게 해주는 것이 필요하다.

이상의 모든 것은 선교사를 위한 국내 관리(pastoral care)에 관한 것이다. 우리는 아직 선교 역사가 짧기 때문에 이와 같은 관리를 잘 하지 못할 가능성이 크다. 그 결과 어려운 현지 생활을 하고 모처럼 돌아온 선교사들이 많은 상처를 받고 선교지로 돌아가는 기현상을 초래할 수가 있다. 선교사의 안식년 제도는 선교사 자신을 위해서나 한국 교회를 위해서 꼭 필요하다. 한국 교회는 안식년을 맞아 돌아온 선교사 관리를 더욱 더 잘 함으로써 선교사가 계속해서 선교지와 모교회에서 번갈아 가며 20~30년에 걸친 장기적인 사역을 할 수 있도록 최선을 다 해야 하겠다. 현재 한국 선교사들에 대한 안식년 제도는 다음과 같다.[2]

1. 기독교 대한 성결회 : 3년에 6개월
2. 오메가 선교회 : 4년에 1년
3. 네비게이토 선교회 : 4년에 1년, 2년에 5~6개월
4. 예수교 장로회(통합) : 5년에 1년
5. 예수교 장로회(합동) : 없음
6. 하나님의 성회(순복음) : 없음

II. 선교사와 자녀 교육

선교사들의 자녀들(missionary kids)은 선교사에게 큰 축복과 위안이 되기도 하지만 많은 문제를 야기시키고 있다. 불행한 일은 인종과 언어가 다른 곳에서 사역하면서 자녀들의 교육의 기회를 잃은 경우가 많다. 또 자녀들이 사랑만 받고 훈육을 받지 못해 선교사들의 사역과 간증이 엉클어지기도 한다. 그래서 부모들의 영향권에서 본국으로부터 멀리 벗어나 신앙 생활을 하지 않고 타락한 자녀들 때문에 고민하는 선교사가 얼마나 많은가? 선교사들은 하나님의 말씀의 교

---

[2] 한경철, *op.cit.*, p. 247.

훈을 따라서 하나님을 기쁘시게 하는 방법대로 자녀들을 가르치고 훈계하는 일에 귀한 지혜가 필요하다.
　선교사 자녀 교육에 어려운 점이 많다.[3]
1. 생활이 너무 바빠서 교육에 소홀하기가 쉽다.
2. 피곤하고 교육 자료가 없어 신앙 교육까지 문제시되는 경우가 있다.
3. 경제적 여유가 없고, 주변 환경이나 시설이 없어 문제가 될 때가 있다.
4. 어머니가 영어를 잘 못할 경우에 자녀들이 한글을 모르게 되면 의사소통이 되지 않아 문제가 심각하다.

　서구 선교사들이 자녀 교육을 위해 선택할 수 있는 교육 수단으로는 다음과 같은 방법이 있다.

1. 가정 통신 교육

　이는 주로 통신 과정을 사용한다. 대개 서양 선교사들의 경우 칼버트(calvert) 통신 과정으로 중학교 정도까지만 하거나 국민학교 수준에 국한된다. 그 다음에는 자녀들을 선교회가 운영하는 기숙사 학교(Boarding School)에 보내거나 본국에 보내어 계속적인 교육을 받게 한다. 자녀를 집에서 가르칠 때는 어머니가 엄격한 시간표대로 훈련시키느냐에 성공의 여부가 달려 있다. 왜냐하면 선교지에서는 돌발 사고가 생겨서 학습에 방해를 많이 받는다.
　요즈음은 순회 선교사들이 순회하며 이러한 교육 방법을 채택한 선교사들에게 상담과 각종 도움을 제공한다. 이 방법이 유리한 점은 자녀들이 부모와 가정의 분위기 속에서 교육을 받기 때문에 감정적, 사회적, 지적 및 영적 균형이 잡힐 가능성은 크다. 그러나 교육 환경 및 자료가 부족하다. 교과서는 있지만 도서관 시설이 없다. 과외 활

---

3) *Ibid.*, pp.237~238.

동, 특히 체육은 거의 불가능하다. 확실히 아이들에게 부모가 필요하지만, 자기와 똑같은 친구도 필요하다. 놀이가 없고 훈련이 없다. 한국 선교사의 경우보다 큰 문제는 이러한 통신 과정이 존재하지 않는다는 것이다. 그리고 학력 인정을 받을 수가 없다는 것이다. 고등학교, 대학교 등 고등교육을 받기 위해 치러야 하는 입시 경쟁을 이길 수 있다는 보장이 없다.

2. 선교사 학교 교육

선교회가 운영하는 부속 기숙사 학교에서 영어로 교육을 받게 한다. 이 경우 우수한 기독교 선교사 교사들이 존재하는 것과 신앙적이고 경제적이며 적절한 경쟁력이 있다는 것이다. 또, 선교사 자녀들로서 친구 간에 우정을 유지하는 것, 적절한 환경조건과 감독으로 부모들에 대한 부담이 줄어 든다는 유리한 점이 있다. 그러나 어린 자녀들이 부모와 떨어져서 공부하는 것은 무척 큰 어려움이 많다. "타임"(Time)지의 설립자이며, 한 동안 편집자였던 헨리 루스(Henry Luce)는 중국 내지 선교회에서 운영하는 치푸 학교의 학생이었다. 대만의 모리슨 학원(Morrison Academy)과 필리핀의 신앙 학원(Faith Academy)은 유명한 선교사 학교이다. 그러나 언어 등의 문화에서 어려움과 아픔이 많은데 문화권과 언어가 다른 한국 선교사의 자녀들에게는 심각한 갈등이 많다.

한국 선교사의 자녀들이 사립 아메리칸 학교인 중학교나 고등학교를 졸업하면 서구 아이들처럼 되어 선교사의 현지 문화권도 이해하지 못하고 자국 문화권은 더욱 더 이해하지 못하는 경향이 많다. 이러한 자녀들을 본국에서 공부시킬 수 없어 많은 한국 선교사들이 미국으로 가고 있다.

3. 현지 학교 교육

이 교육 방법은 종종 선교사들이 택하고 있다. 현지어를 배우고 부모와 결별하지 않고 또 부모가 있는 현지 문화에 익숙해지는 잇점이 있다. 그러나 수준이 극히 낮은 학교에 자녀들을 교육시키는 것도 문제가 많다. 내용이 없는 교육 그리고 위생시설이 없는 미개발 지역에서는 갖가지 문제가 많다. 인종색이 다를 때 선교사 자녀가 장난감이 되고 정서적으로 안정을 갖지 못하여 불만과 반항심을 갖게 된다. 특히 민족주의가 고조되는 나라에서는 외국 것을 반대하는 것이 지나쳐 선교사 자녀의 생활을 비참하게 만들기도 한다. 그래서 자기들의 성장 과정을 후회하고, 부모에게 불순종하고, 권위에 반항하며, 생애의 남은 시기를 분개하며 살아간다. 이 중에 마약 중독자나 알콜 중독자도 있다. 또 신앙을 잃어 버리고 그들의 고통에 대해 하나님을 비난하는 자녀들도 있다.[4]

4. 모국의 학교 교육

서구의 영어권 선교사 자녀들은 현지에서 영어로 교육하는 초등교육 및 중등교육을 마치고서 모국에 보내어 기숙사에서 대학교육을 받게 한다. 그리고 방학 때는 조부모나 친척집에서 보낸다. 때로는 방 친구가 초대하여 그 집에서 방학을 보내기도 한다. 혹은 아르바이트를 한다. 그러나 항상 돈 문제가 심각하다. 오직 믿음의 생활로 보낸다. 그러나 한국의 선교사들의 경우 언어 때문에 방법이 그다지 간단하지 않다. 만일 이 방법을 채택한다면 국민학교부터 모국에서 공부를 시켜야 한다. 이 경우 두 가지 방법이 있다. 첫째, 친척이 맡아서 교육시키는 일이다. 둘째, 친구나 대리 부모들이 교육시키는 일이다. 장기적인 안목으로 볼 때 한국 선교사들도 팀 선교를 이루어 현지에 소그룹 학교를 세워 전문적인 교육 선교사로 하여금 교육토록 하고, 고등교육은 모국에서 받도록 하는 것이 최선의 방법일

---

4) J. Herbert Kane, *op.cit.*, p. 263.

것이다. 아직 한국 선교는 선교사의 자녀에게 신경을 쓸 만한 여유가 없고 아무런 대책이 없다. 그러나 앞으로 10년 후에 선교사들에게 가장 큰 문제는 자녀들의 교육 문제로 선교지를 떠나는 현상일 것이다. 죠셉 케논(Joseph Lcannon)은 이렇게 말했다.

> 대부분의 선교사들은 자녀들을 등한히 하지 않고, 여러 상황 가운데서 최선을 다한다. 그러나 다른 어떤 이유보다 자녀교육에 만족할 만한 길을 찾지 못한 이유로 선교지를 떠나는 선교사들이 가장 많은 것 같다. 그렇다고 해도, 선교사로서 자녀교육이 우리의 주된 목표가 되어서는 안된다. 그런 이유라면, 우리는 애초에 고국을 떠나지 말았어야 한다. 그들의 교육이 그리스도가 우리를 인도한 선교지에서 복음을 전하는 것보다 중요하다고 가르친다면, 그들은 그리스도의 사역이 그들의 발전에 방해가 되며 자기는 덜 중요한 경쟁자가 된 것을 원망하지 않겠는가? 우리가 온전히 헌신되지 않고서는 우리 자녀를 그리스도를 위해 적절히 교육시킬 생각을 하지 말자. 아이들은 그들이 우주의 중심이 아니라는 사실과 부모의 인생목표는 자녀들의 요구를 언제나 만족시켜 주는 것이 아니라는 사실을 즐겁게 배워야 한다.[5]

III. 선교사와 은퇴 보장

선교사는 본래 발 붙일 땅이 없다. 자기 본국에서도 그렇지만 선교지에서도 역시 선교사라는 이름을 가진 외국인이다. 물론 본국 교회와의 소속 관계는 엄연히 되어 있으면서도 본국에서 일터는 없다. 선교지에서도 역시 선교지 교회와의 관계는 있으면서도 그곳의 주인은 아니다. 젊은 선교사들이 열심을 가지고 일할 때에는 그 어느 소외감이나 유랑민 같은 감정은 갖지 않는다. 그러나 선교사 생활을

---

[5] Joseph L. Cannon, *For Missionaries Only*(Grand Rapids : Baker Book House, 1969), pp.81~82.

오래하다 보면 자신이 벌써 소외되고 있다는 것을 느낀다. 한국 교회 목사이면서도 어느새 한국 목사가 아니며 또한 선교지에 동화된 목사 같으면서도 선교지 목사가 아니다. 세월이 흐르는 사이에 선교사는 국적과 교적이 희미해진 존재가 되어 버리고 만다. 즉, 선교사 자신도 모르는 사이에 소외의 과정을 밟고 있으며 선교사를 파송한 교회들이나 선교사를 받아들이는 선교지 교회들도 무의식 중에 선교사를 소외시켜 버리고 만다. 이런 면에서 볼 때에 선교사는 항상 고독하고 불안한 직분일 수밖에 없다. 그리고 선교사가 부딪히는 소외의 조건과 요소들은 아무도 이해할 수 없으며 선교사 자신들만이 벌레가 나뭇잎을 잠식해 가듯이 문득문득 깨달을 뿐이다.[6]

선교사는 일을 하고, 기관을 만들고, 교회를 설립한다. 손수 넓은 밀림을 개관하고, 씨를 뿌리고, 새 농업기술과 장비를 구입한다. 육신을 불태워 가며 험한 일을 다 처리한다. 그러다가 토착 교회 지도자들에게 물려 주고 떠나야 한다. 선교 활동을 계속하기에는 너무 늙었고 은퇴하기는 아쉬운 생애이다. 그러한 선교사들을 주위에서 수 없이 보아 왔다. 선교지에서 몇 십년 동안 유명한 장군과도 같이, 혹은 유명한 문필가와 같이, 혹은 자비스러운 자선가가 되어, 혹은 위대한 교육가가 되어, 또는 교회를 위하여 희생하고 봉사해 온 선교사의 말로가 인간적으로는 어두워 보였다. 선교사들이 은퇴하면서 고별사에서 '코끼리 무덤'으로 간다고 비유한다. 옛날부터 코끼리는 늙어서 죽게 되면 어딘가 아무도 모르는 깊은 골짜기에 가서 죽는다고 한다. 늙은 선교사의 가는 길이 코끼리의 생리를 닮아야겠는가?

한국 선교사들에게도 장기적으로 선교지에서 복음사역을 하고 노년기에는 모국의 품에 돌아와 은퇴할 수 있는 제도와 후원이 있어야 한다. 선교회와 교회는 이러한 사회보장을 위하여 선교사의 후원금에서 미리 적절한 금액을 배정하여 연금제도 같은 것을 마련해야 한다. 모국에서 평생 사역을 한 후에도 노후 문제가 심각하여 은퇴를

---

6) 김순일, op.cit., p.212.

하지 않은 경우가 많은데 선교지에서 모든 것을 바치고 선교 활동을 한 선교사가 60이 넘어서 모국에 돌아와서 서툴어진 언어와 생활로써 노후대책 문제에 대하여 어떻게 적응할 것인지 당황할 것이다. 이러한 문제는 은퇴 선교사들에게만 그치는 것이 아니다. 앞으로의 선교사 지원자들의 길을 매우 좁게 해준다. 유능한 기독 청년들이 타문화권 선교를 기피하는 이유가 되기도 한다.

1. 은퇴자 숙소

미국이나 영국의 선교 단체들은 60~65세에 은퇴한 선교사들을 위해서 바닷가나 휴양지에 은퇴 선교사들의 숙소를 지어서 살도록 한다. 예배실, 도서실, 친교실 등을 꾸며서 노후를 보람있게 보낼 수 있도록 한다. 선교회나 교회들로부터 초청을 받아 선교 집회 인도를 하고, 때로는 선교지에서의 활동을 저술하기도 한다. 한국에서도 65세 이전에 모국에 돌아와서 후진 양성을 하며 강연이나 저술 활동을 하는 것이 바람직할 것이다. 뜻있는 그리스도인들의 '은퇴자 숙소'의 설립도 기대된다.

2. 휴식의 집

영국의 휴식의 집(Rest House)은 유명하다. 아름다운 호숫가나 산언덕에 선교사들이 안식년으로 돌아와서 쉴 수 있도록 휴식의 집을 지어서 제공한다. 풍부한 음식, 수영장, 음악 감상실, 도서실, 강단 등 모두가 안식하기에 안성맞춤의 시설이 되어 있다. 한국의 산 속 기도원과 비슷하나 선교사나 목회자 그리고 은퇴자들이 1~2개월 지낼 수 있는 휴양소이다. 아침 기상시간부터 취침시간까지 주로 음악으로 시간을 알려 주며 말씀과 간증의 시간이 매우 유익하다.

3. 선교사의 방

　선교회나 교회가 선교사들을 위한 선교관 운영을 한다. 그러나 영국이나 독일의 경우 가정집에서 '선교사의 방'을 운영하기도 한다. 어느 가정이 2층 혹은 3층의 방을 완전히 선교사들을 위해서 제공하는 것이다. 선교사들이 안식년으로 돌아와서 선교 보고를 하기 위해서 여행을 하는데 이럴 때에 사용할 수 있도록 한다. 그리고 그 지역의 선교회 모임을 주선하여 선교사들의 보고와 기도제목을 위해 함께 기도한다. 자기 집에 머무는 동안 식생활의 모든 것을 제공한다. 냉장고에서 꺼내어 선교사가 손수 식사를 만들어 먹도록 한다. 방명록을 비치하여 지나간 선교사들의 주소와 기도제목들을 쓰게 한다. 은퇴 선교사들이 각 지역을 방문하여 선교 훈련과 선교의 중요성 그리고 기도제목들을 나누며 교제를 하도록 한다.
　우리 나라에도 은퇴 선교사들을 위한 지원을 조직적으로 실천해야 한다. 그리고 평신도들도 이러한 운동에 참여할 수 있는 자극을 받도록 한다. 타문화권 선교를 위한 주일도 정하고 특별 헌금을 하며 은퇴한 선교사들을 초청하여 선교에 대한 설교를 하도록 해야 한다.

IV. 선교사와 상급

　리빙스턴(David Livingstone)은 탕가니카의 작은 마을에서 치아도 빠지고 건강을 상실했을 때, 스탠리 형제가 영국 집으로 돌아가자고 강권했다. 그때에 그는 "내 일을 끝내야 하오"라고 대답했다. 그는 병이 깊어질수록 최후까지 노예 매매로부터 아프리카를 풀려나게 하며 그리스도를 그들의 가슴에 심기우기 위해 생명을 내놓았다. 사자에게 물어 뜯긴 오른팔 뼈를 보며 수많은 사람들이 눈시울을 적셨다. 병든 리빙스턴은 침상에 들기 전 기도를 드리기 위해 무릎을 꿇었다. 그 길로 그는 하나님의 부름을 받았다. 그는 아프리카에 그의 심장을 묻었고 그의 육신은 영국의 웨스트민스터 사원에 묻혀 있다.

선교 역사를 읽어 가노라면 수많은 선교사들이 희생되어 하나님 나라로 갔다. 하나님께서는 그들에게 어떤 상급을 주실 것인가? 성경에는 베마(bema, 고후 5 : 10) 심판이 있다. 이 심판은 종말론 의미와 여러 가지의 면류관이 주어지는 상급이 있다. 성도가 휴거된 후 또는 승천한 후 천국에서 각 개인을 심판하는 곳에 대해 바울은 베마 심판으로 설명한다. 그곳은 심판의 결과에 따라 처벌을 내리는 그러한 곳이 아니라 오히려 뛰어난 곳이며, 존엄하고 권위가 있고, 영광스러운 곳으로서 상급이 주어지는 곳이다. 헬라어로 심판대가 베마(bema)이다. 헬라의 운동 경기장에서 심판보는 사람이 앉아 있던 의자였다. 예수님의 심판대는 사법적인 심판대가 아니다.

> 이는 우리가 다 반드시 그리스도의 심판대 앞에 드러나 각각 선악간에 그 몸으로 행한 것을 따라 받으려 함이라(고후 5 : 10).
> 이 닦아 둔 것 외에 능히 다른 터를 닦아 둘 자리가 없으니 이 터는 곧 예수 그리스도라. 만일 누구든지 금이나 은이나 보석이나 나무나 풀이나 짚으로 이 터 위에 세우면 각각 공력이 나타날 터인데 그 날이 공력을 밝히리니 이는 불로 나타내고 그 불이 각 사람의 공력이 어떠한 것을 시험할 것임이니라. 만일 누구든지 그 위에 세운 공력이 그대로 있으면 상을 받고 누구든지 공력이 불타면 해를 받으리니 그러나 자기는 구원을 얻되 불 가운데서 얻은 것 같으리라(고전 3 : 11~15).

베마 심판은 조사의 수단이 되기도 하며 또 상급의 수단이 된다. 승리한 자에게는 상급이 주어진다(고전 9 : 24, 25). 인내하면서 하늘에 소망을 두었던 바울은 그리스도에 대한 봉사와 충성을 그 상급으로 받았다(딤후 4 : 7). 예수님은 직접 "보라 내가 속히 오리니 내가 줄 상이 내게 있어 각 사람에게 그의 일한 대로 갚아 주리라"(계 22 : 12)고 하셨다. 성도는 심판대에 오르지 않을 것이나(요 5 : 24),

그리스도 안에서 심판받게 된다(사 53:5, 6, 10, 고후 5:21). 또한 각 성도에게 주어진 달란트(마 25:14~20), 파운드(눅 19:11~17), 기회(마 20:1~16) 등을 어떻게 사용하였는가에 따라 심판받게 될 것이다.

휴거된 성도들에 대한 상급에 대하여 성경은 다음과 같이 말한다. 즉, 그리스도의 심판대(bema)는 백보좌 심판대(계 20:11)가 아니라 그리스도인으로서의 사역에 대한 것이다. 그리스도의 심판대 앞에 선 자는 죽게 되지는 않는다. 그러나 하나님의 과실을 많이 맺지 못한 채(시 126:6, 요 15:8) 거의 빈 손으로 갈 수 있다. 구원받은 성도들에게 주어질 상급에 대해서 바울은 예수님이 강림하실 때 주 예수 앞에 나가는 것이라 하였다(살전 2:19). 베드로는 "목자장이 나타나실 때에 시들지 아니하는 영광의 면류관을 얻으리라"(벧전 5:4, 롬 14:10, 고전 9:24~27, 요 5:22)고 하였다. 면류관을 상급으로 받는 것은 성도들에게 있어서 가장 축복받고자 하는 소망이다. 모든 구원받은 성도는 그 충성한 바에 따라 그리스도의 심판대에 서게 되어 상급을 받을 것이다. 그리스도의 심판대 앞에 서면 상급으로 받게 될 면류관들은 그 성도 개개인의 죄에 의해서가 아닌 일생 동안의 한 사역에 따라서, 같은 종류의 면류관이더라도 그 정도를 달리하여 주어질 것이다(마 12:35, 롬 14:10, 갈 6:7, 엡 6:8). 바울은 이러한 상급들을 각기 다른 면류관들로 말하고 있다. 즉, 회심자(살전 2:19)와 주의 나타나심을 사모하는 자(딤후 4:8)에게는 특별한 면류관이 주어질 것이라는 것이다.

신약성경에서는 헬라어 스테파노스(stephanos : 승리를 뜻함)와 디아데마(diadema : 충성을 뜻함)가 있다. 스테파노스는 코로나(corana)라는 경기에서 승리하는 것을 표시하는 것으로서 승리의 월계관이다. 승리의 면류관은 믿음을 지켜 싸운 성도들에게 준다(마 27:29, 막 15:17, 요 19:2, 5, 고전 9:25, 빌 4:1, 살전 2:19, 딤후 4:8, 벧전 5:4, 계 2:10 ; 3:10 ; 4:4, 10 ; 6:2 ; 9:7 ; 12:1 ; 14:4). 디아데마(deadema)는 또다른 면류관으로서 늘 왕의 위엄을 나타낸다(계 12 : 3 ; 13 : 1 ; 19 : 12). 예외적으로 스테파노스를 왕의 면류관으로 나타낸 곳도 있다(마 27 : 29, 막 15 : 17, 요 19 : 2).

바울은 이 두 단어를 승리자에게 주어지는 영광과 위엄에 대한 상급으로 설명한 것이다. 모든 구원받은 성도들이 예수님과 같아진다 하더라도 '왕의 면류관'은 오로지 한 분 예수 그리스도의 것이다. 성경은 구원받은 그리스도인들이 그 믿음과 사역에 따라 받을 수 있는 면류관을 다섯 가지로 설명하고 있다.

1. 의의 면류관

내가 선한 싸움을 싸우고 나의 달려갈 길을 마치고 믿음을 지켰으니 이제 후로는 나를 위하여 의의 면류관이 예비되었으므로 주 곧 의로우신 재판장이 그 날에 내게 주실 것이니 내게만 아니라 주의 나타나심을 사모하는 모든 자에게니라(딤후 4 : 7, 8).

이 "의의 면류관"은 주님의 나타나심을 사모하는 모든 성도들에게, 그의 나타나심을 기다리면서 믿음을 열심히 끝까지 지켜 승리한 성도들에게 주어지게 된다. 믿음의 선한 싸움을 싸우고 그 달려갈 길에 계속 서서 뛰며 그리스도인의 삶과 그 봉사를 참아내는 자에게 주는 상급이다. 즉, 의로운 자에게 주어지는 면류관이다. 주님을 지극히 사랑했던 모든 선교사들, 과거에도 주의 나타나심을 사모했고 상급을 받을 그 순간까지 계속 사모할 선교사들이 받을 것이다.

2. 썩지 않는 면류관

이기기를 다투는 자마다 모든 일에 절제하나니 저희는 썩을 면류관을 얻고자 하되 우리는 썩지 아니할 것을 얻고자 하노라 그러므로 내가 달음질하기를 향방 없는 것같이 아니하고 싸우기를 허공을 치는 것같이 아니하여 내가 내 몸을 쳐 복종하게 함은 내가 남에게 전파한 후에 자기가 도리어 버림이될까 두려워함이로라(고전 9 : 25~27).

"썩지 않는 면류관"은 하나님의 말씀으로 쓰여진 성경말씀대로 믿음 생활을 하여 확고하고 믿음직하게 봉사하는 승리자에게 주어지는 면류관이다. 마음에 내키지 않는 수고(half-hearted)를 하는 것이 아니라 엄격한 훈련을 받아 모든 일에 절제하는 성도를 말한다. 억지로 하거나 활기 없는 모든 그리스도인 봉사자는 꾸짖음을 받는다.

바울은 골인 점이 어디인지도 모르는 주자(走者) 같은 선교사가 아니었다. 뿐만 아니라 허공을 치는 권투선수와 같지도 않았다. 바울의 신앙 활동은 목적이 있었다. 그는 모든 것을 그리스도인의 수고와 봉사를 위해 총집중하였다. 육체의 욕망에 휩싸이지 않고 육체를 정복하는 정열을 가졌다. 바울이 두려워한 것은 구원을 잃을까 하는 것이 아니라 그가 섬기는 주님을 만족시키지 못함으로 인하여 자기의 면류관을 잃을까 하는 것이었다.

3. 기쁨의 면류관

우리의 소망이나 기쁨이나 자랑의 면류관이 무엇이냐? 그의 강림하실 때 우리 주 예수 앞에 너희가 아니냐? 너희는 우리의 영광이요 기쁨이니라(살전 2 : 19, 20).

"기쁨의 면류관"은 영적으로 승리하는 그리스도인에게 주어지는 면류관이다. 개인 또는 공적인 복음전도를 통해 구령의 승리자에게 주어진다. 바울은 그의 개종자들을 칭찬하면서 우리의 소망, 우리의 기쁨의 면류관으로 표현했다. 개종자들을 향한 강렬한 기대감이 나타나 있다. 구령을 통해 가슴 속에서 느낄 뿐 아니라 밖으로 표출되는 기쁨과 만족감을 갖는 선교사들에게 주어지는 면류관이다.

4. 생명의 면류관

네가 장차 받을 고난을 두려워 말라. 볼지어다 마귀가 장차 너희

가운데서 몇 사람을 옥에 던져 시험을 받게 하리니 너희가 십일 동안 환난을 받으리라. 네가 죽도록 충성하라. 그리하면 내가 생명의 면류관을 네게 주리라(계 2 : 10).

시험을 참는 자는 복이 있도다. 이것에 옳다 인정하심을 받은 후에 주께서 자기를 사랑하는 자들에게 약속하신 생명의 면류관을 얻을 것임이니라(약 1 : 12).

"생명의 면류관"은 순교자들, 즉 교회 박해와 시련을 끝까지 참고 주님을 위해 죽음까지도 감내했던 모든 그리스도인들에게 주어지는 면류관이다. 하나님은 시험을 통하여 성도를 판단하실 것이다. 제한된 선교사들은 인내를 시험받을 것이지만 그것은 제한된 시간이기 때문에 선교사들은 견디어야 한다. 죽도록 충성하는 선교사들에게는 승리의 트로피가 수여된다. 그의 면류관은 생명이다. 하나님을 사랑하고 그의 계명을 지키고 어떠한 희생을 각오하면서라도 충성스럽게 그를 섬기는 선교사들에게 주실 풍성한 축복을 창고 안에 갖고 계시다는 것은 성경의 원리이다(마 19 : 28, 고전 2 : 9).

5. 영광의 면류관

너희 중 장로들에게 권하노니 … 하나님의 양 무리를 치되 부득이함으로 하지 말고 오직 하나님의 뜻을 좇아 자원함으로 하며 더러운 이를 위하여 하지 말고 오직 즐거운 뜻으로 하며 맡기운 자들에게 주장하는 자세를 하지 말고 오직 양무리의 본이 되라. 그리하면 목자장이 나타나실 때에 시들지 아니하는 영광의 면류관을 얻으리라(벧전 5 : 1~4).

"영광의 면류관"은 하나님의 말씀을 진실 그대로 전하는 신실한 사역자들에게 주어지는 면류관이다. 즉, 모범이 되는 삶을 살고, 그를 따르는 양무리들에게 늑대와 같은 것들이 틈타지 못하도록 하고, 그 양떼들에게 살아 있는 말씀을 충성되이 전한 성도들에게 주어진다.

선교사가 하나님의 뜻에 따라, 하나님의 패턴에 따라 하나님을 본받아 사역하라는 것이다. 물질적인 유익을 획득하는 수단으로 사역에 종사하는 것을 금하고 있다. 양떼들의 본받을 만한 패턴으로 자신을 보여 주어야 한다. 선교사들은 그리스도를 보고 있는 자로서, 그리고 그리스도에 의해서 관찰되고 있는 자로서 상급받을 것을 기대하며 맡은 사역을 감당해야 한다. 그리스도는 목자장이시다. 목자들은 목자장에게 책임을 져야 하며 목자장에 의해 상급을 받을 것이다. 상급으로서 영광에 동참하게 된다.

CHRISTIAN LITERATURE CRUSADE

기독교문서선교회는 청교도적 복음주의신학과 신앙을 선포하는 국제적, 초교파적, 비영리 문서선교기관입니다.

기독교문서선교회는 한국교회를 위한 교육, 전도, 교화에 힘쓰고 있습니다.

만일 당신이 예수 그리스도와 그리스도인의 생활에 대하여 알기를 원하시면 지체말고 서신연락을 주십시오. 주 안에서 기쁜 마음으로 도움을 드리겠습니다.

서울 서초구 방배동 983~2
Tel. 586-8761~3

기독교 문서 선교회

선교학

저　　자 ·	박영호
초 판 발 행 ·	1988년 9월 20일
7 판 발 행 ·	2004년 3월 15일
발 행 처 ·	사)기독교문서선교회
주　　소 ·	서울시 서초구 방배동 983-2
전　　화 ·	(02)586-8761~3
	(031)923-8762~3(영업부)
E-mail ·	clc@clckor.com
홈페이지 ·	www.clckor.com
F A X ·	(02)523-0131
	(031)923-8761(영업부)
온 라 인 ·	기업은행 073-000308-04-020
	기업은행 073-021367-04-061
등　　록 ·	1980년 1월 18일 제16~25호

〈낙장·파본은 교환해 드립니다〉
ISBN　89-341-0288-8(93230)